LES FIEFS DV FOREZ

Exemplaire offert

à _____

Tiré à petit nombre & non mis en vente.

LES

FIEFS DV FOREZ

D'APRES LE MANVSCRIT INEDIT

DE M. SONYER DV LAC

PREMIER AVOCAT DV ROY AV SIEGE DOMANIAL DE MONTBRISON
RESSORT ET COMTE DE FOREZ

en 1788

avec Notes, Carte & une Table raisonnée des noms de lieux & de personnes
jointes audit Recueil

PAR M. P. D'ASSIER DE VALENCHES,

Ancien Membre du Conseil général du département de la Loire.
Membre correspondant de l'Académie de Lyon
& de la Société d'Histoire & d'Archéologie de Chalon-sur-Saône.

Nescire quod antea quam natus sis accident,
id est semper esse puerum. (CICERO.)

LYON
IMPRIMERIE DE LOVIS PERRIN

M D CCC LVIII

ACADEMIE IMPÉRIALE DES SCIENCES, BELLES-LETTRES ET ARTS
DE LYON.

Lyon, le 10 juin 1857.

A Monſieur d'Affier de Valenches, Membre correſpondant.

Monsieur,

Je m'empreſſe de vous informer que l'Académie vous autoriſe à publier le Manuſcrit Sonyer du Lac *ſur le Foreʒ, en y mettant la condition qu'on lira au titre cette mention :* Manuſcrit appartenant à l'Académie de Lyon, & publié avec ſon autoriſation.

Vous recevreʒ inceſſamment, Monſieur, une lettre du Secrétaire de la Commiſſion d'hiſtoire & archéologie, récemment créée au ſein de la Compagnie, par laquelle on vous offrira le titre de Membre de cette Commiſſion.

Veuilleʒ agréer, Monſieur, l'hommage de mon reſpectueux dévouement.

Le Secrétaire de l'Académie, Conſervateur de la Bibliothèque,

Ch. FRAISSE.

Le Manuſcrit que nous reproduiſons ici appartient à la Bibliothèque de l'Académie de Lyon, comme don fait à cette Compagnie par M. Hector du Lac de la Tour, fils de l'auteur, & en ſa qualité de Membre correſpondant, à la date de 1809. Hector du Lac étoit hiſtoriographe, naturaliſte, & connu par pluſieurs ouvrages. Sa famille, originaire du Velay, poſſédoit dans la paroiſſe d'Aurec le fief & château de *la Tour*. Elle a bien mérité de ſa patrie adoptive par ſes écrits & ſes emplois. (Voir l'épitaphe de J.-F. Sonyer du Lac, article *Aurec*. Son fils J.-B. Sonyer du Lac, auteur du Manuſcrit, étoit né à St-Didier-en-Velay.) — *Note de l'éditeur.*

EPITRE-PREFACE

A M. LE COMTE HIPPOLYTE DE CHARPIN,

en son château & chartrier de Feugerolles en Forez.

MONSIEUR ET DIGNE COMPATRIOTE,

L E bel ouvrage sur les Archevêques de Lyon, résultat de votre sympathique association avec M. Morel de Voleine, a excité au plus haut degré l'intérêt & l'émulation des amis de leur pays s'occupant des recherches de son passé. Chacun d'eux s'est senti animé d'une nouvelle ardeur pour fouiller dans ses archives & restaurer ses chroniques. En ce qui concerne ma foible part, j'ai regardé comme une bonne fortune la connoissance récente d'un manuscrit sur les anciens Fiefs du Forez à l'époque de 1788, la dernière de leur existence.

Le nom de l'auteur, Sonyer du Lac, déjà connu par d'autres notables productions se rattachant au même sujet, sa qualité de principal membre de la

Chambre domaniale de Montbrison, le plaçant au milieu des documents authentiques qu'il s'est plu à recueillir, la date de ce travail précédant immédiatement celle de la destruction des droits féodaux par le cataclysme révolutionnaire, tout rend cette pièce importante des archives foreziennes digne de l'avidité de nos généalogistes & historiographes.

La résolution de l'exhumer du dépôt où elle étoit renfermée hors du département, sous la garde & l'obligeance de ses conservateurs, le désir de la soustraire à l'oubli & d'en assurer l'existence par l'efficace moyen typographique, quelques notes, l'addition d'une carte & d'un tableau historique, enfin un répertoire raisonné des noms de lieux & de personnes que je me suis appliqué à tirer d'un si précieux recueil, voilà tout mon mérite dans ce nouvel hommage à notre province. Je crois y ajouter un intérêt de plus, Monsieur, en le lui adressant sous vos auspices; & en pourroit-il être autrement?...... Dans nos annales privées votre nom est un respectable témoin des vieilles époques, & le pays a fait droit à son ancienne considération & à celle que mérite personnellement son héritier actuel, en vous déférant un des sièges du patronage départemental & le mandat de Député au Corps législatif.

Veuillez donc bien agréer, Monsieur, avec les prémices de cette discrète publication, tout ce que vous porte de particulièrement distingué dans ses sentiments, votre compatriote, voisin, & j'ose dire ami,

D'ASSIER DE VALENCHES.

De la Terrasse, *ancien arrière-fief*, en St-Victor-sur-Loire, ce 1ᵉʳ janvier 1858.

RECHERCHES

SUR LES FIEFS DE LA PROVINCE DU FOREZ

RECHERCHES
SUR LES
FIEFS DE LA PROVINCE DU FOREZ

PAR M. SONYER DU LAC,

Conseiller & premier Avocat du Roi aux bailliage, domaine de Forez, sénéchaussée de Roanne
& St-Etienne, comté & ressort, séant à Montbrison.
1788.

Manuscrit appartenant à la Bibliothèque de l'Académie de Lyon, Palais-des-Arts, arm. 2, tab. 2, n° 83, vol. 252.
Conservateur, M. le Dr Fraiffe; Adjoint, M. V. de Valous (1857).

NOTIONS PRELIMINAIRES

LES héritages tenus en *fief*, aujourd'hui héréditaires, sont les châteaux, terres, seigneuries, accompagnés de justices, d'arrière-fiefs, de censives, droits seigneuriaux qui relèvent du roi ou des seigneurs particuliers. Il n'est cependant pas de l'essence des fiefs de consister en héritages ou redevances foncières; il en est sans aucun domaine utile, tels sont les péages & autres de cette nature. Ils doivent la foi & hommage seulement, parce que tous les fiefs de cette province du Forez sont sans *profit*. Ils ne doivent que *la bouche*

& les mains. C'est un droit naturel & territorial établi par la nature même des fiefs.

On distingue les fiefs de dignité des fiefs simples.

Les fiefs de dignité sont les duchés, marquisats, comtés, vicomtés, baronnies & châtellenies. Quelques ordonnances avoient assujetti chacun de ces fiefs, suivant son importance de titre, à la possession d'un certain nombre de châtellenies & baronnies, mais il n'y a rien eu de bien fixe à cet égard.

Nous ne connoissons dans la province aucune terre érigée en dignité subsistante que celle de *Maclas*, dont nous parlerons sous ce nom; ce qu'il est à propos de savoir, parce que, aux termes de l'édit du mois d'août 1628, la foi & hommage des terres titrées doit être prêtée en la Chambre des comptes à Paris, sauf néanmoins à faire vérifier en notre Chambre du Domaine, les aveux & dénombrements, conformément à l'arrêt de règlement du 4 février 1511.

Les fiefs simples sont ceux qui ne donnent aucun titre & dignité à ceux qui les possèdent.

Les fiefs sont suzerains, dominants ou servants.

Le fief qui relève d'un autre est appelé *fief servant*, & celui dont il relève est appelé *fief dominant;* &, lorsque celui-ci est lui-même mouvant d'un autre fief, le plus élevé s'appelle *suzerain*.

Les fiefs de profit sont inconnus dans cette province; ils sont tous fiefs d'honneur. La mutation ne produit aucun droit utile: ils ne donnent que *la bouche & les mains*, c'est-à-dire que la foi & hommage. Ce n'est pas un privilége, une exemption accordée par les rois, mais le droit naturel & territorial d'exemption de nos fiefs, établi par la nature & nullement par concession.

Tenir en fief, *tenere in feudum francum & liberum*, ainsi que s'expliquent le plus ordinairement les hommages en cette province, ne signifie autre chose, si ce n'est que le fief est sans profit.

Les fiefs se distinguent encore en *fiefs nobles* & *fiefs ruraux*.

Les fiefs nobles sont ceux qui ont justice, maison forte ou autre marque de dignité, & les fiefs ruraux sont ceux qui n'ont pas ces droits & ces prérogatives.

Il en est encore sous d'autres dénominations, mais qui ne sont pas en usage parmi nous, & dont la pratique a cessé.

La foi & hommage est due au Roi en cette province, comme seigneur suzerain du comté de Forez, & les juges domaniaux de ce même comté la reçoivent au nom du Roi.

C'est à la Chambre domaniale séante à Montbrison, que tous feudataires, régisseurs, engagistes, leurs fermiers, préposés, sont obligés de se pourvoir pour les causes & faits du Domaine du Roi. Aucuns autres siéges de la province ne peuvent en prendre connoissance.

La foi & hommage est une reconnoissance solemnelle faite par le vassal à son seigneur de la seigneurie directe, à cause du fief que le vassal possède dans la seigneurie de ce même seigneur.

Il y avoit l'hommage *lige* & l'hommage *simple*.

L'hommage lige ne pouvoit être fait qu'à un seul, comme étant le plus étroit lien qui serre la personne dans les fiefs.

L'hommage simple, appelé *non lige*, pouvoit être fait à plusieurs ; mais aujourd'hui cette *ligence* n'est plus en usage.

L'hommage proprement dit n'est dû qu'au Roi. Aucun vassal n'est homme de son seigneur : il n'est homme que du Roi, *solus Rex noster habet vassallos ligios, & illi soli debetur fidelitas*. C'est pourquoi M. Dumoulin dit qu'il n'est dû au seigneur que l'hommage porté par la loi de son investiture & de son service.

La forme & les termes de la foi & hommage sont : que le vassal se présente dans la Chambre du Domaine tête nue, désarmé, sans gants, & se place les genoux en terre, les mains jointes en celles du Juge domanial, & déclare qu'il fait la foi & hommage au Roi, du fief qu'il tient mouvant du comté de Forez, jure fidélité, suivant & à la forme des anciens & nouveaux chapitres de fidélité.

Le temps pour faire la foi & hommage en cas de mutation n'est pas limité ; il faut constituer le vassal en demeure, parce que, en cette province, *si le seigneur ne veille, le vassal dort impunément*.

L'hommage est dû à chaque avénement du Roi à la couronne, & à toute mutation du vassal.

L'hommage est dû de tous les fiefs de dignité & des fiefs simples, des cenfives & rentes feigneuriales qui ont été défunies d'un fief, des héritages qui en ont été démembrés, des héritages affranchis de cenfives par le feigneur de fief, des dîmes poffédées par des laïques, des héritages par eux vendus francs de dîmes ou affranchis, parce que ces dîmes ou les héritages qui en ont été difpenfés font de nature féodale, puifque la dîme ne peut être poffédée par des laïques qu'à titre d'inféodation.

Le vaffal doit l'hommage en perfonne; il peut cependant être rendu par procureur fondé, pour les terres non titrées, lorfque les vaffaux font domiciliés au-delà de cinq lieues des Chambres des comptes, Bureaux des finances, ou Chambres domaniales; ce qui a été jugé par arrêt du Confeil du 15 décembre 1733, & par lettres-patentes du 25 avril 1736.

Le *dénombrement* doit être en forme authentique, écrit fur parchemin, paffé pardevant notaire; il doit renfermer la confiftance détaillée de toutes les dépendances du fief, &, lorfqu'il eft régulier, qu'il eft reçu & vérifié, il fert de titre au feigneur. C'eft un titre commun qui oblige le feigneur & le vaffal : *Nam æqualitas fervanda eft inter dominum & vaffalum, ut alter alteri, quando res poftulat, edere debeat.*

Notre ufage eft d'ordonner que les aveux & dénombrements feront publiés & lus par trois dimanches confécutifs, à l'iffue des meffes des paroiffes fur lefquelles s'étendent les terres & les fiefs compris dans lefdits aveux, avant qu'ils puiffent être reçus. Ces publications font enfuite continuées en trois audiences confécutives tenues au palais royal, & s'il ne furvient aucune oppofition, ce qui doit être conftaté par le certificat du greffier d'audience & par la mention des lectures & publications fur lefdits aveux & dénombrements, il intervient, fur une nouvelle requête du vaffal & fur les conclufions du Procureur du Roi, une ordonnance rendue par le Juge domanial, qui porte que ledit aveu & dénombrement eft tenu pour vérifié, & qu'il fera enregiftré au regiftre du greffe du Domaine; &, s'il furvient une ou plufieurs oppofitions, cela donne lieu à une inftance entre le vaffal & l'oppofant pour le jugement des caufes de l'oppofition fur les conclufions des gens du Roi. Le même ufage eft fuivi au Châtelet de Paris, fuivant l'acte de notoriété du 20 août 1743.

Dans des cas de néceffité, lorfque la France avoit effuyé des pertes dans les armées par l'effet des guerres, nos rois ne s'en tenoient pas aux refsources de la milice, mais faisoient marcher le *ban* & l'*arrière-ban*. Les possesseurs des fiefs étoient dans l'obligation d'aller à leurs dépens à la guerre, & de rester armés un certain nombre de jours.

Louis XIII convoqua une fois la noblesse de son royaume; Louis XIV suivit son exemple.

Des lettres-patentes données à Versailles le 8 mars 1690, adressées à M. le Juge domanial de la province du Forez, pour la convocation du ban & de l'arrière-ban, enjoignent à tous nobles, barons, chevaliers, écuyers, vassaux & autres tenant fief & arrière-fief de Sa Majesté, de se conformer aux règlements de 1635 & 1639.

L'histoire apprend que ce corps de la noblesse, ainsi réuni, ne fut jamais ni considérable ni utile. Il ne pouvoit l'être; les gentilshommes aimant la guerre & capables de bien servir, étoient officiers dans les troupes; ceux que l'âge ou autres raisons tenoient renfermés, ne sortoient point de chez eux; les autres, qui s'occupoient à cultiver leurs héritages, venoient avec répugnance. Rien ne ressembloit moins à une troupe guerrière; tous montés & armés inégalement, sans expérience & sans exercice, indociles au service régulier, ils ne causoient que de l'embarras. On fut bientôt dégoûté d'eux pour jamais. La dernière trace que nous ayons de cette convocation résulte des procès-verbaux dressés par M. de Pouderoux, Juge domanial, de la comparution des nobles & possédant fief, en exécution des lettres-patentes de 1690.

Il est peut-être peu de provinces où les biens du Domaine aient été conservés avec autant de soins que dans la nôtre. Nous n'avons cessé de nous en occuper & de veiller à la sûreté des titres. Il ne nous étoit pas permis malheureusement de nous opposer aux échanges qui renferment une énorme lésion, & on ne nous a pas consulté lorsqu'on a fait des distractions du Domaine à titre d'inféodation.

C'est à regret encore que nous nous rappelons que, par des ordres supérieurs, on a dépouillé nos archives d'une partie des titres & terriers. Là, les engagistes avoient la liberté d'en prendre des extraits. Dans ce dépôt public, les redevables en avoient la communication sans frais, & tous les titres étoient conservés; au lieu que, depuis qu'ils sont sortis de la province, il seroit peut-être difficile de trouver dans le même ordre tous ceux qui fervoient à établir les droits qui appartiennent au Domaine. Les officiers du Bureau des finances de Lyon n'ont pas les occafions de les faire valoir; les vaffaux cenfitaires du comté de Forez ne peuvent fe rendre à Lyon qu'à grands frais. Les circonftances de ce dépouillement n'exiftent plus : l'avantage du Roi, l'intérêt public exigent cette reftitution de titres.

Je dois un hommage aux magiftrats qui m'ont précédé, & je le trouve dans les Mémoires de M. d'Herbigny, intendant de Lyon : « Le parquet, dit-il, en parlant du fiége de Montbrifon, a toujours été heureux d'avoir des fujets de diftinction; les *Henrys*, les *Duguet*, étoient fort habiles & fort eftimés. Meffieurs qui occupent aujourd'hui les mêmes places, les rempliffent avec le même honneur & les mêmes diftinctions. »

Nous ne devons jamais perdre de vue que le Domaine de la couronne eft inaliénable. Cette inaliénabilité eft comme du droit des gens, & elle a pris naiffance, pour ainfi dire, avec la Monarchie; cependant, les charges accidentelles de l'Etat, telles que celles de foutenir une guerre, étant inévitables, il a été néceffaire d'y pourvoir en établiffant une exception à la règle de l'inaliénabilité. L'édit de 1566 porte que le Domaine pourroit être aliéné à deniers comptants pour la néceffité de la guerre, mais à faculté de rachat perpétuel, & après des lettres-patentes dûment vérifiées.

Une grande partie des juftices dans cette province vient de la conceffion que les comtes de Forez en ont faite; c'eft pourquoi on les voit fi multipliées & renfermant de fi petites étendues. L'ufage a fixé leurs limites; car les comtes ne concédoient à leurs ferviteurs, à leurs officiers & à ceux qui les approchoient que la juftice fur tel ou tel territoire qu'ils poffédoient, fans autre défignation, & fe réfervoient toujours le reffort & la punition des grands crimes & mutilations de membres. Ils n'ont concédé en plufieurs occafions que des *moyennes* & *baffes juftices*, & quelquefois même que de fimples juftices foncières. La trop grande facilité, dans les premiers temps, de recevoir & donner les aveux & dénombrements, fans obliger de rapporter les titres qui établiffent les différents droits, a jeté dans une confufion dont il feroit difficile de fortir aujourd'hui. Ces démembrements font tort aux emphytéotes, en ce que, un feigneur ayant un grand nombre de corvéables, leur fervice eft moins fréquent.

Les Juges domaniaux doivent veiller encore à ce que les feigneurs n'ufurpent pas des qualités.

On lit dans les Mémoires de M. d'Herbigny, intendant de Lyon, rédigés par ordre de Sa Majefté, pour l'inftruction du duc de Bourgogne, que les titres de marquis & de comte font ufurpés dans les trois provinces du Lyonnois, Forez & Beaujolois; que s'il y a quelques terres érigées en marquifat & comté, ce ne peut être qu'imparfaitement.

L'arrêt de réglement du Parlement de Paris, rendu fur le réquifitoire de M. le Procureur général, le 13 août 1663, fait défenfe à tous propriétaires de terres de fe qualifier baron, comte ou marquis, & d'en prendre les infignes en leurs armes, finon en vertu de lettres-patentes bien & dûment vérifiées en la Cour; & à tous gentilshommes, de prendre la qualité de meffire & de chevalier, finon en vertu de bons & légitimes titres; & à ceux qui ne font point gentilshommes, de prendre la qualité d'écuyer, ni de timbrer leurs armes, le tout à peine de 1,500 livres d'amende, applicables, le tiers aux pauvres de l'Hôpital général de la ville de Paris, le tiers au dénonciateur, l'autre tiers aux pauvres des lieux. Cet arrêt renouvelle des défenfes qui étoient déjà faites par les ordonnances d'Orléans & de Blois.

L'étymologie du nom d'*écuyer*, dit La Roque, vient de ce que les nobles ont toujours porté des *écus* & des armoiries qui font les marques vifibles de la nobleffe. Elle vient auffi d'écurie (*à fcuria*), parce que les écuyers préfidoient, pour les chevaliers, aux foins de cette partie du fervice.

Les gentilshommes *de nom & d'armes* font ceux dont la poffeffion de nobleffe eft immémoriale.

On appelle en France *chevalier* celui qui par les Latins eft appelé *miles*, guerrier, ou *quafi unus ex mille electus*, & quiconque eft fait chevalier par le Roi eft abfolument noble avec toute fa poftérité, parce que la chevalerie eft un degré au-deffus de la fimple nobleffe.

Le mot *fire* étoit pris pour feigneur; celui de *meffire* fe difoit pour *mon fire*; Robert Etienne l'explique par demi-fire.

Le mot *alteffe* eft pris par les ducs fouverains & par ceux qui viennent de maifon fouveraine.

Damoiſel ou *damoiſeau* s'entend à la différence d'un plus grand ou d'un plus âgé dans l'ordre de nobleſſe, *jeune noble*.

Le titre de *duc* ſignifioit capitaine ou chef. Ceux qui le portoient anciennement étoient généraux d'armée; ils eurent depuis le ſouverain gouvernement des provinces.

Marquiſat étoit anciennement un office établi pour la protection & défenſe des pays frontières, & il eſt appelé *feudum marchiæ* au traité *de Feudis*. L'étymologie vient de *marches, limites*.

Les *comtes* étoient juges des provinces, ſuivoient les rois pour leur donner conſeil. C'eſt pourquoi ils étoient appelés *conſules* dans pluſieurs Chartres. Ce terme de comte ſignifie juge ou vieux, car *comites ſeniores dicebantur*.

Les *vicomtes* repréſentoient les comtes, *vicecomites quaſi vice comitis gubernaculum tenentes*. Ils ne rendent plus la juſtice.

Le titre de *baron* eſt après celui de *vicomte;* il eſt dérivé de *pannus*, bannière que le baron avoit le droit de porter pour raſſembler & mener ſes vaſſaux aux expéditions.

Les *châtelains* ſont au-deſſous des barons. Ce titre eſt applicable à la poſſeſſion d'un ſimple fief, paroiſſe ou château (1).

Quant aux anciens officiers qui rendoient la juſtice & qui aſſembloient les nobles, Turnèbe, au livre 28 de ſes *Obſervations*, fait dériver le terme de ſénéchal de *ſenex* & de *caballus*, c'eſt-à-dire vieux chevalier.

Bailly veut dire gardien, ou légitime adminiſtrateur ; car les baillys étoient envoyés comme conſervateurs populaires, *quaſi miſſi dominici*. D'autres veulent que *ballivus* ſoit pris de *bajulus*, ou nourricier.

Viguiers, quaſi vicarii; prévôts, quaſi prepoſiti juri dicendo; châtelains, quaſi caſtrorum cuſtodes. Ces officiers ont un degré de juridiction inférieur, & étoient appelés aux affaires de la juſtice & du Domaine dont ils étoient receveurs.

---

(1) Le titre de *châtelain* comportoit auſſi des fonctions de délégation d'autorité & de judicature. Le châtelain étoit juge & capitaine tout à la fois. Dans les troubles des derniers ſiècles, la nobleſſe, pour ſe donner une autorité dans le pays, avoit recherché ces charges. Le marquis d'Urfé étoit en même temps bailli de Forez & capitaine châtelain de Montbriſon ; M. de Tallard étoit engagiſte & châtelain de St-Gal-

Le nom de *maire* vient de *magifter*, ou de *major*, qui a été retenu par ceux qui gouvernent les villes & les communautés.

Le noble homme, dit La Roque, étoit au-deffus de l'écuyer.

Après avoir établi la hiérarchie des degrés nobiliaires & des poffeffeurs de terres à différents titres, jetons un coup-d'œil fur les droits féodaux qu'ils exerçoient fur les emphytéotes, ou tenanciers de fonds des feigneuries ou fiefs dont ils étoient inveftis. Nous prendrons pour type les droits exigés pour le Roi fur les terres domaniales de la couronne.

Les droits ordinaires de la feigneurie directe, que l'on perçoit au nom du Roi dans fes fiefs du Forez, font : les *fervis annuels* & les *lods* & *milods*, en cas de mutations.

Nous entendons par *cens* & *fervis* cette redevance qui a été créée lors de la tradition du fonds par le feigneur de fief. Elle confiftoit en un certain nombre déterminé de mefures de grains, défignation d'autres denrées, foit volailles dites *gelines*, gibier, comme lapins dits *conils*, &c., &c., & enfin une rente en argent qui, à caufe des variations du fyftème monétaire, paroîtroit aujourd'hui de minime valeur. La dîme, fouvent affectée aux eccléfiaftiques auxquels elle étoit attribuée pour les frais du culte, étoit auffi une partie importante des droits feigneuriaux. Elle varioit dans fa quotité & devoit être perçue en nature. La plus forte étoit la onzième gerbe, prélevée pour le décimateur. D'autres fois, c'étoit la douzième, la quinzième, la vingtième ; elle étoit le plus fouvent affermée à des traitants, ainfi que les autres droits féodaux, ce qui rendoit plus dure encore la condition des contribuables.

Toutes les redevances de fonds étoient établies dans les *terriers*, actes authentiques paffés ou renouvelés entre les feigneurs & leurs emphytéotes. Chaque parcelle du territoire y étoit défignée par fon nom, fon

---

mier; M. Dulieu l'étoit à Néronde. Guillaume de Gadagne, chevalier des ordres du Roi, fut châtelain de St-Héand, & Pierre-Gabriel de Trémeolles lui fuccéda. Jean de Roftaing étoit châtelain de Sury-le-Comtal; il eut pour fucceffeur Louis de Talaru de Chalmazel, qui obtint de François Ier des lettres de 1532. M. de Néreftang s'étoit fait pourvoir par Henri IV du titre de châtelain de St-Victor-fur-Loire.

Depuis que les châtelains royaux ont été obligés de rendre la juftice & de prendre des grades, les gentilshommes n'ont plus recherché ces offices qui les foumettoient aux officiers des bailliages & fénéchauffées. Il en avoit été de même des parlements d'abord compofés, fous nos premiers rois, de leurs grands officiers qui cédèrent enfuite leurs places aux dignitaires fpéciaux de juftice.

étendue, ses confins, & les charges qui lui étoient affectées : c'étoit le cadastre du temps.

Les *lods* sont dus au Roi dans l'étendue de ses directes, ainsi qu'aux autres seigneurs, de tout contrat de vente ou équipollent à vente; le droit est réglé au sixième denier du prix.

Le *mi-lods*, qui est le douzième denier de la valeur des immeubles, est dû des successions en ligne collatérale, dans presque toute l'étendue du Forez. On n'excepte que les paroisses qui étoient dans le ressort des juges de Bourg-Argental, Saint-Ferréol & le Chauffour, qui originairement ont fait partie du Velay, où le droit de mi-lods est inconnu. On excepte encore une partie du Roannois. Mais ce droit de mi-lods n'est dû dans aucune seigneurie du Forez, dans le cas de licitation entre cohéritiers, copropriétaires originaires; il n'est pas dû de la succession de frère à frère avant partage, à moins que le seigneur n'ait des titres particuliers. Le droit de mi-lods ou reconnoissance, en mutation de nouveau seigneur & nouveau tenancier, & de père à fils, n'est pas dû dans les terres du Domaine.

Les droits seigneuriaux ordinaires & dus de droit commun dans la province du Forez, sont les cens, lods & mi-lods. Ils sont réels, & se règlent par la loi de la situation des héritages qui en sont tenus. D'anciennes reconnoissances qui établissent la possession, suppléent les titres originaires.

Mais quant aux droits extraordinaires & exorbitants, il faut des preuves plus fortes pour les établir. Il faut des titres bien exprès pour pouvoir exiger les droits de foire & marché, les banalités, les corvées & autres de cette espèce. L'arrêt de réglement des Grands-jours, séant à Clermont, du 9 janvier 1666, fait défenses à tous seigneurs de les exiger, s'ils ne rapportent dans un mois pour tout délai, pardevant les juges royaux dont ils dépendent, leurs terriers & autres titres anciens pour la justification de ces mêmes droits. Une ordonnance du baillage de Forez, rendue sur la réquisition du Procureur du Roi, renouvelle les mêmes défenses.

L'ordonnance rendue par MM. Dugué, Gayot, Mercier & Baluze, commissaires députés par Sa Majesté pour la confection des terriers de ses domaines, dans les provinces de Lyonnois, Forez & Beaujolois, le 6 septembre 1681, fait défenses aux capitaines châtelains & autres officiers des châtellenies royales du comté de Forez, d'imposer, exiger ni percevoir aucun droit de *capitainage*, *fouage*, *taille-baptisée*, *blande*, *drouille*, ou *rière-lods*, en deniers ou en nature, & aux justiciables de les payer, aux peines portées par les ordonnances.

« Tous seigneurs doivent avoir des préposés pour lever leurs droits ; ces préposés payés à leurs frais, & sans que la charge en retombe sur les emphytéotes. » (*Grands-jours de Clermont*, 19 janvier 1666.)

Mesures & valeurs féodales en usage dans le comté de Forez (1).
(ADDITION DE L'EDITEUR.)

AGRAIRES.

La sestérée vaut seize cartonnées.

L'éminée vaut huit cartonnées.

La cartalée vaut quatre cartonnées.

La démanchée vaut deux cartonnées ; c'est le labour d'un attelage jusqu'à *la déliée*.

La quartonnée est la même chose que *la bicherée* ou *la boissolée*, *livrorée* ou *métérée*, & signifie l'étendue ou superficie de terre qu'un *bichet* ou *boisseau* peut ensemencer ; cette mesure varie beaucoup dans la province.

La quarteronnée de terre est la moitié d'une cartonnée.

L'arpent n'est une mesure usitée dans le pays que par les officiers des Eaux-&-Forêts ; il est composé de cinq métérées & trois quarts, de quinze cents pas de deux pieds & demi, ou de mille pas de trois pieds.

L'arpent a cent *perches*.

La perche a vingt-deux pieds de roi.

La toise ordinaire du pays a six pieds.

---

(1) Même auteur, dans sa *Consultation pour noble Denis-Augustin Sonyer Du Lac*, son frère, seig. de La Tour, des Sauvages, de Marnas, de Pralong & autres lieux. (Lyon, de l'imprimerie des Associés, 1773.)

La seytive de pré, qui dérive de scier ou faucher, est la même chose qu'une *œuvrée* ou un *journal de pré;* c'est la superficie de terrain ou pré qu'un homme peut faucher en un jour; elle est ordinairement de quatre mille pas.

Une dinerée de pré est le quart de la seytive; c'est l'étendue qui peut être fauchée depuis le lever du soleil jusqu'à l'heure du premier repas ou dîner, vers neuf heures.

Une journalée de vigne est la même chose qu'une *œuvrée* ou *algie*. Son étendue est ce qu'un vigneron peut travailler en un jour; conséquemment elle varie suivant la qualité du terrain.

La fefforée est à peu près de la même étendue que la journalée.

MESURES DE GRAINS.

Le septier vaut seize bichets.
L'émine vaut huit bichets. } froment, seigle, orge.
Le quartal vaut quatre bichets.
Le dément vaut deux bichets

Le bichet, *boisseau*, *carton* ou *métier* pèse, à Montbrison, trente-trois livres sept onces; il est composé de six *coupes*. (C'est environ le cinquième de l'hectolitre actuel.)

Le quarteron est la moitié du carton ou bichet.

La coupe, par conséquent, est le sixième du bichet.

Le coupon vaut, à Cervières, la vingt-quatrième partie d'un carton. Pour l'avoine, la mesure ne compte que moitié de celle en autres grains. Il faut deux *ras* d'avoine pour un bichet. Le *ras* remplit le bichet ordinaire des autres blés.

Le comble de toutes les mesures se prend pour le tiers en sus.

La mesure comble & chauchée (*pressée*) de toutes les denrées se prend pour le double de la mesure ordinaire. Quelques seigneurs cependant se contentent d'un ras & deux tiers.

La mesure secousse varie suivant l'usage des seigneuries. Quelques seigneurs prennent un douzième en sus, d'autres un seizième, d'autres se contentent d'un vingtième.

La mesure pelle est l'*opposée* de celle *secousse* ou *frappée*. C'est celle qui se remplit en vidant doucement le grain avec la pelle & sans la toucher. C'est la mesure ordinaire.

La quarte de blé vaut deux bichets (terriers de l'abbaye de Bonlieu, du XIVe & du XVe siècle).

L'oyton de blé vaut un quart de bichet (rente de Jourfey, terrier Meton de 1386).

Le vayssel ou *voysel* est porté dans les terriers de Poncins comme valant moins d'un demi-bichet.

Le mornancet, *blé*, vaut trois bichets, mesure de Vimy ou Neuville en Lyonnois.

Le muid de blé, à Paris, vaut douze septiers.

FOIN.

La trousse de foin pèse trois quintaux;

Le faix, un quintal; & *le quintal* est de cent livres de quatorze onces, poids de Lyon, ou de seize, poids de marc. (La livre est environ le demi-kilogramme actuel.)

La jettée, demi-quintal;

Le lien, *la corde* ou *riorte*, vingt-cinq livres;

Le faix brassage, quarante livres.

BOIS.

La trainée de bois vaut une charretée.

VIN.

L'ânée de vin vaut quarante-huit femaifes ou quatre-vingt-feize pintes.
Le barrail fait une demi-ânée ou vingt-quatre femaifes.
La carte vaut deux pintes.
Le pitalphe vaut la carte.
Le feau vaut fix cartes ou douze pintes; il en faut huit pour une ânée.
Le quarteron, la femaife, la carte, font la même chofe & valent deux pintes.
La chopine, la feuillette, le fetier, le métrélis, font la demi-pinte.
La pinte, le pot ou *la bouteille*, fait deux chopines. (La pinte équivaut au litre actuel.)
Le karat vaut deux femaifes.
Le ternoil vaut trois femaifes.
Le muid de vin, à Paris, vaut deux cent quatre-vingts pintes.

HUILE.

La lampe pèfe deux livres & demie.
Le quarteron pèfe neuf onces de feize à la livre.
La cornue fait la huitième partie d'une *carte* (rente des Robertet, de 1494).
L'ânée fait douze cartes (terrier Rajace, de 1398, de M. d'Entraigues).
Les fèves doivent fe payer fur le pied du feigle.
Le millet, les pezettes, les lentilles, fe payent comme l'orge (terrier Rajace).
Une ambane de pain vaut cinq livres pefant (tranfaction de 1377, paffée entre le prieur de St-Rambert & les habitants dudit lieu).
L'omafe eft une redevance reconnue dans les terriers du prieuré de Champdieu; c'eft la capacité de l'un des quatre ventricules des animaux ruminants: en latin, *omafum*.

Valeur des monnoies les plus ordinaires dans la province de Forez.

La livre ou *franc* vaut vingt fols tournois.
Le fol tournois vaut douze deniers.
Le denier tournois vaut deux oboles.
L'obole tournois ou *maille* vaut deux *pites, poyfes* ou *poges*.
La pite, poyfe ou *poge tournois* vaut le quart d'un denier, demi-obole.
Le double vaut deux deniers tournois.
Le fol viennois vaut dix deniers tournois.
Le fol parifis vaut quinze deniers tournois.
Le fol viennois bon vaut douze deniers tournois.

Le sol fort ou *fort neuf* vaut deux sols tournois.

Le blanc (terrier Costandi de St-Rambert, 1450) vaut cinq deniers tournois.

Le sol clunisois vaut vingt deniers tournois.

Le gros, suivant les terriers de la rente du Piney, seigneurie de Bellegarde, vaut vingt deniers tournois.

Le sol bourbonnois vaut dix deniers tournois.

Le sol mâconnois vaut quatorze deniers tournois.

Les dix deniers tournois valent un sol tournois.

Le niquet vaut un denier & deux tiers.

Les trois niquets valent cinq deniers tournois (Dolive, liv. II, chap. 10).

Le gros de Flandre vaut six sols ; celui d'Angleterre, de Venise, de Lorraine, de même.

Le gros de Florence, suivant les terriers du prieuré de Chambœuf, vaut dix-huit deniers.

Le sol neyret vaut neuf deniers tournois.

La gaillarde vaut une pite (terriers de Châtelneuf & de Boisset-lès-Montrond, 1485).

La réole vaut sept mailles.

Le carlin (Annales d'Aquitaine) vaut trois sols tournois.

Le talent d'or vaut quatre livres tournois.

L'écu d'or vaut soixante sols.

Le florin d'or, suivant l'hommage fait au comte de Forez en 1347 par Pierre Boyron, vaut treize sols dix deniers.

L'obole d'or, suivant M. Ducange, vaut dix-sept sols six deniers tournois.

Le réale d'or, dans les terriers du seigneur du Piney, vaut trente sols tournois.

Le mouton d'or (Dolive, liv. II, chap. 10) vaut dix sols.

Enfin, toutes les mesures des seigneurs sont réputées conformes à celle du plus prochain marché, s'il n'y a titre contraire.

FIEFS DU FOREZ

FIEFS DU FOREZ

Terres, Seigneuries, Rentes nobles, relevant en cette province du Domaine du Roi, en 1788.

BOIN. — Fief d'Aboin, dans la paroisse de Périgneux, étoit le lieu d'origine de la famille *d'Aboin*, d'une ancienne noblesse, connue dans le treizième siècle. *Gilbert d'Aboin*, qui se fixa au château de *Cordes*, paroisse de Firminy, assigné en 1633 pour le régalement des tailles pardevant MM. de Chaponay & Guerin, maîtres des requêtes, fut déclaré noble d'ancienne noblesse & renvoyé de l'assignation.

La famille d'Aboin a possédé ce fief jusqu'à la vente que Gilbert d'Aboin en fit au sieur *de Vinols*.

Dame Catherine *Pinhac de La Borie*, veuve de M. *Genest de Vinols*, chevalier, en a prêté l'hommage, ainsi que du fief de la Tourrette, de Gaitte & de la Liègue, le 23 mai 1722.

N*** *Genest de Pujol*, chevalier, en a prêté l'hommage le 2 avril 1753, & l'a renouvelé, à cause du joyeux avénement du Roi à la couronne, le 2 décembre 1776. Il est décédé en 1787.

AILLY. — Le chef-lieu & château d'Ailly est situé dans la paroisse de Parigny en Beaujolois, & en dépend, dans la mouvance du comté de Forez, une partie de dîme inféodée qui se lève dans la paroisse de Roanne, mandement de la châtellenie de Saint-Maurice; comme aussi quelques articles de rente en directe & un moulin appelé *Grézollon*, autrefois Mergerie, sur la rivière de Loire, paroisse de Saint-Sulpice-les-Villeret, mandement de la même châtellenie de Saint-Maurice, avec écluse & avaloir pour prendre des poissons.

Jean d'Arcy, chevalier, seigneur comte d'Ailly, en a prêté l'hommage le 22 mars 1674, & en a donné le dénombrement le 26 juin suivant.

Pierre Bourlier, chevalier, trésorier de France à Lyon, seigneur d'Ailly, en a prêté l'hommage le 7 août 1753, & sa descendance directe est encore de nos jours en possession.

Le tenancier actuel porte le titre de baron d'Ailly. (*Note de l'éditeur.*)

AIX. — Château, seigneurie d'Aix, en la paroisse de Saint-Martin-la-Sauveté. (Voyez au mot *Grézolles*.)

Dame Louise *Perrachon de Sénozan*, veuve de George-Antoine de *La Chaize d'Aix*, lieutenant-général des armées du Roi, en a prêté l'hommage, ensemble de *Souternon*, de *Saint-Germain-Laval* & de *La Chaize*, le 7 février 1721.

Le 7 avril 1731, Antoine de Grézolles, fils d'Antoine-Alexandre de *Grézolles*, chevalier, seigneur dudit lieu, *Bufferdan* & *Aix*, a prêté l'hommage, & y a compris une rente noble acquise de *Joseph de Montaynard*, marquis de Montfrain, par acte du 23 décembre 1730; reçu, Chavanne, notaire.

Dame Louife-Victoire *de Badic de Verfeille*, veuve d'Antoine *Gayardon de Grézolles*, chevalier, au nom & comme tutrice de leurs enfants, a prêté l'hommage defdites terres le 28 novembre 1753.

Charles-Henry *de Gayardon*, chevalier, feigneur comte de Grézolles, Aix, Juré, Bufferdan, partie de Saint-Martin-la-Sauveté, capitaine aide-major du régiment de Commiffaire-général, cavalerie, en a prêté l'hommage, à caufe du joyeux avénement du Roi à la couronne, le 23 décembre 1776.

Guie de Laye, dame *de Bufferdan*, veuve de *Jofferand de Sainte-Colombe*, avoit prêté l'hommage de fa maifon de Bufferdan, en la paroiffe de Saint-Martin-la-Sauveté, le 16 mars 1441.

ALLIEU. — *Arnouil Reyby*, feigneur d'Ulphé, vendit, par contrat du mois de février 1256, au doyen du chapitre de Notre-Dame de Montbrifon, fa ville & dîme d'Allieu, *villam ac decimam de Allieu*, avec tous fes droits dans ladite paroiffe & territoire, tailles, fervis, tâches, quarts, bans, chaffe aux lapins, lods, ventes, reconnoiffances, au prix de douze-vingt & dix livres viennoifes, & donne pour caution Arnould Chaudron, Gui de La Roche, Roland Gros de Cleppé, Zacharie Marcilieu & Hugues, capitaine de cinquante chevaliers; les fceaux defdits feigneurs pendent au bas du contrat en parchemin qui eft aux archives du Chapitre.

AMBIERLE. — Prieuré, étoit une abbaye fondée en 902 par *Arthaud I*ᵉʳ & *Gérard* fon fils, comtes de Forez, & poffédée pendant quelques années par les seigneurs séculiers *Bernard* & *Théobert*, qui en avoient été inveſtis par *Louis* ſurnommé *l'Aveugle*, fils du roi Bozon, & ſon ſucceſſeur au royaume de Bourgogne, mais qui, pour la ſûreté de leurs conſciences, remirent cette abbaye à *ſaint Odo II*, abbé de Cluny, en 938. *Saint Odile V*, abbé de Cluny, avoit ce bénéfice ſous ſon gouvernement en 1038, & ſon ſucceſſeur *ſaint Hugues* en fit comme des autres abbayes qui étoient ſous le régime des prieurés de l'ordre de Cluny.

Il dépend de ce prieuré d'Ambierle, des parties de rentes nobles & dîmes, aſſiſes dans le comté de Forez.

AMIONS. — Rente noble d'Amions, en la paroiſſe du même nom, dîme inféodée, indiviſe avec les prébendiers de la Chirat, de Saint-Marcel, le prébendier Reynaud & le curé d'Amions.

Claude Foreſt, bourgeois de Roanne, a prêté l'hommage de la partie qu'il a acquiſe de *Pierre de La Mure de Chantois*, par contrat du 2 avril 1703, le 24 juin 1753.

APINAC. — *Eſtivareille* & *Merle*, paroiſſes; fief en toute juſtice.

La ſeigneurie d'Apinac étoit un fief hommageant au ſeigneur de Léniecq, &, par une charte du 9 juin 1280, noble *Pierre de La Roue*, mari de *Dauphine de Saint-Bonnet*, dame de Léniecq & Montarcher, confirma la juſtice d'Apinac à *Pierre Mareſchal*, chevalier, qui en prêta l'hommage à Henry de *Chatillon*, fils de Dauphine, ſeigneur de Léniecq.

Charles *de Flachat*, écuyer, en a prêté l'hommage le 28 avril 1674. Il en a donné le dénombrement reçu le 5 juin ſuivant, qui comprend la haute, moyenne & baſſe juſtice dans la paroiſſe d'Apinac, la conſeigneurie du bourg & paroisse d'Estivareille & du village & paroisse de Merle, un château au bourg d'Apinac, un jardin y joignant, un pré de trente charretées, un bois de trois bicherées, une rente noble qui se lève dans les paroisses d'Apinac, Estivareille & Merle.

Par arrêt du 21 juillet 1768, au rapport de M. Amelot de Chaillou, confirmatif de la sentence du siége du Chauffour, du 4 mai 1763, rendu entre Charles-Benoît *de Flachat d'Apinac*, écuyer, & M. Jean-Baptiste-Marie Teissier, procureur à Saint-Bonnet, les possessions de cette seigneurie ont été affranchies du mi-lod, comme ayant originairement fait partie du Velay. (Voyez au mot *du Mas*.)

<small>Pour compléter l'article d'Apinac ci-dessus, il faut intercaler comme seigneurs de cette terre, entre les Mareschal & les de Flachat, *les Saint-Priest d'Urgel*, dont un membre épousa l'héritière des Mareschal, au XIV° siècle, & produisit dans sa descendance *Pierre d'Epinac* ou *d'Apinac*, le célèbre archevêque de Lyon sous la Ligue. Cette lignée des Saint-Priest se termina encore par des héritières, dont l'une s'allia, à la fin du XVI° siècle, à un *de Flachat* qui prit de même le nom *d'Apinac*. Ainsi cette seigneurie fut possédée par trois maisons successives ; la dernière tombée aussi en quenouille peu avant la Révolution de 1789, s'est principalement éteinte dans les *de Meaux*, de Montbrison. (*Note de l'éditeur*.)</small>

ARCON. — Fief d'Arcon, en la paroisse du même nom, justice de Changy en Roannois, consiste en franc-alleu.

Sieur *Jean Bourgeois*, de Paris, en a prêté l'hommage le 24 avril 1720, & l'a acquis de sieur *Pierre Dodieu*, élu à Montbrison, par acte du mois de février précédent.

Sieur Jacques *Petit*, héraut d'armes, demeurant à Changy, au nom de dame Claudine *de la Grye*, sa femme, donataire de dame Jeanne *Boyer*, héritière du sieur *Jean Boyer* son père, en a prêté l'hommage, le 18 septembre 1776 (1).

<small>(1) Pour terminer l'article *Arcon*, je devois la note suivante à l'officieux empressement de mon bon compatriote M. *Régis de Chantelauze* à me faire connoître le *manuscrit Sonyer Du Lac*. Cet ami distin-</small>

ARPHEUILLETTE. — Fief d'Arpheuillette & rente noble, en la paroiſſe de Saint-Haon-le-Vieux.

Ce fief conſiſte en un château, jardin, verger, prés, terres, bois & domaine, le tout contigu, de la contenue, en pré, d'environ quinze œuvrées, en terres ou bruyères, vingt-ſept ſeſterées, & en bois, trois ſeſterées, joignant le chemin de Saint-Haon-le-Châtel à Saint-Riram de matin & biſe, les terres des Ramberg ou Blanchard de midi, & les terres, prés de Planſon, de ſoir.

La rente noble qui ſe lève ſur les paroiſſes de Saint-Haon-le-Châtel, Saint-Haon-le-Vieux & Saint-Riram, conſiſte en une ânée de vin, deux bichets de froment, argent ſix ſols, avoine deux ras.

Claude de Berthelas, écuyer, demeurant au bourg de Renaiſon, en a prêté l'hommage le 16 mars 1674, & en a donné le dénombrement, reçu le 12 mai ſuivant.

Claude-Marie *de Berthelas*, écuyer, l'a prêté le 2 ſeptembre 1753.

Le même l'a auſſi prêté, à cauſe du joyeux avénement du Roi à la couronne, le 23 décembre 1776; enſemble du fief de *Chancé* en la paroiſſe de Renaiſon, mandement de Saint-Haon-le-Châtel. (Voyez au mot *Chancé*.)

AUBIGNY. — Fief d'Aubigny, rente noble, dîme inféodée, en la paroiſſe & juſtice de Sury-le-Comtal.

---

gué de ſon pays ſigne, par conſanguinité, pluſieurs de ſes remarquables productions littéraires : *Guy de la Grye*. Quelques recherches ſur la famille de ſa mère lui témoigneront ici ma gratitude ; elles ne peuvent qu'être agréables à un bon fils comme lui.

La Grye. — Ancienne famille du Roannois, dont on trouve des traces dans ce pays depuis 1435. Elle compte des avocats au parlement, des conſeillers au bailliage ducal de Roanne, des hommes d'épée, des chevaliers de St-Louis ; & parmi ſes alliances, les Chaſeures, Lortois, Viellas, Bafot, Du Tremble, Audras, La Broſſe, Boyer de L'Iſle & *Chantelauze*. — Le fief de la Grye eſt indiqué ſur la carte de Caſſini, n° 86, tout près d'Ambierle, dont la belle égliſe go-

thique conſerve au milieu de la nef, en face de la chaire, une pierre tombale avec cette inſcription : *Icy giſt noble Gilbert de la Grye, Seig. de La Bruyère, décédé le 12ᵐᵉ aouſt 1632.* — On trouve d'ailleurs, dans l'ouvrage intitulé *Les Noms féodaux*, t. 1, page 497: " Grye (Achille-François de la), écuyer, gendarme de la garde du Roi, Seig. de la Bruyère. " — D'Hozier blaſonne ainſi les armes de cette famille : *d'azur, à la faſce d'or accompagnée de trois étoiles, deux en chef, l'autre en pointe*. — MM. de Chantelauze, dont l'un dans la haute magiſtrature fut miniſtre d'Etat ſous la Reſtauration, rappellent par leur nom le fief marqué par Caſſini entre Ambert & Oliergue, partie d'Auvergne avoiſinant le Forez. (D'A.. de V.)

Marguerite *de la Garde*, veuve de Chriſtophe *de Glétan*, en a donné le dénombrement, reçu le 11 juillet 1671, qui eſt en feuille volante aux archives.

Claude-Joſeph Henrys, ſieur *d'Aubigny*, en a prêté l'hommage le 10 juillet 1722.

Jean-Baptiſte *Henrys d'Aubigny*, écuyer, l'a pareillement prêté le 9 août 1753. (Voyez au mot *Chavaſſieu*.)

Pierre Henrys, ſieur de Beaulieu & Charlieu (1), lieutenant criminel au bailliage de Montbriſon, obtint des lettres de nobleſſe au mois d'avril 1618, fondées ſur les ſervices rendus par Claude Henrys ſon père, procureur du Roi en l'élection de la même ville, qui avoit été fait priſonnier par ceux du parti contraire; il fut détenu dans la citadelle de Montbriſon pendant dix-huit mois, & paya rançon à ſes dépens.

Joſeph-Mathieu Henrys, capitaine châtelain de Châtelneuf, gentilhomme ordinaire du prince de Condé, obtint des lettres de confirmation de nobleſſe, & en tant que de beſoin d'anobliſſement, en 1678, qui déclarent communes avec lui les lettres de nobleſſe de 1618, accordées à Pierre Henrys ſon oncle. On y expoſe les ſervices rendus par Claude Henrys, procureur du Roi en l'élection, les lettres de nobleſſe accordées en 1618 à Pierre Henrys fils dudit Claude, les ſervices rendus par Claude Henrys, avocat du Roi, fils de Claude, & père de *Joſeph Mathieu*.

Il y a à Lyon une ancienne famille *Henry*, connue dans les charges conſulaires de cette ville depuis l'année 1500; ſa connexion avec celle-ci n'eſt pas apparente, car elle diffère d'armes & d'orthographe de nom. Cependant rien ne ſauroit infirmer des preuves tirées d'anciens papiers de famille.

MM. *d'Aubigny*, de notre Forez, peuvent juſtifier toutes les prétentions de ce genre, par la célébrité d'un de leurs auteurs, leur état actuel dans le monde & leurs bonnes alliances.

(*Note de l'éditeur.*)

---

(1) Il exiſtoit un petit château & parc de ce nom à la porte de Montbriſon, vis-à-vis la caſerne. — *Beaulieu* eſt ſur *Rivas*. (*Note de l'éditeur.*)

AUREC. — Ville & paroisse en toute justice. La ville est située en Velay, & une partie de la paroisse seulement en Forez.

Philibert de Nérestang, chevalier des ordres & premier grand-maître de l'ordre de Saint-Lazare, fit l'acquisition de cette seigneurie & de plusieurs autres en 1609.

Par lettres-patentes du 20 juillet 1619, le Roi érigea en faveur de Philibert de Nérestang & sa postérité, & réunit sous le titre de marquisat de Nérestang, les baronnies de Saint-Didier & La Chapelle en Velay, Aurec avec Oriol, en Forez.

Louis marquis de Nérestang, mestre de camp de cavalerie, enseigne des gendarmes dauphins, en a prêté l'hommage le 17 juin 1717, ensemble de Roche-en-Regnier, Saint-Didier-en-Velay, Oriol & Saint-Ferriol, & en a remis le dénombrement.

Les seigneuries de Roche-en-Regnier, Retournac & Thiers, faisoient partie du comté de Forez, & furent données par le Roi en 1536, à héritage perpétuel, à *Louis de Bourbon*, prince de la Roche-sur-Yon. Celle de Roche & Retournac en Velay fut vendue par le marquis de Nérestang à M. *Jourda de Vaux*, père du maréchal de France.

Madame de Châtillon, héritière de *Louis de Nérestang*, duc de Gadaigne, arrière-petit-fils de *Philibert*, décédé sans postérité en 1733, a vendu en 1734 les seigneuries d'Aurec, Oriol & Saint-Didier à M. Jacques *de Genestet*, écuyer, seigneur de Sénujol.

Jacques de Genestet de Sénujol, chevalier, a prêté l'hommage d'Aurec, Oriol & Saint-Ferriol, Saint-Didier, Saint-Just-lès-Velay, pour ce qui est en Forez, le 3 août 1754.

Claude-Jacques-Vincent de Genestet, marquis de Nérestang, fils de *Jacques*, en a prêté l'hommage le 16 décembre 1776, & a fourni l'aveu & dénombrement reçu le 25 juin 1779.

La baronnie de Saint-Didier-en-Velay comprend en Forez & dans les paroisses de Saint-Victor-de-Malescourt, de Saint-Just-lès-Velay, de Jonzieu & de Marlhes, les villages & hameaux de la Bourleiches, du Fraisse, Malploton, le Pley, la Terrasse, Croquet, Peybert, du Rozet, la Fayette & Verne.

La seigneurie d'Oriol, pour ce qui est en Forez, comprend, dans la paroisse d'Aurec, les villages d'Oriol, le Sauze, le Courtial, la Ratte, Buchères, la Méanne, la Frague & Chabannes; le clocher & partie du bourg de Saint-Ferriol dans la paroisse de Saint-Ferriol, les villages du Rochain, Drevet, le Foletier, Ruchon, Doroure & Cubrisolles.

La seigneurie d'Aurec, aussi en toutes justices, comprend en Forez : 1° dans la paroisse d'Aurec, les villages des Combes, Nurol, les Rivières, le Port-Buisson, le Bret, l'Hermet, les Yverts, Presle, Navette & Chazournes; 2° en la paroisse de Bas, les villages de Besset, Mayol, Malavalette, le Cros-Barret, Montfoat, Claveires, Clavarette; 3° dans la paroisse de Rosiers, les villages de Martinanges, Rochégut, Rantrat, Rullier & le Rochain; 4° dans la paroisse de Saint-Nizier, le village d'Affaut; 5° dans la paroisse de Périgneux, les villages de la Bruyère & de Planchas.

La limite du Velay & du Forez dans cette partie part du Pontempérat, relaissant ledit lieu dans le Forez, venant ensuite de matin à soir à Chalencon, le relaissant dans le Velay, suivant après le ruisseau qui se jette dans la Loire au-dessus de Bas-en-Basset, englobant dans le Forez les villages de Basset & de Forestier, au midi de la Loire, & reprenant ladite rivière de Loire au-dessus d'Aurec, jusqu'à l'embouchure de la rivière de Semène dans la Loire, laissant Aurec dans le Velay.

On trouve en la chapelle du seigneur de la Tour, dans l'église paroissiale d'Aurec, l'épitaphe de notre père, ainsi qu'il suit :

Piis Manibus	Parenti charissimo
Viri pietate, doctrina, moribus, egregii	N. N.
N. J. F. *Sonyer du Lac*, doctoris, medici Parisiensis.	Dion. Aug. Sonyer du Lac, dominus
Vixit dies multos nec otiosos	Turris Salvagiorum, &c.
Sibi, suis, arti, patriæ,	Johan. Sonyer du Lac, in curia
Virtutibus excolendis,	Fisci patronus consiliarius regius ;
Liberis educandis,	Petrus Raph. Sonyer du Lac prior Sancti
Morbis debellandis,	Pauli de Montibus, rector primæ Ecclesiæ
Pauperibus sublevandis,	Et archipresbiter Stephanensi,
Ad extremam usque senectutem	Eruditissimo avo
Se, suaque lætus impendit,	N. Dion. Aug. Pet. Raph. Sonyer du Lac.
Bonis omnibus desideratissimus.	
Diem obiit supremum, 9 apr. 1749.	

Claude-Jacques-Vincent de Genestet de Nérestang, décédé en 1786, a laissé pour fils & héritier :

Jean-Hector-Eleonore-Marie de Genestet, comte de Saint-Didier.

AUREC. — Prieuré ci-devant dépendant de l'abbaye de l'Eclufe. M. Claude *Dauphin*, docteur de Sorbonne, chanoine honoraire du chapitre de Clermont, prieur commendataire.

Ce prieuré fut fondé fous le règne du roi Rodolphe, *octo idibus februarii, regnante Rodulpho rege, die jovis*, par *Gérard II*, comte de Forez. Le chef-lieu eft dans la ville d'Aurec en Velay.

La partie qui eft en Forez confifte en la dîme fur les villages de Semène & des Perrots, paroiffe d'Aurec, parcelle de Semène; en la dîme & fervis dans les villages dépendant de la parcelle de la rivière, auffi paroiffe d'Aurec; en la dîme & quelques fervis dans tous les villages de la parcelle d'Oriol, auffi paroiffe d'Aurec; & en la dîme fur les villages de Mons & Beauvoir, paroiffe d'Aurec, parcelle de Saint-Maurice-en-Gourgois.

Par tranfaction du pénultième mai 1553, reçue Paul Rigaud & Montméat, notaires, M. Antoine *de Montagnet*, curé de la Chapelle, & Claude *de Crémeaux*, prieur commendataire du prieuré d'Aurec, il fut convenu que pour tous droits de portion congrue, fur les dîmes de ladite paroiffe de la Chapelle & cens dus pour dîme, il fera par le prieur payé annuellement & à perpétuité cinq feftiers feigle, mefure de Saint-Didier, à la fête de Saint-Michel; que le curé ne fera tenu de payer aucun droit de patronage, qu'il ne payera aucuns cens qui peuvent être dus au prieur pour raifon des héritages de fa cure.

Par autre tranfaction paffée par *Dalmas de Beaufort*, religieux, prieur d'Aurec, de l'autorité de l'abbé de Saint-Michel de l'Eclufe, avec les habitants de la Chapelle, il fut arrêté que le prieur ne percevra pour dîme & à caufe de dîme que la treizième partie des fruits croiffant en froment, feigle, orge & avoine, comme par le paffé, & la dîme de charnage accoutumée. Ladite tranfaction du 3 mars 1330, reçue Guillaume de Ville, notaire, expédiée par Montméat, auffi notaire.

Arrêt du Parlement de Touloufe rendu entre *Antoine de Cuminiac*, prieur du prieuré régulier d'Aurec, & les habitants de ladite paroiffe, qui condamne lefdits habitants à *jeter* (1) la dîme à la onzième pour les

---

(1) On comptoit les gerbes & on jetoit la dixième pour le décimateur.

fonds qu'ils y possèdent, autres toutefois que ceux qui fe trouvent confufément reconnus tant pour cenfive que pour dîme, ou pour cenfive & dîme, & leur fait défenfe d'enlever à l'avenir leurs gerbes & autres fruits décimables, fans avoir préalablement averti le prieur ou fes prépofés, conformément aux arrêts de réglement, fous les peines portées par eux.

AVEIZE. — Paroiffe en toute juftice, aux environs de Chazelles-fur-Lyon.

Camille d'*Arefte* en a prêté l'hommage le 5 feptembre 1754, enfemble de Saconay. (Voyez au mot *Saconay*.)

AZIEU. — Fief dans les paroiffes de Sury-le-Comtal & Précieu, appartenant à l'*abbaye de la Seauve-Clavas*, ordre de Cîteaux, en Velay. (Voyez au mot *la Seauve*.)

AZOLES. — Fief franc-alleu, en la paroiffe de Saint-Haon-le-Vieux, & confifte en une maifon, grange, terres & bruyères, un petit étang appelé le *Carré d'Azoles*, le tout contigu, de la contenance de fix feftérées ou environ, joignant le chemin de Saint-Haon à Saint-Romain-la-Motte de midi, la rivière de Felerin fluant au long defdits biens, venant de l'étang d'Azoles, de bife, & le pré du fieur Jour de foir.

Claude Mourier, marchand, demeurant audit lieu de Saint-Haon, en a prêté l'hommage le 6 avril 1674, & en a donné le dénombrement, reçu le 26 mars fuivant. (Voyez au mot *la Malinière*.)

BAGNOLS. — Rente noble de Bagnols & celle de *Cachibo*, dans le mandement de Saint-Galmier. Celle de Bagnols fe lève fur les paroiffes de Saint-Galmier, Saint-Bonnet-les-Oules, Chazelles, Maringes & Viricelle, acquife par M. *Jean Dupré*, châtelain à Saint-Galmier, de N. *d'Hoftun*, marquis de la Baume, au prix de 1,500 livres, par contrat du 12 février 1655, reçu Couzu, notaire; & l'autre partie de rente noble, appelée *des Gourdins* & *des Cachibos*, acquife de fieur *Hubert de la Roue*, au prix de 110 livres, affife tant à Saint-Galmier qu'aux paroiffes de Rivas & de Saint-Bonnet-les-Oules.

M. *Jean Dupré*, châtelain à Saint-Galmier, en a prêté l'hommage le 30 décembre 1676, & a donné le dénombrement, reçu le 1er février 1677.

BALICHARD. — Fief, juftice, rente noble, en la paroiffe de Villemontet.

Hector-Jofeph Mathé, receveur des fermes à Saint-Juft-en-Chevalet, en a prêté l'hommage le 14 août 1717.

Claude Mathé de Balichard, avocat, l'a auffi prêté le 2 août 1755, enfemble de Montloup en la même paroiffe.

BALBIGNY. — Paroiſſe, de la ſeigneurie & juſtice du Roi, qui s'exerce à Feurs, à cauſe de la châtellenie de Néronde réunie à celle de Feurs, par édit de décembre 1773. On voit dans cette paroiſſe un ancien monument en pierres, que l'on dit être le tombeau de *Balbinius*, chevalier romain.

Une tranſaction du 17 décembre 1620, reçue Rambaud, notaire, paſſée entre noble *Jacques Coton*, écuyer, ſeigneur de Chenevoux, & les habitants de Balbigny, ſupprime le droit de reconnoiſſance de nouveau ſeigneur & nouveau tenancier, & de père à fils, que le ſeigneur de Chenevoux prétendoit ſur tous ſes emphytéotes qui, pour tenir lieu de ce droit, lui accordent le lods de toutes mutations, hors celle de père à fils, au troiſième denier de tous les fonds mouvant de la directe. On y rappelle les franchiſes de Néronde.

D'après cette tranſaction, on a découvert qu'un premier terrier gardoit le ſilence ſur le droit de reconnoiſſance, & le lods ſtipulé au troiſième denier eſt rentré ſous le droit commun, c'eſt-à-dire au ſixième denier. M. *Dulieu de Chenevoux* s'eſt préſenté dans toutes les occaſions à la réformation de cet acte de tranſaction.

Le terrier *Ruini* de Saint-Marcel, de 1300, opère une décharge de ce droit exorbitant, & dans la tranſaction ci-deſſus rapportée le ſeigneur de Chenevoux y diſoit qu'il a vu pluſieurs fois combien la levée & perception de ce droit redouble l'affection des enfants & parents, après le décès des pères & mères, & incommode leurs affaires.

BARD. — Paroiſſe de *Bard*, de la ſeigneurie & juſtice d'Ecotay & Beauvoir. (Voyez au mot *Ecotay*.)

BARD. — Prieuré de Bard, en la paroiffe du même nom, en commande fous le titre de Saint-Jean-de-Bard, ordre de Saint-Benoît, à la nomination de l'abbé de *Manlieu* en Auvergne, juftice d'Ecotay; confifte en dîmes, rente noble, maifon, bois.

M. *Gafpard de Pingon*, comte de l'églife de Lyon, prieur actuel.

BARD. — Rente noble de Bard & d'Henry-Beauvoir, en la paroiffe de Bard.

M. *Claude-André Dupuy*, confeiller au fiége de Forez, à préfent M. *Dupuy* fon fils, maître particulier des eaux & forêts à Montbrifon, & enfuite tréforier de France à Grenoble.

BARAILLON. — Rente noble de Baraillon, fonds allodiaux du domaine du même nom, en la paroiffe de Saint-Prieft-Boiffet.

M. *Germain Ducruet*, fecrétaire du Roi à Paris, au nom de fes enfants, héritiers de *Marie-Anne de Pierrefeu* leur mère, eft en poffeffion.

En 1225, *Guy, comte de Forez*, concéda le fief de Baraillon, fitué dans la paroiffe de Boiffet-Saint-Prieft, mandement de Monfupt, avec toute feigneurie, & fe réferva feulement l'hommage.

Les propriétaires fucceffeurs ont réuni une partie de rente noble.

BAS-EN-BASSET. — Paroiſſe dépendant du fief en toutes juſtices de Rochebaron. (Voyez au mot *Rochebaron*.)

La paroiſſe de Bas, ſituée ſur les deux rives de la Loire, à une lieue de Moniſtrol, eſt d'une étendue conſidérable, & compoſée pour le régalement de la taille, de onze parcelles.

BATAILLOU. — Château, fief en toute juſtice, en la paroiſſe de Saint-Marcellin, fief de *la Lande*, en la même paroiſſe, rentes nobles de Chenereilles & *du Moncel*, fonds allodiaux.

Jacques de Pouderoux, écuyer, lieutenant général au ſiége de Forez, avoit acquis de *Charles-Ignace de la Rochefoucauld*, marquis de Rochebaron, & de dame *Magdeleine d'Eſcoubleau de Sourdis* ſon épouſe, en démembrement de la ſeigneurie de Saint-Marcellin, la haute, moyenne & baſſe juſtice du fief de la Lande, la dîme-ſervis, dans l'enclave déterminé, au prix de 3,000 livres; le premier contrat du 16 avril 1691, reçu Coulomb & ſon confrère, notaires à Paris; & le ſecond du 1ᵉʳ janvier 1692, reçu Pitat, notaire à Sury, ce qui a formé la ſeigneurie de Bataillou.

Le château de Bataillou fut bâti en 1706 par *Michel de Pouderoux*, fils de *Jacques;* ce qui fit négliger la maiſon de la Lande, dont il ne reſte que les veſtiges.

Jean Albanel, bourgeois de Lyon, qui avoit acquis de dame *Marianne Guichard*, veuve de M. *Antoine de Pouderoux*, par contrat du 11 juin 1719, reçu Pachat & Péronnet, notaires à Lyon, en a prêté l'hommage le 13 mars 1720.

Dame *Marianne de La Roue*, veuve de Jacques de *Forcieu de Rochetaillée*, a acquis de l'Hôpital & Charité de Lyon, le 1ᵉʳ ſeptembre 1736, reçu Durand & ſon confrère, notaires à Lyon, & en a prêté l'hommage, & de la Lande, le 12 janvier 1737.

M. *Antoine Boyer du Moncel*, écuyer, a prêté l'hommage de ſes terres

& feigneurie de Bataillou, la Lande, rente de Chenereilles & du Moncel, le 26 novembre 1776. (Voyez au mot *la Lande*.)

<small>Le poffeffeur actuel, M. *Xavier Boyer du Moncel*, eft le petit-fils de ce dernier.
(*Note de l'éditeur*.)</small>

BAYARD. — Rente noble appelée *de Bayard* & *des Perrelong*, aux environs de la ville de Saint-Etienne, unie à la maifon de Bayard, paroiffe de Sorbiers, mandement de la châtellenie de la Tour-en-Jarez.

M. *André Frotton d'Albuzy*, écuyer, avocat en Parlement, fils d'*Ifaac Frotton fieur de La Sablière*, confeiller au parlement de Dombes en 1732, fut poffeffeur, & a cédé à *Madame d'Apinac*, fa fille unique & héritière.

BEAUCRESSON. — En toute juftice, paroiffe de Renaifon. *Jérôme Goyet de Livron*, écuyer, receveur des tailles à Roanne, feigneur de Taron, en a prêté l'hommage, & a acquis la feigneurie de Beaucreffon de *Claude-Marie, marquis de Damas*, & de dame *Marie-Claude-Gilberte de Drée* fon époufe, par contrat du 27 août 1761, au prix de 85,000 livres, reçu Ducarre, notaire.

Ledit fieur *Goyet* l'a renouvelé, à caufe du joyeux avénement du Roi à la couronne, le 7 feptembre 1776. (Voyez aux mots *Taron, Renaifon*.)

BEAULIEU. — Domaine en franc-alleu, exempt de dîmes, affranchi par les *seigneurs de Saint-Priest*, dans la paroisse de Notre-Dame de Saint-Etienne.

BEAULIEU. — Couvent, prieuré de Beaulieu, de l'ordre de Fontevrault, dans la paroisse de Riorges en Roannois, avec justice dans le hameau ; fondé en 1115 par les seigneurs de la maison de Roanne & de Saint-Haon, confirmé par Humbert, archevêque de Lyon, du consentement de *Guy*, comte de Forez.

Pons, abbé d'Ainay, céda à ce prieuré tout ce qui lui appartenoit, à cause de son prieuré de Riorges; *Sibille de Beaujeu* & le seigneur de Montmorillon, ont également donné les dîmes qui leur appartenoient, appelées de *Baschan* & *Bagnolet*. Le pape *Calixte II* approuva cette fondation par sa bulle des calendes de février 1120, & les priviléges & les biens furent encore confirmés par *Reynaud de Forez*, archevêque de Lyon.

BEAULIEU. — Rente noble de Beaulieu, en la paroisse de Rivas, avec réunion du domaine direct au domaine utile, acquise par M. *Jean-Marie Roux de la Plagne*, avocat du Roi en ce siége de Montbrison, de M. le comte de *Rostaing*.

BEAUREGARD. — Rente noble de Beauregard acquise par M. *Pierre Beraud*, procureur à Montbrison, le 29 mars 1581, reçu Vital, notaire, au prix de foixante écus d'or fol, & fe lève à Montbrifon & en la paroiffe de Verrières. Elle confifte : argent 19 f. 5 d. ob. v., feigle cinq bichets, avoine fix ras, gélines trois, vin demi-quarte, avec la dîme fur deux vignes.

Demoifelle *Germaine Beraud*, fille, demeurant à Montbrifon.

BEAUREVERD-LA-BOULENNE. — Dans la paroiffe de Mornand, château en toute juftice, fief rappelé dans le préambule du terrier Chercot, de la châtellenie de Chambéon de 1680.

Pierre Reynaud, feigneur de Beaureverd, en a prêté l'hommage le 10 mai 1755.

Ledit fieur *de Beaureverd* l'a renouvelé, à caufe du joyeux avénement du Roi à la couronne, le 14 décembre 1776.

Ponchon ou *Poncet de Rochebaron*, feigneur d'Uffon, fit hommage au comte, le 27 février 1248, du mas de la Boulenne.

Je crois qu'il y a ici erreur dans ce dernier paragraphe, parce qu'il exifte fur le territoire de la commune d'Uffon, un village nommé *le Mas de Boulenne*, qui eft celui dont Poncet de Rochebaron rendoit naturellement hommage.

Au refte, ce nom de *Boulenne, la Boulenne*, eft très ancien dans le pays & défigne deux localités, l'une à Mornand, l'autre à Uffon, fituées fur la voie romaine de *Forum* (Feurs) à *Segodunum* (Rhodez), & qui prit plus tard le nom de *via Bolena, chemin de Bolenne*. On la retrouve fous cette qualification dans les anciens titres & terriers.

Quant à Beaureverd, ou mieux Beaurevers, après avoir été poffédé par la famille *Duguet*, il eft aujourd'hui le patrimoine de M. *Souchon du Chevallard*, l'une des plus dignes notabilités du département. (*Note de l'éditeur.*)

BEAUVOIR. — Fief de Beauvoir, château, rente noble, en la paroiffe d'Arthun, rente de *Colombette*, en la paroiffe de Saint-Juft-en-Bas &

Saint-Bonnet-de-Coureau; en celle de Saint-Laurent-en-Solore, rente de Charange.

Claude de Girard, écuyer, fieur de Beauvoir, en a prêté l'hommage le 29 août 1722.

La rente de *Colombette* vendue par M. *de Rochefort*, héritier dudit fieur de Girard, au fieur Chazelle, marchand à Lizey, en 1749.

M. *Antoine-Camille de Rochefort*, écuyer, eft le poffeffeur actuel de Beauvoir par héritage des Girard, vers 1747. (Voyez aux mots *Buffy*, *Colombette*.)

BECLANDIERE. — *Beclandière, Bourrelière & partie de l'Efpinaffe*, en toute juftice, paroiffe de Changy en Roannois.

M. *Pierre Terrey*, procureur général en la Cour des aides de Paris, en a prêté l'hommage le 28 juin 1757.

Antoine-Jean Terrey, chevalier, confeiller du Roi en fes confeils, maître des requêtes ordinaire de fon hôtel, intendant à Lyon, poffeffeur actuel. (Voyez au mot *Changy*.)

BELLEGARDE. — Paroiffe de Bellegarde, en toute juftice, fief de *la Liègue* & de *la Roche*.

La terre & feigneurie de Bellegarde, qui comprend les paroiffes de Bellegarde, celle de Maringes, parties de celles de Saint-André-le-Puy, de Virigneu & de Saint-Cyr-les-Vignes, fut vendue par le *connétable de Bourbon* au baron de *La Liègue*, au prix de 4,000 livres, en 1516.

Jean d'Aubarède, écuyer, qui avoit acquis de *Geneft de Vinols*, par contrat du 20 décembre 1690, en a prêté l'hommage le 14 juillet 1717.

M. *Annet Ranvier*, confeiller en la fénéchauffée & préfidial de Lyon, en a donné le dénombrement, reçu le 2 mai 1730, qui eft en feuille volante aux archives.

BELLEGARDE. — Prieuré de Bellegarde, en la paroiffe du même nom, confiftant en biens-fonds, dîme fur plufieurs paroiffes, cens & fervis.
 François de Rochefort, écuyer, prévôt d'Ainay, prieur commendataire, en a prêté l'hommage le 22 feptembre 1722.

BENISSONDIEU. — La Béniffondieu, abbaye royale de filles de l'ordre de Cîteaux, & dépendant de Clervaux, en la paroiffe de Briennon, à trois lieues de Roanne, étoit auparavant une abbaye d'hommes fondée le 9 feptembre 1138, par les foins de faint Bernard lui-même & de fon difciple Albéric. *Claude de Néreftang* en fut le dernier abbé commendataire, & permuta, fous le bon plaifir du Roi, du Pape & du Chapitre général de Cîteaux, avec *Françoife de Néreftang* fa fœur, abbeffe de Megemont en Auvergne. La tranflation en fut faite le 3 juin 1611.
 Vers l'an 1140, *Hugues d'Ecotay* avoit donné à cette abbaye divers droits de pâturage, chauffage, dans fes bois, & même la faculté d'en prendre pour bâtir les cellules des religieux, à la charge de prier Dieu pour le falut de fon âme. (Voyez au mot *Bigny*.)

BIGNY. — Fief de Bigny en toute juftice, en la paroiffe de Feurs, droit de bac fur la Loire; *Vezelin*, feigneurie en toute juftice, château en ruine.

L'abbaye de la Béniffondieu, puis *les Thoynet*, vers 1760, qui firent bâtir le château de Bigny & en prirent le nom. (Voyez aux mots *Béniffondieu*, *Vezelin*, *Croël*.)

BOEN. — Boën, ville, *Arthun*, *Palognieu*, *Chorignieu*, *fief de la Tour*, en la paroiffe de Balbigny.

Amédée, *feigneur de Couzan*, Boën & Arthun, petit-fils d'*Hugues de Damas*, fit clore de murs, en 1320, la ville de Boën, avec la permiffion du Roi & du Comte de Forez.

On trouve dans les archives, & en feuilles volantes, un dénombrement de Couzan & de Boën donné par *Claude de Couzan-Ladvieu*, en 1540.

Le feigneur de Boën avoit obtenu, en 1510, des lettres-patentes portant établiffement d'un marché dans ladite ville pour le jeudi de chaque femaine.

Par contrat du 8 mars 1634, reçu de Vital-Montginot, notaire, *Louis de Saint-Prieft*, feigneur de Couzan & de Saint-Etienne, vendit à *Gilbert de Rivoire*, feigneur du Palais, la terre & feigneurie de Boën en toute juftice, comprenant ladite paroiffe de Boën, *le Mas*, villages de *l'Argentière* & *Leignieu*; l'acte porte les confins de ladite juftice & feigneurie.

Annet de Châtillon, écuyer, donataire de Sibille *de Châtillon*, légataire de *Jacques de Paulat* qui avoit acquis les fiefs de *Montarboux*, *Palognieu* & *Chorignieu*, d'*Antoine de Saint-Polgues*, par contrat du 9 mars 1656, en a prêté l'hommage le 9 février 1674, & en a donné le dénombrement reçu le 25 février fuivant.

La feigneurie de *Montarboux* a été acquife & réunie à celle de *Chalmazel* en 1744. (Voyez au mot *Chalmazel*.)

La feigneurie de *Palognieu*, où il y avoit anciennement un château en toute juftice fur la paroiffe de Palognieu, eft limitée de tous côtés par la feigneurie de *Couzan*.

La juftice haute, moyenne & baffe du village de Chorignieu, paroiffe de Trélins, eft limitée du côté de midi par celle de la châtellenie de Marcilly-le-Châtel, & fes autres confins font portés aux actes de tranfmiffion.

Le fief de *la Tour-Charrette* en la paroiffe de Balbigny. *Jacques Punctis* en a donné le dénombrement reçu le 14 novembre 1650, qui eft dans les archives en liaffe.

Gilbert de Camus, écuyer, a prêté l'hommage de Boën, Arthun, Montarboux, Palognieu, Chorignieu, & du fief de la Tour, le 28 avril 1722.

Louis-François-Marie Punctis de la Tour, écuyer, a prêté l'hommage de Boën, Palognieu, Chorignieu & la Tour, le 15 février 1754.

Le même l'a renouvelé, à caufe du joyeux avénement du Roi à la couronne, le 3 décembre 1776.

Claude de Lévis, baron de Couzan, feigneur de Feugerolles, Curraize, Châlain-d'Uzores, Champ, Nervieu, & de Châlain-le-Comtal, a obtenu des lettres d'érection d'un collége en la ville de Boën & de réunion des revenus des confréries dudit Boën, de Marcilly, Marcoux, la Boutereffe, Montverdun, Saint-Juft-en-Bas, Sail-de-Couzan, Chandieu, Châlain-d'Uzores, Châlain-le-Comtal, Champ & Arthun, du roi Charles IX, données à Moulins le 8 février 1566, confirmées par autres lettres-patentes du 7 feptembre 1595.

Autres lettres-patentes du mois de juin 1717, obtenues par les habitants de Boën, qui autorifent le feigneur à percevoir un droit de laide fur tous les beftiaux que l'on amène aux quatre foires de l'année en ladite ville.

MM. *de Chabert*, d'ancienne & honorable famille du Comtat, par leur alliance avec les *Punctis*, les ont remplacés de nos jours dans leurs poffeffions de Boën. M. *de Punctis*, dernier feigneur, périt sur l'échafaud révolutionnaire à Lyon, en 1794. (*Note de l'éditeur.*)

BOISSET-LES-MONTROND. — Paroiffe. (Voyez au mot *Montrond*.)

BOISSET-SAINT-PRIEST. — Annexe de St-Prieft. (Voyez au mot *Montfupt.*)

BOISSET-LES-TIRANGES, *Tiranges* & *Chaumont* en toute juftice, fief de *Montagnac* & *Fournier*, rentes nobles, dîmes inféodées.
Louis de *Gayardon*, chevalier, en a prêté l'hommage le 11 juin 1722.

BOISVERD. — Fief de Boifverd en la paroiffe d'Epercieu. *Marc-Antoine Duboft de Boifverd* en a prêté l'hommage le 18 juin 1674, & en a fourni le dénombrement, reçu le 7 juillet fuivant.
Ce fief confifte en un château en ladite paroiffe d'Epercieu, colombier, jardin, moulin, bois taillis, dîmes, rentes en directe, garenne; en un domaine dont partie des fonds font mouvants de ladite directe, le furplus de la mouvance du Roi & de l'abbaye de Cluny, à caufe de fon prieuré de *Pouilly-lès-Feurs*, dîmes, droit de pêche dans la rivière de Loire, depuis le port de Nervieu jufqu'au port Colomb, avec droit d'alluvion dans toute l'étendue dudit fief; au droit de collation d'une prébende, fous le vocable de St-Jacques, qui fe deffert dans la chapelle dudit feigneur de Boifverd, en l'églife de Pouilly; au droit alternatif de collation avec la dame *de Peluffieu* & le feigneur *de Pravieux*; d'une autre pré-

bende qui fe deffert dans la même églife; un autre domaine acquis en franc-alleu du feigneur de la Salle-Genouilly.

BOISVERD. — Prébende ou commiffion de meffes de Boifverd, à la nomination du feigneur de Boifverd dont il a été fait mention ci-deffus, au mot *Boifverd*, & a pour dotation une rente noble qui fe perçoit dans la paroiffe de Valeilles & aux environs.

M. *Punctis*, chanoine à Montbrifon, prébendier.

BONLIEU. — Abbaye royale de filles, ordre de Cîteaux, en la paroiffe de Boën, fief, domaine, dîme, rente noble.

Cette abbaye fut fondée par la maifon *d'Urphé. Reynaud de Forez*, archevêque de Lyon, accepta la fondation environ l'an 1214.

En 1267, le comte de Forez accorda à la maifon de Bonlieu & aux hommes de cette maifon, reçus en albergement, l'exemption de collecte de taille; cinq fous à prendre fur Montbrifon, pour l'entretien d'une lampe & pour l'entretien de l'office divin; comme auffi la permiffion de chaffe dans l'étendue fixée, & de pêche dans la rivière de Lignon.

On voit dans l'églife de Bonlieu un beau maufolée que *Claude d'Urphé*, gouverneur des enfants de France, fit élever en marbre blanc & noir en 1543.

BONNEVILLE. — Rente noble de *Bonneville* en la paroisse de Bourg-Argental.

Gabriel-Joseph de La Rochette, écuyer, en a prêté l'hommage le 23 juin 1688, & en a donné le dénombrement le 15 décembre 1692.

Cette rente noble fut acquise par *Paul de La Rochette*, écuyer, d'*Antoine-Jacques Bayle de Foy*, seigneur de la Bastie, fils de noble Guillaume de Foy & d'Elisabeth Pozol sa femme, par contrat du 14 juillet 1647, reçu Cellière, notaire royal, & consiste : en argent, quinze livres sept sous trois deniers; froment, deux sestiers, le sestier composé de quatre quartes, la quarte pesant ordinairement quarante-deux livres; seigle, trente-un sestiers sept pugnerées & demie, le sestier aussi composé de quatre quartes & la quarte de huit pugnerées, la quarte pesant ordinairement quarante livres; avoine, trente-quatre sestiers quatre pugnerées deux tiers, le sestier composé de six ras & le ras de huit pugnerées, le ras pesant ordinairement dix livres; gélines, vingt-six & un tiers; cire, une livre sept onces; noyaux, deux tiers de quarte & deux tiers de pugnerée; corvée, une; journée d'homme, une; cinq chevreaux & un tiers, le tout quérable avec directe simple; *lods, mi-lods, prélation*, & autres usages de la châtellenie d'Argental.

Henry de La Rochette, écuyer, sieur de Baubignieu, en a prêté l'hommage le 5 mai 1761.

André-Christophe de La Rochette de Montgillier, écuyer, chevalier de Saint-Louis, ancien lieutenant-colonel du régiment de Provence, a prêté l'hommage de ladite rente noble le 25 mai 1774, en conséquence de la remise de fidéi-commis que lui a faite *Claude de La Rochette*, écuyer, par acte du 29 octobre 1754.

Claude-Victor de La Rochette, écuyer, officier au régiment de Monsieur, héritier universel institué d'André-Christophe de La Rochette, son père.

BONVERT. — Fief de Bonvert, dans la paroisse de Mably. *Claude-Mathieu de Damas* en a prêté l'hommage le 20 août 1754.

Cé fief confifte au château de *Bonvert*, fonds en dépendant, vendu par ledit fieur de *Damas d'Audour*, le 7 mars 1774, par acte reçu Cramponne, à fieur Claude de *Barthelot de Rambuteau*, lequel a élu en ami, par acte du 15 avril fuivant, reçu Mivière, notaire, *Pierre-Emmanuel Dumirat*, écuyer.

BOURG-ARGENTAL. — Bourg-Argental, ville, châtellenie royale, aujourd'hui fous le titre de bailliage.

Jean de Bourbon, évêque du Puy, avoit acheté cette feigneurie de *Marguerite de Montchenu*. Ce prélat l'a remife au *comte de Forez*, fon neveu, par acte du 25 juin 1481. Elle fut réunie au Domaine, comme faifant partie du comté de Forez.

Cette châtellenie fut engagée en 1543 à Jean *de Juffac*, feigneur de *Noharet*.

François-David Bollioud, chevalier, prit cette châtellenie en engagement, dont il fit enregiftrer le contrat le 16 août 1761, & prêta le même jour l'hommage de *St-Julien-Molin-Molette*.

Ledit fieur *Bollioud de St-Julien*, feigneur de *Fontaine-Françoife*, Chaume, Fontenelle, Chazeuil, receveur général du Clergé, a échangé avec vingt arpents de bois de haute-futaie en la forêt de *Sénonche* (en Perche), remis au Roi, qui lui a donné en contre-échange la baronnie de Bourg-Argental, par contrat du 29 mars 1772, reçu Duclos-Dufrefnoy & fon confrère, notaires au Châtelet de Paris.

Ledit fieur *Bollioud* a préfenté requête pour être reçu à l'hommage de ladite terre échangée avec le Roi, &, par ordonnance du 17 décembre 1777, il a été furfis jufqu'à ce que ledit échange eût été confommé.

(Voyez aux mots *St-Julien-Molin-Molette* & *Burdignes*).

Le *bois de Montviol* ou *Paradis*, hêtres, de 323 arpents, dépendoit de cette châtellenie.

BOURG-ARGENTAL. — Maifon allodiale, fours banaux au Bourg-Argental, rente noble de Jarnieu, Vernas, quelques articles de la rente des Giraud & de M. *Jean Palerne*, ufage d'un bois taillis dans la terre de Montchal.

M. *Pierre Bollioud*, lieutenant particulier au Bourg-Argental, & demoifelle *Elifabeth Bollioud*, en ont prêté l'hommage le 11 mai 1681, & ont donné le dénombrement, reçu le 12 janvier 1693.

Un arrêt rendu au Parlement de Paris, le 3 feptembre 1650, entre *Marie Royer*, veuve d'*Achille Lebon*, écuyer, & *François de Faÿ*, feigneur *de Gerlande & Montchal*, maintient le feigneur de Montchal en la poffeffion en plein fief, foi & hommage du fief de *Vernas*, & condamne ladite veuve Lebon à en faire la foi & hommage & fournir le dénombrement & aveu.

BOURG-ARGENTAL. — Rente noble qui fe lève en la paroiffe de Bourg-Argental & aux environs.

Dame *Marthe de Cuffon*, veuve & héritière fidéi-commife de noble *Jofeph de Mayol*, lieutenant au fiége de Bourg-Argental, en a prêté l'hommage le 12 novembre 1688, & en a donné le dénombrement, reçu le 13 feptembre 1689.

BOURRELIERE. — Bourrelière, fief en toute juftice, en Roannois, paroiffe de Changy. (Voyez ci-devant au mot *Beclandière*.)

BOUTHEON. — Château, paroisse de Bouthéon, paroisse de *Meys*, *Miribel* & *Périgneux*, aussi paroisse en toute justice, rente égarée appelée de la *Merlée de Bouthéon*.

La seigneurie de Bouthéon étoit possédée par les seigneurs de *Montboissier*, qui la vendirent à *Jean, duc de Bourbon*, comte de Forez, pair, chambellan & connétable de France, décédé sans postérité, le 1er août 1487.

Ce duc de Bourbon en avoit fait donation, en 1486, à *Mathieu de Bourbon*, son fils naturel, qui fit bâtir le château.

Louis de Gadagne d'Hostun en a prêté l'hommage le 12 mars 1674, en a fourni le dénombrement, ensemble des rentes nobles de *Serres*, de *Curraize*, unies à Bouthéon, rente *d'Ecoleize* avec une dîme, le 12 mars 1675.

Gilbert de Gadagne d'Hostun en a prêté l'hommage le 27 juin 1722.

La maison de *Gadagne* étoit originaire de Florence. Au commencement du quinzième siècle, deux frères vinrent s'établir à Lyon, se livrèrent au négoce, & quelques-uns de leurs descendants furent échevins. Les Gadagne s'étant enrichis, *Guillaume* continua dans sa jeunesse le commerce sous le nom des héritiers Gadagne, & le quitta. Il épousa une fille de la maison *d'Albon de Sugny*, en Forez. Il fut sénéchal de Lyon, lieutenant de Roi dans la province & chevalier du Saint-Esprit en 1597; il ne laissa que des filles, la troisième mariée à *Antoine d'Hostun* institué héritier par son grand-père maternel, à la charge de porter le nom & les armes des Gadagne. Le comte *de Verdun*, son petit-fils, lieutenant de Roi en Forez, a recueilli la substitution qui consistoit aux terres de *Verdun* en Bourgogne, *Bouthéon*, *Meys*, *Périgneux* & *Miribel* en Forez. Sa fille, mariée en 1704 au fils du comte *de Tallard*, son cousin-germain, tué la même année, se remaria au comte *de Pons*.

Les priviléges accordés aux étrangers leur conservoient en France la faculté qu'ils avoient en leur pays de négocier sans déroger à leur noblesse.

Louis-Henry de Pons d'Hostun, marquis de Pons, comte de Verdun, en a prêté l'hommage le 15 avril 1761.

FIEFS DU FOREZ.

BOUZON. — Rente noble de *Bouzon*, en la paroisse de Juré, consiste : en argent, cinquante sols dix deniers ; froment, huit bichets trois quarts ; seigle, trois sestiers ; orge, huit bichets ; avoine, soixante ras ; plus avoine, quatorze combles ; gélines, treize ; poivre, trois livres ; cire, trois livres & demie ; vin, vingt quartes ; foin, deux faix deux tiers ; charrois, deux ; manœuvres à cheval, deux ; manœuvres, deux ; droit de prélation.

Claude Janet, sieur *de Serre*, en a prêté l'hommage le 19 mars 1674, & a fourni le dénombrement, reçu le 25 septembre suivant.

M. *Jean-Baptiste Fonthieuvre*, notaire à Saint-Just-en-Chevalet, en a prêté l'hommage le 6 septembre 1754.

BUFFERDAN. — Fief de *Bufferdan*, en la paroisse de Saint-Martin-la-Sauveté. (Voyez ci-devant, au mot *Aix*.)

BUFFERDAN. — Rente noble de *Bufferdan*, qui se lève dans la paroisse de Saint-Just-en-Chevalet & autres voisines, acquise par *François-Marie-Vital Ramey*, chevalier, seigneur de *Sugny*, *Arfeuilles*, de M. *Louis Jovine*, prébendier de ladite prébende de *Bufferdan*, fondée sous le vocable de Saint-Blaise, en la paroisse de Grézolles, moyennant la rente annuelle & foncière de 220 livres, payable à la fête de Noël de chaque année. La vente approuvée par *Joseph de Monteynard*, marquis de *Montfrain*, sénéchal de Nîmes & Beaucaire, seigneur comte de *Souternon*, en cette qualité patron de ladite prébende, par acte du 27 octobre 1770. (Voyez au mot ci-après *Sugny*.)

BULLION. — Dîme inféodée dans l'étendue du domaine du *Bullion*, en la paroiſſe de Chambéon.

André Duguet, écuyer, en a prêté l'hommage le 10 juin 1722, enſemble de la rente noble appelée du Palais & du Clapeyron, en la paroiſſe de Saint-Cyr-les-Vignes & aux environs. (Voyez au mot *Clapeyron*.)

André Duguet, chevalier, ancien garde du Roi, l'a prêté pour le fief du Bullion & celui de Labey, paroiſſe de Saint-André de Montbriſon, le 25 juillet 1782. Une partie des fonds de Labey ont été affranchis de ceux qu'ils devoient au Chapitre de Notre-Dame, l'autre partie eſt reſtée aſſervie; le tout eſt de la juſtice de la Commanderie.

André Duguet étoit fils de *Claude-Antoine Duguet*, conſeiller, avocat du Roi au ſiége de Montbriſon, qui obtint des lettres de nobleſſe le 2 mars 1717.

BULLY. — Paroiſſe de *Bully*, dont partie eſt de la juſtice de *Chantois*, l'autre partie de la châtellenie de *St-Maurice*. (Voyez au mot *St-Polgues*.)

BURDIGNES. — Rente noble de *Burdignes*, qui ſe lève en la paroiſſe du même nom, & en celle du *Bourg-Argental*, *Marlhes* & *St-Geneſt-de-Mallifaux*.

Jean Tardy, ſieur du Bois, avoit prêté l'hommage pour celle de Marlhes & St-Geneſt, en 1639.

Pierre-Claude-Michel de Miſſy, ancien capitaine de dragons, au nom de dame *Marie-Charlotte-Joſéphine Pichon de la Rivoire*, ſon épouſe, l'a prêté le 13 juin 1769.

M. *David-François Bollioud de St-Julien*, receveur du clergé, a acquis tous les biens de la dame *Pichon*, assis sur la paroisse de St-Geneft, appelés *le Bois*, & le 17 septembre 1777 il a prêté l'hommage de la terre & seigneurie de *Burdignes*, démembrée de *Montchal*, qu'il a acquise de *Florimond de Faÿ-Latour-Maubourg*, seigneur de Montchal, par contrat du 19 août précédent, reçu *Percier* & *Fraisse*, notaires royaux. (Voyez aux mots *St-Julien* & *Bourg-Argental*.)

M. *de St-Julien*, très noblement allié à une demoiselle *de La Tour-du-Pin, Lacharce*, mourut cependant sans héritiers de son nom ; & ses possessions considérables à Bourg-Argental & aux environs, furent recueillies testamentairement par son neveu en Dombes & Lyon, le vicomte *Bellet de St-Trivier*, représenté aujourd'hui, dans toutes ses propriétés, par M. son fils, marié à madame *de Grollier*. (*Note de l'éditeur*.)

BUSSIERES. — Paroisse en toute justice. (Voyez au mot *Chenevoux*.)

BUSSY. — Fief seigneurie de *Bussy*, en toute justice, comprend les paroisses de *Bussy* & *Ste-Foi-lès-Villedieu*.

Par acte reçu Falcon, notaire à Moulins, du 10 février 1517, *Madame Anne de France* & *Suzanne de Bourbon* sa fille, comtesse de Forez, femme de *Charles de Bourbon*, connétable de France, auquel lesdites dames promettent de faire ratifier, vendirent à dame *Antoinette de Beauveau*, veuve de messire *Pierre d'Urphé*, chevalier de l'Ordre, grand écuyer de France, les châteaux, terres, seigneuries, châtellenies & villes de Bussy-en-Souternon, au prix de huit mille livres tournois, & sous la réserve de ressort & de la supériorité & hommage envers lesdites dames comtesses de Forez, ainsi que les autres terres & vassaux, ayant justice audit comté de Forez, en sont tenus.

Charles de Bourbon, connétable, donna à *Claude d'Urphé*, écuyer ordinaire du Roi, l'office de capitaine châtelain de Bussy & Souternon; lesdites lettres datées du château de Chantelles, le 13 décembre 1522.

Ces actes de propriété sont des derniers que le connétable ait faits dans le Forez.

En 1610 & le 19 janvier, *Jacques Paillard d'Urphé* donna à M. *Etienne Arnaud*, notaire, l'office de capitaine châtelain de la seigneurie & mandement de Bussy, vacant par le décès de M. *Jean Roux*.

Le Laboureur, dans son histoire des *Mazures de l'Ile-Barbe*, tome II, page 524, en parlant de *Jean de Rostaing*, capitaine châtelain de Sury, dit que cette charge ne se donnoit en ce temps-là qu'à des gentilshommes qui en faisoient l'hommage.

Voir la note de la page X du préambule, & de plus, au mot *Sury*.

Alexis-Jean de Lascaris d'Urphé, marquis du Châtelet, au nom d'*Adélaïde-Marie-Thérèse de Lascaris de la Rochefoucaud d'Urphé*, en a prêté l'hommage, ainsi que d'autres seigneuries, le 6 septembre 1754.

François-Louis-Hector, marquis de Simianne, en a prêté l'hommage le 23 août 1768, sous la dénomination de *châtellenie de Bussy*, unie au *comté d'Urphé*, par lettres-patentes accordées à messire *Anne d'Urphé*, au mois d'août 1578.

Ledit M. *de Simianne* l'a renouvelé, à cause du joyeux avénement du Roi à la couronne, sous la dénomination de *seigneurie de Bussy*, le 3 décembre 1776.

Antoine-Camille de Rochefort, chevalier, a prêté l'hommage de la terre, seigneurie & *comté de Bussy*, domaines, bois, étangs, le 29 juin 1778, & avoit acquis par contrat du 16 janvier précédent, reçu Bourboulon, notaire à Montbrison, au prix de soixante-six mille livres & soixante-six louis d'étrennes, de *Louis-François-Hector de Simianne* & de dame *Marie-Esther-Emilie de Severat*, son épouse. (Voyez au mot *Charange*.)

CERIZET. — Dîme inféodée en grains & autres denrées, appelée *Cérizet*, en la paroiffe de *Boiffet-lès-Montrond*, démembrée de Bouthéon, vendue par *Louis de Pons*, feigneur & gouverneur de Verdun, baron de Louzeac & Bouthéon, feigneur de Meys, demeurant à Verdun, à fieur Jean Brizet, marchand à Bouthéon, au prix de quatorze mille livres, par acte reçu Defgranges & Pourra, notaires à Lyon, le 5 janvier 1779.

CERVIERES. — Ville châtellenie royale de *Cervières*, unie au bailliage ducal de Roanne, comprend les paroiffes de *Cervières, les Salles* fon annexe, *Arconfat, Noirétable, Montvianey, St-Jean-la-Vêtre* fon annexe, *St-Rémy* & *St-Victor-la-Loubière*, un bois fapin & hêtre de 2,829 arpents.

Cervières avoit appartenu à *Reynaud* qui en a prêté l'hommage au comte de Forez en 1297, & *Jean de Paret*, juge de Forez, lui permit, par fon ordonnance de 1307, de donner en fon mandement les mefures de vin, & de connoître des fauffes. On trouve ces actes dans le livre des compofitions du Forez, qui eft aux archives du bureau des finances de Lyon. Le château de Cervières fut bâti en 1181 par le comte de Forez. (Voyez au mot *Roanne*.)

CEZAI. — *Cezai*, annexe d'*Allieu-en-Buffy*, en toute juftice, dépendant de *St-Marcel d'Urphé*, & partie de la châtellenie de *St-Germain-Laval*. (Voyez au mot *St-Marcel d'Urphé*.)

CHALAIN-LE-COMTAL. — Bourg & paroiffe en toute juftice, en latin, *Chanaliacum Comitale*, à deux lieues de Montbrifon, fur la rive gauche de la Loire. Cette feigneurie avoit appartenu aux comtes de Forez, & avoit été l'apanage de leurs filles. (Voyez au mot *Curraize*.)

CHALAIN-D'UZORES. — Bourg & paroiffe de *Châlain-d'Uzores*, en toute juftice, où il y a château. (Voyez au mot *Couzan*.)

CHALAIN. — Rente noble de *Châlain-le-Comtal*, unie à la cure dudit lieu.

CHALENCON. — Terre & feigneurie de *Chalencon*, qui appartient au duc *de Polignac*. Elle eft en grande partie fituée dans le Velay. Il n'y a dans le Forez que la paroiffe de *St-Julien d'Anfe*, & quelques villages dans les paroiffes d'*Uffon* & d'*Apinac*. (Voyez au mot *St-Pal-en-Chalencon*.)

La maifon *de Polignac* eft connue en Velay dans les fiècles les plus reculés.

Le 23 avril 1686, *Sidoyne-Armand-Apollinaire-Gafpard-Scipion de Polignac*, fils aîné de *Louis-Armand*, vicomte *de Polignac*, marquis de Chalencon, comte de Riol & Pléziau, de Rendon & de Rendonnat, feigneur & baron des baronnies de Ceiffac, la Voulte, St-Paulien, Craponne, Baumont, Loudes, St-Pal, Auzein, Sarrac, Solignac, chevalier des ordres du Roi & gouverneur, pour Sa Majefté, de la ville du Puy, & de dame *Jacqueline du Roure*, contracta mariage avec *Marie-Armande d'Arambure*, fille d'honneur de la Dauphine, fille de *Charles, fire d'Arambure, prince de Courtenay*, maréchal des camps & armées du Roi, & de dame *de Berthon*.

Louis-Hercules-Melchior-Armand, vicomte de Polignac, en cette qualité fecond perfonal né, pour la noblefle, aux Etats généraux de la province de Languedoc, premier baron né, aux Etats du Puy, l'un des commiffaires ordinaires du pays, marquis de Chalencon, baron de la Voulte & Loudes, feigneur des villes de Craponne, St-Paulien, de la terre de Claie & autres places, gouverneur du Puy, commandant en Velay, ambaffadeur du Roi auprès des treize cantons fuiffes.

C'eft en ces qualités que M. le *vicomte de Polignac* s'eft fait repréfenter aux Etats du Puy, fuivant le procès-verbal de l'année 1784.

On lit, dans l'Hiftoire générale du Languedoc, que l'on trouve d'anciennes monnoies frappées au coin des vicomtes de Polignac.

La rivière d'*Anfe* fépare le Velay d'avec le Forez. Ce qui eft au nord eft Forez; au midi, c'eft le Velay. Le château de Chalencon eft en Velay.

CHALMAZEL. — Bourg & paroiffe de *Chalmazel*, en toute juftice.

Guy, comte de Forez, permit à *Arnaud de Marcilly* de bâtir une maifon forte, au lieu de Chalmazel, le 1ᵉʳ feptembre 1231, à la charge de l'hommage-lige.

Cette feigneurie a paffé dans la maifon de Talaru, par le mariage de *Béatrix de Marcilly* avec *Mathieu de Talaru*, troifième du nom, en l'année 1364.

Claude de Talaru a prêté l'hommage de Chalmazel, du fief de Chozieu & d'Ecotay, le 3 mars 1674, & en a donné le dénombrement, reçu le 25 feptembre fuivant.

La seigneurie de Chalmazel est en toute justice, en cens, dîmes inféodées, moulins sur la rivière de Lignon, taille aux quatre cas, lods au troisième denier. Cette justice s'étend jusqu'au bourg de St-Just-en-Bas, aux limites de Couzan; au village des Gouttes, limites de Montarboux; à la Forliche, pays d'Auvergne, limites de M. de Turenne; au village de Chancolon, limites de Châtelneuf; lesdites limites de justice de Chalmazel, contiguës, du côté de matin, aux terres de Châtelneuf, Colombettes, Couzan & Palognieu, qui est Montarboux; aux bois & montagnes du seigneur d'Ailly, à la grange de Bard & de Gripet; de bise, à Couzan & terres d'Oliergues, appartenant audit seigneur de Turenne; & de soir, à la montagne & bois dudit seigneur de Turenne.

M. *Louis de Talaru*, chevalier, brigadier des armées du Roi, a prêté l'hommage pour Chalmazel, le 7 septembre 1722.

La seigneurie de *Montarboux*, dont il est parlé au mot *Boën*, a été acquise & unie à *Chalmazel;* elle est chargée d'une fondation annuelle de douze livres dix sous envers les Cordeliers de Montbrison, de celle de quarante sous envers l'église de St-Pierre de la même ville, & d'un sestier seigle aux pauvres de ladite seigneurie. Ce fief de Montarboux est assis sur la paroisse de *Sauvain*, avec justice haute, moyenne & basse, limitée au midi par la montagne de la Richarde, ainsi que de soir, de bise & de matin par les seigneuries de Chalmazel & de Sauvain, & bois de Chalmazel & de Couzan, dits des Mortes, séparés par un ruisseau descendant de la Pierre-Haute, ou Pierre-sur-Haute, &c. (Voir aux mots *Chozieu, Ecotay* & *St-Marcel-de-Félines.*)

Le Forez n'a pas vu sans regret s'éteindre, en 1850, l'une de ses plus illustres & anciennes maisons en la personne de M. le marquis *Louis-Justin de Talaru-Chalmazel*, pair de France, ambassadeur, grand d'Espagne, chevalier du Saint-Esprit, qui, à toutes les qualités dignes de son nom, joignoit un sincère amour de son pays. De sa noble résidence de St-Marcel-de-Félines, si bienveillante pour ses compatriotes, son regard s'étendoit sur son antique & féodal manoir de Chalmazel, possession constante de sa famille depuis l'alliance de 1364 ci-dessus rappelée.

La continuité du haut rang de cette maison s'allioit à ses souvenirs des Croisades, à la pourpre de ses cardinaux, & à toutes les dignités ecclésiastiques, militaires & de cour dont elle avoit été revêtue depuis sa sortie, vers 1100, du lieu sur les confins du Forez & du Lyonnois, qui lui devoit ou dont elle tenoit son nom. (*Note de l'éditeur.*)

CHAMBEON. — Bourg, paroiſſe, châtellenie royale de *Chambéon*, engagée avec St-Galmier & Virigneux à *Madame de Saſſenage*.

La juſtice s'étend ſur les paroiſſes de Chambéon & St-Laurent-la-Conche, & s'exerce à Feurs, depuis l'édit du mois d'avril 1773.

CHAMBLE. — Bourg & paroiſſe de *Chamble*, ſur la rive gauche de la Loire, vis-à-vis St-Victor, à une lieue de la ville de St-Rambert. Le prieur de St-Rambert eſt ſeigneur du clocher; le ſurplus de ladite paroiſſe dépend des juſtices d'Eſſalois & de la châtellenie de St-Victor.

Il y eut un prieuré fondé à Chamble, dans le XIe ſiècle, par un *Beaudiné*, ſeigneur de Cornillon, entre les mains de ſaint Robert, premier abbé de la Chaiſe-Dieu. (*Note de l'éditeur.*)

CHAMBOEUF. — Bourg, paroiſſe démembrée de la châtellenie de St-Galmier, engagée à *Mademoiſelle Dodieu*; mais la juſtice s'exerce à St-Galmier.

Marie-Anne Dodieu, dame engagiſte, en a prêté l'hommage le 4 avril 1781. (Voyez au mot *La Charpinière*.)

CHAMBOEUF. — Prieuré de *Chambœuf*, en la paroiſſe du même nom; conſiſte en rentes nobles.

Les chanoines de l'églife de St-Martin d'Ainay de Lyon, en ont prêté l'hommage le 15 juin 1723.

CHAMBOST. — Paroiffe de *Chamboft*, ci-devant Forez, & à préfent du Beaujolois, enclavée dans le Forez; elle porte la qualification de *Longe-Sagne*.

Au mois de décembre 1229, *Guy, comte de Forez*, & le *fire de Beaujeu*, firent un échange par lequel le fire de Beaujeu remet à notre comte de Forez tout ce qui lui appartenoit fur le château de *Couzan*, &, en compenfation, le comte lui donne en alleu *Chamboft* avec fes appartenances, mandement, feigneurie, feudage & tout ce qu'il peut y prétendre.

En 1273, *Louis de Forez, fire de Beaujeu*, vendit à *Arthaud de St-Germain*, feigneur de Montrond, la feigneurie de Chamboft au prix de trois cent cinquante livres. Elle eft qualifiée de *baronnie*.

Depuis, les divers feigneurs ont réuni différentes rentes nobles, directes, mouvantes du comté de Forez.

M. de Riverieux, feigneur.

<small>MM. *de Riverieux*, de l'une des plus honorables familles de magiftrature confulaire de la ville de Lyon, venue du Bourbonnois fous Henri IV, fe font divifés en deux branches, dont l'une porte le nom de *Chamboft* à raifon de la poffeffion de ladite terre qui eft encore de nos jours fon patrimoine. La branche *de Varax*, feigneurs de la *Duchère*, près de Lyon, n'eft pas moins recommandable, & toutes deux le font par les fervices de magiftrature & d'épée, & le nombre des victimes qu'elles fournirent pour la défenfe de la caufe de l'ordre & de la monarchie dans la crife révolutionnaire de 1793. (*Note de l'éditeur.*)</small>

CHAMP. — Paroiffe de Champ, ci-devant unie à *Châlain d'Uzores*, en toute juftice. Seigneurie vendue par *Louis de Luzy*, chevalier, feigneur marquis de Couzan, à *Bernardin de La Mure*, écuyer, au prix de trente mille livres, par contrat du 13 juillet 1779, reçu Barrieu & son confrère, notaires à Montbrison.

Ledit sieur *de La Mure* en a prêté l'hommage le 20 juin 1782.

CHAMPAGNY. — *Pierre-Fite*, en toute justice, en la paroisse de St-Haon-le-Vieux & St-Riram.

Dame Catherine de Montcorbier, veuve de *Moÿse de Nompère*, chevalier, en a prêté l'hommage le 30 avril 1674, & en a donné le dénombrement, reçu le 26 mai suivant.

La seigneurie de *Pierre-Fite*, dans les paroisses de St-Haon & St-Riram, consiste en un château en masures, trente-deux justiciables & corvéables à l'époque de 1674, & contient, tant en prés, bois que terres, deux cents sestérées.

Les limites de la justice haute, moyenne & basse, de Pierre-Fite & Champagny, sont ainsi décrites, &c., &c.

François de Nompère, chevalier, en a prêté l'hommage le 16 décembre 1699, aux liasses.

Nicolas Nompère de Champagny, écuyer, chevalier de St-Louis, ancien capitaine de cavalerie au régiment Dauphin, lieutenant des maréchaux de France, a prêté l'hommage des fiefs & seigneuries de Pierre-Fite, Champagny & la Motte, en toute justice, le 5 avril 1782. (Voyez au mot *Pierre-Fite*.)

MM. de Nompère de Champagny sont devenus *ducs de Cadore* sous le premier régime impérial. L'un d'eux fut ministre d'Etat, sénateur, grand-officier, puis pair de France. (*Note de l'éditeur.*)

CHAMPDIEU. — Prieuré en la paroiffe du même nom, ci-devant dépendant de l'abbaye de *Manlieu* en Auvergne, ordre de St-Benoît, uni au féminaire de St-Irénée de Lyon, confifte en toute juftice, cens, dîmes, fonds.

Il y a dans ce bourg une maifon d'hôpital qui fut bâtie & fondée par *Pierre de la Baftie*, prieur de Champdieu & de Salt de Couzan, il lui affigne une dîme en grains, vin, légumes & charnage, qui fe perçoit dans les paroiffes de Boën, la Boutereffe & Arthun, qu'il acquit de *Jean & Benoît Chièze*, par contrat du 4 mars 1494, fous les uniques charges de neuf bichets de feigle envers les dames de Leinieu, & de trente quartes de vin valant deux ânées & demie, envers le prieur de Pommiers.

Les feigneurs de Chalmazel & de Couzan font recteurs-nés honoraires de cet hôpital.

CHAMPLONG. — Château & fief de *Champlong*, en la paroiffe de St-Sulpice-lès-Villereft.

Claude du Mirat de Champlong, écuyer, chevalier de St-Louis, demeurant à Roanne, en a prêté l'hommage le 5 mars 1787. Ledit fief lui eft advenu par le décès de Gabriel-Jofeph *du Mirat* fon frère.

CHANCE. — Fief de *Chancé*, en la paroiffe *de Renaifon*, mandement de la châtellenie de *St-Haon-le-Châtel*, confifte en une maifon, grange, fenière, écurie, cour, jardin, terre, prés & vignes, joints enfemble audit lieu de Chancé, de la contenue en tout d'environ trente livrorées, & en vignes fix ouvrées, joignant la rivière de Renaifon de midi, &c., &c.

Jacques Michon, écuyer, en a prêté l'hommage le 31 mars 1674, & en a fourni le dénombrement, reçu le 12 mai fuivant.

Claude-Marie de Berthelas, écuyer, en a prêté l'hommage le 23 décembre 1776. (Voyez au mot *Arpheuillette*.)

CHANGY. — Fief de *Changy*, en Roannois. (Voyez au mot *Château-Morand*.)

CHANGY. — *Rilly*, *Cheveney*, *les Salles*. Nobles *François & Imbert de Faÿ*, frères, vendirent, par contrat du 23 octobre 1561, reçu Marchand, notaire à Lyon, à *Pierre & Jean de La Mure*, frères, cofeigneurs de Chantois, la maifon & feigneurie de Changy, en la paroiffe de Cordelles, confiftant en maifon, grange, garenne, droit de chaffe, rente noble, dîmes, étangs, terres & autres dépendances, la difpofition d'une prébende en l'églife dudit Cordelles, le banc dans icelé & la maifon, cave & cour au château *du Verdier*, au prix de deux mille cent trente-fept livres.

André de La Mure, écuyer, feigneur de Changy, Rilly & les Salles, en a prêté l'hommage le 30 mars 1674, & en a donné le dénombrement, reçu le 12 juin fuivant.

Claude Chapuis, écuyer, chevalier de St-Louis, capitaine au régiment d'Auvergne, en a prêté l'hommage le 31 octobre 1724.

Jean-François Courtin, chevalier, l'a prêté le 3 mai 1755.

CHANGY. — Fief de *Changy*, *Chazotes*, *Malval*, en la paroiffe de St-Héand. (Voyez au mot *Malleval*.)

CHANGY. — *St-Bonnet-des-Quarts*, *St-Riram*, paroiffes en toute juftice.

Dame *Eléonord de Damas-Thiange*, comteffe *du Bourg*, a prêté hommage le 3 février 1674, & a donné le dénombrement reçu le 10 mars fuivant, de la terre & feigneurie de *St-Bonnet-des-Quarts*, confiftant en juftice, cens, rentes, dîme, lods, charrois, manœuvre, au nom & comme tutrice de *Léonard-Marie du Maine* fon fils. Ladite feigneurie, acquife par contrat du 11 février 1597, reçu Martinières, notaire, par Meffire *Geoffroy du Maine*, de M. *Jean Dumas*, & fuivant autre contrat du 1er feptembre 1600, reçu Roffignol, notaire, par Meffire *Antoine du Maine*, neveu & donataire de *Geoffroy*, de *Charles Aurillon*, écuyer. *Guillaume de St-Bonnet* avoit donné le dénombrement de fa terre à *Anne-Dauphine*, comteffe de Forez, le 9 février 1410, figné Rajaffe.

2° Ladite dame a auffi donné le dénombrement de la feigneurie de *St-Riram*, qui confifte en juftice, rente, & comprife dans le même contrat d'acquifition de *Geoffroy du Maine*.

3° D'une rente noble dans le mandement de la châtellenie de Crozet, acquife par ledit *Antoine du Maine* de noble *Etienne Papon*, par contrat du 26 décembre 1627, reçu Arthaud, notaire; & enfin d'une autre rente noble appelée de *Verthalière*, en la juftice de St-Bonnet, acquife de *Gilbert Thévenon*, notaire à Tourzie, par acte reçu *Javogues*, du 8 mars 1659.

Dame *Marie-Antoinette-Charlotte du Maine du Bourg*, veuve de *Louis de Loftange* & *Eléonord-Alexandre de St-Mauris*, comte de *Malbarey*, propriétaires par indivis, en ont prêté l'hommage le 10 mai 1754, & en ont donné le dénombrement.

Louis-Mallo-Gabriel, marquis *de Vauborel*, a acquis la terre & feigneurie de Changy, St-Bonnet-des-Quarts, St-Riram, par acte du 31 mars

1768, reçu Dalin & fon confrère, notaires à Paris, de dame Marie-Antoinette-Charlotte *du Bourg*, veuve de Louis *de Loſtange*, au prix de deux cent onze mille deux cents livres, & en a prêté l'hommage le 5 feptembre 1768.

Ledit fieur *de Vauborel* l'a renouvelé à caufe du joyeux avénement en 1776.

Antoine-Jean *Terrey*, chevalier, confeiller du Roi en fes confeils, maître des requêtes ordinaires de fon hôtel, intendant de Moulins, a acquis Changy, St-Bonnet-des-Quarts & St-Riram, de M. *de Vauborel*, & en a prêté l'hommage pour ce qui eſt en Forez, le 22 octobre 1782. (Voyez au mot *Beclandière*.)

CHANTOIS. — Terre feigneurie de *Chantois*, en toute juſtice.

Pierre de La Mure, écuyer, en a prêté l'hommage le 12 juin 1674, & en a donné le dénombrement, reçu le 25 feptembre fuivant.

La feigneurie de *Chantois*, en toute juſtice, qui comprend la maifon & château, maifon du granger & tous les fonds qui en dépendent; le village des Cottes, paroiffe de Bully & de Dancé, jufques & compris le bois de Silvo, le village de Foave & plufieurs autres maifons où le prébendier Reynaud a une petite dîme & rente relevant de ladite feigneurie; les villages de Claveyfières & plufieurs maifons fur Bully; le village de Chaulme & plufieurs maifons fur Dancé; le village de Souches & autres habitations fur Amions, & généralement où ladite feigneurie prend directe pour Chantois, elle prend juſtice haute, moyenne & baffe; la juſtice du village de Jeuvre, paroiffe de St-Maurice, mais les cas criminels portant peine afflictive, font réfervés aux officiers du Roi; ladite juſtice acquife des comtes de St-Jean de Lyon; ledit village démembré de la terre de Changy poſſédée par le feigneur de Rilly; la maifon ancienne, appelée le *Châteaubas*, en franc-alleu, dîme, étang, terres, prés, rentes nobles des terres à la tâche, à la quatrième, cinquième & fixième gerbe;

la haute, moyenne & baffe juftice fur la maifon du curé de Dancé, mandement de St-Maurice; un moulin appelé *d'Albonat*, fur la rivière de Loire.

Jean-François *de La Mure*, chevalier, en a prêté l'hommage le 3 août 1753; enfemble des rentes de Chanlon, de la Broffe, de Villemontois, du prieuré d'Ambierle, de la prébende de Chazelles, de la rente Merlin, de celle de Ragneu, de celle de la Forgia, de celle de Ste-Croix & de Foudras, de Villeret, de St-Paul-de-Vezelin, de la Béniffondieu, de Ste-Colombe, de Jaquet, des Emonets, de Cremeaux, de Bienavant & du fief & château de St-Maurice en Roannois.

Jufté-Henry *Dubourg de St-Polgues* a prêté l'hommage de Chantois & de la rente appelée Renard, le 6 août 1767, & a acquis Chantois de Jean-Louis *de Foudras de Courcenay*, héritier de Jean-François *de La Mure*, au prix de cinquante mille livres, par contrat du 22 mars 1767, reçu Chatelus, notaire à Roanne.

Ledit fieur *du Bourg* l'a renouvelé à caufe du joyeux avénement du Roi à la couronne, le 23 feptembre 1776. (Voyez au mot *St-Polgues*.)

CHARANGE. — Rente noble de Charange & de Beauvoir, dîmes en la paroiffe d'Arthun.

Antoine-Camille de Rochefort, chevalier, a fait rebâtir à la moderne fon château de *Beauvoir*, arrière-fief de Boën, vers 1780. (Voyez au mot *Buffy*.)

CHARNIAT. — Rentes nobles de *Charniat*, *Neyrieu*, qui fut de *Boisverd* & *la Claire*, en la paroiffe de Chambéon & celle de Feurs.

Gilbert *Chaulce de Chazelles*, chevalier de St-Louis, au nom & comme mari de dame Clémence Rigaud, en a prêté l'hommage le 8 février 1759.

CHARPENEY. — Rentes nobles de Charpeney. (Voyez aux mots *Châtelus, Lafay*.)

CHARPIN. — Rente noble de Charpin. (Voyez au mot *Robertet*.)

CHATEAUBAS. — Fief en franc-alleu de *Châteaubas*. (Voyez au mot *Chantois*.)

CHATEAU-GAILLARD. — Fief de *Château-Gaillard* en la paroiffe de Mornand, acquis de Michel *Nabonan* & de la demoifelle *Chamboduc*, fon époufe, de fieur Juft *Nabonan*, leur fils, & de demoifelle Marie *Aymard*, fa femme, héritière de Marie *Paparin*, fa mère, qui étoit fille de Guillaume Paparin, écuyer, par contrat reçu Chavannes, notaire, du 10 décembre 1717, au profit de M. Philibert *Bourg*, notaire à Montbrifon.

Ledit M. *Bourg* en a prêté l'hommage le 25 mai 1720.

M. Hubert *Bourg*, prêtre, héritier de Philibert *Bourg*, son père, a prêté l'hommage dudit fief, rente noble & dîme, le 19 avril 1755. Il l'a renouvelé à cause du joyeux avénement du Roi, le 14 décembre 1776.

CHATEAU-LE-BOIS. — *Château-le-Bois*, en la paroisse de St-Maurice-en-Gourgois, membre dépendant de la Commanderie de St-Jean de Montbrison, consiste en un château détruit, haute, moyenne & basse justice, dîmes, rentes nobles.

Robert, seigneur *de St-Bonnet*, légua dans son testament à l'*Hôpital de St-Jean de Jérusalem*, à Montbrison, ce château, *castrum de Bosco*, & la moitié de la grande dîme de St-Maurice, & *Guy, comte de Forez*, approuva cette donation, par une charte du mois de juillet 1239. (Voyez au mot *St-Jean de Montbrison*.)

CHATEAU-MORAND. — *La Lière, Damières, Changy, le Vergier*, en toute justice.

Cette seigneurie, située en la paroisse de St-Martin-d'Estraux, est dans la maison de Lévis depuis le mariage d'Agnès *de Château-Morand* avec *Raymond de Lévis*, seigneur de *la Voulte*, du 14 janvier 1422.

François-Philippe-César *de Lévis*, chevalier, marquis de Château-Morand, en a prêté l'hommage le 23 mai 1722.

En 1770, M. *de Lévis-Mirepoix* étoit le seigneur titulaire, & en 1790, lui avoit succédé comme tel, M. le comte *de Lévis-Lerand* dont la descendance nous a donné en madame la marquise *de Roncherolles*, la résidente actuelle du noble siége féodal qui nous occupe.

La baronnie de *Château-Morand*, aliénée anciennement par *les comtes de Forez* à la famille qui en porta le nom & la transmit par alliance, comme il est dit ci-dessus, à l'illustre maison de *Lévis*, devint pour celle-ci un de ses patrimoines héréditaires. Il y eut cependant quelque interruption de possession. Les premiers seigneurs de *Lévis-Château-Morand* finirent dans le XVI° siècle par une héritière du nom de *Gabrielle*, mariée à *Antoine Le Long de Chenillac*, qui recueillit tous ses biens & prit le titre de la seigneurie apportée par sa femme. De cette union naquit encore une fille unique, la célèbre *Diane de Château-Morand*. Elle épousa successivement les deux frères de la maison *d'Urphé*, *Anne* & *Honoré*, après avoir été le passionné sujet de leurs œuvres littéraires. Elle n'en eut pas d'enfant, survécut à son dernier mari, l'auteur de l'*Astrée*, & fit donation de tous ses biens, en 1625, à *Jean-Claude de Lévis*, son parent, cadet de la seconde maison de Couzan, à la charge par lui de porter le nom & les armes de *Château-Morand*. Ainsi se trouvèrent réintégrés les anciens possesseurs.

Diane fut fameuse par sa beauté; mais sa malpropreté, & sa constante habitude d'être toujours entourée de chiens comme sa patronne mythologique, dégoûtèrent d'elle ses maris. Le premier fit annuler son mariage par le Pape, pour entrer dans l'état ecclésiastique, & le dernier se sépara d'elle pour ne conserver de l'hymen que ses fictions poétiques. *Honoré d'Urphé* s'expatria même, & mourut en Piémont en 1625. (*Note de l'éditeur.*)

CHATEL. — Fief de Châtel, dans la paroisse & châtellenie de Cleppé; fief de *l'Aubépin*.

M. le comte *de Thélis*, capitaine aux gardes-françoises.

M. *de Thélis*, le dernier de sa noble & ancienne maison, laissa pour héritier de ses terres de Châtel & de Bourgogne, le comte *de Genestet de St-Didier*, son neveu par alliance. (*Note de l'éditeur.*)

CHATELARD. — *Le Chatelard* ou *la Magnerie*, fief en la paroisse de Pommiers, en toute justice, démembré de la terre & seigneurie de Nervieu.

M. *Dupuy du Chatelard*. (Voyez au mot *Monteillard*.)

CHATELNEUF. — Paroiffe & châtellenie royale de Châtelneuf, qui confifte en toute juftice, fur les paroiffes de Châtelneuf, partie de Roche, Effertines & Lérigneu, fur la paroiffe de St-Bonnet-de-Coureaux, en un vieux château en ruines, en une forêt appelée de l'*Oule*, fapin & hêtre, contenant deux cent dix-huit arpents jeune futaie, quatre à cinq cents arpents de pacquerages appelés de l'*Oule* & de *Coureaux*; c'eft ce qu'on lit dans le préambule du terrier foreftier de cette châtellenie, de 1680.

Les comtes de Forez faifoient élever leurs enfants dans le château de Châtelneuf, fans doute à caufe de l'air pur qu'on y refpire.

Cette châtellenie fut engagée en 1543 à M. *Philippe Hippolyte*, procureur du Roi en la Cour de Forez; elle eft comprife dans l'échange dont il fera parlé à l'article *Montbrifon*. (Voyez aux mots *Montbrifon, Marcilly, Lérigneu, Effertines*.)

CHATELUS. — *St-Denis-fur-Coife*, paroiffe en toute juftice, rente noble de *Charpeney*.

Cette feigneurie fut vendue avec celle de Fontanès & la baronnie de Riverie, en 1513, par le *connétable Charles de Bourbon* à Claude *Laurencin* de Lyon, au prix de quatre mille livres, écus couronnés, valant pour lors cinquante-quatre marcs & demi d'or.

Melchior *Mitte de Chevrières*, marquis de St-Chamond & de Montpezat, comte de Miolans & d'Anjou, chevalier des ordres du Roi, confeiller en fes confeils, lieutenant-général de fes armées, miniftre d'Etat, lègue, dans fon teftament du 15 juin 1649, reçu Boindin & de la Grange, notaires du Roi, en fon hôtel à Paris, à *Léon-François*, fon fils, la terre & feigneurie de *Châtelus*, avec tous les domaines de *Trocéfar* qu'il dit avoir acquis.

Jean & François *Bénéon*, bourgeois de Lyon, en ont prêté l'hommage le 21 mars 1674, & en ont donné le dénombrement, reçu le 12 juin fuivant.

Cette feigneurie confifte en un château au village de Châtelus, en la juftice haute, moyenne & baffe, dans toute ladite paroiffe de Châtelus, fur celle de St-Denis-fur-Coife, & partie de celle de Larajaffe & Coife, fuivant le contrat de vente paffé auxdits fieurs *Bénéon*, le 3 août 1673, par le *comte de Brèves*, feigneur de St-Bonnet-les-Oules, & la dame *de Bartholy*, fon époufe, & en une rente noble portant annuellement argent, vingt livres; froment, vingt bichets; avoine, deux cents ras; orge, fix bichets; conils ou lapins, fix; foin, vingt quintaux.

La rente de *Charpeney* fut acquife par Jean & François *Bénéon*, frères du fieur *de Faÿ*, & Malleval, par contrat du 18 août 1618, reçu Rojeaul, notaire à Lyon; & il eft dit dans le dénombrement de 1692, que les lods font dus au fixième denier, de père à fils, de nouveau feigneur & nouveau tenancier.

Jacques-Pierre *Guillet*, écuyer, a prêté l'hommage le 20 février 1777.

L'honorable famille *Guillet de Châtelus*, à Lyon, où elle s'étoit diftinguée dans l'ancien échevinage, eft encore en poffeffion de cette terre dont elle porte le nom. (*Note de l'éditeur.*)

CHAVANEY. — *Malleval, Virieu*, paroiffes en toute juftice. (Voyez au mot *Malleval.*)

CHAVANNES. — Fief de *Chavannes*, rente noble en la paroiffe de St-Juft-en-Chevalet.

Jeun-Marie *Châftre*, bourgeois de St-Juft, a prêté l'hommage le 22 mai 1722.

Jofeph-Marie *Michel*, notaire à St-Juft, a prêté l'hommage du fief de Chavannes & de la rente noble de *la Mignardière*, en la même paroiffe, le 6 feptembre 1724.

CHAUFFOUR. — Le fiége royal du *Chauffour*, dont la juftice fut autrefois conteftée entre l'*évêque du Puy* & le *comte de Forez*, demeura, c'eft-à-dire la juftice, à *Guy, comte de Forez*, fuivant jugement rendu en la ville du Puy, de l'année 1343, par *Jean Prohant*, fergent d'armes, bailli de Velay, auquel la décifion du différent avoit été renvoyée, par lettres-patentes du roi *Philippe de Valois*, de l'an 1341, à condition par le comte, de tenir un juge particulier fur les lieux; & le même hameau du *Chauffour*, aujourd'hui détruit, fut choifi. *Jean Albi*, fondé de la procuration du comte de Forez, remontra dans la plaidoirie de la caufe, que les paroiffes qui depuis ont fait partie des refforts du *Chauffour, St-Ferriol* & *Bourg-Argental*, avoient été données par *Humbert, dauphin de Viennois*, à *Alix*, fa fille, en la mariant avec *Jean, comte de Forez*, père de *Guy*, en 1296.

L'exercice de la juftice du Chauffour, fut enfuite transféré en la ville de St-Bonnet-le-Château, & enfin la juftice réunie au bailliage de Forez, à Montbrifon, par édit du mois d'avril 1771.

CHAVASSIEU. — *Chavaffieu, Mérigneu*, hameaux & villages dans les paroisses de Lérigneu & Lésigneu, fief *d'Aubigny*, en la paroisse de Sury-le-Comtal.

La seigneurie de Mérigneu étoit comprise avec *Sury, St-Romain* & *Montsupt*, dans l'échange fait entre le Roi et dame Gabrielle *d'Allonville*, veuve de *Guy de Rochechouart*, par acte du 9 avril 1609, reçu Thibaud & Haudessus, notaires à Paris.

Par contrat du 27 janvier 1684, reçu *Challaye*, notaire à Montbrison, Charles-Ignace *de la Rochefoucauld*, marquis *de Rochebaron*, seigneur de *Sury, St-Romain-le-Puy, St-Marcellin, Monsupt, Chenereilles*, en son nom & en celui de dame Madelaine *d'Escoubleau de Sourdis*, son épouse, vend à Joseph-Mathieu *Henrys*, écuyer, sieur de Chavassieu, la justice haute, moyenne & basse, du village de Mérigneu-le-Comtal & la Bruyère, dépendant de la paroisse de Lésigneu, cens, servis, lods, mi-lods & autres droits seigneuriaux qui se lèvent dans le bourg de Lésigneu, villages de Champaney, Valansanges, la Côte, paroisse de Lésigneu, & dans le village d'Arpheuilles & autres lieux de la paroisse de Gumières, & dans la paroisse de Marols & village de Vidrieu, laquelle justice de Mérigneu & la Bruyère, a pour confins, du côté de vent, la rivière de Curraize, & de matin, l'endroit où se joint ladite rivière, avec la rivière de Vidresonne; plus, les cens, servis & autres droits seigneuriaux qui se lèvent dans les villages de Margerie, paroisse de St-Jean-Soleymieux, dont parties sont en justice & comprises dans ladite vente. Il lui vend aussi deux vignes auprès de Sury, franches, libres de toutes charges, cens, servis & droits de dîme, si elles sont dans la dîmerie du vendeur, le tout au prix de mille neuf cents livres, & de payer à sa décharge, au Chapitre de Notre-Dame de Montbrison, ou à la Marguillerie de ladite église, la rente annuelle & perpétuelle de deux sestiers seigle, mesure de Monsupt, & quatorze livres argent; ladite rente due & affectée sur la seigneurie de Monsupt & St-Romain.

Claude-Joseph *Henrys, sieur d'Aubigny*, a prêté l'hommage du fief d'Aubigny le 10 juin 1722.

Jean-Baptiste *Henrys d'Aubigny*, écuyer, a prêté l'hommage du fief d'Aubigny & des terres de Mérigneu & Chavassieu en toute justice, dans les paroisses de Lésigneu & Lérigneu, le 3 août 1753.

Ledit fieur Henrys l'a renouvelé à caufe du joyeux avénement du Roi à la couronne, le 23 décembre 1776, & y a compris les rentes nobles du Poyet, du Soleillant & de Tournon, la montagne de l'Oule, qu'il tient en abénévis du Roi. (Voyez au mot *Aubigny*.)

Jean-Baptifte *Henrys d'Aubigny* eft fils de Léonard-Jofeph Henrys, qui étoit fils de Mathieu-Jofeph Henrys, fils de Claude Henrys, avocat du Roi. Mathieu-Jofeph Henrys avoit obtenu en feptembre 1697 des lettres de confirmation de nobleffe renouvelant celles accordées, en 1618, à *Pierre Henrys*, fon oncle, fieur de Beaulieu & Charlieu (1). Les lettres de confirmation expriment les fervices rendus par notre avocat du Roi.

L'Ordre des avocats de Montbrifon a fait rétablir, en 1786, l'épitaphe de M. *Henrys*, avocat du Roi, placée à l'un des piliers de fa chapelle, dans l'églife du Chapitre de Notre-Dame de Montbrifon, conçue en ces termes :

>*Hic jacet, qui nunquam pro publico jacuit,*
>*Claudius Henrys, Montbrifonenfis in Segufiana curia patronus regius*
>*Vir fimplex ac timens Deum, Themidis oraculum,*
>*Cujus mens fcieniiarum officina, confilio claruit,*
>*Homo Deus de quo mira fcripfit, vitam ejus coronavit,*
>*Anno* 1662.

Le fief de *Chavaffieu*, moins hiftorique que les nobles ruines de *Couzan*, a eu le privilége de rattacher les *Damas* à leur fol natal de Forez ; il a été l'apanage d'une dame *de Damas*, née *Henrys d'Aubigny*. (*Note de l'éditeur.*)

CHAZEAUX. — Ancien couvent de Chazeaux en la paroiffe de Firminy & abbaye de l'ordre de Ste-Claire, fondée en 1331 par dame *Luce*

---

(1) *Beaulieu* étoit une rente noble fur *Rivas*. — *Charlieu*, un petit château à la porte de Montbrifon, vis-à-vis la caferne, aujourd'hui détruit. (*Note de l'éditeur.*)

de Beaudiner, dame de Cornillon en Forez, veuve de noble *Guillaume de Poitiers*. Cette abbaye prit le nom de *Chazeaux* de celui du lieu de sa situation, & passa ensuite dans l'ordre de St-Benoît. Elle fut transférée dans la ville de Lyon en 1623, sous la condition que les religieuses garderoient clôture, vivroient dans la réforme du tiers-ordre, sous la juridiction de l'archevêque. Les anciens bâtiments du monastère primitif subsistent encore, ainsi que la chapelle.

L'abbaye de Chazeaux possède en la paroisse de Firminy & aux environs, une belle rente noble, démembrée de Cornillon, & qui avoit fait partie de sa dotation; des prés, des terres & une redevance considérable sur le prieuré de *Monregard* en Velay.

CHAZELLES-SUR-LYON. — Ville, commanderie de l'ordre de Malte, en toute justice, château, dîmes sur plusieurs paroisses, rentes nobles.

Une transaction du mois de mars 1267, passée entre *Reynaud*, comte de Forez, & *Robert de Montrouge* (de Monte Rugoso), prieur, règle la justice de ladite commanderie, du château de St-Galmier à celui de St-Symphorien, & des châteaux de Meys & de Bellegarde jusqu'à celui de Châtelus.

Gaspard *de la Richardie de Besse*, chevalier, grand'croix de l'ordre, commandeur d'Olois & de Chazelles, colonel commandant du corps des chasseurs de Malte (1788).

CHAZELLES-SUR-LADVIEU. — Paroisse de Chazelles-sur-Ladvieu, château de *la Pierre*, rente noble qui fut de la prébende *du Rousset*, celle qui fut du prieuré de St-Romain, rente acquife du marquis du Palais, rentes appelées de *Pufieu* & de *la Borie*, acquifes du feigneur de *Péliffac*, confifte en la haute, moyenne & baffe juftice, audit lieu de Chazelles-fur-Ladvieu, au village de la Pierre-du-Rond, en celui des Gruyers; laquelle juftice a pour fes aboutiffants, &c., &c.

Claude *Rouzant*, écuyer, en a prêté l'hommage le 12 mars 1674, & en a donné le dénombrement, reçu le 12 mai fuivant.

Jacques *d'Allard*, écuyer, en a prêté l'hommage, enfemble de la rente noble de *Goûtelen*, par lui acquife du fieur *Fauvel*, le 10 juillet 1762.

CHENEREILLES. — Rente noble de Chenereilles, Montverdun, Poizat, démembrée de Chenereilles.

M. *Chriftophe Boyer*, lieutenant-général au bailliage du Chauffour, en a prêté l'hommage le 11 juin 1722. (Voyez au mot *Bataillou*.)

CHENEREILLES. — Bourg, paroiffe de Chenereilles en toute juftice, fief de *la Farge* & de *Meffimieu*.

La feigneurie de Chenereilles faifoit ci-devant partie de l'échange des terres de Montfupt & autres circonvoifines, entre le Roi & *Gabrielle d'Allonville*, veuve de *Guy de Rochechouart*, par contrat du 9 avril 1609, reçu Thibaud & Hautdeffus, notaires au Châtelet de Paris

Cette feigneurie fut vendue à M. *Perrin*, par M. *de Mazenod*, en démembrement de la châtellenie de Monfupt, qu'il avoit acquife de M. *de la Rochefoucauld*.

Elle confifte au château de Chenereilles, en la haute, moyenne &

basse justice, audit lieu de Chenereilles, avec le village d'*Alézieu*, qui est dans le mandement de St-Marcellin. Ladite justice, renfermée & limitée par le ruisseau de Châtelard, tendant à Alézieu, du côté de vent, la rivière d'Ozon, de bise & matin, & le ruisseau de Marcillieu, de soir & bise. Elle consiste encore en rentes nobles, en la maison de *la Farge*, au-dessus du château de Chenereilles, & au fief de *Messimieu*, en la paroisse de Montverdun. Le seigneur a la nomination à une commission de messes appelée *des Meynost*, qui se dessert dans l'église de St-Bonnet-le-Château.

Antoine Perrin, écuyer, en a prêté l'hommage le 5 janvier 1678, & a donné le dénombrement, reçu le 14 février suivant.

Rentes nobles du Palais, de la Roche-Gabillon, de Montarcher, dans les paroisses de Périgneux, St-Maurice-en-Gourgois, St-Bonnet, & au hameau de Jourfey.

Vital Perrin, écuyer, sieur de Chenereilles, en a prêté l'hommage le 25 mai 1720, & a acquis les rentes du Palais & la Roche-Gabillon, du sieur *Chapuis*, par acte du 17 juillet 1719, reçu Challaye, notaire à Montbrison. Celles de Jourfey & de Montarcher, du sieur *Thibaud de Pierreux*, le 12 du même mois de juillet 1719, par contrat reçu Loyauté, notaire à Sury.

Jean-Claude-Vital de Grozeiller, fils de Jean-Claude de Grozeiller, reçu secrétaire du Roi près le Parlement de Grenoble, le 29 juin 1732, & de la dame Perrin, continue la possession.

CHENEVOUX. — Chenevoux, Bussières, en toute justice, fief de Flachas, Thurin, Amarantes, dîmes inféodées, fonds allodiaux.

Claude-François-Eléonord Dulieu, chevalier, en a prêté l'hommage le 7 septembre 1722.

Claude-Eléonord Dulieu, chevalier, l'a prêté le 7 janvier 1763.

Louis-Marie Dulieu, son fils, chevalier, seigneur de Chenevoux, Busfières, Pravieux (1), l'a auffi prêté le 14 octobre 1776. (Voyez au mot *Buffières*.)

CHERCHAN. — Fief de Cherchan en la paroiffe de St-Julien-d'Oddes, qui confifte en un domaine, dîmes, rentes nobles & fonds en franc-alleu, acquis d'Adrien-François *Mallet de la Murette*, par Emmanuel-Gafpard *du Bourg, comte de St-Polgues*, par contrat du 8 juin 1720, reçu Mazet, notaire.

Le 16 juin 1761, par contrat reçu Chamboiffier, notaire à St-Germain, Juft-Henry, comte de *St-Polgues*, a vendu ce fief à fieur Louis *Michon Jouanon*, marchand à St-Germain-Laval.

CHEVENEY. — (Voyez au mot *Changy*.)

CHEVRIERES. — Paroiffe de Chevrières, celles de *St-Médard* & *Avezieu*.

Guillaume *Mitte*, fils de *Pierre*, bailli de Forez, époufa vers l'an 1350 Catherine *de Malvoifin*, héritière de Chevrières; il prit le nom de cette terre, pour fe diftinguer des *Mitte* établis en Dauphiné.

---

(1) *Pravieux*, appartenant anciennement aux *Sacconin*, qui en portoient le nom, eft attenant au bourg de Pouilly-lès-Feurs. Ils étoient auffi feigneurs de Buffières. (*Note de l'éditeur*.)

Françoife *de la Veuhe*, dame de Chevrières, l'a porté en dot à François *Andrault*, marquis *de Maulevrier*, maréchal de camp.

Cette feigneurie en toute juftice, haute, moyenne & baffe, joint la terre de Fontanès de matin & vent, féparée par la rivière de Lagimont-fur-Coife, de bife, la rivière de Coife fervant de féparation & la terre de Gramont auffi, de matin & bife. Elle confifte encore en domaines ou métairies, dîmes inféodées & plufieurs rentes nobles.

Dame Françoife de *Rochefort d'Ailly*, femme de *Laurent de la Veuhe*, chevalier, en a prêté l'hommage & donné le dénombrement, reçu les 6 feptembre 1674 & 24 février 1682.

Jean-Baptifte-Louis *Andrault de Langeron*, chevalier, lieutenant-général des armées du Roi, chevalier de la Toifon-d'Or, ci-devant ambaffadeur en Efpagne, grand'-croix de St-Louis, en a prêté l'hommage le 19 octobre 1723.

Claude *Andrault, marquis de Langeron*, brigadier des armées du Roi, gouverneur de Briançon, en a prêté l'hommage, enfemble de St-Médard & d'Avezieu, le 30 juin 1755, & donné le dénombrement, reçu le 15 mars 1756.

Charles-Claude *Andrault*, marquis de Langeron & de Maulevrier, lieutenant-général des armées du Roi, commandant des ville & forts de Briançon, en a prêté l'hommage le 14 feptembre 1776.

M. de Langeron a vendu, vers 1782, la feigneurie de Chevrières à M. *Jean-Claude Chovet*, baron *de la Chance*. (Voyez aux mots *Lafaye, Martinat*.)

CHORIGNEU. — Paroiffe. (Voyez au mot *Boën*.)

CHOSIEU. — Fief de Chosieu en la paroisse de Trelins, consiste en une maison, pressoir, cuvage, grenier, grange, étable, prés, terres, vignes, rente noble. Ce fief étoit prétendu par le seigneur de Boën, &, par transaction du 16 octobre 1653, reçu & signé Terrasse, entre Christophe *de Talaru-Chalmazel*, seigneur de Chosieu, & Gilbert *de Rivoire du Palais*, seigneur de Boën, ledit sieur de Talaru est déchargé, & ses descendants, de rendre le fief audit seigneur de Boën, jusqu'à la cinquième génération.

Claude *de Talaru* en a prêté l'hommage le 30 mars 1674, & en a donné le dénombrement, reçu le 25 septembre suivant.

CHOSSONIERES. — Fief de Chossonières, en la paroisse de Cottance, la Thuilière, la Vaurette, rente de Meys.

Jean-Baptiste-Marie Dulieu, chevalier, en a prêté l'hommage le 7 septembre 1722.

Jacques Escallier, bourgeois de Cottance, qui l'a acquis de Claude-François-Eléonord *Dulieu*, par acte du 31 août 1745, reçu Jacquemetton, notaire à Feurs, en a prêté l'hommage le 23 mai 1750.

Le sieur Escallier l'a encore prêté à cause du joyeux avénement du Roi à la couronne, le 31 décembre 1776.

CYVEN. — Paroisse en toute justice. (Voyez au mot *le Palais*.)

CIZERON. — Rente noble de Cizeron ou de *Serre*, au village de Cizeron, paroisse de St-Geneft-l'Erpt.

Cette rente fut acquise de Laurent de la Veuhe, chevalier, comte de Chevrières, par Antoine-Thomas *de Lamberti*, écuyer, par contrat du 6 avril 1664, reçu Guillomet, notaire à St-Rambert.

Elle consiste, en argent, dix-sept sols six deniers viennois; seigle, vingt bichets, mesure de St-Rambert, & quatre gélines.

Sieur *Claude Marcoux*, marchand à St-Etienne, qui a acquis par contrat du 10 avril 1771, reçu Buffat, notaire à St-Etienne, de Gaspard *de Courtilhe*, baron *de Giac*, & de dame Françoise-Maximilienne *d'Arlos*, son épouse, en a prêté l'hommage en 1771, & l'a renouvelé à cause du joyeux avénement du Roi à la couronne, le 29 novembre 1776.

Sieur *Claude Marcoux* & Jeanne Pacolet, sa femme, ont vendu la rente de Cizeron ou Serre, à M. Pierre *Rigaud* l'aîné, commissaire à terrier, à St-Etienne, au prix de mille deux cents livres, par contrat reçu Teyter, notaire à St-Etienne, du 4 mars 1781, & la vente a été ratifiée par sieur Jean-Baptiste Marcoux, leur fils & donataire, bourgeois demeurant à St-Rambert, par contrat reçu du même notaire, le 19 du même mois.

Par autre acte, reçu aussi Teyter, notaire, en novembre 1785, M. Rigaud a modéré lesdits cens & les a réduits à quelques deniers en faveur du sieur *Payre*, négociant, & des enfants du sieur *Partarieu*, agent de change.

CLAPEIRON. — Rente noble de Clapeiron & du Palais, en la paroisse de St-Cyr-les-Vignes.

André Duguet, écuyer, en a prêté l'hommage le 10 juin 1722.

M. *David* cadet, conseiller à Montbrison (Pierre-François), a acquis de M. Duguet.

CLAVAS. — Abbaye royale de filles de l'ordre de Cîteaux, en la paroisse de Riotord, réunie à celle de *la Seauve*, en la paroisse de St-Didier-en-Velay, par lettres-patentes du mois de septembre 1767.

La justice s'étend sur partie des paroisses de Riotord, Marlhes & autres en Forez & dans le Velay.

Le bailli de Velay a donné une attestation, le 17 juin 1410, que l'abbesse de Clavas a dans le mandement de la Faye, la justice & juridiction sur les lieux de la Grezière, de Haute-Ville, de Verne, de la Coste, de Labourier, de Prélagier, du Champ-du-Coin, de Rapoère, de Richinieu & de Richinet, & leurs dépendances. (Voyez au mot *la Sceauvette*).

CLEPPE. — Paroisse, châtellenie royale engagée en 1543 à *Jean Passy* de Lyon, & dernièrement au sieur *Aimé Berth*, par contrat du 28 septembre 1750, qui l'a fait enregistrer.

La justice comprend les paroisses de Cleppé, Epercieux, Lacelle, annexe de Cleppé, Misérieux, & est exercée à Feurs, depuis l'édit du mois de mai 1771.

CLEPPE. — Prieuré en commande de l'ordre de St-Benoît, qui fut fondé par *Guillaume*, comte de Forez, en 926.

COGNET. — Rente noble du Cognet, en la paroiſſe de Châtelneuf. La dame de *la Mure de Magnieu*, épouſe du ſieur *Grozelier*, héritier du ſieur *Dujat*, ſon oncle, qui avoit acquis de M. *Challaye*, conſeiller au Parlement de Dombes, 1767.

COLOMBETTE. — Rente noble de Colombette, en la paroiſſe de St-Juſt-en-Bas & St-Bonnet-de-Coureaux.

Claude de Girard, écuyer, ſieur de Beauvoir, en a prêté l'hommage le 29 août 1722.

Barthélemy Chazelles, marchand à Lizay, paroiſſe de St-Laurent-en-Solorre, a prêté l'hommage des rentes nobles de la Baſtie ou Colombette & Sugny, dans les paroiſſes de St-Juſt-en-Bas, St-Bonnet-de-Coureaux, Palognieux, St-André-de-Rochefort, le Sail-de-Couzan, dîmes de tous grains au village de Colombette & aux environs, le 22 mars 1755, & avoit acquis de *Pierre-François de Rochefort* de Beauvoir, écuyer, par acte du 24 ſeptembre 1749, reçu Ferrand, notaire à Boën.

Pierre Puy, maître aubergiſte à Boën, au nom de Brigitte Chazelle, ſa femme, en a prêté l'hommage le 19 avril 1777. (Voyez au mot *St-Juſt-en-Bas*.)

COLONGES. — Fief de Colonges, en la paroiſſe de St-Juſt-ſur-Loire, vendu par décret, ſur les héritiers *de Lamberti*, & dont Gabriel-André *Gonin de la Rivoire*, écuyer, eſt reſté adjudicataire. Il en prêtoit l'hommage en 1767. (Voyez au mot *là Merlée*.)

COMMIERES. — Commières, en la paroiſſe de Villeret, mandement de St-Maurice; *Cornillon*, en toute juſtice, en la paroiſſe de Mably.

Reynaud, ancien ſerviteur de *Jean, comte de Forez*, lui prêta l'hommage de Commières & baſſe juſtice en 1297, & par tranſaction du mardi après l'octave de la Purification de la Vierge, de 1297, paſſée entre *Guy, comte de Forez*, & *Reynaud de Vieux-Maiſon*, il fut convenu que la haute juſtice ſur le fief de Commières appartiendra au comte, & la moyenne & baſſe, audit Vieux-Maiſon, qu'il tiendra en hommage-lige.

Le jeudi après la fête de St-Georges, 1307, il fut décidé, par le juge de Forez, que le droit de donner les meſures du vin appartenoit à la baſſe juſtice & à Reynaud, mais que s'il s'élevoit des queſtions de fauſſes meſures, la connoiſſance en appartiendroit au comte de Forez.

Dame *Suzanne d'Ogerolle*, veuve de *Claude de Damas*, marquis de *Digoine*, en a prêté l'hommage le 7 mai 1674, & en a donné le dénombrement, reçu le 25 ſeptembre ſuivant.

Dans le dénombrement, il eſt dit que cette terre eſt en juſtice moyenne & baſſe, avec officiers, juge, procureur d'office & greffier, la haute juſtice relevant du Roi, à cauſe de la châtellenie royale de St-Maurice.

Gabriel Bonnot, ſecrétaire du Roi, a prêté l'hommage de Commières le 20 août 1720, & avoit acquis du ſieur *de Damas*, par acte du 19 novembre 1719, reçu Chevre & ſon confrère, notaires à Paris.

Dame Magdelaine-Catherine-Scolaſtique *de Bazin de Bezon*, comteſſe *de la Feuillade*, vicomteſſe de Mably en Roannois, veuve d'*Hubert-François d'Aubuſſon*, en a prêté l'hommage le 14 mars 1754. (Voyez ci-après au mot *Cornillon*.)

CONTENSON. — Château, ſeigneurie de *Contenſon*, en la paroiſſe de St-Juſt-en-Chevalet.

Nicolas Geneſt *du Beſſey*, écuyer, en a prêté l'hommage le 31 juillet 1767, & a remis le dénombrement.

Ce fief appartenoit antérieurement à la maison de *Foudras de Courcenay*, de qui MM. *du Bessey* le tenoient, & dont ils prirent ensuite le nom.

CORNILLON. — En la paroisse de Mably, en toute justice & augmentation d'autre justice venue de la maison de St-André, suivant une transaction du 9 mai 1632, reçu Capiton & Charles, notaires au Châtelet de Paris, insinuée à Montbrison, le 3 juillet de la même année, qui enveloppe en carré une étendue d'environ une lieue, où il y a juge, procureur & greffier.

Cette seigneurie de Cornillon est comprise dans les mêmes hommages & aveux de Commières, ci-devant. (Voyez au mot *Commières*.)

CORNILLON. — Seigneurie en toute justice, en la paroisse de St-Paul-en-Cornillon.

Jean, duc de Bourbonnois & d'Auvergne, comte de Forez, permit, le 7 avril 1459, à *Jean de Layre*, seigneur de Cornillon, d'élever des fourches à trois piliers, en la seigneurie de Cornillon, située & assise, partie en son comté de Forez, partie en Velay.

Un jugement rendu le 18 mars 1482, entre M. Antoine *Landighois*, notaire à Tiranges, fondé de la procuration de Jean de Layre, seigneur de Cornillon, & M. *Pierre Desrois*, substitut du procureur du Roi au bailliage de Velay, règle différents points pour l'administration de la justice de ladite seigneurie de Cornillon, entre autres, que ledit seigneur de Cornillon & ses officiers auront la faculté & autorité de faire ériger des fourches patibulaires & autres insignes de haute justice dans l'étendue, les limites & reſſort du mandement de Cornillon, & dans les cantons & lieux du même mandement, comme auſſi dans ceux qui s'étendent dans le reſſort du bailliage du Velay, à ce affectés, ſuivant le droit de baronnie. Comme auſſi de faire arrêter les délinquants dans leſdits lieux, & les conduire dans les priſons du château de Cornillon, le tout ſans préjudice aux intérêts de Sa Majeſté & de ſon droit de ſouveraineté en Velay; pourvu, & non autrement, que les appellations interjetées par leſdits délinquants ſoient dévolues de plein droit & reſſortiſſent aux juges & conſeillers du bailliage du Velay; & que ledit ſeigneur de Cornillon & ſes officiers ſeront tenus de ſe ſoumettre aux appels, relèvement & autre voies de recours dévolues à la Cour royale de Velay, comme ſi les ſentences avoient été prononcées dans l'étendue du même bailliage.

Cette ſeigneurie a appartenu à *Guillaume de Cruſſol*, en 1359; à *Bernard de Layre*, en 1394; à *Jean de Layre*, en 1400; à *Gilbert de Lévis*, à cauſe de Suzanne de Layre, ſa femme, en 1550; à *Anne de Lévis, duc de Ventadour*, en 1616; à Jean-Jacques *Jacquier*, en 1749, & aujourd'hui à Jean-Jacques *Grimod-Bénéon*, baron de Riverie, chevalier de St-Louis, lieutenant des maréchaux de France au département de Lyon.

Jean-Jacques *Jacquier* avoit réuni à Cornillon la rente noble appelée de *Cublize*, qu'il acquit le 4 ſeptembre 1713, par contrat reçu Laroa, notaire, de Nicolas *Enſelmet, ſieur des Bruneaux*, & Marie *Enſelmet* ſa ſœur, qui ſe perçoit au lieu de Cornillon, & conſiſtoit en ſix reconnoiſſances au profit de noble Guillaume *de Sivard*, ſeigneur de Cublize, au terrier *Ronat* de 1538, & avoit été acquiſe par ledit ſieur des Bruneaux, de M. *Hugues de l'Orme*, notaire à Lyon, par contrat du 28 juillet de la même année 1713, reçu Brigaud, notaire.

Ledit ſieur baron de Riverie, en vendant la terre & ſeigneurie de St-Juſt, a auſſi vendu une partie de celle de Cornillon. (Voyez au mot *Feugerolles*.)

CREMEAUX. — Seigneurie de *Cremeaux*, *Cinquain* & *Fontanes* en toute juſtice.

Arnulphe & *Jean Vernin* frères, possédoient la terre de Cremeaux en 1440; ils descendoient de *Pierre Vernin* qui, en 1388, étoit juge de Forez, & de *Robert Vernin* qui, en 1346, étoit secrétaire du duc de Bourbon. Cette famille abandonna dans la suite le nom de *Vernin*, & ne garda que celui de *Cremeaux*, auquel elle ajouta le surnom *d'Entraignes*.

Arnuphe & Jean Vernin prêtèrent la foi & hommage de Cremeaux en toute justice, & des rentes nobles appelées de Cervières, de Cozan & autres, le 15 juillet 1441.

Jules-César de Cremeaux, marquis d'Entraignes, comte de St-Trivier, mestre de camp de cavalerie, ancien capitaine, sous-lieutenant commandant les gens d'armes de la garde du Roi, maréchal de ses camps & armées, lieutenant-général de Bourgogne, en a prêté l'hommage le 28 avril 1777.

Ce seigneur est décédé sans postérité le 10 décembre 1780; Madame *d'Apchon*, sa sœur, lui a succédé.

Antoine-Louis-Claude, marquis de St-Germain d'Apchon, marquis de Montrond, baron de Boisset, comte de St-Trivier, mestre de camp, lieutenant-général de la Bourgogne au gouvernement de Mâcon, a prêté l'hommage de Cremeaux, ensemble de Montrond & Boisset, le 10 août 1782. (Voyez au mot *Montrond*.)

CROL, CROIL, ou vulgairement CROEL (nom qui n'est plus connu que par un relaissé de la Loire très poissonneux, appelé Gourd du Croël). — Fief, rente noble en la paroisse de Feurs, qui appartenoit anciennement aux *seigneurs de Thiers*. Ils le vendirent en 1280, à *Godemard de Ladvieu*, & Briant de Ladvieu en a prêté l'hommage au comte de Forez, les 15 juin 1322 & 5 avril 1334, ainsi que pour les bois & prés du Croël, maisons, fonds, rente noble de *Bigny* en ladite paroisse.

Henry-Joseph Thoynet de Bigny, secrétaire du Roi, en a prêté l'hommage le 25 février 1760, & fit bâtir vers cette époque le château actuel de Bigny. M. *de Bigny* paroît avoir acquis de l'abbaye de *la Bénissondieu*, qui possédoit aussi *Vezelin* dans le voisinage.

CROZET. — Châtellenie royale de Crozet, dont la justice comprend les paroisses de Crozet & de Renaison, qui avoient été engagées au seigneur *de St-André* en 1543, & unies depuis au bailliage ducal de Roanne. (Voyez au mot *Roanne*.)

> Crozet fut la patrie du célèbre jurisconsulte *Jean Papon*, lieutenant-général au siége de Forez, mort en 1590. (*Note de l'éditeur*.)

CROMERIEU. — Village de Cromérieu, en la paroisse de Savigneu, près Montbrison. (Voyez au mot *Merlieu*.)

> On prétend retrouver sur son territoire l'une des carrières de pierre qui ont fourni à la construction de l'église de Notre-Dame de Montbrison. (*Note de l'éditeur*.)

COUZAN. — Seigneurie de Couzan, celles de Châlain d'Uzores, Champt, St-Just-en-Bas, Lavalla, annexe de St-Didier-sur-Rochefort, rente noble de Liergues.

Le plus ancien seigneur connu dans cette seigneurie fut *Hugues de Damas, Hugo Dalmatii, miles*. Il reçut, en 1208, la foi & hommage du château d'Oliergues en Auvergne, *d'Agno*, qui en étoit seigneur, en présence de *Robert*, comte d'Auvergne.

Une transaction du mois de décembre 1229, passée entre *Guy*, comte de Forez, & le sire de Beaujolois, établit que les comtes de Forez avoient des droits sur Couzan.

Hugues de Couzan prêta l'hommage à Guy, comte de Forez, de tout ce qu'il tenoit dans le comté de Forez & pays de Roannois, & par exprès de ses châteaux de Durbize & de Sauvain, le 20 juillet 1333.

On trouve un autre hommage de *Hugues*, seigneur de Couzan & de la Perrière, du 14 mai 1410.

Alix de Damas-Couzan, fille *d'Amédée* & son héritière, entre autres biens, a porté cette terre en dot à *Eustache de Lévis-Florensac*, baron de Quélus, son mari, en 1442. Leurs descendants l'ont possédée jusqu'en 1622, que *Louis*, marquis *de St-Priest & de St-Etienne*, étant aux droits de Marguerite de *Lévis-Couzan*, sa femme, héritière de *Gaspard de Lévis*, baron de Couzan, son frère, recueillit cette terre, qui a été vendue par *Gilbert de Châlus*, neveu & donataire de Louis de St-Priest, à *Jean de Luzy de Pélissac*, par contrat du 11 octobre 1656.

Claude de Luzy de Pélissac, écuyer, en a prêté l'hommage, & de Lavalla, annexe de St-Didier-sur-Rochefort, de St-Just-en-Bas, & de la rente noble de Liergues, le 3 janvier 1674, & en a donné le dénombrement, reçu le 14 août suivant. (Voyez aux mots *St-Just-en-Bas*, *Champ*, *St-Didier-sur-Rochefort*, *St-Georges-en-Couzan*.)

La maison de *Luzy-Couzan* étoit encore en possession lors de la suppression des droits féodaux de 1789. La baronnie de Couzan, protégée par son imposante forteresse, fut le noble berceau de tous les *Damas*, qui l'occupoient déjà comme seigneurs considérables en l'an 1000. (*Note de l'éditeur*.)

CUCURIEU. — Rentes nobles de la seigneurie de Cucurieu, en la paroisse de St-Cyr-de-Favières en Forez.

La feigneurie de Cucurieu dépendoit originairement des fires de Beaujeu, à caufe de la châtellenie de Lay. Le 14 janvier 1604, Louis Miffaud, chargé des ordres du duc de Bourbon, vendit à *Emmanuel d'Arcy*, feigneur d'Ailly, les cens, fervis, juftice, droit de guet & garde, qui appartenoient à Son Alteffe, dans les paroiffes de Vandranges & de Néulize. Dans la même année, le fieur d'Arcy revendit au fieur *de Vichy*, & le 20 janvier 1727, Gafpard de Vichy a vendu ladite terre de Cucurieu au fieur *de Ferrus*, dont la famille a fourni des échevins de Lyon.

Barthélemy *de Ferrus*, écuyer, en a prêté l'hommage le 12 janvier 1761.

Le même l'a renouvelé à caufe du joyeux avénement du Roi à la couronne, le 7 décembre 1776.

CURNIEU. — Rente noble de Curnieu & Montverdun, en la paroiffe de la Fouilloufe.

Louis-Antoine Palerne, écuyer, en a prêté l'hommage le 15 octobre 1674, & en a donné le dénombrement le 4 mars 1679.

L'hommage en a été depuis prêté fous le nom de la Porchère. (Voyez au mot *la Porchère*.)

M. *Mathevon de Curnieu*, écuyer, feigneur de Villars, eft en poffeffion.

CURNIEU. — Rente noble de Curnieu, en la paroiffe de St-Geneft-l'Erpt, acquife par fieur *Antoine Neyron*, négociant à St-Etienne (depuis fecrétaire du Roi), de noble *Antoine-Jofeph-Philippe Bernou*, avocat, par acte du 23 décembre 1770, reçu Rigaud, notaire à St-Etienne, au prix de deux mille livres. Cette rente est assise sur un domaine de l'acquéreur, le sieur *Neyron*, qui en a prêté l'hommage le 30 janvier 1771.

CURNIEU. — Fief de Curnieu, consistant en maison, jardin, cour, pâtural & prés sous la maison, en la paroisse de Villars, rente noble du même nom, rente de Reveu, de Martinat, de St-Julien, des Combes, de la Garde, de Jonzieu & Feugerolles, de Ste-Agathe & de Labessey.

Ordonnance rendue par M. *Benoît de Pommey*, sieur de Rochefort, les Sauvages & la Foret, trésorier de France, député de Sa Majesté pour le renouvellement de son papier terrier, recherches & union de ses droits domaniaux, du 23 avril 1613, qui, sur le vu d'une foi & hommage prêtée au seigneur de St-Priest, en l'année 1279, par les prédécesseurs du seigneur de Curnieu, pour ce qu'ils tenoient rière la juridiction & château de St-Priest, & acquis par *François Dalmes*, sieur de Curnieu, par contrats des 20 juin 1513, 28 mars 1538, 28 mai 1544, 25 juin 1559, 17 juillet 1574 & 18 juin 1575, reçus Jacquier, Molinot, l'Hospital, de Chazelles & Duplain, notaires royaux, fait main-levée à Pierre *Dalmes*, écuyer, sieur de Curnieu, de la saisie faite sur la seigneurie de Curnieu, à la requête du procureur du Roi, sans préjudice aux droits de Sa Majesté, par le seigneur de St-Priest.

Par contrat du 12 avril 1612, le Chapitre de Notre-Dame de Montbrison vendit au sieur de Pierrefort la rente de Ste-Agathe.

Noël de Pierrefort, sieur de Vidrieu & St-Etienne, son frère, vendit, le 12 février 1699, par acte reçu Dignaron, notaire, à sieur *Jean Mathevon de Curnieu*, ladite rente de Ste-Agathe au quartier de St-Etienne; celle de Jonzieu, des Combes & de la Garde, dans les mandements de Feugerolles, Firminy; & de Roche-la-Molière.

M. *Mathevon de Curnieu*, chevalier de St-Louis, ancien capitaine au régiment de........ est en possession.

CURRAIZE. — Seigneurie en la paroiffe de Précieu ; Châlain-le-Comtal, paroiffe en toute juftice, domaines, rentes nobles.

François Goulard des Landes, écuyer, en a prêté l'hommage le 27 janvier 1721, & a remis l'aveu & dénombrement.

Claude-Aimé Goulard, écuyer, en a auffi prêté l'hommage le 12 juillet 1755, & a remis le dénombrement.

Jean-Claude Goulard, fon fils, l'a prêté pour Curraize, Précieu, Châlain & la Pommière, en ladite paroiffe de Châlain, le 31 décembre 1776.

Un arrêt du Parlement, du 7 feptembre 1663, a débouté *Claude de Lévis*, feigneur de Curraize & Châlain-le-Comtal, de fa demande pour charrois, manœuvres & corvées, pour le droit de reconnoiffance, à caufe de mutation de nouveau feigneur & de nouveau tenancier, pour le droit de guet & de garde, réparations & fortifications des châteaux de Curraize & de Châlain. M. de Lévis fe pourvut contre cet arrêt par lettres en forme de requête civile, & en fut encore débouté, par autre arrêt contradictoire du 18 juillet 1668.

L'honorable famille *Goulard de Curraize*, qui compte des échevins de la ville de Lyon, continue la poffeffion. (*Note de l'éditeur.*)

CUZIEU, UNIAS. — Paroiffes en toute juftice, rente noble des Boirons & autres unies, château de Cuzieu.

Le 18 juillet 1441, Guillaume de Layre, feigneur de Cuzieu, prêta l'hommage de Cuzieu, mandement, juftice, cens, rentes qui fe lèvent audit lieu & dans les paroiffes de Montbrifon, Savigneu, Moings, Effertines & autres.

Cette feigneurie fut portée par *Ifabeau de Veyrac de Paulhan* à *Arnaud de Cruffol*, comte d'Uzès, fils d'Emmanuel de Cruffol, duc d'Uzès, pair de France, & de Marguerite de Flagehat, fa feconde femme, fille de Pierre, baron de Flagehat, & de *Marguerite de Roftaing*.

M. *Pupil*, lieutenant-général en la fénéchauffée & préfidial, préfi-dent en la Cour des monnoies de Lyon, avoit acquis cette feigneurie par contrat du 12 février 1716, reçu Vernon, notaire à Lyon, de *Pierre Prefle*, écuyer, & de dame *Anne-Angélique de Sautilly*, fon époufe.

M. *Benoît Denis*, ancien échevin à Lyon, a acquis dudit M. *Jean-Claude Pupil*, chevalier, lieutenant-général à Lyon, par acte du 28 février 1735, reçu Durand & Gayet, notaires à Lyon, & a prêté l'hommage le 1er juin 1735.

Jean-Blaize Denis de Cuzieu, chevalier, en a aussi prêté l'hommage le 15 août 1761.

Il l'a renouvelé à caufe du joyeux avénement du Roi à la couronne, le 14 novembre 1776.

CUZIEU. — Prieuré de Cuzieu & Chamboft, en commande de l'or-dre de St-Auguftin, fous le titre de *St-Jean-de-Cuzieu & Chamboft*, con-fifte en une rente noble.

Louis d'Allier, docteur en théologie, demeurant à Lyon, en a pris poffeffion le 21 octobre 1738, fuivant l'acte reçu Me Métayer-Defcombes, notaire à St-Galmier.

DAMIERES. — Fief. (Voyez au mot *Château-Morand*.)

DANCE. — (Voyez au mot *St-Polgues.*)

DEVEYS. — Rente noble du Deveys, en la paroiſſe de la Fouilloufe, du revenu de quinze livres par an, & quatre-vingt-quinze métérées de terres, brouſſailles & bois, acquises du marquis *de Néreſtang*, par ſieur *Jacques Lambert*, marchand à St-Etienne, par contrat du 10 juin 1698, reçu Piard, notaire.

M. *François Savy*, avocat à St-Etienne, en a prêté l'hommage le 7 décembre 1776.

DEVEYS. — Rente noble du Deveys, en la paroiſſe de St-Hilaire.

M. *Antoine Viſſaguet*, à St-Pal-en-Chalencon, en a prêté l'hommage le 27 mars 1767.

DONZY. — Châtellenie royale de Donzy, engagée en 1543, à *Guiot Henry*, marchand à Lyon, & le 21 novembre 1709, au *marquis de la Rivière*, moyennant douze mille deux cent quarante livres.

Au nom du Roi, par le contrat d'échange du 24 janvier 1772, reçu Duclos & Dufreſnoy, notaires à Paris, les commiſſaires de S. M. ont donné à dame *Hélène Jouvencel*, veuve de *Jean-Marie Gaudin*, premier commis des affaires étrangères, le domaine de Donzy & Villechenève, qui consiste en rente noble, en four banal, un bois haut taillis chêne de soixante-dix-neuf arpents, la layde à Panissières & Villechenève, tous droits honorifiques & utiles, à l'exception de la haute justice.

Les paroisses qui composent cette châtellenie, sont celles de Donzy, Salt-en-Donzy, Salvizinet, Rozier, Ste-Agathe, partie de Panissières & Montchal, son annexe, Cottances, Essertines-en-Donzy, partie de Villechenève & Violey. (Voyez au mot *Feurs*.)

DUFIEU. — Grange Dufieu & Pravel, rente noble en la paroisse de Tiranges.

Sieur *Jean-François Bouchet*, bourgeois, en a prêté l'hommage le 8 avril 1761.

Le même, depuis avocat, l'a prêté à cause du joyeux avénement du Roi à la couronne, le 21 décembre 1776.

DUFIEU. — Rente noble Dufieu.

Jacques-Laurent Verchères de la Bâtie, châtelain à St-Bonnet-le-Château, en a prêté l'hommage le 21 décembre 1776.

DULAC. — Rente noble Dulac en la paroisse de St-Ferriol; rente noble de la Boutonne en la paroisse de St-Genest-l'Erpt & celle de Villars; rente noble de Vidrieu, en la paroiſſe de St-Georges-Haute-Ville; celle de Vaures en la ville de Montbriſon & en la paroiſſe de l'Hôpital-le-Grand.

Dame *Françoiſe de Rochefort d'Ailly de St-Vidal*, veuve & héritière uſufruitière de Meſſire *Laurent de la Veuhe*, en prêtant l'hommage de Chevrières, a compris dans l'aveu & dénombrement, reçu le 24 février 1682 :

1° Une rente noble, appelée la rente de St-Rambert ou Prunerie, qui ſe lève dans les paroiſſes de St-Rambert, Chambles, St-Cyprien, la Fouilloufe, St-Victor, St-Juſt-fur-Loire, St-Geneſt-l'Erpt, ce qui comprend la rente de la Boutonne ;

2° Une autre rente qui ſe lève à l'Hôpital-le-Grand ;

3° Autre rente noble qui ſe lève au village de Vidrieu, paroiſſe de Léfigneu ;

4° Autre rente qui ſe lève en la ville de Montbriſon & faubourg, paroiſſe de St-Paul-d'Uzores & autres lieux.

François Baillard Dupinet, écuyer, a prêté la foi & hommage des rentes nobles de Vaures, Prunerie, dont celles de la Boutonne, Vidrieu, Montbriſon & l'Hôpital-le-Grand font partie, le 2 avril 1759.

Noble *Jean Sonyer du Lac*, conſeiller & premier avocat du Roi au bailliage, domaine de Forez, ſénéchauſſée de Roanne & St-Etienne, exercées à Montbriſon, a prêté l'hommage deſdites rentes nobles dans les paroiſſes de St-Geneſt-l'Erpt, Vidrieu, paroiſſe de St-Georges, Montbriſon, St-Paul-d'Uzores, l'Hôpital-le-Grand.

Ledit M. *Sonyer du Lac* a renouvelé l'hommage à cauſe du joyeux avénement du Roi à la couronne, le 16 décembre 1776, & y a compris les rentes nobles Dulac & Bois-Monzil.

DUMAS. — Rente noble du Mas ſur les villages & ténements du Mas, du Crozet, Serre, en la paroiſſe d'Eſtivareilles, conſiſtant en cent quinze cartons & deux coupes ſeigle, meſure de St-Bonnet, dix-neuf ras avoine, même mesure, dix livres sept sols argent, cinq gélines, outre les charrois, corvées & autres droits ; avec stipulation, en ce qui concerne les charrois, corvées, taille aux quatre cas, droit de main-morte, que les vendeurs se démettent, en faveur de l'acquéreur, de la haute justice sur lesdits villages, sous le bon plaisir du Roi, dont l'acquéreur obtiendra des lettres-patentes à ses frais. Ladite rente noble directe, vendue par *Laurent de Flachat*, écuyer, seigneur d'Apinac, Merle & Estivareilles, & dame Marie-Anne *Frotton d'Albuzy*, son épouse, à *Jean de Vertamy*, écuyer, seigneur de Danizet, demeurant à Usson, au prix de huit mille neuf cent cinquante livres, par contrat du 6 août 1782, reçu Sigean, notaire gradué à Usson.

DUPLAIX. — Rente noble du Plaix. (Voyez au mot *Chenereilles*.)

DUVERDIER. — Rente noble du Verdier. (Voyez au mot *Merlieu*.)

ECOTAY. — Château, seigneurie en toute justice, dans la paroisse de Bard.

Transaction entre *Jean, comte de Forez*, & *Bertrand*, seigneur de la Roue, touchant les fiefs, arrière-fiefs, hommages, garde, justice, &c., que le comte avoit pour raison de ses châteaux de la Roue, de Montpeloux & leurs mandements, du mois de février 1311.

Echange fait par *Reynaud, comte de Forez*, de la terre d'Ecotay contre les terres de Vaudragon & du Pizay, appartenant à *Hugues de Ladvieu*, du mois de juillet 1324.

Dame *Magdelaine de Châtelneuf* prête l'hommage au comte en 1333, de fes feigneuries de Montpeloux & la Roue.

La feigneurie d'Ecotay confifte en château, prés, terres, bois, moulin, garenne, cens, fervis, lods, droit de taille aux quatre cas, avec haute, moyenne & baffe juftice, féparée, du côté de matin, de la juridiction de Moings, appartenant au Chapitre de Notre-Dame de Montbrifon, par onze limites qui ont été plantées du côté de bife & matin; divifée d'avec les châtellenies de Montbrifon & Châtelneuf, par la rivière appelée de *Vigézy* jufqu'à celle de Lérigneu, & jufques aux limites qui féparent les provinces d'Auvergne & de Forez, du côté du foir; elle borde donc ladite province d'Auvergne, & s'étend du côté de vent, fuivant les rivières appelées de Curraize & Ladvieu, jufques au village de la Roche. Dans laquelle circonfcription font compris quatre clochers dépendants de ladite feigneurie, favoir: celui d'Ecotay, annexe de Bard; celui de Verrières & ceux de Léfigneu & de Bard, avec partie des paroiffes de Moings, St-Georges-Haute-Ville & Lérigneu; de plus, une rente noble appelée de Cremeaux, une autre appelée de Barges, une autre appelée de *Quéréziéu* quelques parties de dîmes, la terre & feigneurie de Beauvoir, en toute juftice, dans les lieux de Beauvoir, villages de la Côte, Drutel, Rétri, la Fouille, Bouchet, Maffier & partie de Praffouroux.

Claude de Talaru, marquis dudit lieu, feigneur d'Ecotay, en a prêté l'hommage le 30 mars 1674, & a donné le dénombrement, reçu le 25 feptembre fuivant.

Louis-Anne de St-Martin d'Aglié de Rivarol en a prêté l'hommage le 10 juin 1722.

Charles-Emmanuel de St-Martin d'Aglié, marquis d'Aglié, de St-Germain, de Rivarol & de Fontanes; comte de Front, de Vande, de Borgia & de Colleret; feigneur de Gouzolles, des vallées de Pont & de Châteauneuf, en Piémont; feigneur haut-jufticier *d'Ecotay*, la Roue, St-Anthelme, Montpeloux, la Chalm, Uffon, Pierrefort, en France; colonel de cavalerie, lieutenant & major des gardes de Sa Majefté le roi de Sardaigne, gentilhomme de sa Chambre & son premier écuyer, demeurant à Turin, est en possession.

Ecotay & ses dépendances sont devenus, depuis plusieurs générations, le patrimoine de la maison de Meaux, qui a fait rebâtir le château somptueusement, non sur les ruines pittoresques de l'ancien attenant à l'église, mais dans le lieu élevé de Quérézieu, qui ajoute une vue magnifique & de beaux ombrages à ce centre de nombreuses propriétés. C'est la résidence d'une famille qui a toujours dignement patronné le pays & la ville de Montbrison, dont M. le vicomte de Meaux fut maire sous la Restauration, en même temps que député du département. Son père, comme lieutenant-général du siége de Forez, y avoit été héréditairement le chef de la magistrature. (*Note de l'éditeur*.)

ENTREMONT. — Fief en la paroisse de St-Victor-sur-Loire, rentes nobles d'Etrat & Cizeron.

Le fief d'Entremont consiste en une maison au bourg de St-Victor, au levant du château, prés, jardins, terres, & a été érigé en titre & qualité de fief, intitulé fief d'Entremont, en faveur de M. *de Néreſtang*, gentilhomme ordinaire de la Chambre du Roi, mestre de camp d'un régiment de pied françois, pour lui, ses enfants, hoirs, successeurs & ayant cause, par lettres-patentes données à Paris au mois de février 1599, registrées en la Chambre des comptes le 15 mai 1600, & en Parlement, le 9 avril de la même année.

Pierre-Joseph d'Arlos de la Servette, écuyer, a prêté l'hommage du fief d'Entremont, ensemble de la châtellenie de St-Victor-sur-Loire, qu'il tenoit du Domaine par engagement, le 10 juin 1762.

Sieur *Claude Marcoux*, marchand à St-Etienne, a prêté l'hommage du fief d'Entremont, des rentes nobles d'Etrat & Cizeron, après avoir acquis au prix de dix-huit mille livres, par acte du 10 avril 1771, reçu Bussat, notaire à St-Etienne, de *Gaspard de Courtilhe*, chevalier, baron de *Giac*, & de dame *Françoise-Maximilienne d'Arlos*, son épouse, héritière de *Pierre-Joseph d'Arlos*, son père.

Ledit sieur *Marcoux* a renouvelé son hommage à cause du joyeux avénement du Roi à la couronne, le 22 décembre 1776. (Voyez aux mots *Etrat, Cizeron, Serre.*)

EPERCIEU. — Fief d'Epercieu, rente noble. (Voyez au mot *la Malinière.*)

ESSALOIS. — Seigneurie d'Eſſalois, en toute juſtice, en la paroiſſe de Chambles.

Le château d'Eſſalois fut bâti en 1580, par *Léonard de Bertrand*, maître des eaux & forêts, ſeigneur dudit lieu.

Cette ſeigneurie conſiſte en un château, quelques fonds, penſions, rente noble qui ſe lève dans les paroiſſes de Chambles, Périgneu, St-Marcellin, St-Rambert & St-Juſt-ſur-Loire, & fut acquiſe de dame *Catherine de Cremeaux d'Entraignes*, veuve de *Pierre d'Eſcoubleau de Sourdis*, ſeigneur de Sury-le-Comtal, par contrat du 7 mars 1671, au profit des Camaldules du Val-Jéſus, près St-Rambert-ſur-Loire, qui en ont prêté l'hommage le 4 août 1674, & donné le dénombrement, reçu le 20 ſeptembre ſuivant. (Voyez au mot *Val-Jéſus.*)

ESSERTINES. — Paroiſſe d'Eſſertines. (Voyez au mot *Lérigneu.*)

ESTAING. — En toute justice, en la paroisse de Virigneu.

Guy, *comte de Forez*, concéda, au mois d'octobre 1278, à *Gaspard de Ronchivol*, aux siens & à perpétuité, la justice haute, moyenne & basse d'Estaing, excepté la connoissance du dernier supplice & la condamnation à mort que le comte retint, & à la charge de la foi & hommage.

En 1407, la terre & seigneurie de Magnieu-le-Gabion, avec Estaing & Boissailles, étoit sur la tête de *Gaspard de Montagny*.

Le 18 octobre 1487, par acte reçu Jurieu & Henrys, notaires, sieur *Pierre du Vernay*, seigneur du Vernay & Rivas, acquéreur du sieur de Montagny, vendit à *Catherine de Boisverd*, veuve de *Gonon de Blos*, seigneur de la Rey, la terre de Magnieu-le-Gabion, les lieux & juridiction d'Estaing & Boissailles.

Par acte du 23 février 1500, reçu Vende & Gagnieu, notaires, noble *Arthaud de Blos*, seigneur de la Rey, vendit à *Gaspard de Talaru*, seigneur de la Pie & d'Ecotay, & à *Marguerite Roline*, sa femme, le château de Magnicu, les lieux & juridiction d'Estaing & Boissailles, acquis de Pierre du Vernay.

En 1537, *Louis de Talaru de Chalmazel* possédoit cette seigneurie; après lui, en 1598, *Hugues de Chalmazel* & *Marguerite d'Apchon*, sa femme, qui eurent pour successeur *Christophe de Chalmazel*.

Après le décès de Christophe de Chalmazel, *Guillaume Rigaud*, sieur de Montagny, interposa un décret sur lesdites terres, sur & au préjudice d'*Antoinette du Rosier*, veuve & héritière fidéicommise dudit Christophe de Chamazel. Elles furent adjugées à M. Bochetal, procureur, le 27 août 1672, par sentence du bailliage de Forez, qui en fit élection en ami, en faveur de ladite *Antoinette du Rosier*.

Antoinette du Rosier, par son testament, qui est inscrit sur une table en bronze au mur de l'Hôpital de Montbrison, proche la principale porte d'entrée, institua pour ses héritiers les *recteurs* dudit Hôpital.

Par acte du 24 décembre 1687, reçu Thoynet, notaire, les recteurs de l'Hôpital de Montbrison, héritiers d'Antoinette du Rosier, vendirent à *Arnoul du Rosier*, seigneur du Mazoyer & de Taix, lesdites seigneuries au prix de soixante mille livres.

Arnoul du Rosier a eu pour fils *François du Rosier;* celui-ci, *Henry-François du Rosier*, décédé en 1776, père de *Denis du Rosier*.

Par contrat reçu de M. de Ladret, notaire à St-Galmier, *Denis du Rosier*, chevalier, seigneur de Magnieu-le-Gabion, Estaing & Boissailles, a vendu à *Jean-Georges Sauvade du Perret*, écuyer, la terre & seigneurie d'Estaing & Boissailles, consistant en justice haute, moyenne & basse, directes, rentes nobles anciennes ou unies auxdites seigneuries de Magnieu & Estaing, acquises, soit des dames de Bonlieu, du sieur Cognet des Gouttes, du seigneur de Jas, & de tous autres, dans les paroisses de Bellegarde, St-André-le-Puy, Virigneu, St-Cyr-les-Vignes, Valeilles & lieux circonvoisins, à l'exception seulement de la justice de Magnieu-le-Gabion, des cens dus par Pierre Genevey & les héritiers Pelletier, à cause de leur domaine en la paroisse de St-Laurent-la-Conche; à l'exception aussi des cens assis en la paroisse de Marclopt; plus, deux domaines au lieu de Taix, sous la réserve seulement du grand bois de haute futaie appelé la *Galandonnière*, au prix de cinquante mille livres; ledit acte du 8 novembre 1785.

Ledit sieur *Sauvade* en a prêté l'hommage en mars 1786.

Suivant le dénombrement fourni en 1671, au bureau des finances de Lyon, par Antoinette du Rosier, veuve de Christophe de Chalmazel, la justice haute, moyenne & basse d'Estaing, comprend le village de Boissailles, composé de seize maisons; le village du Tatier, composé de sept maisons, tous les deux en la paroisse de Valeilles; le village d'Estaing en la paroisse de Virigneu, composé de dix-sept maisons, & le village du Frary, composé de quatre maisons, en la paroisse de St-Cyr-les-Vignes, suivant les confins territoriaux de la justice. (Voyez au mot *Magnieu-le-Gabion*.)

ESTAING. — Dîme d'Estaing, en la paroisse de Virigneu.

Thomas Tricaud, sieur du Piney, en a prêté l'hommage le 28 mai 1674, en a fourni le dénombrement, reçu le 5 septembre suivant.

ESTIVAREILLES. — Prieuré d'Eftivareilles, en la paroiffe du même nom, dans la juftice de Leyniecq.

M. *Charles-François Cachedenier de Vaffimont*, chanoine de Bar-le-Duc en Lorraine, prieur. (Voyez au mot *Apinac*.)

ETRAT. — Rente noble d'Etrat, en la paroiffe de St-Juft-fur-Loire.

Cette rente noble fut vendue par *Laurent de la Veuhe*, feigneur de Chevrières, à Antoine-Thomas *de Lamberti*, écuyer, par contrat reçu Guillomet, notaire à St-Rambert, le 6 avril 1664.

Pierre-Jofeph d'Arlos de la Servette, chevalier, en a prêté l'hommage le 10 juin 1762.

Sieur *Claude Marcoux*, marchand à St-Etienne, en a auffi prêté l'hommage, enfemble du fief d'Entremont, & a acquis le tout de dame *Marie-Françoife-Maximilienne d'Arlos*, héritière de Pierre-Jofeph d'Arlos, fon père, époufe de *Gafpard de Courtilhe*, baron de *Giac*, par contrat du 10 avril 1771, reçu Buffac, notaire à St-Etienne, & il a renouvelé l'hommage à caufe du joyeux avénement du Roi à la couronne, le 29 novembre 1776. (Voyez aux mots *Cizeron*, *Entremont* & *Serre*.)

FEUGEROLLES. — Seigneurie de Feugerolles ou Fougerolles, qui comprend les paroiffes du Chambon, St-Romain-les-Atheux, St-Juft-lès-Velay, & partie de la paroiffe de Firminy.

Une tranfaction de 1347, paffée entre dame *Béatrix Pagan*, dame d'Argental & de la Faye, & dame *Angélique de Chalencon*, dame de Feugerolles, veuve de *Jofferand de Ladvieu*, tutrice de leurs enfants, reçue du notaire Péacieu, détermine les limites de la juftice de Feugerolles d'avec celles de la Faye & Rochetaillée.

Claude de Lévis, chevalier de l'ordre du Roi, baron de *Couzan*, & *Jacques de Lévis*, fon fils, vendirent la terre de Feugerolles à *Alexandre de*

Capony, feigneur d'Ambérieux & de Roche-la-Molière, au prix de quatre-vingt mille livres, le 28 juin 1586, par acte reçu Dorlin, notaire à Lyon.

Claude-Nicolas de Clermont, marquis de *Chafte*, vendit à *Gafpard de Capony* la terre de St-Juft-lès-Velay, au prix de vingt-cinq mille livres, par acte du 17 novembre 1658, reçu Brunon, notaire au Chambon; & le même jour, ledit fieur de Capony en revendit, devant le même notaire, les villages de Pleyne & du Petit-Roure à M. *Paul du Fornel*, avocat.

Gafpard de Capony, chevalier, a prêté l'hommage de Feugerolles, Roche-la-Molière & St-Juft-lès-Velay, le 12 août 1674, & a donné le dénombrement, reçu le 20 feptembre fuivant.

Pierre-Hector de Charpin, au nom d'*Angélique de Capony*, fa femme, & de *Magdelaine du Peloux*, fa mère, vendit la terre de St-Juft à *Claude-Gabriel Anfelmet des Bruneaux*, par contrat du 20 août 1683, reçu Delorme, notaire à Lyon.

Jean-Jacques Jacquier, écuyer, feigneur de Cornillon, qui avoit acquis St-Juft-lès-Velay de Nicolas Anfelmet, fieur des Bruneaux, par acte du 18 novembre 1716, reçu de Laroa, notaire, après plufieurs dénombrements, en a prêté l'hommage, & de quelques fonds allodiaux & dîmes inféodées, le 14 feptembre 1719.

Jean-Baptifte-Michel de Charpin, chevalier, a prêté l'hommage de Feugerolles le 28 novembre 1753.

Par acte du 15 février 1775, reçu Couhert, notaire à Riverie,

François-Jean-Jacques Grimod-Bénéon, baron de Riverie, héritier fubftitué de *Jean-Jacques Jacquier*, a vendu à Jean-Baptifte-Michel, comte *de Charpin*, feigneur de Feugerolles, ladite terre & feigneurie de St-Juft-lès-Velay, enfemble, en démembrement de celle de Cornillon, la partie attenante à celle de St-Juft-lès-Velay, & au midi du chemin tendant du château des Bruneaux à Cornillon, à l'orient d'un vallon féparant les fonds dépendants des hameaux appelés les haut & bas *Monteffu*, des poffeffions dépendantes du hameau appelé *des Fraiffes*, en forte que les hameaux du haut & bas Monteffu font compris & font partie de ladite vente, celui des Fraiffes demeurant réfervé au vendeur jufqu'au vallon; laquelle partie vendue a encore pour confins les fonds & poffeffions du fief de Villeneuve. Ladite vente au prix de foixante mille livres &, en outre, à la charge de la pension obituaire de deux cent cinquante livres, due à l'abbaye de St-Pierre de Lyon, & encore de faire distribuer annuellement du blé seigle, pour une somme de cent quatre-vingt-sept livres aux pauvres des paroisses de St-Just, Firminy & St-Ferriol, mandement de Cornillon, dans les mois de janvier & février.

Ledit seigneur de *Charpin* a prêté l'hommage de St-Just & de la partie démembrée de Cornillon, sous le nom *des Bruneaux*, le 20 mars 1775.

Il a prêté l'hommage de Feugerolles, le Chambon, Jonzieu, St-Romain-les-Atheux, St-Just-lès-Velay & les Bruneaux, à cause du joyeux avénement du Roi à la couronne, le 16 décembre 1776.

FEURS. — Ville, châtellenie royale.

Pierre d'Augerolles vendit, en 1295, à *Jean Ier*, comte de Forez, la moitié du châtel de Feurs, que le comte réunit à l'autre moitié qui lui appartenoit.

Cette châtellenie fut engagée, en 1543, à *Guiot Henry*, de la ville de Lyon, & à sieur *Jean-Marie Gaudin*, pour mille sept cents livres annuellement, le 1er octobre 1760. — Contrat d'échange entre le Roi & la dame *Hélène-Marguerite Jouvencel*, veuve du sieur Jean-Marie Gaudin, écuyer, commissaire de la marine & premier commis des affaires étrangères, du 24 janvier 1772, reçu Duclos & Dufresnoy, notaires à Paris, par lequel les commissaires du Roi donnent à ladite dame les domaines de *Feurs* & *Donzy*, avec la seigneurie de *Villechenève* & quatre-vingt-six arpents de bois taillis, & en contre-échange, ladite dame veuve Gaudin cède une maison à Versailles pour y placer les écuries de Madame la comtesse de Provence.

Le domaine de Feurs consiste en une rente noble, banalité de fours, droit de grenette, petite layde ou péage à Feurs & à Panissières & aux foires de Marclopt; en une redevance de cent vingt livres due par les quatre décimateurs de Feurs, pour tenir lieu de la dîme *Henry*; aux abénévis des anciens fossés, montant à cent vingt livres; en un étang de deux cent cinquante métérées, dit *l'étang de Feurs*, & tous droits honorifiques, à l'exception de la haute juftice.

Le domaine de Donzy & Villechenève confifte en rentes nobles, un four banal & droit de layde à Paniffières & Villechenève, & tous droits honorifiques & utiles, à l'exception de la haute juftice.

Les châtellenies de Donzy, Sury-le-Bois, Chambéon, Marclopt, Cleppé, ont été unies à celle de Feurs par édit du mois de mai 1771; celle de Néronde y a été auffi unie par autre édit du mois de décembre 1773, pour l'adminiftration de la juftice, au nom du Roi.

Au milieu des fouvenirs du Forez féodal, comment paffer fous filence ceux hiftoriques qui s'attachent à la ville de Feurs? Ils intéreffent à plus d'un titre, &, indépendamment de ce que leur doit le chroniqueur, ils s'appliquent pour moi à un centre ancien & actuel de mes affections de famille. Pourrois-je d'ailleurs être ingrat envers la cité qui, pendant le doux règne de la Reftauration, m'honora, comme maire, de fa confiance, & la continua à un autre moi-même, mon fucceffeur, M. *Jofeph d'Affier*, regretté du pays pour fes hautes qualités & tous les genres de dévouement à la patrie forezienne.

Ouvrant donc l'hiftoire, l'époque gallo-romaine nous montre le *Forum Segufiavorum*, capitale de ce peuple de la Gaule mentionné par Céfar, Pline, Strabon & autres. Cette cité, vers le commencement de l'ère chrétienne, prête à *Lugdunum* un coin de fon territoire pour s'y établir comme colonie romaine. L'éclat dont s'environne la nouvelle métropole religieufe éclipfe bientôt fa devancière payenne, qui en devient une dépendance en gardant fon titre de capitale du Forez. Apparoiffent, après Charlemagne, les premiers dominateurs féodaux particuliers, fous le nom de *Comtes de Lyon* & de *Feurs*. Cette dernière ville oublie fon diadème primitif, pour fe contenter d'être une châtellenie centrale & une feigneurie particulière rachetée, en 1295, par le comte de Forez. Feurs continue à être le principal fiége adminiftratif du pays jufqu'en 1441, qu'il eft transféré à Montbrifon. Le roi Charles VII vient féjourner dans l'ancienne capitale forezienne en 1452, & y conclut fon traité avec le duc de Savoie, logé à Cleppé; il rend la modefte cité le théâtre des fêtes pour le mariage du Dauphin. Nous voici aux guerres de religion: Feurs eft pris, en 1562, par les calviniftes, après dix jours de fiége. Suivent celles de la Ligue: tout le pays eft faccagé, le château du Rofier dévafté, fon poffeffeur tué à la tête du parti du Roi. Arrive l'époque révolutionnaire: une colonne des défenfeurs de Lyon fe jette dans Feurs, & met en déroute fes adverfaires au combat de Salvizinet. L'élite de fes habitants fuit les Lyonnois. L'année d'après, (1794) le chef-lieu du nouveau département de la Loire y eft établi, & eft enfanglanté des fureurs & vengeances démagogiques qui déciment le Forez (1). L'orage paffe à l'avénement de l'Empire, qui trouve Feurs une feconde fois déshérité du fceptre adminiftratif, & redevenu le chef-lieu d'un paifible canton agricole.

Tel eft le tableau que déroule une fuite de fiècles fur cette localité jadis célèbre, & à qui il ne refte aujourd'hui, pour diftinctions, que quelques monuments épigraphiques de fon ancienne fuprématie, fon fite heureux, embelli par le cours de la Loire & du Lignon, fa pofition centrale & l'avantage de fes nombreufes communications. (*Note de l'éditeur.*)

(1) Voir ma Notice hiftorique fur le monument élevé à Feurs aux victimes de l'anarchie révolutionnaire de 1793.

FIRMINY. — Bourg & paroiffe de Firminy, prieuré en toute juftice, qui dépendoit de l'Ile-Barbe, ordre de St-Benoît.

Il en eft fait mention dans l'acte d'inveftiture donné par *Conrad le Pacifique*, roi de Bourgogne, fouverain de Lyon, à *Tildebert*, abbé de l'Ile-Barbe, de l'an 971, fous le nom de *Cella* ou prieuré de St-Martin de Firminy & de St-Pierre, & dans la bulle du papé *Lucius*, de l'an 1183. Ce prieuré a fuivi le fort de la fécularifation de l'abbaye chef-lieu.

Le prieuré de St-Paul-en-Cornillon, du même ordre, avoit été réuni à celui de Firminy en 1435.

Après la fécularifation, les moines fe difpersèrent; il ne refta à Firminy qu'un facriftain établi en titre de bénéfice; le prieuré fut mis en commande jufqu'à *Antoine de Neuville*, abbé de St-Juft, dernier prieur de Firminy.

Camille de Neuville, archevêque de Lyon, abbé de l'Ile-Barbe, en établiffant un féminaire à Lyon, l'y fit réunir, par lettres-patentes du mois d'avril 1665, regiftrées le 10 juillet 1666.

L'abbaye de l'Ile-Barbe a été réunie, en 1744, au Chapitre de St-Jean de Lyon.

FLACHAS. — Rente noble de Flachas. (Voyez au mot *Chenevoux*.)

FONTANES. — Fontanès, annexe de Grammont, feigneurie en toute juftice, rentes nobles.

Cette feigneurie fut vendue en 1513, avec celle de Châtelus & la baronnie de Riverie, par *le connétable de Bourbon*, comte de Forez, à *Claude Laurencin*, de Lyon.

Elle confifte en la juftice haute, moyenne & baffe, rente noble valant annuellement, fuivant le terrier Molanchon, foixante-huit livres huit fols fix deniers argent; feigle, cinquante-deux bichets & demi, une coupe & demie d'autre; avoine, deux cent quarante ras trois feizièmes d'autre, mefure de Forez; froment, deux bichets un vingt-quatrième; orge, trois bichets & demi & un quatorzième d'autre; gélines, trente-quatre deux tiers & un vingt-quatrième d'autre; poulets, deux un quart; conils (lapins) un & un huitième.

Plus en une autre rente noble acquife du feigneur de St-Bonnet-les-Oules, par contrat reçu Duplani & Molanchon, notaires royaux, valant annuellement trente fols argent; feigle, cinq bichets; avoine, huit ras, mefure de Forez; gélines, deux un quart; poulet, un & demi; conil, le tiers d'un.

Les corvées à bras, bœufs, chevaux, dues par les habitants de la paroiffe de Grammont & de la parcelle de St-Chriftôt-en-Châtelus, font fixées par arrêt du 31 août 1668, à fix chaque année, pour chaque habitant.

Jean de St-Prieft, feigneur dudit lieu & du Feytan, en a prêté l'hommage le 19 mars 1674, & en a donné le dénombrement, reçu le 12 mai fuivant.

Gafpard Camus, chevalier, feigneur de Chavagneu, en a prêté l'hommage le 11 mai 1717, enfemble d'une rente noble acquife en 1715, du feigneur de Souvigny.

Jean-François Philibert, écuyer, en a prêté l'hommage le 17 octobre 1736, & a acquis dudit fieur Camus, par contrat du 24 feptembre 1736, reçu Sétis, notaire. Il a remis le dénombrement reçu par ordonnance du 24 juillet 1737.

Etienne-François Philibert, écuyer, en a prêté l'hommage le 10 octobre 1776, & a donné le dénombrement, qui a été reçu en décembre 1779. Sa famille continue la poffeffion.

FONTENELLE. — (Voyez au mot *St-Bonnet-les-Oules*.)

FORETTE. — Fief de Forette, en la paroiſſe de Bonſon.

M. *Jean-Baptiſte Gonin*, notaire royal à St-Rambert, en a prêté l'hommage le 10 juin 1722.

FORIS. — Fief de Foris en la paroiſſe de Savigneu. Il conſiſte en un domaine ou métairie, & rente noble.

Michel Chappuis en a prêté l'hommage & a donné le dénombrement en 1674.

Dame *Anne Chappuis de Vilette*, épouſe ſéparée quant aux biens de *Jean Guigou*, ſieur des Granges, en a prêté l'hommage le 10 juin 1722.

Noble *Jean-Marie Genet*, conſeiller aŭ ſiége de Forez, a acquis des frères *Guigou de Foris*, par contrat de 1770, reçu de Me Souchon, notaire à Montbriſon.

Jean-Marie Salles, châtelain de Marcilly & Châtelneuf, héritier de M. Genet, ſon oncle, a prêté l'hommage du fief de Foris, paroiſſe de Savigneu, avec droit de champéage & ſeconde herbe dans les prairies appelées de Foris, le 26 juillet 1782.

FOULETIER. — Maifon, grange, prés, terres, bois, appelés *le Fouletier*, en la paroiffe d'Aurec, quartier de Forez, acquis par fieur *Imbert Gobert*, de Pierre l'Hermet, par contrat du 9 juin 1779, reçu Teyter, notaire; affranchi de la directe & fervis, par la vente faite par *Louis-Achille, marquis de Néreftang*, feigneur d'Aurec, à *Jean l'Hermet*, du lieu de la Peyroufe, ainfi que les autres fonds qu'il poffédoit dans ladite feigneurie, fitués, foit en Forez ou Velay, au prix de cent quatre-vingt-feize livres treize fols trois deniers, par contrat du 22 février 1708, reçu Gidrol, notaire à St-Didier.

Ledit fieur Imbert Gobert, marchand à Firminy.

FOURNIER. — Fief de Fournier. (Voyez au mot *Boiffet-lès-Tiranges*.)

GABILLON. — Rente noble de Gabillon, en la paroiffe de St-Maurice-en-Gourgois.

M. *Buhet*, notaire à St-Bonnet, eft en poffeffion.

GACHAS. — Rente noble de Gachas, en la paroiffe d'Apinac.

André Anjelvin, marchand à St-Bonnet, a prêté l'hommage le 28 avril 1674, & en a donné le dénombrement, reçu le 2 juin fuivant.

Cette rente fe lève au lieu de Gachas, & avoit été acquife par *Jean Anjelvin*, aïeul *d'André*, de noble *Jacques d'Apchon* & fa femme, par contrat du 24 août 1599, reçu Fabrière, notaire, & confifte, en argent, trois livres quinze fols quatre deniers; feigle, cinq feftiers quatre cartons quatre coupes & demie; avoine, vingt-quatre combles & un ras, mefure de St-Rambert.

GAITE. — Fief de Gaite.
Dame Catherine *Pinhac de la Borie*, veuve de M. Geneft de Vinols, chevalier, en a prêté l'hommage le 23 mai 1722. (Voyez au mot *la Tourette*.)

GAZILLAN. — Rente noble de Gazillan. (Voyez aux mots *Merlieu*, *Jurieu*.)

GENETINES. — Fief de Génétines, en la paroiffe de St-Romain-d'Urphé, mandement de la châtellenie de Cervières, feigneurie d'Ogerolles, rentes nobles, dîmes.

Jean de Charpin, écuyer, en a prêté l'hommage le 10 octobre 1675, & a donné le dénombrement, reçu le 17 décembre fuivant.

Dame *Françoife de Belveyzet de Jonchères*, veuve d'*Emmanuel Charpin de Génétines*, chevalier, en a prêté l'hommage le 30 décembre 1718.

Jean-Antoine de Charpin, comte, feigneur de Génétines & Ogerolles, en a prêté l'hommage le 24 juillet 1753, & en a donné le dénombrement.

Jean-Marie-Antoine Ramey, écuyer, feigneur de Sugny, Arfeuilles, Grénieu, Ogerolles, a prêté l'hommage de la terre feigneurie d'Ogerolles, rentes, dîmes & dépendances, fief de Montal, le Faux, rente de Génétines, le 24 janvier 1780, à caufe de l'acquifition qu'il en a faite le 23 décembre 1779, par acte reçu Jacquemain & Fonthieuvre, notaires à St-Juft-en-Chevalet, au prix de vingt-fept mille livres, & a auffi prêté le même jour l'hommage pour les fiefs & feigneuries de Sugny, Arfeuilles & Grénieu, des rentes nobles de la Merlée, le Faux, Boulier, Charey, Taillefer, Bufferdan & autres. (Voyez au mot *Souternon*.)

GERNIEU & GIRAUD. — Rentes nobles. (Voyez au mot *Bourg-Argental*.)

GILLIER. — Rente noble des Gillier, en la paroiffe de Doizieu & aux environs, près St-Chamond.

Guillaume Tiffot, marchand du bourg & paroiffe de Lavalla, en eft propriétaire en 1783, ce qui eft juftifié par une fentence qu'il a obtenue en la fénéchauffée de Montbrifon, le 2 juin 1783, contre Jofeph Poyeton, du lieu de la Farjaffe, paroiffe de Doizieu.

GIRAUD. — Rente noble de Giraud, affife à Montbrifon, en la paroiffe de St-Paul-d'Uzores & autres lieux, acquife avec le domaine de Grangeneuve en ladite paroiffe de St-Paul, par *François Thoynet*, écuyer, tréforier des ponts & chauffées, à Paris, des cohéritiers enfants de M. *André Dupuy*, confeiller au fiége de Forez, par contrat reçu Barrieu, notaire à Montbrifon, du 6 novembre 1782.

GLAND. — Rente noble de Gland, en la paroiffe de St-Maurice-en-Gourgois.

André de Chambaran, écuyer, en a prêté l'hommage le 8 février 1674, & en a donné le dénombrement, reçu le 8 mars 1687.

Cette rente de Gland ou Lavoux, confifte, en argent, neuf livres; feigle, cent trente bichets; orge, deux bichets; avoine, douze bichets; poulets, fept; & fe lève tant fur la paroiffe de St-Maurice que fur celle de Bas-en-Baffet.

Pierre de Chambaran, écuyer, en a prêté l'hommage le 12 juin 1722.

Depuis, l'hommage en a été prêté pour partie, fous le nom de Maifon de *la Goutte*. (Voyez au mot *la Goutte*.).

L'autre partie, pour ce qui eft en la paroiffe de Bas-en-Baffet, eft fous la main de M***.

GODINIERE. — Fief de la Godinière, en la paroiffe de St-Martin-d'Eftraux en Forez, château de la Fayolle, vendu par M. Noël-Claude-François-Xavier *Reynard*, à M. *Girard*, chevalier de St-Louis.

GOURDIN. — Rente noble de Gourdin & celle de Bagnols, dans le mandement de St-Galmier.

M. *Jean Dupré*, châtelain de St-Galmier, en a prêté l'hommage le 30 décembre 1676, & en a donné le dénombrement, reçu le 1er février 1677.

La rente de Bagnols se lève à St-Galmier, St-Bonnet-les-Oules, Chazelles, Maringes, Virigneux, acquise de M. *d'Hostun*, marquis de la Baume, au prix de mille cinq cents livres, par contrat du 12 février 1655, reçu Découfu; valant par an, argent, douze livres; froment, trois bichets; seigle, trente-sept bichets; orge, un bichet; avoine, cent ras une coupe; vin, une ânée & demie & trois semaises; plus, douze gélines.

Celle de Gourdin ou *Cachibo*, acquise de sieur *Hubert de la Tour*, au prix de cent dix livres, se lève à St-Galmier, Rivas, St-Bonnet-les-Oules & autres lieux, valant par an, argent, vingt sols; froment, deux bichets; avoine, six ras une coupe; vin, un barrail.

M. *Forissier*, châtelain à St-Galmier, est en possession de ladite rente.

GOUTELAS. — Seigneurie de Goutelas & de Marcoux, en toute justice.

On trouve un échange du mois de juillet 1239, par lequel *Guy, comte de Forez* & de Nevers, donne à *Arthaud* tout ce qu'il avoit à Marcoux; & Arthaud, en recevant sa maison forte de Marcoux, en fief jurable & rendable, donne en contre-échange au comte, ce qu'il possédoit au Puy-d'Uzores, appelé aujourd'hui le Mont-d'Uzores.

En 1334, *Pierre de Surieu* avoit prêté l'hommage au comte de sa maison forte de Marcoux.

Guichard de Sarron l'a prêté pour sa maison forte de Marcoux, justice, mandement, prés, terres, bois, rentes, & de tout ce qui lui appartient au mandement de Marcilly-le-Châtel, le 26 juin 1441.

Le feigneur de Sarron vendit à M. *Papon* le château de Goutelas, fief hommageant au Roi.

M. *Jean Papon* étoit lieutenant-général au bailliage de Forez, & mourut le 6 novembre 1590.

François Papon, écuyer, a prêté l'hommage de Goutelas & Marcoux, le 11 juin 1722.

François-Philippe *Ducros-Papon*, écuyer, l'a prêté le 27 janvier 1762.

Il l'a renouvelé, à caufe du joyeux avénement du Roi à la couronne, le 6 décembre 1776.

GOUTELAS. — Rente noble de Goutelas, les Perrin, Pralong.

Noble *Jean de Légallery*, confeiller au fiége de Forez, en a prêté l'hommage le 23 janvier 1765, & a acquis de *François Ducros-Papon*, feigneur de Marcoux & Goutelas, par contrat du 12 janvier 1764, reçu Morel, notaire, en directe, cens & fervis, dépendant de Goutelas, tous droits affis dans la paroiffe de Pralong.

M. *Antoine de Légallery du Taillou*, avocat, cohéritier de fieur François-Denis de Légallery de Montferrey, héritier de M. le confeiller de Légallery, fon frère.

GOUTELEN. — Rente noble de Goutelen. (Voyez au mot *Lapierre*.)

GRAIX. — Village, feigneurie de Graix, en toute juftice, paroiffe de St-Julien-Molin-Molette, prefque au fommet du mont Pila, dépendant de l'abbaye de Valbenoîte. (Voyez au mot *Valbenoîte*.)

GRAMMONT. — Paroiffe. (Voyez au mot *St-Bonnet-les-Oules*.)

GRANDRIS. — Fief de Grandris, en la paroiffe de St-Bonnet-de-Coureaux, le Sauvage, à Montbrifon, faubourg de la Magdelaine, qui eft une maifon & enclos.

Charles de Girard, écuyer, en a prêté l'hommage le 16 juin 1755, enfemble des dîmes de la Chaize, en la paroiffe dudit St-Bonnet, de la juftice de *Colombette*, d'une rente qui fut du prieuré de Montverdun, en la paroiffe de St-Juft-en-Bas, de la feigneurie & juftice de *Vaugirard*, en la paroiffe de Champdieu, de la rente noble de Grézieu. (Voyez au mot *St-Juft-en-Bas*.)

GRENIEU. — Rente noble de Grénieu, en la paroiffe de St-Juft-en-Chevalet. (Voyez au mot *Sugny*.)

GREZIEU. — Seigneurie, paroiſſe en toute juſtice, rente de la Serre, rente qui fut du Chapitre de Notre-Dame de Montbriſon, château, fonds nobles.

Jean, comte de Forez, concéda en 1301, à *Pierre Duvernay*, la juridiction du mandement de Grézieu, à la charge du fief & hommage.

Cette terre & ſeigneurie fut vendue par décret, à la pourſuite de M. *Louis Pupier*, conſeiller, au préjudice de *Jacques Henrys*, ſeigneur dudit lieu, & ſieur *Jean Bérardier*, écuyer, ſieur de la Chazotte, & dame *Emérentienne Allard*, ſa femme, en reſtèrent adjudicataires ou élus en amis, en conſéquence de la ſentence rendue en notre bailliage, le 15 mars 1670, au prix de cinquante-deux mille livres.

Jean Bérardier, écuyer, en prêta l'hommage le 16 janvier 1674, & donna le dénombrement, qui fut reçu le 11 août 1676.

Pierre-Joſeph Bérardier, écuyer, en a prêté l'hommage le 12 ſeptembre 1722.

Antoine Bérardier, écuyer, l'a prêté le 12 juillet 1762.

Aimard Chappuis de la Goutte, écuyer, a acquis, par contrat du 1ᵉʳ juillet 1775, reçu Barrieu, notaire à Montbriſon, d'Antoine Bérardier & de dame Françoiſe-Barthélemie Rouſſet de St-Eloy, ſon épouſe, & a prêté l'hommage le 6 ſeptembre 1775.

Les charrois & manœuvres, dans cette ſeigneurie, ſont réglés à douze, par un arrêt du 26 mai 1671, rendu entre *Jacques Henrys*, ſeigneur, contre ſieur *Jacques Punctis*, juge de ladite ſeigneurie. Le droit de taille aux quatre cas y eſt dû, qui eſt le double cens en cas de mutation de ſeigneur, ou lorſqu'il eſt fait priſonnier de guerre pour le ſervice du Roi, & mariage de ſa fille ou ſœur.

Mais il faut diſtinguer la rente noble qui provient originairement de Grézieu, d'avec celle qui provient du Chapitre de Montbriſon.

On ſait que Grézieu dont nous parlons, eſt près de Montbriſon, ſur la route de Lyon, un peu au-delà de Merlieu; on l'appelle *Grézieu-le-Fromental*.

GREZOLLES. — Seigneurie & paroisse de Grézolles, en toute justice. *André de Gayardon*, écuyer, en a donné le dénombrement le 25 septembre 1674. Il est en feuille volante aux archives. (Voyez au mot *Aix.*)

<small>Grézolles, depuis cette époque jusques après la Révolution, n'a pas cessé d'appartenir à la famille de *Gayardon*, dont il distingua l'une des branches. Le comte *de Grézolles* fut le député de la noblesse aux Etats-Généraux de 1789. (*Note de l'éditeur.*)</small>

GREZOLLON. — Moulin Grézollon, sur la Loire. (Voyez au mot *Ailly.*)

GUINGARD. — Maison Guingard, fonds allodiaux, paroisse de Nervieu. (Voyez au mot *le Chevallard.*)

JARNIEU. — Rente noble de Jarnieu. (Voyez au mot *Bourg-Argental.*

JAS. — Seigneurie, paroisse en toute justice.
Par contrat du 2 novembre 1662, reçu Milhot, notaire à Feurs, *Christophe de Chabannes*, chevalier de l'ordre du Roi, vendit à *Jean de Rivoire*,

seigneur de Bourdenon & du Mazoyer, la terre & seigneurie de Jas, consistant en château, haute, moyenne & basse justice, en la paroisse dudit Jas; cens, servis, la dîme appelée de Jas, autre dîme appelée de la Saigne, autre dîme appelée de Révollin, le domaine du château, &c., laquelle terre ledit sieur de Chabannes avoit acquise de *Gilbert de Rivoire*, marquis du Palais, par contrat du 22 octobre 1661, reçu *Gaudin*, notaire.

Cette terre passa sur la tête de *Jacques Cognet de la Maisonfort*, qui en prêta l'hommage le 16 mai 1722.

Jean-Pierre Montagne, écuyer, en a prêté l'hommage le 20 août 1753.

Jean-Marie Gaudin, écuyer, en a prêté l'hommage le 28 décembre 1768, & a acquis de *Jean-Hector Montagne de Poncins*, écuyer, par contrat du 19 octobre 1768, reçu *Mondon*, notaire à Feurs, au prix de dix mille livres.

Dame *Magdelaine-Hélène Jouvencel*, veuve du sieur *Gaudin*, au nom & comme tutrice de ses enfants, l'a prêté le 31 décembre 1776.

JEAN GOULIN. — Etang de Jean Goulin, en la paroisse de Mornand.

Durand de la Mure, chevalier, en a prêté l'hommage le 1er mai 1761.

Cet étang et paquerage de Jean Goulin fut vendu à titre de propriété incommutable, par les commissaires de Sa Majesté, à *Jean-Joseph de la Mure*, écuyer, sous la rente annuelle de vingt livres à perpétuité, par contrat reçu le Moine & son confrère, notaires à Paris, le 3 octobre 1687.

Cet objet est réuni à la terre de Magnieu-Hauterive.

JONZIEU. — Paroiffe. (Voyez au mot *Feugerolles*.)

JONZIEU. — Prieuré de Jonzieu, en la paroiffe du même nom, dépendant du Collége de Lyon.

JONZIEU. — Rente noble de Jonzieu, en ladite paroiffe.

Dame *Claudine de Morandin*, veuve de M. *Baud*, confeiller en la fénéchauffée du Puy, & demoifelle Marguerite *de Morandin*, fa fœur, font en poffeffion.

JULLIEU. — Paroiffe & feigneurie de Jullieu, en toute juftice, partie de la juftice de Ste-Agathe, en démembrement de la Baftie.

M. *Antoine Souchon*, confeiller au fiége de Forez, a acquis ladite feigneurie qui comprend le clocher de St-Etienne-le-Molard, celui de Villedieu, annexe de Ste-Foi, rente noble, fonds, domaine, étangs, affranchiffement de cens, fur autres fonds de M. Souchon, par contrat du 6 janvier 1768, reçu Bourboulon, notaire à Montbrifon, de *Louis-Hector de Simianne* & de dame Marie-Efther-Emilie *de Seveyrac*, fon époufe, & a prêté l'hommage le 9 juin 1778. (Voyez au mot *Urphé*.)

Une ordonnance rendue par le fiége de Forez, le 1er feptembre 1452, entre M. *Pierre du Says*, procureur du comté de Forez, & le feigneur de Jullieu, règle les limites de la juſtice de Jullieu avec celle de Chambéon, ſa voiſine.

Ladite ordonnance ſe trouve dans le *Livre des Compoſitions*.

JOURSEY. — Prieuré de Bernardines, ordre de Fontevrault, en la paroiſſe de St-Galmier.

Ce prieuré fut fondé en 1130, par les libéralités de *Pierre Ronins* & *le Palatin*, ſon frère, qui étoient de la maiſon de Ladvieu en Forez. Cette fondation fut autoriſée, pour le ſpirituel, par Amédée, archevêque de Lyon, & pour le temporel, par le comte de Forez.

En 1144, *Pierre Godemard* & *Ubo d'Ecotay*, frères, donnèrent pluſieurs domaines à ce monaſtère nouvellement fondé, pour la dot d'une demoiſelle de cette maiſon, appelée *de Verrières*, & pour celle d'une fille de *Pierre d'Ecotay*.

Un brevet du 29 avril 1785, ſécularise le prieuré triennal & maiſon conventuelle de *Notre-Dame de Jourſey*, l'érige en Chapitre de chanoineſſes ſéculières, qui ſera compoſé d'une abbaye, d'un doyenné, de onze places & prébendes canoniales, indépendamment des chanoineſſes honoraires, & de douze ſemi-prébendes pour des demoiſelles élevées en la maiſon de St-Louis à St-Cyr, à meſure que les prébendes viendront à vaquer. Le Chapitre de Jourſey, avec ſes biens & droits, demeurera annexé à la maiſon de St-Cyr, en conſervant l'exemption, avec immédiatité au Saint-Siége, qu'avoit la maiſon conventuelle. Ce Chapitre remplacera & reſtera ſous la ſupériorité de l'abbeſſe de Fontevrault, mais le Conſeil d'adminiſtration du temporel de cette maiſon de St-Cyr veillera à celui du Chapitre de Jourſey.

La bulle de ſécularifation eſt du 20 décembre 1785; les lettres-patentes ſur cette bulle, du mois de mars 1786, regiſtrées au Parlement, le 14 juillet 1786.

JURIEU. — Rente noble de Jurieu, en la paroiſſe de Bellegarde.

M. *Jacques-Etienne Aguiraud*, notaire à Bellegarde, au nom de demoiſelle *Claudine Seurra*, ſa femme, en a prêté l'hommage le 24 mai 1755, & l'a renouvelé à cauſe du joyeux avénement du Roi à la couronne, pour la moitié de ladite rente ſeulement, le 23 décembre 1776.

Ledit M. Aguiraud, héritier du ſieur Henrys, poſſède une autre rente noble, appelée de *Gazillan* & de *Montmazard*.

LA BASTIE. — Seigneurie, juſtice de la Baſtie, en la paroiſſe de St-Etienne-le-Molard.

Le château de la Baſtie, ſur la rive gauche du Lignon, eſt un veſtige de la magnificence de l'illuſtre maiſon d'Urphé. La chapelle de ce château a des beautés ſingulières: l'autel eſt en marbre blanc, avec des tableaux & boiſages en marqueterie; la voûte, de marbre pilé & pulvériſé; le pavé, de porcelaine; les vitres, de criſtal, peintes en couleurs vives & tranſparentes; la grotte qui lui ſert de veſtibule, complète les chefs-d'œuvre où l'art ſurpaſſe la matière. *Claude d'Urphé*, bailli de Forez, gouverneur des enfants du roi Henri II, ambaſſadeur au concile de Trente, fils de *Pierre*, grand écuyer de France, la fit conſtruire en 1548. *Honoré d'Urphé*, petit-fils de Claude, l'ambaſſadeur, a célébré à la fin du XVIe ſiècle, dans ſon roman *d'Aſtrée*, les rives du Lignon, le château de la Baſtie, avec les lieux circonvoiſins, & leur a donné de la célébrité.

Un jugement rendu par les gens du Conſeil du comte de Forez, où étoient noble *Denis de Beaumont*, bailli de Forez, *Pierre Vernin*, juge de Forez, *Etienne d'Entraignes*, tréſorier du comte, le 20 mai 1401, entre le prieur de Montverdun & *Arnouil d'Urphé*, ſeigneur de la Baſtie, a décidé que la juridiction ſur la rive du Lignon, depuis le pont de la Sola juſqu'au pont de la Roche, & le ban, pendant tout le mois d'août, continuera d'appartenir à M. d'Urphé, à cauſe de ſa maiſon forte de la Baſtie; que la juridiction ſur les territoires du Bouſchet, de Vorſeys &

autres lieux au-delà du Lignon, du côté de Montverdun, continuera d'appartenir au prieur de Montverdun.

Lettres-patentes du mois de décembre 1558, signées par le Roi en son Conseil, *Robertet*, données à St-Germain-en-Laye, obtenues par *Jacques d'Urphé*, gentilhomme ordinaire de la chambre du Roi, précédées d'informations qui unissent, incorporent & joignent les deux seigneuries & juridictions de la Bastie & Ste-Agathe, pour être tenues à un seul hommage envers le Roi, sous le nom & titre de seigneurie & juridiction de la Bastie, à la charge de faire exercer lesdites juridictions & de faire construire des prisons.

François Puy.de Mussieu, écuyer, a prêté l'hommage de la terre & seigneurie de la Bastie, en la paroisse de St-Etienne-le-Molard, de la seigneurie de Ste-Agathe, le 9 juin 1778, & a acquis de *François-Louis-Hector de Simianne* & de dame Marie-Esther-Emilie de *Seveyrac*, son épouse, par contrat du 16 janvier précédent, reçu Bourboulon, notaire à Montbrison. (Voyez au mot *Urphé*.)

<small>La terre de la Bastie est aujourd'hui l'une des possessions de M. le duc *de Cadore*, qui appartient lui-même au Forez-Roannois. (*Note de l'éditeur*.)</small>

LA BASTIE. — Rente noble de la Bastie, en la paroisse de l'Hôpital-le-Grand & celle de Précieu (1).

M. *Pierre l'Héritier*, avocat, en a prêté l'hommage le 9 juin 1722.

M. *Reymond*, conseiller au siége de Forez, a acquis du sieur *Cibot*, bourgeois, qui avoit succédé à la dame l'Héritier, sa tante, épouse de M. du Mondey.

<small>(1) Le territoire de la Bastie dont il est ici question, avoit donné son nom à une très ancienne famille qui se retrouve souvent dans nos vieilles chroniques. Un de ses membres avoit fondé, en 1500, l'hôpital de Champdieu, en sa qualité de prieur.
(*Note de l'éditeur*.)</small>

LA BASTIE. — Rente noble appelée *la Baſtie*. (Voyez aux mots *Merlieu, Colombette*.)

LA BEAUCHE. — Domaine de la Beauche, fief démembré de *Nervieu*, en la paroiſſe du même nom, ſix étangs, rente noble en la paroiſſe de Salt-en-Donzy, Cleppé & Civen, droit de bac de Naconne, ſur le Lignon, maiſon, jardin, verchère (terre chenevière), en la paroiſſe de Feurs, un huitième au bois de Rioux, petit bois appelé de *Sugny*.

Jean-Marie Gras, héraut d'armes, en a prêté l'hommage le 18 janvier 1755, & a acquis de M. le comte de *Pontchartrain*, le 8 ſeptembre 1751, par acte reçu Daoûſt & ſon confrère, notaires à Paris.

Dame *Magdeleine-Gilberte-Germaine Gaudin*, veuve dudit ſieur *Gras*, héritière fidéicommiſe de ſon mari, tutrice de leurs enfants, en a prêté l'hommage le 23 décembre 1776.

LA BERNARDE. — Dîme inféodée de la Bernarde, en la paroiſſe de Renaiſon. (Voyez au mot *la Malinière*.)

LA BOULENNE. — Fief de la Boulenne, en la paroiſſe de Mornand. (Voyez au mot *Beaurevers*.)

LA BOUTERESSE. — Fief de la Boutereffe, à la Boutereffe, annexe de Boën, mandement de Marcilly-le-Châtel.

François de Mallet, écuyer, en a prêté l'hommage le 3 août 1674, & en a donné le dénombrement, reçu le 21 feptembre fuivant.

Ce fief confifte en une maifon, plufieurs vignes & terres, une rente noble valant, argent, dix fols; feigle, deux bichets; gélines, trois; les lods au troifième denier; un preffoir banal audit lieu, & la dîme de la valeur d'une ânée, fur une vigne du fieur Cherblanc de Boën.

<small>MM. Mallet de Vandègre avoient confervé la poffeffion jufqu'à la Révolution, & même poftérieurement; il y a eu enfuite aliénation. (*Note de l'éditeur*.)</small>

LA BOUTONNE. — Rente noble de la Boutonne, en la paroiffe de St-Geneft-l'Erpt & celle de Villars. (Voyez au mot *Dulac*.)

LA BRUYERE. — Fief de la Bruyère, en la paroiffe de St-Romain-le-Puy; fief de *Mauboft*, en la paroiffe de Champdieu; étang Meffilieu, en la paroiffe de Précieu.

Claude-François Chapuis, écuyer, a prêté l'hommage du fief de Mauboft, fonds allodiaux, le 15 mars 1674, & a donné le dénombrement, reçu le 27 mars 1686.

Ce fief confifte en une partie des fonds du domaine qui font allodiaux, l'autre partie mouvante de la directe du Chapitre de Notre-Dame de Montbrifon.

Pierre Chapuis de la Goutte, écuyer, a prêté l'hommage de la Bruyère, de Mauboft & de l'étang Meffilieu, le 9 juin 1723.

Jean-Pierre Chapuis de Mauboft, chevalier, ancien officier de dragons, a prêté l'hommage de l'étang Meffilieu, des fiefs de la Bruyère & de celui de Mauboft, plus d'un pré au Champage, paroiffe de Savigneu, le 25 juillet 1782. (Voyez au mot *Meffilieu*.)

LA BUERIE. — Fief de la Buerie, en la paroiffe de Pouilly-lès-Feurs.

Guillaume de Ste-Colombe-Nanton en a prêté l'hommage le 22 février 1674, & en a donné le dénombrement, reçu le 28 avril fuivant.

Ce fief confifte en la maifon de la Buerie, paroiffe de Pouilly, granges, étable, cour, jardin, garenne, colombier, prés, terres, bois de haute futaie, étang de la contenue d'environ vingt feftérées, avec un pré joignant, d'environ douze feftives; en une autre maifon au-deffous, en la paroiffe d'Epercieu, mandement de Cleppé, paquerages, terres d'environ quarante métérées, une rente noble qui fe lève fur les paroiffes de Salvizinet, la Valette, Rozier, Cleppé, Pouilly & Epercieu, confiftant, en argent, quatre livres; feigle, douze bichets, mefure de Feurs; orge, vingt bichets; avoine, deux feftiers; fix lapins, fix gélines & quelques poulets.

Sieur *Pierre Froget*, bourgeois, en a prêté l'hommage le 12 mars 1754, & a remis le dénombrement. A ce poffeffeur a fuccédé, par héritage, le fieur *Perrin de Noally*, fon parent. (Voyez au mot *Noally*.)

LA CHAMBRE. — Fief de la Chambre, en la paroiffe & châtellenie de St-Haon.

Gui Blanchet, écuyer, en a prêté l'hommage le 12 mars 1674, & en a donné le dénombrement, reçu le 14 avril fuivant.

Ce fief confifte en la maifon forte de la Chambre, paroiffe de St-Haon-le-Vieux, un petit domaine, fept ouvrées de vigne, un moulin à blé fur la rivière de Renaifon, une rente noble appelée de *Vertpré*, une autre rente noble appelée la *Prévote* d'Ambierle, laquelle dernière rente fait hommage au prieur d'Ambierle, les trois quarts d'une petite dîme en la paroiffe de St-Riram, dont la foi eft due au même prieur, une autre dîme des trois quarts de tous grains, en la paroiffe de St-Haon-le-Vieux, fous la redevance au prieur d'Ambierle de fix feftiers feigle & dix-huit pintes d'huile annuellement. (Voyez au mot *la Malinière*.)

LA CHANA. — Rente noble de la Chana, en la paroiffe de St-Hilaire, mandement de Leyniecq.

Sieur *Hilaire Favier de la Chomette*, officier chez le Roi, l'a acquise en démembrement de la feigneurie d'Apinac, des fieurs & dame *Flachat d'Apinac*, par contrat du 13 février 1768, reçu d'Aurelle, notaire à Uffon, & a affranchi un domaine. (Voyez au mot *Laval*.)

LA CHAIZE. — Rente noble de la Chaize. (Voyez aux mots *Aix, la Garde, Grandris*.)

LA CHANDIE. — Rente noble de la Chandie, dans les villages de la Chandie, le Poyet, Marnat, Marcilieu, la Maifon-Neuve, le Pin-des-Garniers & Monteau, en la paroiffe de la Chapelle-en-la-Faye.

Jean Cerifier, fils de *Pierre*, marchand au lieu de la Chandie, en a prêté l'hommage le 8 mars 1752, & a acquis de *Chriftophe Chaffain*, commandant la maréchauffée à St-Bonnet, héritier de Marie Cuffon, fa femme, par contrat du 22 décembre 1741, reçu Dupin, notaire. (Voyez au mot *Montarcher*.)

LACHAT. — Fief de Lachat, en la paroiffe de Balbigny, le Boft & Praleyres. (Voyez au mot *la Ferrière*.)

LA CHAPELLE-EN-LA-FAYE. — Paroiffe en toute juftice, rente noble de *Tortorel* & *du Mont*.

Etienne Berthaud en a prêté l'hommage le 6 juin 1674, & a donné le dénombrement, reçu le 12 février 1675.

Cette terre confifte en la haute, moyenne & baffe juftice, en un terrier montant par an, en argent, vingt-trois livres dix fols; feigle, cent foixante cartons; avoine, cent foixante ras; gélines, trente; froment, un carton quatre coupes trois quarts; orge, trois cartons & une trouffe de foin : les grains à la mefure de St-Bonnet.

En une autre rente appelée de *Tortorel*, montant annuellement, en argent, quatre livres dix fols; feigle, treize cartons; avoine, cinquante-huit ras; gélines, trois.

La rente du Mont, fur les villages du Mont & de *Joanziecq*, montant annuellement, en argent, quatre livres onze fols; feigle, vingt-huit cartons; avoine, cinquante-fept ras; gélines, trois trois quarts.

LA CHAPELLE. — Fief de la Chapelle, en toute juftice, en la paroiffe de la Chapelle-en-la-Faye.

Vital Perrin de Chenereilles en a prêté l'hommage le 31 juillet 1727, en l'abfence de M. Demeaux, lieutenant-général, juge domanial, pardevant MM. les confeillers, dont procès-verbal a été dreffé. (Voyez au mot *Chenereilles*.)

LA CHARPINIERE. — Fief de la Charpinière, ci-devant *Agnière*, en la paroiffe de Chambœuf.

Nicolas Dodieu, élu à Montbrifon, en a prêté l'hommage le 20 décembre 1754.

Marie-Anne Dodieu, dame engagifte de la paroiffe de Chambœuf démembrée de la châtellenie royale de St-Galmier, & propriétaire de la Charpinière, a prêté l'hommage dudit fief, qui confifte en quelques fonds affranchis ou allodiaux, le 4 avril 1781.

LA CHAUMASSERIE. — Domaine ou métairie de la Chaumafferie, en la paroiffe de St-Etienne-de-Furan.

Plufieurs de fes fonds font affranchis de la directe & fervis de la feigneurie de Roche-la-Molière, par dame *Magdelaine du Peloux*, veuve de *Gafpard de Capony*, tant en fon nom qu'en celui de Catherine de Capony, leur fille, époufe *d'Hector de Charpin*, comte de Souzy, héritier de fon père, au profit de M. *Antoine Colomb*, procureur du Roi en l'élection de St-Etienne; ce qui réfulte du contrat de vente de la terre de Roche, paffé par ladite dame à *François Anfelmet, fieur des Bruneaux*, du 10 août 1677, reçu Deville, notaire.

Sieur Claude Sauzéas, marchand à St-Etienne, eſt en poſſeſſion. (Voyez au mot *Maulevrier*.)

LA CHAZOTTE. — Fief de la Chazotte, en la paroiſſe de Sorbiers, rente de Serre, fonds allodiaux.

Jean Bérardier de la Chazotte en a prêté l'hommage le 16 janvier 1674, & en a donné le dénombrement, reçu le 11 août 1676.

La rente de Serre ſe lève ſur les paroiſſes de la Tour-en-Jarez, St-Jean-de-Bonnefond & autres lieux, valant par an, argent, trois livres dix ſols; froment, neuf bichets; ſeigle, douze bichets; avoine, vingt-cinq ras; le tout meſure de Jarez; foin, deux faix; gélines, neuf; poulets, ſept.

La Roque, en ſon Traité de la Nobleſſe, chap. IV, page 174, rapporte un arrêt du Conſeil d'Etat, du 15 juillet 1665, en faveur de Jean-Baptiſte Bérardier, ſieur de *Montſalſon*, prêtre, & Jean Bérardier, ſieur de *la Chazotte*, frères, enfants de *Jean Bérardier*, ſecrétaire du Roi, décédé revêtu de ſa charge, contre les conſuls de la ville de St-Etienne.

Pierre-Joſeph Bérardier, écuyer, a prêté l'hommage le 12 ſeptembre 1722.

Antoine Bérardier, écuyer, l'a prêté le 12 juillet 1762.

LA CLAIRE. — Rente noble de la Claire. (Voyez au mot *Charniat*.)

LA COMBE. — Fief de la Combe, en la paroiſſe de Valeilles, érigé en fief, par lettres-patentes & arrêt du Conſeil d'Etat du Roi, du 26 février 1771, en faveur de ſieur *Catherin Plaſſon*, & conſiſte en cent ſoixante-cinq arpents de bois taillis; en ſoixante arpents de terre, autrefois bois de haute futaie, dit *bois de Sury;* en l'emplacement de l'ancien château de *Sury-le-Bois*, des comtes de Forez, maſures, places, jardins, vingtains, foſſés & le domaine Nizon; le tout appartenant au Roi.

Il conſiſte encore aux domaines de *la Combe* & de *la Poncetière*, qui demeurent affranchis des cens dus au Roi; aux droits utiles & honorifiques de la haute juſtice, droit de chaſſe excluſif dans toute l'étendue dudit fief, avec permiſſion de chaſſe & pêche dans le ſurplus de la châtellenie de Sury-le-Bois, moyennant la redevance annuelle & cenſuelle pour le bois taillis, de deux cent quarante bichets de blé froment & quatre cent quarante-quatre bichets froment, tant pour l'emplacement du château & dépendances, domaine Nizon, chaſſe, pêche, les eaux du ruiſſeau d'Echalon, & affranchiſſement de ſervis; le tout meſure de Montbriſon. Enregiſtré en la maîtriſe des eaux & forêts à Montbriſon, 1771.

M. *Plaſſon de la Combe* fut dans le cas de chercher un acquéreur; il en trouva un empreſſé dans M. *Pierre-Chriſtophe d'Aſſier de Valenches*, écuyer, attaché déjà à la localité comme ayant épouſé Mad^{lle} de la Rochette (1784), & pour qui le plaiſir de la chaſſe avoit un attrait de plus dans ſon cher pays adoptif très giboyeux. Par acte du 22 mars 1791, il devint poſſeſſeur du fief ſus-nommé *de la Combe*, en ce qui ſe compoſoit du château & du domaine de la Combe, de celui de la Poncetière, étangs, bois de la Rivoire & bois déſert, avec tous les droits utiles & honorifiques, chaſſe, pêche, &c. Dans ladite vente étoit compris auſſi l'hôtel St-Pierre, au regard de la Loire, nouvellement bâti à Feurs, par M. de la Combe, avec les matériaux tirés du vieux château de Sury. (*Note de l'éditeur*.)

LA COPIE. — Terre labourable, appelée la Copie, du domaine du Roi, compriſe dans l'engagement de la châtellenie de St-Germain-Laval. (Voyez au mot St-Germain-Laval.)

LA CURÉE. — Fief de la Curée, en toute juſtice.

Claude Hue, écuyer à Roanne, en a prêté l'hommage le 27 mars 1733.

Claude-Gervais Hue, écuyer, lieutenant-général au bailliage ducal de Roanne, en a prêté l'hommage le 12 mai 1755.

L'honorable famille dont il eſt ici queſtion étoit diviſée en deux branches, l'une de *la Curée* & l'autre de *la Blanche*. (*Note de l'éditeur*.)

LA DOA. — Fermes de la Doa, St-Prieſt et bois de Robertanne, affranchiſſement de dîmes & cens, & de tous droits ſeigneuriaux, à l'exception de la juſtice, affranchiſſement de dîmes & cens ſur les autres biens de M. *Ravel*, conceſſion de droits de pêche, girouettes, armoiries, créneaux, pigeonnier, uſage, cours & retenue des eaux de la rivière de Furens, le tout faiſant ci-devant partie de la ſeigneurie de St-Prieſt & St-Etienne, & ſitué entre les deux chefs-lieux.

Claude Ravel de Montagny, écuyer, baron de Montagny, ſeigneur de Millery, en a prêté l'hommage le 5 mars 1787, & a acquis de M. le préſident *Gilbert de Voiſins* aux droits de demoiſelle *de Merle*, ſa femme, par contrat du 18 août 1786, reçu Boulard & ſon confrère, notaires à Paris.

LADVIEU. — Paroiſſe de Ladvieu, châtellenie royale, engagée, en 1537, à dame *Louiſe de Claviſſon*, veuve *de la Roue*, dame d'Aurec, & à M. *de Damas*, par contrat du 28 ſeptembre 1696, pour onze mille livres.

La juftice de Ladvieu comprend, en tout ou partie, les paroiffes de Ladvieu, Gumières, Chazelles-fur-Ladvieu, St-Jean-Soleymieux, Boiffet & St-Prieft, fon annexe.

Jofeph Roger, marquis de Damas, en a prêté l'hommage le 2 août 1761. (Voyez aux mots *le Rouffet, la Grue.*)

LADVIEU. — Rente noble de Ladvieu. (Voyez au mot *le Périer.*)

LA FARGE. — Rente noble de la Farge, paroiffe de Chenereilles. (Voyez au mot *Chenereilles.*)

LA FAY. — *La Rajaffe, l'Aubépin, St-Pierre-de-Pizey*, paroiffes, feigneuries en toute juftice, rente noble des *Combes, Châtelus, Charpeney, Vaudragon*, auffi en toute juftice.

Le 9 juillet 1324, *Reynaud, comte de Forez*, échangea fa terre d'Ecotay, qu'il donna à *Hugues de Ladvieu;* &, en contre-échange, Hugues de Ladvieu remit au comte fa terre de Vaudragon & du Pizey.

François Chapuis de la Fay a prêté l'hommage de l'Aubépin & Vaudragon le 18 juin 1674, & en a donné le dénombrement, reçu le 25 feptembre fuivant. François Chapuis, écuyer, confeiller en la fénéchauffée & fiége préfidial de Lyon.

Ce qui dépend de cette terre, & est assis sur le comté de Forez, sénéchaussée de Montbrison, est une partie de la justice haute, moyenne & basse de Vaudragon, & paroisse de la Rajasse, la rente noble qui consiste en trois bichets & demi de froment; trente bichets de seigle; quatre-vingt-six ras d'avoine, mesure de Vaudragon; treize livres argent; trente poulets, & environ une trousse de foin. La paroisse de l'Aubépin, en toute justice, est aussi dans la province de Forez, & démembrée de la baronnie de Riverie en 1635.

François Chapuis de la Fay, écuyer, a prêté l'hommage de la Fay, la Rajasse, l'Aubépin, St-Pierre-de-Pizey, les Combes, Châtelus, Charpeney, le 10 juin 1722.

La maison de *Savaron*, qui fut en possession par son alliance avec les Chapuis de la Fay, est actuellement représentée, dans lesdites propriétés, par Mme la comtesse *de Cibeins*, née *de Savaron*. (*Note de l'éditeur.*)

LA FAYE. — Seigneurie de la Faye, qui comprend partie des paroisses de St-Genest-de-Malifaux & Marlhes.

Rolet de Layre, bailli de Velay, a donné un acte d'attestation, les plaids tenant, le 17 juin 1410, que le *prieur de St-Sauveur* a, dans le mandement de la Faye, la justice & juridiction sur les lieux d'*Ecotay*, de *Peybert*, de *la Frache*, que *le commandeur du Temple* l'a sur les villages de *Marlhette*, du *Colombier*, *Delpine*, de *l'Espinasse*, des *Combeaux*, de *la Chaux*, & sur partie de *Marlhes*, & que l'abbesse de Clavas, dans le même mandement, a aussi la justice & juridiction de *la Gerzière*, de *Haute-Ville*, de *Verne*, de *la Coste*, de *Labourier*, de *Prélagier*, du *Champ*, du *Coing*, de *Rapoer*, de *Richinieu*, de *Richines* & leurs dépendances.

Charles-Balthazard de Clermont de Chattes, comte de Roussillon, sénéchal du pays de Velay, en a prêté l'hommage le 14 juillet 1716.

Jean-Louis Courbon, sieur des Gaux, lieutenant en l'élection de St-Etienne (depuis secrétaire du Roi), & *Antoine Chovet*, élu en la même élection (aussi depuis secrétaire du Roi) en ont prêté l'hommage le 11 juillet 1742, & ont acquis de *François-Ferdinand de Clermont de Chattes*, chevalier, maréchal des camps & armées du Roi, son lieutenant en la province de Dauphiné, sénéchal du Velay, par contrat du 7 avril 1742, reçu Revoul, notaire à Roussillon en Dauphiné. Les titres ont été remis aux acquéreurs, suivant un autre acte du même jour & même notaire.

Antoine Courbon des Gaux & *Jean-Claude Chovet de la Chance*, petits-fils des acquéreurs, ont prêté l'hommage de la Faye, le 14 décembre 1776, ensemble ledit sieur *Courbon*, de la rente noble de *l'Allier*, en la paroisse de Marlhes & St-Genest, & ledit sieur *Chovet*, de celle de *Martinal* & *la Croix*, aux environs de la ville de St-Etienne.

Par arrêt du 14 juillet 1770, rendu au rapport de M. Rolland de Challeranges, confirmatif de la sentence de notre sénéchaussée, du 12 août 1771, les censitaires de cette seigneurie ont été affranchis du mi-lods, par la raison que cette contrée a fait originairement partie du Velay: tel étoit le motif expliqué dans notre sentence.

Il y eut, à l'occasion de ce procès, un savant & volumineux Mémoire de recherches historiques composé par l'abbé *Courbon du Terney*. Il a été imprimé & contient une foule de documents curieux sur la délimitation des deux pays de Forez & Velay. La terre de la Faye étoit une *baronnie*, & ses possesseurs ne l'ont point oublié dans leurs qualifications. (*Note de l'éditeur.*)

LA FERRIERE. — Fief de la Ferrière, dont le chef-lieu est dans le château de Néronde.

Dame *Virginie de la Palud-Guiffrey de Monteynard* en a prêté l'hommage le 15 octobre 1675, & donné le dénombrement, reçu le 6 juin 1678.

Ce fief consiste en une maison, en la dîme de la Chassagne, & la moitié d'autre dîme indivise avec le seigneur de Chenevoux, au territoire de la Pierrière, la Selle, vignoble de Néronde, avec un pré & vigne ; une rente noble qui se lève à St-Marcel, mandement de Néronde, & dans les paroisses de Balbigny, St-Just, Ste-Colombe, Bussières & Neulize, & une partie en Beaujolois, valant annuellement, argent, vingt-deux livres dix-neuf sols dix deniers; froment, vingt-un bichets & demi; seigle, soixante-un bichets trois coupes; orge, cent vingt-huit bichets; avoine, cent soixante-quatre ras & demi; perdrix, une demie; foin, quatorze quintaux; conils (lapins), trente-huit & demi; gélines, dix-sept un quart; vin, un barrail & demi; avec droit de lods & reconnoissance de nouveau seigneur & nouveau tenancier, & partie des fonds situés à St-Marcel, sujets aux quatre cas & à la reconnoissance de nouveau seigneur & de nouveau tenancier, & de père à fils.

Georges-Antoine-Sylvestre de la Ferrière (reçu secrétaire du Roi en 1743) en a prêté l'hommage le 12 juin 1722, ensemble du fief de la Noërie, rentes nobles des Amaruts, Pierrelas, Marigny & Flachas.

<small>L'honorable famille *Sylvestre de la Ferrière*, plus connue sous le nom de *la Noërie*, qui a fourni un maire de Montbrison, avant & sous la Restauration, un officier supérieur, chevalier de Saint-Louis, son fils, est encore dignement représentée dans le pays par M. *Gustave de la Noërie*. (*Note de l'éditeur*.)</small>

LA FERRIERE. — Fief de la Ferrière, en la paroisse de St-Médard.

Charles de Masso, chevalier, sénéchal de Lyon, en a prêté l'hommage le 12 août 1754. On prétend que ce fief a été démembré de la châtellenie de St-Galmier, mais on n'en trouve aucun vestige.

<small>Depuis l'article ci-dessus, ce fief a passé & donné son nom à la famille *Arthaud*, devenue puissante en Lyonnois & Beaujolois. (*Note de l'éditeur*.)</small>

LA FILHE. — Rente noble de la Filhe, en la paroiffe de St-Maurice-en-Gourgois, de la dotation de la prébende ou commiffion de meffes du même nom.

LA FOUILLOUSE. — Paroiffe de la Fouilloufe, fur la rive du Furens, à deux lieues de la ville de St-Etienne, fur le chemin de St-Galmier; châtellenie royale qui comprend ladite paroiffe & celle de St-Juft-fur-Loire, engagée au fieur Labarre, & dont la juftice s'exerce à St-Galmier, depuis l'édit du mois de février 1774.

Cette châtellenie confifte encore en un terrier, quelques terres & un bois taillis, chêne, de trente-fix arpents. (Voyez au mot *St-Victor-fur-Loire*.)

<small>*La Fouilloufe* avoit donné fon nom à l'une des branches de l'illuftre famille de *St-Prieft*, qui la poffédoit comme apanage. Cette branche exifte encore de nos jours en Vivarois, où, après la cataftrophe des feigneurs de Roche-la-Molière, de 1596, elle s'étoit réfugiée d'abord au château d'*Ay*, près Satilleu, enfuite à *Sarras*, non loin de Tournon. (*Note de l'éditeur*.)</small>

LA GARDE. — Fief de la Garde, en la paroiffe de *St-Didier-fur-Rochefort;* rentes nobles de la Chaize ou la Broffe; domaine en la paroiffe de St-Didier-fur-Rochefort, dîmes, rente noble en la paroiffe de Buffy & Verrières, appelée de Magnieu.

Claude Chamboduc de Magnieu, écuyer, en a prêté l'hommage le 4 août 1753.

Pierre Chamboduc de Magnieu, l'a prêté le 11 avril 1767.

Le même l'a renouvelé, à caufe du joyeux avénement du Roi à la couronne, le 31 décembre 1777.

<small>Il n'exifte plus de *Chamboduc de la Garde*; le dernier s'étoit allié à une demoifelle *de Foudras*, & fon père à la famille *Puy de Muffieu*. (*Note de l'éditeur*.)</small>

LA GARDE. — Fief feigneurie en toute juftice, en la paroiffe de St-Thomas-les-Nonains; rente de Bayard.

Jean, comte de Forez, concéda, en 1301, à *Jean du Verney*, la juridiction de la Garde, à la charge du fief & hommage, en échange d'un clos de vigne, appelé *le Colombier*, qui joignoit une des maifons du comte.

Guy, comte de Forez, confirma la donation de la juridiction de la Garde, faite par Jean, fon père, en faveur de *Guillaume du Verney*, le 3 feptembre 1335.

Suivant la tranfaction paffée entre *François du Verney*, feigneur de la Garde, & *Jacques de la Veuhe*, feigneur de Montagnac, St-Romain, Monfupt, le 19 juin 1623, reçu Granjon, notaire, il fut arrêté que ledit fieur de la Garde aura toute juftice, haute, moyenne & baffe, fur tous les hommes, terres & fonds de quelques cenfives qu'ils foient mouvants, renfermés dans les confins établis dans ledit acte.

Il eft auffi convenu que ledit fieur de la Garde aura la juftice fur les hommes & terres mouvants de fa directe des *Salles*, à la forme du titre de 1335, feulement à la charge de la faire exercer fur les lieux, fans la diftraire ni attirer ailleurs.

Il eft arrêté encore que ledit fieur de la Garde aura la juftice fur le refte de fes redevables de la rente de vingt livres viennoifes, telle qu'elle lui eft accordée par le titre de 1317, lefquelles juftices font enclavées dans le mandement de Monfupt & St-Romain, & relèvent en foi & hommage dudit fieur de la Veuhe.

Jacques de Faÿ, comte de *la Tour-Maubourg*, en a prêté l'hommage le 18 mars 1674, & en a donné le dénombrement, reçu le 26 juin suivant.

Jean Estival, ex-consul à Lyon, l'a prêté le 4 septembre 1719, & a acquis, la même année, du comte de Maubourg, par acte reçu Champenoy & son confrère, notaires à Lyon.

Etienne-Marie Javelle, président honoraire en l'élection de Montbrison, est resté adjudicataire de cette terre, par décret poursuivi au préjudice de *Benoît-Bonnet Joubert de la Garde*, lieutenant-général d'épée au bailliage de Forez, à Montbrison, par arrêt du 31 décembre 1774, au prix de soixante-huit mille neuf cents livres, & en a prêté l'hommage le 3 juin 1775.

Ledit sieur *Javelle* a renouvelé l'hommage, à cause du joyeux avénement du Roi à la couronne, le 25 septembre 1776.

Alexandre-Etienne-Marie Javelle, lieutenant criminel à Montbrison, en a prêté l'hommage le 5 avril 1782.

LA GARDE. — Partie de rente noble de la Garde & des Combes, en la paroisse du Chambon, vendue par dame *Marie Vincent*, veuve & héritière fidéicommise de M. *Jean-Baptiste Mathevon de Curnieu*, élu à St-Etienne, à sieur *Mathieu-André Jourjon*, héraut d'armes de France. Elle consiste en cens, servis mentionnés dans les reconnoissances rappelées dans l'acte de vente, & notamment sur le ténement enclavé par le chemin de Trablaine à la Posière, de vent; celui de la Posière à la Sauvagnère & au Chambon, de midi; la rivière de Cotatier, d'occident, & le chemin du Chambon à la Ricamarie, de septentrion; par contrat reçu Jabouley, notaire, du 17 juin 1760. (Voyez au mot *Curnieu*.)

Les biens de la Sauvagnère appartenant audit sieur Jourjon, sont affranchis de la directe de la seigneurie de Feugerolles.

LA GOUTTE. — Château de la Goutte & paroisse des *Salles*, en toute justice, mandement de Cervières; rente noble de Laval, dans ladite paroisse; fonds allodiaux, dîmes.

François Mallet, écuyer, en a prêté l'hommage le 3 avril 1674, & a donné le dénombrement, reçu le 25 septembre suivant.

François-Joseph Mallet de Vandègre, l'a aussi prêté le 12 juin 1722.

Etienne-François de Blumeinstin, écuyer, dont le père a été reconnu noble d'extraction, par lettres-patentes du mois de mars 1738, a prêté l'hommage le 10 juin 1754, & avoit acquis du sieur *François-Joseph Josserand-Mallet de Vandègre*, seigneur du Bulion en Auvergne, & dame *Louise-Sidoine-Victoire de la Fontaine-Solard*, son épouse, par contrat du 30 mai 1753, reçu Dumas, notaire.

La terre de la Goutte appartenoit, en 1359, à . . . . qui, le 3 juin, en fit hommage au comte de Forez.

Florimond Fauron rendit le même devoir au duc, comte de Forez, le 24 mai 1421.

Noble homme *Pierre de St-Purgent*, possédoit cette même seigneurie en 1499. Elle a été aussi sur la tête de *Magdelon Ducros*, chevalier, seigneur du Fieu & de la Goutte.

M. *de Blumeinstin* a renouvelé l'hommage, à cause du joyeux avénement du Roi à la couronne, le 12 décembre 1776.

MM. de Blumeinstin, venus d'Allemagne en qualité d'ingénieurs de métallurgie, s'occupoient de l'exploitation des mines de plomb dans toute la contrée avoisinant leur possession de la Goutte. (*Note de l'éditeur*.)

LA GOUTTE. — Fief de la Goutte, dans la paroisse d'Estivareilles.

Ce fief consiste en une maison au lieu de la Goutte, prés, terres, de la contenue d'environ trente sestérées en toute justice, & la plus grande partie des terres mouvantes de la rente de la Goutte. Les maisons, prés, terres de Jacques Thiolière, dudit lieu, font auſſi de la même juſtice & directe. Une rente noble appelée de *la Goutte* & du *Sapey*, qui ſe lève ſur les paroiſſes de Périgneux, Eſtivareilles, St-Nizier, Luriecq, Roziers, la Chapelle, St-Bonnet, valant par an, argent, douze livres; ſeigle, quatorze feſtiers; avoine, huit feſtiers, & quelques poulets, outre le domaine du *Sapey*, auſſi en fief.

Claude Chapuis, écuyer, en a prêté l'hommage le 15 mars 1674, & en a donné le dénombrement, reçu le 27 mars 1686. (Voyez au mot *Montarcher*.)

LA GOUTTE. — Maiſon & domaine en la paroiſſe de St-Maurice-en-Gourgois. (Voyez au mot *Gland*.)

Par contrat du 5 juillet 1754, reçu Morel, notaire à Montbriſon, *Marcellin Battant de Pommerol*, lieutenant en la châtellenie de Montbriſon, charge ſubſiſtant pour lui ſeulement au bailliage, tant en ſon nom qu'en celui de ſes enfants & de défunte dame *Catherine de Chambaran*, ſon épouſe, a acquis le domaine & une rente appelée *de Gland*, démembrée du prieuré d'Aurec, de *Jean-Chriſtophe de Chambaran*, écuyer, chevalier de St-Louis, ancien capitaine au régiment de Ponthieu, ſon beau-frère, & de dame *Anne-Philippe de Flachat d'Apinac*, ſon épouſe. Ces biens provenoient de Pierre de Chambaran, chevalier, & de dame Elizabeth de *Reveillac de Calonne*, père & mère.

Dame *Elizabeth Staron*, veuve de noble *Michel-Laurent Battant de Pommerol*, lieutenant particulier en notre bailliage, tutrice de leurs enfants, en a prêté l'hommage, & de partie de la rente noble aſſiſe en la paroiſſe de St-Maurice & Aurec, le 24 décembre 1776.

Noble *Damien Battant de Pommerol*, avocat, fils & héritier de Michel-Laurent Battant, a épouſé N. *de Madière*.

LA GOYETIERE. — Fief & domaine de la Goyetière, en la paroiffe de Ste-Colombe, quartier de Forez. (Voyez au mot *Ste-Colombe.*)

LA GREVOL. — Rente noble de la Grevol, en la paroiffe de Bourg-Argental & aux environs; rente de St-Maurice.

M. *Etienne d'Allier*, procureur du Roi au fiége de Bourg-Argental, en a prêté l'hommage le 6 mars 1689, & en a donné le dénombrement, reçu le 12 janvier 1693.

La rente de St-Maurice, indivife pour les lods avec celle des *Coulaud*, confifte, en feigle, trois feftiers trois quartes trois coupes & un tiers; avoine, deux feftiers un ras & demi; argent, neuf livres dix fols; gélines, deux & demie, & fe lève dans les paroiffes de Bourg-Argental & St-Julien-Molin-Molette.

LA GRUE. — Rente noble de la Grue, en la paroiffe de St-Héand, la Tour-en-Jarez, Sorbiers, St-Etienne, St-Jean, Villars, & une petite dîme en la paroiffe de St-Héand, nommée *Peycelière*, commune avec le curé.

Pierre-Gabriel de Barges de Tréméolles, écuyer, en a prêté l'hommage le 10 février 1674, & en a remis le dénombrement, reçu le 10 juillet fuivant.

Marie-Marguerite de Tréméolles de Barges, fille de Claude & de *Anne de Maifon-Seule*, a époufé, en 1724, *Roger-Jofeph*, marquis *de Damas*, chevalier de St-Louis, lieutenant de vaiffeau, fils de *Claude* & de *Marguerite-Louife de Foudras*. (Voyez au mot *le Rouffet.*)

LA GUILLANCHE. — Fief de la Guillanche, en la paroiffe d'Effertines, mandement de Châtelneuf.

André de Chambaran, écuyer, en a prêté l'hommage le 8 février 1674, & a donné le dénombrement, reçu le 8 mars 1684.

Ce fief confifte en un château & domaine, droit de pêche fur la rivière de Vigézy, en une rente noble qui fe lève fur les paroiffes de Châtelneuf, Roche, Effertines, Bard, St-Bonnet-de-Coureaux, Champdieu, Savigneu & Montbrifon, valant par an, onze livres argent; foixante-fept bichets froment; deux cent onze bichets de feigle; trente bichets d'orge; cent quarante-fept bichets d'avoine, la plus grande partie *ras & fecous;* un bichet d'oignons; trente-trois poulets ou chapons; trente-huit femaifes de vin, avec un droit de dîmes fur quelques terres à Effertines. Une partie des redevances n'eft pas en directe.

Pierre de Chambaran, écuyer, en a prêté l'hommage le 12 juin 1722.

Jean-Baptifte-Charles-Benoît de Chambaran, écuyer, fils de Chriftophe & de dame *Anne-Philippe Flachat d'Apinac*, a vendu ce fief par contrat du mois de novembre 1773, reçu Mondon, notaire à Feurs, à fieur *Simon Chalan*, bourgeois de Montverdun.

LA HUE. — Rente noble de la Hue & Soléti, de la dotation d'une prébende, en la paroiffe de St-Maurice-en-Gourgois.

LA LANDE. — Fief de la Lande, en la paroiffe de St-Marcellin.

Alix Marefchal des Sauvages, dame de la Lande, en a prêté l'hommage au comte de Forez, le 12 août 1441. (Voyez au mot *Bataillou*.)

LA LIEGUE. — Fief de la Liègue, paroiſſe de Bellegarde. (Voyez aux mots *Aboin*, *Bellegarde*, *la Tourette*.)

La Liègue fut anciennement le fiége d'une des meilleures familles de nos pays, les *Brou de la Liègue*, entés en Forez ſur les *Rougemont*. Il y eut des Brou, comtes de l'égliſe de Lyon, en 1250, 1416, 1573. Voir leur généalogie, article de M. de Charpin, *Recueil de documents*, &c., page 95. Ce fief paſſa enſuite aux *Vinols*. (*Note de l'éditeur*.)

LA LIEGUE. — Rente noble de la Liègue, en la paroiſſe de Pailleret & St-Félicien (Forez-Viennois).

Antoine de Riboulet, ſeigneur de la Baſtie, en a prêté l'hommage le 25 avril 1674, & en a remis le dénombrement, reçu le 25 ſeptembre ſuivant.

L'ALLIER. — Rente noble de l'Allier, dans le mandement de la Faye, ſe lève dans les paroiſſes de St-Geneſt-Malifaux & Marlhes, acquiſe par le ſieur *Courbon des Gaux*, de Mme *du Fenouil*, par contrat du 12 janvier 1742, reçu Jamier, notaire à Montbriſon.

Antoine Courbon des Gaux, écuyer, en a prêté l'hommage le 14 décembre 1776. (Voyez au mot *la Faye*.)

LA MALINIERE. — Fief de la Malinière, en la paroiſſe de Roanne; dîme inféodée, appelée *la Bernarde*, en la paroiſſe de Renaiſon.

Emmanuel du Mirat, écuyer, en a prêté l'hommage le 23 janvier 1762, & a acquis par contrat reçu Châtelus, notaire à Roanne, de *Louis de Foudras*, marquis de *Courcenay*, & de dame *Louise-Françoise Garnier des Garet*, son épouse.

Pierre-Emmanuel du Mirat, écuyer, en a prêté l'hommage le 23 décembre 1776.

LA MERLEE (DE BOUTHEON). — Rente noble égarée.

Sieur *Claude Sauzéas* l'aîné, négociant à St-Etienne, héraut d'armes, a acquis les parties de cette rente qui se lèvent dans les paroisses de St-Geneft-l'Erpt, le Chambon, Firminy & St-Victor-sur-Loire, de *Louis-Henry*, marquis *de Pons*, seigneur de Bouthéon, par contrat reçu Deladret, notaire à St-Galmier, du 26 juillet 1777, & ledit sieur *Sauzéas* vend audit seigneur les rentes de Maulevrier qu'il avoit, provenant du prieuré de Firminy, assises sur les paroisses de Périgneux, Miribel & St-Bonnet-le-Château, & pour plus-value paye la somme de trois mille livres, & en a prêté l'hommage le 9 juin 1778.

La plus grande partie du surplus de cette rente noble de la Merlée, appelée rente égarée, a été acquise par le sieur *Bernou*, seigneur de Rochetaillée, & le sieur *Croizier*, négociant à St-Etienne. (Voyez aux mots *Bouthéon, Maulevrier*.)

LA MERLEE. — Fief de la Merlée; fief de Colonges, en la paroisse de St-Juft-sur-Loire; rente d'Audebert & les fours banaux de la Fouilloufe.

André-Gabriel Gonin de la Rivoire, écuyer, en a prêté l'hommage le

7 avril 1767, & l'a renouvelé à caufe du joyeux avénement du Roi à la couronne, le 2 décembre 1776.

LA MERLEE. — Fief, rente noble de la Merlée, en la paroiffe de St-Julien-la-Vêtre ; rente du Poyet, dîmes.

Gafpard du Palais, écuyer, en a prêté l'hommage le 3 avril 1674, & a donné le dénombrement, reçu le 20 feptembre fuivant.

Dame *Marguerite du Palais de la Merlée*, veuve de *Gafpard*, comte *de Loras*, en a prêté l'hommage le 12 mars 1761.

Ce fief confifte en un château appelé *la Merlée*, en un domaine noble, une dîme inféodée qui fe lève dans les paroiffes de St-Julien, St-Prieft, St-Jean-la-Vêtre & les Salles, valant par an environ trente-cinq feftiers feigle; une rente noble qui fe lève fur les paroiffes de St-Julien, St-Prieft, St-Jean, les Salles, Cervières, Noireftable, Celles, Arconfat, St-Laurent, St-Romain & autres lieux, valant annuellement, argent trente-cinq livres; feigle, quinze feftiers; avoine, quatre cents ras, mefure de Cervières; gélines, trente; conils ou lapins, deux; charrois & manœuvres.

Le fieur *Maftin*, damoifeau, feigneur de *la Merlée*, avoit prêté l'hommage au commandeur de Verrières, frère *Jean Labre*, à caufe du membre de *la Sauveté*, de la dîme des blés & charnage qu'il avoit dans la paroiffe de St-Prieft-la-Vêtre, le 9 juillet 1511, devant Botterel, notaire.

LA MOTHE. — (Voyez au mot *St-Polgues*.)

Par contrat du 24 novembre 1788, reçu Thioleyron, notaire, M. *Benoît, comte de Nompère*, feigneur de *Champagny* & *Bachelard*, a vendu à fieur *Jofeph Alcock*, entrepreneur de la manufacture royale de Roanne, le château de la Mothe, en la paroiſſe de Noally, bâtiments y attenant avec toute directe & cenſives, ſi aucunes y ſont réunies & attachées ; quatre domaines & une locaterie, au prix de quarante-cinq mille huit cent ſoixante-huit livres, & d'une penſion de deux cents livres, au capital de quatre mille livres, due aux pauvres de la paroiſſe de Noally. (Voyez au mot *Champagny*.)

LA MOTTE-BARIN. — Fief de la Motte-Barin, en la paroiſſe de Marcilly-le-Châtel ; dîme, rente noble.

François Papon, écuyer, en a prêté l'hommage le 28 mai 1674, & a donné le dénombrement, reçu le 26 juin ſuivant.

Ce fief conſiſte en maiſon, terres, vignes, de la contenance d'environ cent ſeſtérées, le tout exempt de dîmes & de droits ſeigneuriaux ; une dîme inféodée aux environs deſdits fonds, & une rente noble dans le mandement de Marcilly.

La dame *de Brioude*, épouſe de M. *de Leſgallerie du Taillou*, avocat, héritière du chanoine Paſturel ſon oncle, poſſède la Motte-Barin.

LA MURE. — Fief de la Mure, dîme de Planchas, en la paroiſſe de St-Bonnet-de-Coureaux.

Durand de la Mure, écuyer, en a prêté l'hommage le 1ᵉʳ mai 1761.

LA NOERIE. — Fief de la Noërie, en la paroiffe de Néronde. (Voyez au mot *la Ferrière*.)

LA PIERRE. — Château, feigneurie en toute juftice, en la paroiffe de Chazelles-fur-Ladvieu; rentes nobles qui furent du prieuré de St-Romain, de la prébende des *Roffet*, du marquis du Palais; autre appelée Jonzieu, & celle de *la Borie*, acquife du feigneur de *Péliffac*.

Claude Rouʒant, écuyer, en a prêté l'hommage le 12 mars 1674; il en a donné le dénombrement, reçu le 12 mai fuivant.

Ce fief confifte au château de la Pierre, en toute juftice, fur la paroiffe de Chazelles ; en un domaine, cens, fervis, le tout d'après les confins portés aux terriers, & pour les limites de ladite juftice.

Jacques d'Allard, écuyer, a prêté l'hommage, enfemble de la rente de *Goutelen* & *la Roue*, par lui acquife du fieur *Fauvel*, fuivant l'ordonnance du 10 juillet 1762.

LA POMPEE. — Fief de la Pompée, domaine en la paroiffe de Précieu, mandement de Meffilieu, confifte en une maifon appelée la Pompée, grange, cour, baffe-cour, le tout entouré de foffés; en un domaine compofé de prés & patureaux, terres cultes & incultes.

Gafpard-Béatrix Verd du Verdier, feigneur de *Valprivas*, en a donné le dénombrement en 1674.

M. *Daniel Fauvel*, greffier en chef honoraire en l'élection de Montbrifon, poffeffeur actuel, 1787.

LA PORCHERE. — Rentes nobles de la Porchère, autrefois de Curnieu & Montverdun, en la paroiſſe de la Fouilloufe ; dîme en celle de St-Héand.

Louis-Antoine Palerne, écuyer, en a prêté l'hommage le 15 octobre 1674, & en a donné le dénombrement, reçu le 4 mars 1679.

Sieur *Antoine Salichon*, négociant à St-Etienne, au nom de la demoiſelle *Ravel*, ſa femme, a prêté l'hommage, le 20 octobre 1767, du fief de la Porchère, qui avoit été donné en dot à ladite dame Salichon, par ſieur *Jacques Ravel* père, lors de ſon contrat de mariage; c'eſt-à-dire, les rentes nobles en matin de la rivière de Furens, & ledit ſieur Ravel s'eſt réſervé celles en ſoir de ladite rivière, & les dîmes en la paroiſſe de St-Héand.

Ledit ſieur *Salichon* a renouvelé l'hommage le 13 décembre 1776. (Voyez l'article ci-après, & au mot *Montravel*.)

.

LA PORCHERE. — Rente noble de la Porchère, en la paroiſſe de la Fouilloufe ; dîme en la paroiſſe de St-Héand & la Tour.

Cette rente noble & dîme fait partie de l'acquiſition que *Jacques Ravel*, ancien conſeiller & échevin de la ville de St-Etienne, avoit faite par contrat du 16 décembre 1750, reçu M. Ferrandin, notaire, de dame *Catherine du Favrey*, veuve de M. *Antoine-Louis Terraſſon*, avocat, & de ſes enfants.

Claude Ravel, écuyer, ſeigneur de Montagny & Millery, fils de Jacques (pourvu de l'office de ſecrétaire du Roi en 1771), a prêté l'hommage de cette partie de rente noble, le 21 décembre 1771 ; la procuration renferme la ceinture de la dîme. (Voyez ci-devant au même mot *la Porchère*, & ci-après aux mots *Montravel, St-Etienne*.)

LA PORTE. — Fief de la Porte, en la paroiffe de Pailleret.

Charles de Romanet, feigneur de *Baudiner*, en a prêté l'hommage le 25 avril 1674, & en a donné le dénombrement, reçu le 25 feptembre fuivant.

M. *de Romanet de l'Eftrange*, poffeffeur en 1789 du fief de la Porte, fut en cette qualité convoqué à l'Affemblée bailliagère du Forez, à Montbrifon. (*Note de l'éditeur.*)

LA RAJASSE. — Paroiffe. (Voyez au mot *la Fay*.)

LA REY. — Fief de la Rey, rente noble de St-Marcel, en la paroiffe de St-Galmier.

M. *Jacques Staron*, confeiller au fiége de Forez, en a prêté l'hommage le 3 décembre 1722.

Gonon de Blos étoit feigneur de la Rey, en 1486, & après lui *Arthaud de Blos*, en 1500, qui poffédoit auffi Magnieu-le-Gabion, vendu par lui ladite année à *Gafpard de Talaru*.

MM. *Dugas de la Catonnière* ont fuccédé aux Staron, & continuent la poffeffion. (*Note de l'éditeur.*)

L'ARGENTIERE. — Prieuré de Bénédictines, en la paroiffe d'Aveize en Lyonnois, près des confins du Forez, fondé par M. *de Cape*, qui, ayant plufieurs filles, fit de fon château un monaftère de filles, fous la direction de l'abbé de Savigny, dans lequel toutes ses filles furent religieuses & prieures successivement.

On n'a reçu dans cette maison, sauf quelques exceptions, que des demoiselles d'une noblesse connue, ou d'une famille vivant noblement; &, par des lettres-patentes du mois de juin 1777, registrées du consentement de M. le Procureur général, il est ordonné que pour être admis dans ce *chapitre de Notre-Dame de Coise en l'Argentière*, érigé en maison de chanoinesses, il faudra prouver par titres originaux, huit degrés de noblesse du côté paternel & trois degrés du côté maternel, en rapportant au moins deux pièces probantes sur chaque degré; lesquelles preuves seront reçues & jurées en personne ou par écrit, par deux comtes du chapitre de Lyon, ou deux chevaliers profès de l'ordre de St-Jean de Jérusalem, ou par un comte de Lyon & un chevalier profès dudit ordre, lesquels seront choisis & délégués par le chapitre.

Il est permis aux chanoinesses de porter en forme de baudrier, mais sur l'habit noir seulement, un cordon moiré, large de trois pouces, auquel sera attachée une croix d'or émaillée, surmontée d'une couronne comtale, imitant la croix de Malte.

La maison de *Gayardon du Fenouil*, voisine & protectrice, a fourni plusieurs abbesses & chanoinesses au chapitre noble de l'Argentière, auquel plusieurs familles du Forez & du Lyonnois ont aussi donné des membres.

A l'époque de la Révolution & de la suppression du chapitre, on remarquoit parmi les chanoinesses une sœur de l'illustre Châteaubriand. (*Note de l'éditeur.*)

LA RIVIERE. — Château de la Rivière, en la paroisse de Villechenève; seigneurie des Olmes, Vilette, Trezette, Montpérou, en toute justice.

Noble *Poncet de Rochefort* a prêté l'hommage de la terre de Vilette à la comtesse de Forez, le 27 juillet 1415.

Noble *Jean Dodieu*, notaire & secrétaire du Roi, l'a aussi prêté pour

Vilette à *Anne de France*, comtesse de Forez, entre les mains du bailli dudit comté, le 15 septembre 1511, acte reçu Durantet, notaire.

Michel Chapuis, écuyer, a prêté l'hommage de Vilette & Trezette, le 10 février 1674, & donné le dénombrement, reçu le 3 septembre suivant, & de différentes parties y unies.

Camille de Riverie a prêté l'hommage des terres de la Rivière, la Garetière & Villechenève, le 13 mai 1691, & donné le dénombrement, reçu le 9 août 1696.

Les terres de la Rivière, les Olmes, la Forêt, Vilette, Trezette, Montpérou & rentes unies, ont été érigées en marquisat par lettres-patentes du mois de juin 1719, en faveur de *Camille de Riverie*, sieur de la Rivière, pour lui, ses enfants & postérité mâle & femelle, propriétaires desdites terres.

Ledit sieur *Camille de Riverie* a prêté l'hommage de toutes lesdites terres le 7 mai 1720, savoir : de celle de la Rivière, à lui appartenante de père en fils, en la paroisse de Villechenève; celle des Olmes, acquise de l'abbesse de Bonlieu, le 9 décembre 1702, par contrat reçu Bertrand; celles de Vilette, Trezette, Montpérou, par vente de *Nicolas Périchon* & de dame *Marie Jourdan*, suivant acte du 17 octobre 1718, reçu Pourrat & Perrin, notaires à Lyon. Lesquels vendeurs avoient acquis de *Jean Guigou*, sieur des *Granges*, & de dame *Anne Chapuis*, son épouse, par contrat du 8 juin précédent, reçu Jal, notaire à Montbrison.

Le dénombrement des terres a été reçu le 7 septembre 1720, aux conditions que le droit de layde demeure rejeté ; que les lods de la terre des Olmes ne seront perçus qu'au sixième denier, & que ledit sieur de la Rivière établira que les fonds & domaines sont nobles.

Jean-Baptiste-Michel de Charpin, comte de Feugerolles, est propriétaire de toutes ces terres, en vertu de la donation qui lui en a été faite par *Pierre-Camille de Riverie*, marquis de la Rivière, le 25 octobre 1777, reçu Ferrand, notaire à Lyon, & Chomat, notaire à St-Etienne.

M. Oudard, très habile avocat au Parlement, nous a fait connoître l'arrêt appelé de Trezette, rendu en 1671, qui a confirmé une sentence des Requêtes du palais, de 1664, qui a déchargé les habitants de *Panissières* du droit de reconnoissance de nouveau seigneur & de nouveau tenancier du père au fils, quoique ces habitants s'y fuffent obligés par une tranfaction de 1432, que ce droit eût été reconnu dans deux terriers fubféquents, & qu'il eût été payé à chaque mutation, par la raifon que ces actes n'avoient aucun rapport au titre primordial & aux anciennes reconnoiffances.

LA ROCHE. — Fief de la Roche, confiftant en un domaine en la paroiffe de Miférieu, au port Colomb; le moulin de Cleppé, bois, cens.

François Surieu, archer des tentes & pavillons de la grande vénerie, en a prêté l'hommage le 25 mars 1755, & a acquis de M. *de Pontchartrain*, dans le démembrement de la terre de Nervieu; fon contrat eft du 8 feptembre 1751.

LA ROCHE. — Fief de la Roche; maifon forte bâtie fur un rocher au milieu de la rivière de Loire, en la paroiffe de St-Prieft-la-Roche, mandement de Néronde.

François-Bertrand de Vernoilles, écuyer, en a prêté l'hommage le 23 février 1674, & en a donné le dénombrement, reçu le 26 mai fuivant.

M. *Pierre de la Rivolière*, avocat, en a prêté l'hommage le 22 février 1755.

Demoifelle *Benoîte de la Rivolière*, femme du fieur *Feuillot de Varanges*, a vendu ce fief à fieur *Jean-Claude Bouvet*, bourgeois de Lyon, par contrat reçu de Châtelus, notaire à Lyon, le 9 novembre 1785.

LA ROCHE. — Rentes nobles. (Voyez aux mots *Bellegarde, Monfupt, Duplaix.*)

LA RONZY. — (Voyez au mot *Bouthéon.*)

LA ROUE. — (Voyez aux mots *la Pierre, Ecotay.*)

LA ROUE. — Fief de la Roue; fief de Villeneuve, dans les paroiſſes de Pailleret & Nozières.

Dame *Catherine d'Eſpinchal*, veuve de meſſire *Joſeph de Geneſtous*, ſeigneur de St-Vincent, en a prêté l'hommage le 25 avril 1674, & en a donné le dénombrement, reçu le 25 ſeptembre ſuivant.

Gaſpard-Emmanuel du Bourg, marquis de *Bazas*, en a prêté l'hommage le 14 juillet 1716, & a remis le dénombrement.

LA SALLE. — Fief de la Salle, en la paroiſſe de Feurs.

Jean-Claude Ramey, écuyer, avocat général au parlement de Dombes (1717), en a prêté l'hommage le 6 mai 1722.

Ce fief avoit appartenu à dame *Philippine-Guillemette de Cremeaux*, femme de *Claude de Breſſoles*, écuyer, qui le vendit par acte du 15 mai 1667, à *Antoine Breſſieu*, juge châtelain de St-Prieſt-la-Roche, par acte reçu Thevenon, notaire. Il conſiſte en deux domaines, une dîme, une rente noble, advenus à ladite dame de Cremeaux, par le partage fait avec *Hector de Cremeaux*, ſon frère, fils & héritier d'*Antoine* & de dame *Françoiſe de Rochebaron*, le 10 février précédent.

Ce fief appartient maintenant à M. Hector Montagne, écuyer, ſeigneur de Poncins (1788). (Voyez aux mots *Poncins, Marclopt.*)

MM. Ramey de la Salle portent aujourd'hui le nom de Ramey de Sugny.
(*Note de l'éditeur.*)

LA SALLE. — Fief de la Salle, en la paroiſſe de Nervieu.

Vital Chapuis, écuyer, lieutenant criminel à Montbriſon, en a prêté l'hommage le 26 mars 1720.

Jean-Pierre Chapuis de Mauboſt, écuyer, héritier de M. Vital Chapuis, ſon couſin, eſt maintenant en poſſeſſion. (Voyez aux mots *Nervieu, la Bruyère.*)

La belle terre de la Salle, après avoir été aliénée depuis la Révolution par MM. *de Mauboſt*, eſt aujourd'hui poſſédée par MM. *Palluat*, dits très anciennement *de Jalamonde*, en Breſſe (*Guichenon*), & depuis pluſieurs générations l'une des principales & plus honorables familles de St-Etienne. (*Note de l'éditeur.*)

LA SALLE. — Fief de la Salle, en la paroiſſe de Tourzie, châtellenie de Crozet ; rente noble appelée de Groffières.

Benoît-Palamède Baudinot, écuyer, demeurant au château de la Salle, près la Pacaudière, en a prêté l'hommage le 24 février 1674.

LA SCEAUVE. — Abbaye royale de la Sceauve-Clavas, ordre de Cîteaux, en la paroiffe de St-Didier-en-Velay, de la fondation de faint Bernard, & à laquelle abbaye a été réunie celle de *Clavas*, en la paroiffe de Riotord, en 1767.

Cette abbaye poffède en Forez deux corps de domaines, un moulin & une rente noble appelée *la Sceauvette*, affife fur les paroiffes de Sury-le-Comtal & Précieu; une redevance de quinze ânées de vin annuellement, fur la terre de St-Marcellin, à prendre au mois d'août, dont la donation fut confirmée par *Guy, comte de Forez*, le 6 avril 1276. Elle eft comprife dans l'état des charges de cette feigneurie, & portée au procès-verbal d'échange, rappelé au mot Sury-le-Comtal; une rente noble & dîme au lieu & fur le territoire de Meyrieu, paroiffe de Périgneux; en une redevance de cent vingt bichets de feigle, mefure de St-Bonnet, fur la grande dîmerie de St-Maurice, réglée par la tranfaction qui fut paffée entre frère *Jean d'Antofum*, commandeur de la commanderie de Montbrifon & château, le bois en dépendant, & dame *Alix de Tournon*, abbeffe, du lundi après la fête de faint Luc, évangélifte, 23 octobre 1485, reçu Gravit, notaire; en une rente noble, au quartier de la Rivoire en Cornillon.

Dame *Marie-Marguerite de Molette de Morangier* en a prêté l'hommage le 16 juin 1717, & a remis le dénombrement.

Dame *Marguerite-Laure de Fumel*, dame abbeffe actuelle.

LA THUILLIERE. — Fief de la Thuillière; rente noble fur les paroiffes de Cottances & de Pouilly-lès-Feurs, étoit à la maifon *Dulieu*. (Voyez aux mots *Choffonières, Bellegarde*.)

LA TOUR. — Fief de la Tour, paroiffe de Balbigny. (Voyez au mot *Boën*.)

LA TOUR-EN-JAREZ. — Châtellenie royale.

Au mois de février 1273, *Guy, comte de Forez*, déclara, au profit d'*Etienne le Blanc*, damoifeau, que fa maifon étoit tenue en fief & hommage du comté de Forez, & que ledit le Blanc y avoit *mixtum & certum imperium*, à partir de la rivière d'Ozon jufqu'au mandement de St-Chamond & jufqu'au mandement de St-Prieft & de Rochetaillée.

Cette châtellenie a été engagée par contrat du 22 juin 1694, à *Jean Pupil*, fieur de Craponne, moyennant quinze mille livres de principal & quinze cents livres pour les deux fous pour livre, enregiftré le 10 février 1715.

De cette châtellenie dépend un bois taillis effence chêne, de la contenue de fept arpents & trois perches, appelé *la Taillandière*.

La juftice de la Tour comprend les paroiffes de la Tour, de Sorbiers & St-Jean-de-Bonnefond, & fous le nom de juftice du Fay, s'étend fur les paroiffes de St-Chriftôt & Sorbiers. La juftice s'exerce à St-Galmier, depuis l'édit de 1774; elle confifte encore en un terrier & bois taillis.

LA TOURRETTE. — Fief de la Tourrette, en la paroiffe du même nom ; fief de *Gaite*, fief d'*Aboin*, fief de *la Lièguc*.

Dame Catherine *Pinhac de la Borie*, veuve de meffire *Geneft de Vinols*, chevalier, en a prêté l'hommage le 23 mai 1722. N** *Geneft de Pujol*, chevalier, feigneur de St-Aignan, l'a prêté le 2 avril 1753.

Ledit fieur *de Pujol* l'a renouvelé pour les fiefs de la Tourrette, d'Aboin, Gaite, & démembrement des rentes de Chenereilles & de Jourfey, le 2 décembre 1776.

Guillaume de Pujol fut, le 21 mars 1670, fecrétaire du Roi & contrôleur en la chancellerie de Montpellier. Les provifions de fon office portent que s'il s'en démet, ou qu'il décède avant la vingtième année de fervice, il fera privé, fa veuve & fes enfants, des priviléges de la nobleffe.

LAVAL. — Rente noble de Laval, en la paroiffe des Salles-en-Cervières. (Voyez au mot *la Goutte*.)

LAVAL. — Rente noble de Laval, en la paroiffe de Chéré.

Pierre des Jacob de la Chauffée, demeurant au lieu de Trémicors, paroiffe d'Ambierle, en eft en poffeffion.

LAVAL. — Fief de Laval, avec moyenne & baffe juftice, en la paroiffe de St-Hilaire.

M. *Hilaire Favier*, héraut d'armes, demeurant à Bas, en a prêté l'hommage le 17 août 1752, & a acquis d'*Aymard-André Chapuis de Laval*, chevalier, par contrat du 24 juillet 1749, reçu Dupin, notaire.

Sieur *Hilaire Favier de la Chomette* fils, officier des écuries du Roi, a prêté l'hommage de la rente noble de la Chana & de la rente & feigneurie de la Valmitte, en la même paroiffe de St-Hilaire, en juftice moyenne & baffe, le 23 avril 1773.

Il l'a renouvelé à caufe du joyeux avénement du Roi à la couronne, le 7 décembre 1776.

LA VALLA. — La Valla, annexe de St-Didier-fur-Rochefort, en juftice, qui prend audit lieu de la Valla & autres villages des paroiffes de St-Didier & St-Juft-en-Bas; rente noble, dîme inféodée appelée *la Voneta*, en la paroiffe de la Valla, & au lieu de Ciergues, en celle de St-Sixte.

Claude de Luzy en a donné le dénombrement, reçu le 14 avril 1674.

LA VALLA. — Paroiffe de la Valla-en-Jarez, *les Farnanches*, en toute juftice; ces deux feigneuries unies à St-Chamond.

Charles-Louis-Jofeph de la Vieuville, brigadier des armées du Roi, colonel de dragons, en a prêté l'hommage le 8 juin 1723.

Charles-Louis-Augufte de la Vieuville, premier baron du Lyonnois, en a prêté l'hommage le 7 août 1755.

Dame *Magdelaine-Sibylle de la Tour de Gouvernet*, veuve de *Claude-François de Groflée*, chevalier, comte de Viriville, avoit prêté l'hommage des Farnanches le 14 juillet 1716.

Jean-Jacques-Marie de Galet de Montdragon, conseiller d'Etat, maître d'hôtel ordinaire du Roi, en a prêté l'hommage le 15 juillet 1771, & a acquis de *Charles-Augufte de la Vieuville*, par contrat du 24 mars 1768, reçu Mathon & son confrère, notaires à Paris.

Ledit seigneur a renouvelé l'hommage à cause du joyeux avénement du Roi à la couronne, le 9 juillet 1781.

Melchior Mitte de Chevrières, marquis de St-Chamond, dans son testament dont il est parlé au mot *Châtelus*, institue pour son héritier universel *Henry Mitte*, son fils, à la charge de porter, lui & les siens, les noms & armes de St-Chamond, & le surnom de *Mitte*. Ce testament, contenant substitution, a été insinué en la sénéchauffée de Lyon, le 5 février 1650. Après le décès de Henry, *Jean-Armand*, son frère, recueillit les biens en 1662.

LA VALETTE. — Fief de la Valette, en la paroisse de Péluffin.

Claude-Nicolas de Fontanès, chevalier, en a prêté l'hommage le 2 mai 1674, & donné le dénombrement, reçu le 17 décembre 1675. (Voyez au mot *Maclas*.)

LA VALETTE. — Fief & château de la Valette, près la ville de St-Etienne, avec justice.

La justice de la Valette fut vendue à *Antoine de Rochefort* par *François de Mouillon de Breffieu* & Marguerite *de Gafte*, sa femme, dame de

Luppé & Rochetaillée, par contrat du 30 mars 1582, reçu Tiffot, notaire.

Noble *Jean Beffet* acquit cette feigneurie en 1622, & en prêta l'hommage au Roi, en la Chambre des comptes, à Paris, en 1624.

Par la tranfaction du 17 juin 1654, reçu Peyffonneau & Defvernay, notaires à St-Etienne, paffée entre *Hugues de Forcieux*, écuyer ordinaire du Roi, feigneur de Rochetaillée, & *Baptifte Pianello*, écuyer, tréforier de France à Lyon, & *Marie Beffet*, fa femme, fille de *Louis Beffet*, écuyer, fieur de Montchant, fecrétaire du Roi, il fut dit que la juftice de la Valette eft confervée à ladite dame Beffet, qui reconnoît être tenue à la foi & hommage envers le feigneur de Rochetaillée, à la forme de la tranfaction du 8 mai 1446, paffée entre *Arthaud d'Apchon*, feigneur de Rochetaillée, & *Jean de Rochefort*, feigneur de la Valette, pour le château maifon forte de la Valette, bâtiments, domaines, droits de directe & autres dépendances, à la réferve du droit de juftice haute, moyenne & baffe.

LA VALMITTE. — Fief de la Valmitte. (Voyez au mot *Laval*.)

L'AUBEPIN. — Paroiffe, Vaudragon-en-Jarez. (Voyez ci-devant au mot *la Fay*.)

LA VARENNE. — Fief de la Varenne, en la paroisse de Salt-en-Donzy.

Jacques du Verney, juge châtelain à Feurs, en a prêté l'hommage le 16 mars 1674, & en a donné le dénombrement, reçu le 6 mars 1679.

Ce fief consiste en un château, moulins, domaines en franc-alleu, une rente noble qui se lève sur les paroisses de Feurs, Donzy, St-Martin-l'Estra, Virigneux, Salvizinet, la Valette, Salt, Cottances, Roziers, Panissières & Villechenève. Cette rente noble avoit été acquise par contrat du 14 février 1637, de *Claude de la Chièze*, écuyer, sieur de Pélouzat, adjudicataire des biens de *Claude de Flachat*, écuyer, sieur de la Varenne.

Dame *Denise du Verney*, veuve de M. *Jean-Baptiste Barjot*, chevalier, seigneur de Carville, l'a prêté le 9 septembre 1722.

M. *Gérentet*, président en l'élection de Montbrison, héritier de la dame du Verney, sa mère, a vendu ce fief à M. *Guillaume du Rosier*, écuyer, demeurant en son château du Rosier, près Feurs. (Voyez au mot *le Rosier*.)

Le château de la Varenne vient récemment de passer, à titre de donation, dans la possession du baron *Hippolyte de Brosse*, époux de Mad^{lle} *Marie de la Plagne*. (*Note de l'éditeur*.)

LA VAURE. — Fief, maison forte & rente noble de la Vaure, en la paroisse de Sorbiers.

Les religieux *Minimes* de la ville de Lyon en ont prêté l'hommage le 6 décembre 1777.

LA VAURETTE. — Fief de la Vaurette. (Voyez au mot *Choffonières*.)

LA VERNADE. — Rente noble de la Vernade, en la paroiffe de Marcilly-le-Châtel.

Antoine Chaffain, élu, *Noël Chaffain*, receveur des tailles, copropriétaires, en ont prêté l'hommage le 9 juin 1722.

Cette rente noble a été acquife du Chapitre de Notre-Dame de Montbrifon par *Claude Chaffain*, receveur des tailles, fuivant contrat du 14 décembre 1645, & comprend les terriers de Chenevoux, la Vernade & le Soleillant.

François Chaffain de Marcilly, fils de *Noël*, fecrétaire du Roi près le Parlement de Grenoble, le 16 juin 1730.

Cette rente noble eft encore indivife entre M. *Chaffain de Marcilly* & M. *Montginot*, avocat, au nom de fes enfants, repréfentant *Antoine Chaffain*. (Voyez aux mots *Chenereilles, Meffimieu*.)

> MM. *de Marcilly* actuels, dont les auteurs figurent ci-deffus, continuent leur poffeffion du château moderne dont ils portent le nom, placé au pied de l'ancienne forterefse rafée par les ordres du cardinal de Richelieu. Cette localité, célèbre dans les chroniques, ne l'eft pas moins par fa pofition qui domine agréablement tout le Forez central. On y comprend également les fictions de l'Aftrée qui s'y rattachent, & l'intention du premier conftructeur du château de Marcilly, qui bâtit auffi *Chalmazel* en 1231, le tout au profit, dans le fiècle fuivant, de la maifon *de Talaru*, qui, par fon alliance, abforba les biens & le nom de fa famille adoptive.
> (*Note de l'éditeur*.)

LAVORT. — Rente de Lavort. (Voyez aux mots *la Guillanche, le Poyet*.)

LE BLANC. — (Voyez au mot *Saconay*.)

LE BOST. — (Voyez au mot *la Ferrière*.)

LE BUISSON. — Fief du Buiffon, paroiffe de Valeilles. (Voyez au mot *le Soleillant*.)

LE CHEVALLARD. — Fief du Chevallard, en la paroiffe de Lérigneu. *Gilbert de Ryvoire* en a prêté l'hommage le 28 avril 1723.

M. *Antoine Souchon*, confeiller au fiége de Forez, l'a prêté en 1769, & a acquis de *Jacques-Charles*, comte de *Chabannes*, marquis de *Curton*, & de dame *Elizabeth Talleyrand de Périgord*, fa femme, & de *Jean-Baptifte de Chabannes*, marquis de *Curton*, par contrat du 9 décembre 1768, reçu Lenoir & fon confrère, notaires à Paris, & l'a renouvelé à caufe du joyeux avénement du Roi à la couronne, le 14 décembre 1776.

Depuis cette acquifition, cet ancien fief a donné fon nom à MM. *Souchon du Chevallard*.
(*Note de l'éditeur.*)

LE CHEVALLARD. — Domaine du Chevallard, paroiſſe de Nervieu, en franc-alleu noble, & *Gaingard*, démembrés de la ſeigneurie de Nervieu.

Sieur *Antoine Lattard*, maître de poſte, qui a acquis de M. *de Pontchartrain*, par contrat du 19 décembre 1752, reçu Duvan, notaire à Néronde, au prix de vingt-cinq mille livres, en a prêté l'hommage le 3 août 1761.

Noble *Pierre Lattard du Chevallard*, ſon fils & donataire, conſeiller au ſiége de Forez, l'a prêté le 9 août 1772, ſous la dénomination du fief & rente noble du Chevallard, & y a compris la rente qu'il a acquiſe de M. *Chapuis de la Salle*, ſeigneur, acquéreur de Nervieu, par contrat du 31 janvier 1771, reçu Barrieu, notaire à Montbriſon.

Il a renouvelé l'hommage à cauſe du joyeux avénement du Roi à la couronne, le 14 décembre 1776.

LE COGNET. — Fief du Cognet, en la paroiſſe de St-Cyr-les-Vignes; rente noble, fonds allodiaux.

M. *Charles Montagne*, avocat, en a prêté l'hommage pour *Jacques*, ſon frère, le 18 décembre 1677, & en a fourni le dénombrement, reçu le 12 mars 1678. Ce fief, originairement à la maiſon de *Salemard*, dès 1436, fut vendu par elle à *Jean Montagne*, en 1624, & conſiſte en deux domaines au pied du coteau de St-Cyr-les-Vignes. (Voyez au mot *Poncins*.)

LE CROZET. — Fief du Crozet; rente, dîme, en la paroiſſe de Cézay.

François de St-Prieft, écuyer, en a prêté l'hommage & fourni le dénombrement, reçu le 21 juillet 1674.

Jean-Baptifte Honorati, écuyer, a auffi prêté l'hommage le 20 mai 1720, & a acquis de *Damien de St-Prieft*, feigneur de Fontanès & des Efcures, le 7 mai 1720, par contrat reçu Souvigny & fon confrère, notaires à Paris.

Sieur *Jean-Baptifte Buffet*, écuyer, héritier de la demoifelle *Marie-Philippe Honorati*, fa coufine, en a prêté l'hommage le 21 décembre 1776.

Ce fief, acquis au prix de trente mille livres, par le contrat ci-deffus daté, confifte en un château, enclos, jardin, terres, bois, prés, vignes, cens, penfions, dîmes, bâtiments pour le fermier, donnés à *Damien de St-Prieft*, dans fon contrat de mariage avec la dame *Mercier*, par François de *St-Prieft*, chevalier, feigneur de Fontanès, fon père, de l'an 1696, à la charge d'une fondation annuelle de vingt-cinq livres, pour meffes dans la chapelle du château, & autres fondations.

L'HOSPITAL. — L'Hofpital-fous-Rochefort, annexe de St-Laurent-en-Solore, ville, prieuré en toute juftice, de l'ordre de St-Benoît, dépendant de la Chaize-Dieu, en commande.

M. *René Richard*, prêtre du diocèfe d'Angers, feigneur, prieur de Notre-Dame-de-Grâce de l'Hofpital-fous-Rochefort, en a prêté l'hommage le 29 août 1722.

L'HOSPITAL-LE-GRAND. — L'Hofpital-le-Grand, annexe d'Unias, en toute juftice, membre de la commanderie de St-Jean-de-Montbrifon.

La juſtice ſur l'Hoſpital-le-Grand & *Meſſilieu* fut confirmée à ladite commanderie, par la tranſaction paſſée entre *Jean, comte de Forez*, & *Maurice de Hermont*, prieur de la ſainte maiſon de l'Hoſpital de Jéruſalem en Auvergne, au mois de juillet 1293. (Voyez aux mots *St-Jean-de-Montbriſon, Vernoil, St-Antoine.*)

LE MALPITAVAL. — (Voyez au mot *Saconay.*)

LE MAZOYER. — Fief du Mazoyer, en la paroiſſe de St-Laurent-la-Conche. (Voyez au mot *le Palais.*)

LE MONCEAU. — Rentes nobles du Monceau, en la paroiſſe de Salt-en-Donzy. (Voyez au mot *le Perret.*)

LE PALAIS. — Château du Palais, ſeigneurie en toute juſtice, en la paroiſſe de Feurs; Civens, paroiſſe; le fief du Mazoyer.

L'ancien château du Palais fut raſé par arrêt des Grands-Jours de Clermont, en 1666; la juftice eft un démembrement de celle de Feurs. Civens appartenoit anciennement à la maifon de *Charpinelle*, qui s'eft éteinte dans celle de *Talaru*, par le mariage de *Béatrix de Charpinelle*, dame de Civens, avec *Hugues de Talaru*, vers 1376.

Le Palais & Civens furent érigés en marquifat en 1626, en faveur des *de Rivoire*, devenus poffeffeurs.

Le château actuel a été bâti en 1730, par Gilbert de Chabannes, marquis du Palais, feigneur de Civens, le Mazoyer & le Chevallard, qui avoit prêté l'hommage du Palais le 28 avril 1723.

Pierre-Benoît Gonyn de Lurieu, écuyer, qui a acquis de *Jacques-Charles, comte de Chabannes, marquis de Curton*, & de dame *Marie-Thérèfe de Talleyrand-Périgord*, fon époufe, par acte du 31 mai 1763, reçu Lenoir & fon confrère, notaires à Paris, au prix de deux cent treize mille livres, a prêté l'hommage du marquifat du Palais le 4 juin 1763, & l'a renouvelé à caufe du joyeux avénement du Roi à la couronne, le 21 décembre 1776.

<small>Le Palais étoit advenu aux *Chabannes*, par le mariage, en 1658, de *Chriftophe de Chabannes*, marquis de Curton-en-Bazadois, avec *Gabrielle-Françoife de Rivoire*, dont la famille, comme on l'a vu ci-deffus, poffédoit le Palais.

La belle terre du Palais eft aujourd'hui la propriété de la famille *Périer*, alliée à celle de *Poncins*, & d'après l'acquifition faite de M. de Lurieu, peu après la Révolution.

(*Note de l'éditeur*.)</small>

LE PARC. — Le Parc du Roi joignant à la ville de Montbrifon, eft un ténement de terres & pré, vendu par les commiffaires députés de Sa Majefté, ainfi que la place du Château dans l'enceinte de la ville, à fieur *Etienne Pierrefort*, bourgeois de Montbrifon, par contrat du 29 mai 1688, reçu le Moine & fon confrère, notaires au Châtelet de Paris, pour en jouir à titre de propriété incommutable, en exécution des édits d'avril

1660, 7 août 1669, & de la déclaration du 6 avril 1672, à la charge de tenir lesdits place du Château & Parc, en fief, foi & hommage, à cause du domaine & châtellenie de Montbrison; d'en payer les profits féodaux aux mutations, suivant l'usage du pays de Forez, & à la charge encore de la redevance annuelle & perpétuelle de deux cent dix livres, payables à la fête de Noël de chaque année.

Nous rappellerons ici que, lors de la prise de Montbrison par le baron des Adrets, en 1562, ce fut dans le Parc que s'établit le farouche assaillant. C'est de là qu'il fit brèche avec son artillerie dans le mur d'enceinte, en face du cloître & de l'église Notre-Dame. Le petit coteau qui touche au boulevard dans cette partie, favorisoit les assiégeants qui se signalèrent, à l'instigation de leur chef, par de si horribles cruautés. (*Note de l'éditeur.*)

La dame *Chirat*, épouse de *Georges-Antoine-Sylvestre de la Noërie*, écuyer, fils de Georges-Antoine-Sylvestre de la Ferrière, secrétaire du Roi dès 1743, tient le Parc.

Par contrat du 16 mars 1692, reçu Challaye, notaire à Montbrison, *Etienne Pierrefort* fit l'élection en ami, pour la place du Vieux-Château, de *François de Girard*, écuyer, sieur de Colombette, moyennant la rente de dix livres, en diminution de celle de deux cent dix livres portée par l'adjudication & vente de 1688, par contrat du 17 février 1696, reçu Barrieu, notaire à Montbrison.

Jacques de Girard vendit à noble *Claude-Martin des Pomeys*, conseiller au siége de Forez: 1° sa maison & enclos appelé des Quatre-Vents; 2° les places du Château y attenantes, qui confrontent le chemin des prisons aux Grandes-Ursules, de bise, matin & vent; les caves du sieur d'Allard entre deux, aussi de vent; les caves & bâtiments des héritiers du sieur Pupier, aussi de soir, pour en jouir suivant l'abénévis passé à feu sieur de Colombette, quand auxdites places seulement, duquel ledit sieur *de Girard* se charge par exprès, tant du passé qu'à l'avenir, en sorte que mondit sieur *Martin des Pomeys* ne soit en aucune manière recherché pour le payement, & sans maintenue pour lesdites places comprises dans ladite vente, au dehors du susdit enclos; le tout avec une autre cave y ajoutée, près du Château, au prix de six cent soixante-quatre livres.

Noble *Pierre Lattard*, conseiller, & la dame *Martin des Pomeys*, son épouse, ont vendu l'enclos & place du Château à *Claude Verd*, concierge des prisons.

LE PERRET. — Château du Perret, près le bourg de St-Cyr-les-Vignes, allodial ; rente noble du Perret, consistant en cens, servis, lods, mi-lods, qui se lèvent, tant sur le territoire de Grandin, qu'autres héritages sur la paroisse de St-Cyr-les-Vignes, St-Laurent-la-Conche ; & le tiers de la dîme en vin de ladite paroisse.

Rente noble du Monceau sur les entières dîmes originaires du prieuré de Salt, & sur des héritages dans les paroisses de Valeilles, Salt-en-Donzy, Jas & autres lieux circonvoisins.

La rente noble sur les dîmes de Salt fut vendue au Chapitre de Notre-Dame de Montbrison, le 28 août 1355, par *Arnouil d'Urphé* (Arnulphus de Ulphiaco), & *Falconne de Montagneux*, sa femme, reçu Minili, notaire, ainsi que d'autres parties de rente noble qui sont sous la main des seigneurs de la Rivière, du Palais, du Rozier & de Rochefort.

Le Chapitre de Montbrison vendit cette rente noble à la dame *d'Albon*, dame de Nervieu. Le sieur *Gras*, héraut d'armes, l'avoit acquise de M. *de Pontchartrain*, seigneur de Nervieu, & l'a vendue à M. Sauvade.

Sieur *Benoît Sauvade* du Piney (secrétaire du Roi en 1785, près la Cour des aides de Paris) en a prêté l'hommage le 21 décembre 1782. (Voyez au mot *Estaing*.)

<small>Le Perret est aujourd'hui possédé, à titre héréditaire, par Mme la baronne de Leyssac, née Sauvade du Perrey. (*Note de l'éditeur*.)</small>

LE PERRIER. — Fief du Perrier, dans la paroisse d'Unias & l'Hospital-le-Grand, son annexe. (Voyez aux mots *Merlieu*, *Urphé*.)

LE PESCHER. — Rente noble du Pescher, en la paroisse de Virignieu. Demoiselle *Antoinette de la Roche* en a prêté l'hommage le 27 octobre 1674, & en a donné le dénombrement, reçu le 6 août 1675.

Cette rente noble consiste, argent, six livres six sols onze deniers; conils (lapins), sept trois quarts; gélines, dix-huit; seigle, vingt-sept bichets; orge, cinquante-six bichets cinq coupes; avoine, trente-sept ras & demi; manœuvre, un quart de journée.

LE PETIT-ROURE. — Villages du Petit-Roure & Pleyne, en la paroisse de St-Didier-en-Velay, quartier de Forez.

Le 17 novembre 1658, par acte reçu Brunon & son confrère, notaires au Chambon, *Claude-Nicolas de Clermont, marquis de Chaste*, vendit à *Gaspard de Caponi*, seigneur de *Feugerolles*, la terre & seigneurie de St-Just-lès-Velay, au prix de vingt-six mille livres.

Le 18 du même mois, & par acte reçu du même notaire, ledit sieur *de Caponi* élut en ami noble *Paul du Fornel*, avocat, procureur du Roi au siége de St-Ferriol, pour la justice haute, moyenne & basse, cens & autres droits seigneuriaux, sur les villages du Petit-Roure, du Grand-Roure, Pleyne & Montméat, puis le lieu appelé *le Pescher*, sur le grand chemin de St-Just à St-Didier, suivant le ruisseau qui va & descend à l'endroit appelé le Point-de-Guérin, y compris le moulin de Couillard; & le 29 juin 1691, il y a eu une transaction entre ledit sieur de Caponi & M. du Fornel, reçu de Ville, notaire.

Jean-Baptiſte du Fornel, écuyer, en a prêté l'hommage le 4 mai 1674, & en a fourni le dénombrement, reçu le 3 juin ſuivant.

Le dénombrement comprend la juſtice des villages du Petit-Roure & Pleyne, une rente noble, une dîme inféodée qui ſe lève, tant auxdits villages qu'aux environs, valant par an, argent, deux livres trois ſols; ſeigle, deux ſeſtiers environ; avoine, trois ſeſtiers.

Louis du Fornel, chevalier, en a prêté l'hommage le 31 août 1757, & *Jean-Gabriel du Fornel*, chevalier, l'a auſſi prêté le 18 janvier 1777. (Voyez au mot *St-Juſt-lès-Velay*.)

LE PINEY. — Rente noble du Piney, St-Marcel, Paparin; dîmes, en la paroiſſe de St-Cyr-les-Vignes, dans la châtellenie de Sury-le-Bois.

Jacques Plaſſon, lieutenant en la maréchauſſée, en a prêté l'hommage & a acquis de *Gilbert de Martinières*, écuyer, ſieur du Soleillant, par contrat des 17 février & 27 mars 1714, reçu Molinet & Guérin, notaires. (Voyez au mot *la Combe*.)

LE POYET. — Château du Poyet, ſeigneurie en toute juſtice dans le mandement de Ladvieu, paroiſſe de Chazelles-ſur-Ladvieu; rente noble de Lavort, celle de Beauvoir.

La juſtice du Poyet fut concédée le 1er ſeptembre 1341, par *Guy, comte de Forez*, à *Guichard du Says*, pour ſervices par lui rendus. Le comte ſe réſerve la ſupériorité, reſſort & fief: *Pœnam capitalem, mortem naturalem & civilem, bannimentum, membri mutilationem, tutelæ & curatelæ dationem & eorum confirmationem, teſtamentorum ſcriptis, vel ſine ſcriptis, conditorum publicationem, miſſionem ex teſtamento, vel ab inteſtato.* Le comte prohibe d'ériger un pilori ou autre figne ftable de juridiction, dans les lieux où il accorde la juftice, laquelle juftice eft exprimée en ces termes: *Jurifdictionem omnimodam, cognitionem, definitionem, executionem earumdem, ac etiam captionem, detentionem & executionem in dictis locis.*

Dame *Anne de Gadaigne*, comteffe de Château-Gay, en a prêté l'hommage le 12 mars 1674, & en a remis le dénombrement, reçu le 12 mai fuivant.

Ce fief & feigneurie, fuivant le dénombrement, confifte en un château, domaine, terres, en toute juftice, au lieu du Poyet, dans les villages de Vioville, de Châtelville, de Chant-le-Boux; laquelle juftice eft confinée dans ledit acte de conceffion du comte de 1341, & ratifiée par la comteffe de Forez en 1371.

Rente noble appelée *la Vort*, montant annuellement, argent, trois livres; froment, cinq bichets; feigle, vingt-cinq bichets; avoine, cinq ras; vin, quinze cartes; gélines, dix.

Une autre rente noble, appelée de Beauvoir, valant annuellement, argent, deux livres huit fols; feigle, trente-neuf bichets; avoine, quarante-neuf ras; orge, huit bichets; froment, quatre coupes; gélines, trois; manœuvres, deux; charretées de foin, deux.

Une autre rente de vingt-cinq livres de fromage, fur la Montagne & Jas, dite de *Regnat* & *Cologne*, en la paroiffe de Sauvain.

L'arrière-fief de la rente que le fieur du *Soleillant*, ou autres ayant droit de lui, perçoivent au village de Chazelette, paroiffe de Verrières.

Droit de collation d'une prébende en l'églife de St-Maurice-en-Roannois.

M. *Claude de Laqueille de Pramenous* en a prêté l'hommage le 1ᵉʳ feptembre 1753.

Aymard Chapuis de la Goutte, écuyer, chanoine de Notre-Dame de Montbrifon, qui a acquis du fieur de Laqueille, par contrat du 10 avril 1753, reçu Forge, notaire à Roanne, en a prêté l'hommage le 13 mars 1754.

Durand de la Mure, écuyer, en a prêté l'hommage le 30 octobre 1772, & a été élu en ami par *Jean-Hector Montagne*, écuyer, par acte du 1ᵉʳ octobre 1771, reçu Barrieu, notaire à Montbrifon, qui avoit acquis d'*Aymard Chapuis de la Goutte*, écuyer, donataire d'*Aymard Chapuis*, son oncle le chanoine, par contrat reçu dudit Barrieu, le 27 septembre précédent, au prix de soixante-quinze mille livres, & il a renouvelé l'hommage à cause du joyeux avénement du Roi à la couronne, le 14 décembre 1776..

LERIGNEU. — Paroisse du Domaine du Roi, engagée avec la paroisse d'Essertines, par démembrement des châtellenies de Montbrison & Châtelneuf, consistant en haute, moyenne & basse justice, cens, rentes, lods, moyennant deux mille livres de principal & deux cents sous pour livres, à M. *Pierre Grozelier*, chevalier, conseiller du Roi, lieutenant-général d'épée à Montbrison, avec faculté d'instituer des officiers, pour y exercer la justice & connoître dans lesdites paroisses de toutes causes, entre toutes personnes, tant civiles que criminelles, sauf l'appel au bailliage de Forez, y compris quelques cens, ledit engagement du 15 mars 1700, enregistré en notre siége le 12 juillet suivant, ensuite de l'ordonnance de M. le conseiller Caze.

Joseph-Eléonord Grozelier de la Chapelle, écuyer, fils cadet de *Jean-Claude Grozelier*, secrétaire du Roi près le Parlement de Grenoble, dès le 29 juin 1732, qui étoit fils de Pierre, est actuellement en possession.

LE ROSIER. — Fief du Rosier, près la ville de Feurs; plusieurs fonds; dîme de Rochat; différentes membranes de rentes nobles; *la Varenne*.

Jacques du Rosier, écuyer, en a prêté l'hommage le 23 août 1674, & en a remis le dénombrement, reçu le dernier janvier 1678.

Marie-Guillaume du Rofier, écuyer, en a prêté l'hommage le 18 février 1774.

Noble *Jacques du Rofier* en avoit donné le dénombrement qui eft au regiftre, n° 33, fol. 50, v° coté de 1628 à 1730.

Guillaume du Rofier a renouvelé l'hommage, à caufe du joyeux avénement du Roi à la couronne, le 20 décembre 1776, & y a compris le fief de la Varenne, par lui acquis de M. *Gérentet*, préfident en l'élection de Montbrifon, héritier de la dame *du Verney*, fa mère.

Lettres-patentes de confirmation de nobleffe, pour *Arnoul, François* & *Jacques du Rofier*, du 16 mai 1657, regiftrées au fiége de Forez, le 3 août 1661.

<small>Le Rofier a donné ou pris fon nom à l'une des bonnes & plus honorables familles du Forez. Dès 1478, **Honoré du Rofier** & enfuite fes fucceffeurs, furent capitaines châtelains de la ville de Feurs, charge qui ne fe donnoit qu'aux gentilshommes. MM. du Rofier eurent des titres particuliers à la confidération par leurs fervices, leurs bonnes alliances & leur fidélité politique, qui coûta à leur famille deux de fes chefs tués dans le parti du Roi, l'un fous la Ligue, à Feurs, l'autre à la défenfe de Lyon, en 1793, à la tête de la cavalerie forezienne. Ils viennent de s'éteindre dans la branche aînée ; celle de *Magnieu* n'habite plus le pays. (*Note de l'éditeur.*)</small>

LE ROUSSET. — Fief, rente noble du Rouffet, en la paroiffe de St-Jean-de-Soleymieux, châtellenie royale de Ladvieu ; rente noble de la Grue, en la paroiffe de St-Héand.

Gerin le Thoux avoit prêté l'hommage du fief du Rouffet à *Guy*, comte de Forez, en 1342.

Le même l'a prêté, le 20 février 1358, à *Louis*, comte de Forez, de la maifon forte du Rouffet, garenne, moulin, fervis & dépendances.

Floride Alleman, veuve de *Gerin le Thoux*, l'a prêté en 1362, à *Jean*, comte de Forez.

Autre *Gerin le Thoux* a prêté le même hommage à *Jean*, duc de Bourbon, comte de Forez, de la maifon forte du Rouffet, jurable & rendable avec la juftice, prés, garenne, moulins, fervis & autres droits, le 13 mars 1458.

Louis le Thoux l'a prêté le 16 août 1490, à *Pierre, comte de Forez*, de fa maifon forte du Rouffet, cens, rentes, moulins, hommes, domaines, chaffe, ban, en la rivière d'Anginet & d'Ozon. (La maifon le Thoux eft celle de *Pradines.*)

Le Rouffet paffa enfuite dans la maifon d'*Albon de Sugny*, & de celle-ci, par alliance, aux Damas, en 15... Meffire *Jofeph Roger*, marquis *de Damas*, a prêté l'hommage le 2 avril 1761, auquel a fuccédé *Claude-Marie, comte de Damas,* fon fils, & de dame Marguerite de Tréméolles de Barges.

<small>Le Rouffet, après la Révolution, qui en fit périr le noble châtelain fur l'échafaud, paffa en différentes mains, & notamment en celles du général marquis *de Richepanfe*, allié des Damas. Plus tard, les *Damas de Chavaffieu*, redevenus poffeffeurs & repréfentés par le comte de *Sobirat*, l'ont aliéné fans retour. (*Note de l'éditeur.*)</small>

LE SAILT. — Le Sailt-de-Couzan, prieuré, dans la paroiffe du même nom.

M. *de Chargères*, chanoine de St-Claude, prieur.

LES AMARUTS. — Rente noble des Amaruts, paroiffe de Néronde. (Voyez au mot *la Ferrière.*)

LE SAUVAGE. — Fief du Sauvage, vis-à-vis l'églife du faubourg de la Madelaine de Montbrifon, confifte en une maifon & enclos. (Voyez au mot *Grandris.*)

LES BOIRON. — Rente noble des Boiron. (Voyez au mot *Cuzieu.*)

LES COMBES. — Rente noble des Combes. (Voyez au mot *la Fay.*)

LES FARGES. — Fonds allodiaux dépendant du domaine des Farges, en la paroiffe de Notre-Dame de St-Etienne, avec exemption de dîmes; la directe & dîme vendues par *François de St-Prieft*, feigneur de St-Etienne, à *Noël de Morandin*, écuyer, fieur de la Mure, par contrat du 12 feptembre 1716, reçu Gilbert, notaire; & vendus par M. *de Morandin* fils, à fieur *Claude Freffinet*, marchand à St-Etienne.

LES FARNANCHES. — Les Farnanches, paroiffe de la Valla-de-Jarez. (Voyez au mot *la Valla.*)

LES GRANGIERS. — Domaine des Grangiers, en la paroiffe de St-Juft-lès-Velay.

Noble *Jean de Chaves*, fieur du Col, de la paroiffe de Préaux en Vivarois, vendit à *Barthélemy Bertaly*, bourgeois de St-Juft, la rente noble qui lui appartenoit, comme cohéritier de *Jean Faure*, bourgeois de St-Didier, fur les fonds dépendant du domaine des Grangiers, en ladite paroiffe de St-Juft-lès-Velay, montant annuellement, argent, cinq deniers; feigle, un métan & trois quarts; avoine, trois métans une quarte un quarteron; au prix de cent vingt livres & une piftole d'or pour étrennes. Ce domaine appartient à la Maifon de Charité de la ville de St-Etienne qui fe l'eft fait relâcher fur *Claire Bertaly*, fille & héritière de *Barthélemy*, par fentences de la fénéchauffée de St-Etienne, des 16 avril & 7 feptembre 1707; au moyen de quoi, réunion du domaine utile au domaine direct.

LE SOLEIL. — Rente noble, affranchiffement de dîmes fur les domaines du Soleil, paroiffe de Notre-Dame de St-Etienne, vendus par *François de Châlus de St-Prieft*, feigneur de St-Etienne, à *Noël de Morandin*, écuyer, par contrat du 12 feptembre 1716, reçu Gilbert, notaire, & revendus par le fieur *de Morandin* fils, à fieur *Jacques Barallon*, héraut d'armes, par contrat du 5 avril 1760, reçu Ferrandin, notaire, & revendus encore enfemble les domaines utiles & directe & dîmes, par ledit fieur *Barallon* à fieur *Antoine Vincent de Soleymieux*, négociant, écuyer, à St-Etienne, le 9 mai 1781.

LE SOLEILLANT. — Fief du Soleillant & du *Buiſſon*, en la paroiſſe de Valeilles; château, rente noble.

Gabriel Bonnot, ſecrétaire du Roi, en a prêté l'hommage le 21 août 1720, & avoit acquis de *Gilbert de Martinière*, écuyer, par acte du 1ᵉʳ mai de la même année, reçu Férat & ſon confrère, notaires à Lyon. Il paroîtroit que les *de Martinière* rentrèrent au Soleillant, car :

Antoine-Laurent du Fornel, écuyer, chevalier de St-Louis, ancien major d'infanterie, lieutenant des maréchaux de France au département du Velay, au nom de ſes deux filles, cohéritières de la dame de Martinière, leur mère, eſt maintenant poſſeſſeur du Soleillant (1788).

En 1628, on trouve noble *Jean Tiffier*, ſeigneur du Soleillant, qui paſſe vente de ſon domaine Chapolier, près Feurs, à ſieur Jacques du Roſier. Il avoit donc précédé les *Martinière* dans la terre qui nous occupe, & qui eſt aujourd'hui poſſédée, à titre d'héritage direct, par le comte *de Menon*, du chef de ſa femme demoiſelle *de Péliſſac*, arrière petite-fille de M. *du Fornel*. (*Note de l'éditeur*.)

L'ESPINASSE. — Changy en Roannois. (Voyez au mot *Béclandière*.)

LES PERRICHONS ou LES PERICHONS. — Château, fief des Périchons, en la paroiſſe de Poncins, avec moyenne & baſſe juſtice.

Noble *Jacques Gémier*, conſeiller au ſiége de Forez, en a prêté l'hommage le 17 mars 1739. *Claude-Marcellin Gémier*, bourgeois, ſon père, l'avoit acquis d'*Antoine de la Chaiſe d'Aix*, par contrat du 11 mars 1697, reçu Caſſiſe & ſon confrère, notaires à Lyon, au prix de quinze mille livres.

Louis Gémier des Périchons, fecrétaire du Roi dès le 28 janvier 1746, en a prêté l'hommage le 21 novembre 1754, & de la rente noble appelée *Cleppé*, en la paroiffe de Ste-Foy & de St-Etienne-le-Molard.

La haute juftice appartient au feigneur de Poncins, & eft comprife dans le dénombrement qu'*Henry de la Tour-St-Vidal* a donné de fa terre de Poncins, le 12 mars 1674. (Voyez au mot *Poncins*.)

L'honorable famille des *Périchons* continue la poffeffion de fon fiége, fur lequel repofe le titre de *baron*, dignement acquis par fon chef, quefteur du corps légiflatif fous le premier empire, & tranfmis à fes fucceffeurs, qui favent l'allier à de bons fervices militaires. (*Note de l'éditeur.*)

LES PERRINS. — Rente noble des Perrins, paroiffe de Pralong. (Voyez au mot *Perrins*.)

LES POMEYS. — Les Pomeys, en toute juftice, fur partie de la paroiffe de St-Thomas-les-Nonains, & fur les maifons & fonds de M. *Martin des Pomeys*, rente noble des Pomeys, ci-devant appelée Robertet & Ladvieu.

Noble *André-François Martin des Pomeys*, confeiller au fiége de Forez, en a prêté l'hommage le 23 décembre 1776, & en a fourni le dénombrement, reçu le 5 feptembre 1777.

Suivent les confins de la juftice des Pomeys, aux environs de Montbrifon, entre Ecotay & St-Thomas.

LES RENARDS. — Rente noble des Renards, dépendance de Chantois. (Voyez au mot *St-Polgues*.)

LES SALLES. — Dîme inféodée des Salles, en la paroiſſe des Salles-en-Cervières; St-Romain-d'Urphé, indiviſe avec le Roi, à préſent le *duc d'Harcourt*, engagiſte (1787).

Le ſieur *de Riberolles*, négociant à Thiers, en a prêté l'hommage le 1ᵉʳ octobre 1756, & a acquis du ſieur *Mallet de Vandègre*. (Voyez au mot *la Goutte*.)

LES SALLES. — Prieuré des Salles, en la paroiſſe de Bas-en-Baſſet, dépendant & à la collation du prieur de St-Romain-le-Puy, ſuivant une ſentence arbitrale de l'an 1265, ſignée Magnilier, rendue entre *Pons*, ſeigneur de *Rochebaron* & *Bas*, *Pierre Mareſchal*, adminiſtrateur du prieuré des Salles, & le *prieur de St-Romain*, patron dudit prieuré, par laquelle il fut dit que la haute juſtice appartiendroit audit ſeigneur de Rochebaron.

Le 28 novembre 1498, le grand-autel de l'égliſe de St-Pierre, des Salles, fut conſacré par *Jean de Boulenc*, évêque de Troyes, à la réquiſition de *Falcon de Bouthéon*, prieur de St-Romain-le-Puy, Roſier & des Salles.

L'ESTIVALIERE. — Fief de l'Eftivalière, en la paroiffe de St-Etienne, avec moyenne & baffe juftice, depuis peu démembrée de la feigneurie de St-Etienne-de-Furans.

Il eft poffédé par la famille *Bernou de Rochetaillée* depuis 1748, qui le tenoit par fucceffion, ainfi que la terre de Rochetaillée, des *Badol de Forciéu*. (Voyez au mot *Rochetaillée*.)

LE TEMPLE. — Le Temple-de-Marlhes, en la paroiffe de même nom, de l'ordre de Malte, dépendant de la commanderie de.....

LE TEMPLE. — De Vernois, en la paroiffe de Craintilleu, membre de la commanderie de St-Jean-de-Montbrifon, confifte en un domaine en fief. (Voyez au mot *St-Jean-de-Montbrifon*.)

L'ETRAT. — Fief & domaine de l'Etrat, en la paroiffe d'Arconfat, mandement de Cervières.

Dame *Marguerite Ramey*, veuve de *Claude Baffet*, procureur du Roi au fiége de Forez, en a prêté l'hommage le 10 juin 1722.

LE VERGIER. — En Château-Morand. (Voyez au mot Château-Morand.)

LE VERNEY. — Fief du Verney, en la paroiffe de St-Galmier.

Le 26 avril 1645, par acte reçu Gayan, notaire, dame *Eymare Trunel*, veuve de *François du Verney*, feigneur du Verney & de la Garde, fit donation de la terre du Verney à *Renée Papon*, fa fœur utérine, veuve de *Pierre Charpin*, feigneur de la Forêt-des-Halles.

Anne de Chavagnac, comte dudit lieu, chevalier de St-Louis, en a prêté l'hommage le 10 juillet 1722.

Jean-Jofeph Carrier de Monthieu, fecrétaire du Roi, en a prêté l'hommage le..... & a acquis de Louis, comte d'*Efpinchal*, par acte du 24 mars 1779, reçu de l'Aulne & fon confrère, notaires à Paris, au prix de cent cinquante-quatre mille livres. Le fieur Carrier y a depuis uni d'autres immeubles.

Par contrat du 24 août 1791, reçu Cabot, Caftel, notaires à Paris, les fyndics des créanciers du fieur Carrier ont vendu à fieur *Jean-François Thiollière de l'Ifle*, négociant à St-Etienne, le ci-devant fief du Verney, les domaines appelés la Grande-Combe, la Petite-Combe, le Procuminal, Mallard, le Bayard, le Charmey, la Combilière, la Chapte, le domaine du Clapier, au prix de deux cent quatre-vingt mille fix cents livres, outre autres conditions.

Le château du *Clapier*, près la ville de St-Etienne, étoit l'ancienne poffeffion de la famille de *Soleÿfel*, dont le célèbre écuyer de la maifon du Roi fous Louis XIV. (*Note de l'éditeur*.)

LE VERT. — Rente noble du Vert, en la paroiffe de Bas-en-Baffet.
Ce fief fut vendu par M. *de Vogué*, à fieur *Hilaire Favier de la Chomette*, par contrat du 24 octobre 1744.

Le feigneur de *Rochebaron* a exercé le retrait féodal, & y eft rentré par fentence du Domaine de Forez, au rapport de M. le confeiller, de *Montrouge*, du 8 août 1759. (Voyez au mot *Rochebaron*.)

LEYNIECQ. — Fief & château de Leyniecq, en toute juftice.
Charles-Benoît de Flachat d'Apinac, chevalier, en a prêté l'hommage le 22 avril 1749, & avoit acquis de *Bernardin de l'Hermufières*, écuyer, par contrat du 21 novembre 1747, reçu Rouffet, notaire à St-Pal.
(Voyez au mot *Apinac*.)

La terre de Leyniecq, dont le chef-lieu eft une majeftueufe ruine féodale, avec une tour dominant au loin le pays, étoit, en 1280, une dépendance de la vafte feigneurie de St-Bonnet, poffédée par les cinq maris fucceffifs de *Dauphine*, héritière, & la dernière de fa maifon. Les *Rochebaron* en prêtèrent enfuite l'hommage, puis les *d'Apinac St-Prieft*, & en 1400 elle appartenoit aux *Châteauneuf de Rochebonne*, dont des comtes & un archevêque de Lyon. Après ceux-ci, elle paffa à la maifon *de Flachat d'Apinac*, comme il eft dit ci-deffus. Outre les documents & titres, les blafons qu'on voit encore fculptés fur une antique cheminée du vieux donjon, confirment l'hiftoire de fes poffeffeurs. (*Note de l'éditeur*.)

LEYNIEU.—Ste-Marie-de-Leynieu, vulgairement Ste-Marie-en-Forez, en la paroiffe de Trelins, près la ville de Boën, aujourd'hui chapitre de chanoineffes régulières de l'ordre de St-Benoît, qui dépendoit de l'abbaye de Savigny.

Ce chapitre conferve des titres du XIe fiècle, qui prouvent fon ancienneté. Il a été confirmé par des lettres-patentes du 11 juillet 1748, regiſtrées au Parlement en la même année, qui le perpétuent dans l'uſage de ne recevoir que des demoiſelles nobles de cinq degrés du côté paternel, la mère conſtatée demoiſelle. Le Roi accorde aux chanoineſſes, par d'autres lettres-patentes du mois d'août 1758, l'autoriſation de porter en écharpe une médaille d'or émaillée, attachée à un ruban blanc liſeré de bleu. Cette médaille eſt une eſpèce de croix accompagnée de quatre fleurs-de-lys en ſautoir, ſurmontée d'une couronne comtale. On voit d'un côté l'image de la ſainte Vierge, & de l'autre celle de ſaint Benoît, & ſur un fil d'or émaillé qui enveloppe la croix, on lit ces mots : *Louis XV en a honoré ce chapitre en* 1717.

L'union des biens de l'abbaye de Savigny a été faite aux trois chapitres de Leynieu, d'Alix & de l'Argentière. La bulle du pape eſt du 10 des kalendes de juillet 1780. Elle porte qu'à la vacance des prieurés de ces trois chapitres, le Roi nommera la prieure ſur la préſentation de trois ſujets que le chapitre lui fera.

Le Roi s'eſt réſervé la nomination des prieurés & bénéfices ſimples qui dépendoient de Savigny, & pour les bénéfices à charge d'âmes, la nomination en appartiendra aux évêques diocéſains.

LUGNY. — Dîme de Lugny, en la paroiſſe de St-Didier-ſur-Rochefort.

Pierre de la Haye, gendarme de M. d'Halincourt, gouverneur du Lyonnois, a prêté l'hommage de cette dîme au commandeur de Verrières & la Sauveté, M. *de Codignac*, le 22 août 1634, devant M. Barois, notaire.

Les héritiers de M. Patural, notaire à St-Julien-la-Vêtre, ſont en poſſeſſion. (Voyez au mot *St-Didier-ſur-Rochefort*.)

LUPPE. — Seigneurie de Luppé, fe compofant de ladite paroiffe, & de partie de St-Julien-Molin-Molette, en toute juftice.

Hugues Falatier en prêta l'hommage en 1378, à *Louis II, dit le Bon*, comte de Forez. Il comprenoit la maifon forte de Luppé, jurable, avec tout le ténement & village dudit lieu, depuis le ruiffeau qui paffe à Maclas jufqu'à Malleval.

Hugues Falatier III, fon fils, prêta l'hommage au même comte le 5 décembre 1400.

Noble *Gafton de Gafte*, fils de *Gaftonnet de Gafte*, bailli du Vivarois, & de *Louife Falatier*, en fit auffi hommage à *Charles de Bourbon*, comte de Forez, le 12 mars 1439. L'acte porte que ce fut en confidération de la haute, moyenne & baffe juftice que ce prince lui accorde.

Louis-François de la Baume, comte de Suze, en a prêté l'hommage le 3 juin 1678, & en a donné le dénombrement, reçu le 16 juillet fuivant.

François de Mayol, chevalier, feigneur de Luppé, ancien confeiller d'honneur en la Cour des monnoies de Lyon, a prêté l'hommage de la terre de Luppé le 11 mai 1773, & l'a renouvelé à caufe du joyeux avénement du Roi à la couronne, le 14 décembre 1776.

Noble *Jofeph de Mayol*, lieutenant au fiége & bailliage de Bourg-Argental, en 1688. (Voyez au mot *Bourg-Argental*, rente noble.)

MM. de Mayol, fes defcendants, continuent la poffeffion de Luppé, dont ils portent le nom. (*Note de l'éditeur*.)

LURE. — Paroiffe de Luré. (Voyez au mot *Grézolles*.)

LURIECQ. — Rente noble de Luriecq & Bauzac, qui se perçoit sur les villages de Luriecq & Valenches; autre rente noble d'environ dix bichets seigle annuellement, qui se lève au territoire d'Ecoleize, paroisse de St-Maurice-en-Gourgois, qui provient d'un démembrement de la terre de Chenereilles.

Pierre Bonnet d'Assier, écuyer, demeurant à Valenches, paroisse de Marols, en a prêté l'hommage le 14 décembre 1776, comme succédant à ses auteurs, seigneurs de Luriecq depuis 1700.

M. *d'Assier* est fils de Messire Pierre d'Assier, conseiller doyen au Parlement de Dombes.

MACLAS. — St-Appollinard, Vérane, Roisey, paroisses en toute justice; fief de *la Valette*, en la paroisse de Péluffin.

Charles-Nicolas de Fontanès, chevalier, en a prêté l'hommage le 2 mai 1674, & a donné le dénombrement, reçu le 17 décembre 1675.

François de Labaud de Bérard, chevalier, a prêté l'hommage de Maclas le 20 août 1753, & en a donné le dénombrement, reçu le 5 août 1755.

François-Marie de Labaud de Bérard, chevalier, baron, seigneur de Maclas, a aussi prêté l'hommage le 6 décembre 1773.

Par acte du Parlement de Paris, du 11 mai 1668, *François de Labaud de Bérard* a été maintenu au nom, titre & dignité de *baron de Maclas;* dans le même arrêt, il paroît que les paroisses ci-dessus nommées ont été démembrées de la baronnie de Malleval, & qu'elles en composoient les deux tiers.

Le droit de *mi-lods* est inconnu dans cette seigneurie, qui a fait originairement partie du Velay, ce qui a été jugé par sentence du bailliage de Bourg-Argental, confirmée par arrêt du 30 août 1707.

MAGNERIE. — Domaine en toute juſtice, en la paroiſſe de Pommiers, démembré de la terre de Nervieu, & vendu par M. *de Pontchartrain* à M. *du Puy du Châtelard*, poſſeſſeur actuel (1788).

MAGNIEU-HAUTE-RIVE. — Paroiſſe en toute juſtice, château, rentes nobles y unies.

Donation faite par *Reynaud, comte de Forez*, à *Guillaume Dacon, miles*, de tous droits & prétentions en la ville de Magnieu-Haute-Rive & ténement de *la Cotille*. Il ſe réſerve ſeulement la garde, à cauſe du prieuré dudit lieu, & le retour, en cas de mort dudit Dacon ſans enfants; du mois d'avril 1260.

Autre donation par *Guy*, comte de Forez, ſucceſſeur de Reynaud, à *Guillaume d'Acraſon*, de la moitié du château de Magnieu, avec toutes dépendances, cens, ſervis, quart de blé, haute & baſſe juſtice, & de tout ce qu'il prétend au ténement de la Cotille.

Durand de la Mure, écuyer, en a prêté l'hommage le 1er mai 1761, enſemble du fief de la Mure, de la dîme de Planchas, & de l'étang Jean Goulin.

Jean-Hector Montagne, chevalier, ſeigneur de Poncins, fils de *Jean-Pierre Montagne*, qui étoit fils de *Jean Montagne*, conſeiller au Parlement de Dombes dès le 28 avril 1696, a acquis la terre de Magnieu de *Durand de la Mure*, par contrat du 19 octobre 1771, reçu Barrieu, notaire à Montbriſon, & en a prêté l'hommage. Il l'a renouvelé à cauſe du joyeux avénement du Roi à la couronne, le 4 décembre 1776, ſavoir : de Magnieu, de Poncins, de la Maiſonfort de Marclopt, des fiefs de l'Olme, les Périchons, la Salle & le Cognet.

Jérôme Goyet de Livron, écuyer, receveur des tailles à Roanne, a prêté l'hommage de la terre de Magnieu, qu'il a acquiſe de *Jean-Hector*

Montagne, feigneur de Poncins, par contrat reçu de Ladret, notaire à St-Galmier, du 20 mai de la même année 1776.

Antoinette du Rofier, veuve & héritière de *Chriftophe de Chalmazel*, avoit, en 1671, donné au Bureau des finances de Lyon, l'aveu & dénombrement de Magnieu-Haute-Rive, avec toute juftice, limitée par la rivière de Loire, de matin; par la juftice du fieur de la Mure, confeiller à Montbrifon, en la même paroiffe de Magnieu, du côté de bife; le chemin tendant de la Bouleine à Châlain-le-Comtal, féparant les juftices de la Bouleine & de Champ, de foir; & la juftice de Châlain-le-Comtal, appartenant au feigneur de Sugny, de midi. La partie de feigneurie qui appartenoit au confeiller de la Mure, eft unie avec celle de Magnieu. (Voyez aux mots *Magnieu-le-Gabion*, *Eftaing*.)

Cette feigneurie eft reftée dans la maifon *de la Baftie* jufqu'en 1593.

Par contrat du 17 juin 1779, reçu Bourlier & Brochard, notaires à Paris, M. *Montagne* avoit vendu à fieur *Claude Payre*, commiffaire à terriers à Montbrifon, tous les cens & directe qui lui appartenoient, dans la terre & feigneurie de Châlain-le-Comtal, hors la juftice & paroiffe de Magnieu. Il lui vend auffi fix hommes de pré dans la prairie de Fontanes, paroiffe dudit Châlain, à raifon de trois métérées par homme, la métérée de quinze cents pas, & le pas de trois pieds de roi.

M. *Antoine Chavaffieu*, procureur à Montbrifon, a acquis du fieur *Payre* cette rente noble & pré, par acte de 1783, paffé à Montbrifon.

La belle terre de Magnieu-Haute-Rive eft aujourd'hui l'une des poffeffions de l'honorable famille lyonnoife *de Murard-St-Romain*, qui a remplacé, par acquifition, vers le commencement de ce fiècle, M. *Goyet de Livron*. (*Note de l'éditeur*.)

MAGNIEU. — Rente noble de Magnieu-Haute-Rive. (Voyez les deux derniers paragraphes ci-deffus.)

MAGNIEU-LE-GABION. — Paroiffe de Magnieu-le-Gabion, & celle de St-Laurent-la-Conche; Eftaing, Boiffailles, en toute juftice; château dans celle de Magnieu.

Le 18 juillet 1486, reçu Jurieu & Henrys, notaire, *Pierre du Verney*, feigneur du Verney, Rivas, Eftaing, Magnieu-le-Gabion & Boiffailles, vendit à Catherine *de Boifvert*, veuve de *Gonon de Blos*, feigneur de la Rey, la terre & feigneurie de Magnieu-le-Gabion, les lieux & juridictions d'Eftaing & de Boiffailles.

Par acte du 23 février 1500, reçu Vende & Gagneu, notaires, noble *Arthaud de Blos*, feigneur de la Rey, remit à *Gafpard de Talaru*, feigneur de la Pie & d'Ecotay, & à *Marguerite Raulin*, fa femme, le château de Magnieu, les lieux & juridictions d'Eftaing & de Boiffailles, acquis de Pierre du Verney.

Par fentence de ce fiége, du 14 mars 1639, *Gafpard de Talaru de Chalmazel* refta adjudicataire de la feigneurie & juftice de St-Laurent-la-Conche, en ce qui dépend de la châtellenie de Chambéon, fans y comprendre *Touragnieu* & ce qui eft en-deçà de la Loire, du côté de Montbrifon.

Guillaume Rigaud, fieur de Montagny, interpofa un décret, au préjudice de dame *Antoinette du Rofier*, veuve & héritière fidéicommife de *Chriftophe de Chalmazel*, fur la feigneurie de Magnieu, qui fut adjugée par fentence du 27 août 1672, à M. Bouchetal, procureur, qui, le lendemain, en fit l'élection en faveur de ladite *Antoinette du Rofier*.

Ladite dame du Rofier, par fon teftament que l'on trouve infcrit fur une table de bronze, à côté de la principale porte d'entrée de l'Hôpital de Montbrifon, inftitua pour fes héritiers les directeurs de cette maifon.

Par contrat du 24 décembre 1687, reçu Thoynet, notaire à Montbrifon, les directeurs de l'Hôpital Ste-Anne de ladite ville, héritiers de la dame du Rofier, vendirent cette terre à *Arnould du Rofier*, feigneur du Mazoyer & de Taix.

Par autre acte en forme de tranfaction, du 13 mars 1755, reçu Morel, notaire à Montbrifon, les recteurs de l'Hôpital ont ratifié la vente au profit d'*Henry-François du Rofier*, écuyer. L'une des conditions eft une rente annuelle & foncière de huit cent cinquante livres. Cette tranfaction a été homologuée par arrêt du 17 avril fuivant.

Arnould du Rofier en a prêté l'hommage le 11 mai 1688.

Henry du Rofier, écuyer, l'a auffi prêté le 22 feptembre 1722. (Voyez aux mots *Eftaing*, *le Rofier*.)

En 1671, *Antoinette du Rofier*, veuve de *Chriftophe de Chalmazel*, fournit au Bureau des finances de Lyon, le dénombrement de fa terre de Magnieu-le-Gabion, en toute juftice, compofée de dix-neuf maifons au village de Magnieu, limitée par le ruiffeau appelé Moyarne, de midi & foir; la rivière de Torenche, de bife & matin; le chemin du Gourd à St-Cyr-les-Vignes, auffi de bife & quafi matin.

Henry-François du Rofier, fils d'Henry, eft décédé en fon château de Magnieu, en 1776.

Henry du Rofier, fon fils & héritier, lui a fuccédé, lequel eft père de *Denis du Rofier*, poffeffeur actuel de Magnieu (1788).

Cette belle propriété a été démembrée & aliénée par le fils de ce dernier, pour tranfporter à Paris fon fiége de famille. (*Note de l'éditeur*.)

MAISONNEUVE. — Rente noble de Maifonneuve en la paroiffe de St-Hilaire.

Jean-Baptifte de Lapierre de St-Hilaire en a prêté l'hommage le 3 juin 1722. (Voyez au mot *St-Hilaire*.)

MALLEVAL. — Malleval, Virieu, Chavaney, Beffeis, paroiffes en toute juftice, dans le Forez-Viennois.

La baronnie de Malleval & Virieu, la feigneurie de Chavaney, furent échangées avec la terre de Marignan & Gignat, en Provence, par contrat paffé entre *Anne de France*, le *connétable de Bourbon* & *Suzanne de Bourbon*, fon époufe, & *Antoine de Varey*, feigneur de Balmont & Marignan, le 26 feptembre 1517, avec la claufe que fi les terres de Malleval, Virieu & Chavaney fe trouvent valoir plus de cinq cents livres de revenu par an, le furplus appartiendroit au connétable & à fes fucceffeurs. Cet échange a été confirmé par François I*er*, le 9 juillet 1533.

Dame *Magdelaine-Sibylle de la Tour de Gouvernet*, veuve de meffire *Claude-François de Groflée*, chevalier, comte de Viriville, en a prêté l'hommage le 14 juin 1716.

Dame *Jeanne-Marie-Magdelaine-Anne de Groflée de Viriville*, veuve de *François-Olivier de Sénozan*, en a prêté l'hommage le 5 avril 1754.

MALLEVAL. — Château de Malleval; Chazotte, Changy, en toute juftice, en la paroiffe de St-Héand.

Guy, comte de Forez, fit donation à *Guillaume de Botigues*, de la feigneurie, cens, juftice, dîmes, manœuvres, tailles & autres droits, de Malleval, & ce qui dépend du domaine de Chazotte & du vignoble de Bozony & fes appartenances au mandement de St-Héand, par acte des mois de juin & janvier 1275 & 1277.

Jean de Rochefort, fieur de Malleval, a prêté l'hommage tant en fon nom que de *Béatrix*, fa femme, de fes maifons fifes au mandement de St-Héand, de fa grange de Malleval, appartenances & dépendances, le 28 juillet 1441.

Etienne de Cannaye, chevalier, en a prêté l'hommage le 15 février 1716, & a remis le dénombrement, reçu le 19 août 1722, conformément à la tranfaction entre lui paffée & le fieur *Corbeau*, feigneur de St-Bonnet-les-Oules, le 7 juin ; l'hors dernier & la maifon au territoire de la Bertin, rayés du dénombrement.

Etienne de Cannaye, prêtre, académicien vétéran de l'Académie des Infcriptions & Belles-Lettres, en a prêté l'hommage le 4 avril 1755. (Voyez au mot *St-Héand*.)

Par contrat du 7 novembre 1787, reçu Boulard, notaire à Paris, *Alphonfe de Droullin*, chevalier *de Ménilglaize*, capitaine aux Gardes-Françoifes, héritier d'Etienne de Cannaye, fon grand-oncle, a vendu à M. *Claude Ravel*, baron de Montagny, la terre & feigneurie de Malleval, confiftant en toute juftice, château, droit de prébende & patronage en l'églife de St-Héand, droits feigneuriaux, dîmes, les domaines d'Albignieu, de la Bourgin, de Chazotte, de la Croix de la Grange, du château, moulins & dîmes de Malleval, le Grand-Meyrieu, le Petit-Meyrieu, Dorlu ; autres trois domaines qui font : Manichard, les Revolliers & Rollebec, au prix de deux cent mille livres, & d'une redevance en blé feigle, due à l'Hôtel-Dieu de St-Etienne. M. Ravel en a prêté l'hommage le 1er décembre 1787.

Son fils, ancien membre du Confeil général du département, continue honorablement la poffeffion. (*Note de l'éditeur*.)

MALMONT. — Fief de Malmont, en la paroiffe de St-Juft-lès-Velay.

Ce fief confifte, argent, dix-fept livres douze fols huit deniers ; poulets, vingt-fept ; charretées de bois, deux ; quatorze quintaux de foin ; cent trente métans feigle ; cent trente métans avoine, & relève en arrière-fief de la feigneurie de Feugerolles.

Jean-Antoine de Bayle, écuyer, officier au régiment d'Angoumois, fils de *Balthazard Bayle*, héritier fubftitué d'*Antoine Bayle*, eft en poffeffion.

MARANDIERES. — (Voyez au mot Montarcher.)

MARCIGNY. — Prieuré de Marcigny-en-Charolois ; il en dépend des rentes nobles, affifes fur les confins du Forez.

MARCILLY. — Paroiffe de Marcilly, en toute juftice, du Domaine du Roi. On l'appelle *Marcilly-le-Châtel*. (*Voyez au mot Montbrifon.*)

MARCILLY. — Prieuré de Marcilly & Buffy, ci-devant dépendant de Savigny, en la paroiffe du même nom, confifte en dîmes.

MARCLOPT. — Paroiffe, châtellenie royale de Marclopt, en toute juftice, engagée. (Voyez au mot *St-Galmier*.)

Le 26 juin 1325, *Jofferand de Ladvieu* vendit à *Jean, comte de Forez*, le château & appartenances de Marclopt, au prix de mille cinq cents livres viennoifes.

MARCLOPT. — La maison forte de Marclopt, en la paroisse du même nom; rente noble.

Le 19 juin 1601, par acte reçu Plasse, *Louis de la Bastie* & *Catherine de Chandieu*, sa femme, vendirent à *Guy de la Mure*, sieur de Chantois, leur maison & seigneurie appelée la maison forte de Marclopt, consistant en justice moyenne & basse, rente, cens, servis, cinq domaines, moyennant mille écus de soixante sous.

Claude Cognet, écuyer, en a donné le dénombrement le 4 septembre 1699.

Claude Cognet en a prêté l'hommage le 6 mai 1722.

Louis-Melchior Harenc de la Condamine, chevalier, a rendu le même devoir le 4 janvier 1755.

Pierre-François David, conseiller au siége de Forez, a acquis de *Louis-Hector-Melchior-Marie Harenc*, écuyer, seigneur de la Condamine, par contrat reçu Ferrand & son confrère, notaires à Lyon, du 7 septembre 1756, & en a prêté l'hommage le 23 mars 1772.

Jean-Hector Montagne a acquis dudit sieur *David* & de la dame *Louise Gonin*, son épouse, par contrat du 16 mai 1772, reçu Barrieu, notaire à Montbrison. (Voyez aux mots *Poncins, la Salle.*)

MM. *de Cognet des Gouttes* habitent aujourd'hui leur château de ce nom, à St-Martin-l'Estrat. (*Note de l'éditeur.*)

MARCLOPT. — Rente noble de la cure de Marclopt.

MARCOUX. — Paroiffe de Marcoux. (Voyez au mot *Goutelas*.)

MARLHES. — Paroiffe de Marlhes, confins du Velay. (Voyez au mot *la Faye*.)

MAROLS. — Paroiffe de Marols, châtellenie royale. (Voyez au mot *St-Bonnet-le-Château*.)

La tour de Marols, bâtie dans le xiiie fiècle, eft un des plus anciens monuments du pays. Elle fut incendiée, en 1562, par les gens du baron des Adrets, lors de la prife de Montbrifon. (*Note de l'éditeur*.)

MARTINAT. — Rente noble de Martinat, en la paroiffe de Notre-Dame de St-Etienne. (Voyez au mot *la Faye*.)

MAUBOST. — Domaine de Mauboft, en la paroiffe de Champdieu, appartenant aux *Chapuis*, & qui a donné fon nom à une branche de leur famille. (Voyez au mot *la Bruyère*.)

MAULEVRIER. — Rentes nobles dans les paroiſſes de St-Rambert, St-Juſt-ſur-Loire, Bonſon, St-Cyprien, la Fouilloufe, St-Geneſt-l'Erpt, St-Georges-Haute-Ville, l'Hoſpital-le-Grand, Montbriſon, Appelées, Vaures, Murat, Prunerie.

François Baillard, écuyer, fieur *du Piney*, a acquis toutes ces rentes de M. *de Maulevrier*, & en a prêté l'hommage le 2 août 1755.

Sieur *Claude Sauzéas* l'aîné, négociant à St-Etienne, héraut d'armes, a acquis de ſieur *Jean-Bernard Lorange*, notaire, poſſeſſeur par tranſmiſſion de M. *Baillard du Piney*. Ledit ſieur *Sauzéas* a acquis les parties de ladite rente noble, aſſiſes ſur les paroiſſes de St-Rambert, St-Juſt-ſur-Loire, St-Cyprien, la Fouilloufe, par contrat du 2 août 1771, reçu Durand, notaire à St-Rambert. On y excepte les affranchiſſements faits à M. du Piney & à M. David, & l'hommage a été prêté le 17 août 1771, & renouvelé à cauſe du joyeux avénement du Roi à la couronne, le 18 novembre 1776. (Voyez au mot *Dulac*.)

MENIS. — Rente noble de Ménis, en la paroiſſe de Merle, qui appartient aux prêtres ſociétaires de l'égliſe de St-Bonnet-le-Château.

MERIGNIEU. — Village de Mérignieu, en la paroiſſe de Léſignieu. (Voyez au mot *Chavaſſieu*.)

MERLE. — Paroiffe de Merle. (Voyez au mot *Apinac*.)

Sur fon territoire étoit fituée la feigneurie de *Leyniecq*. (*Note de l'éditeur*.)

MERLIEU. — Merlieu, château en la paroiffe de Savignieu; Savignieu en toute juftice; fief du Perrier.

Savignieu, paroiffe, par engagement du Domaine du Roi, acquis par contrat du 12 feptembre 1720, enregiftré le 29 novembre 1729.

Agnès Guigues de Geoffroy de Barges prêta l'hommage au comte de Forez, en 1335, de la maifon & fief de Merlieu.

Etienne de Barges l'a auffi prêté le 8 juillet 1441.

Rentes nobles de la Baftie, Gazillan, acquifes du fieur Papon.

Rentes nobles du Verdier & de Ladvieu.

Pierre Puy du Perrier, écuyer, lieutenant-général, juge domanial au fiége de Forez, en a prêté l'hommage le 20 mars 1720.

Dame *Marie-Antoinette de la Tour*, veuve de *Pierre Puy du Perrier*, en a prêté l'hommage le 11 juillet 1722.

Acquis depuis à la maifon *de Meaux*, par alliance & fucceffion des anciens *Puy*, ainfi que le Perrier, fitué fur la Marre, entre Boiffet & l'Hofpital-le-Grand. M. *de Meaux* remplaça auffi fon beau-père dans fa charge de lieutenant-général du bailliage de Forez. (Voyez au mot *Urphé*.)

MESSILIEU. — Etang Meffilieu, en la paroiffe de Précieu, du Domaine du Roi, aliéné pour la première fois en 1537, au prix de mille cinq cents livres; revendu en 1644, pour cinq mille livres de nouvelle finance; réaliéné le 13 mai 1677, à *Claude Chapuis de la Goutte*, pour deux mille cent livres; outre l'ancien engagement, toutes les finances, revenant à huit mille fix cents livres; contrat de revente au profit de M. *Chapuis de Mauboft*, du 1ᵉʳ mai 1763, pour vingt livres de rente, outre les anciennes finances.

Aliénation perpétuelle, par arrêt du 18 mars 1765, qui, interprétant les anciens engagements & revente, ordonne que M. de Mauboft & fes fuccefleurs jouiront dudit étang à titre de propriété incommutable, à la charge de payer au Domaine une rente de quarante livres au lieu de celle de vingt livres. Cet arrêt du Confeil eft fondé fur ce que cet étang étoit privé de l'eau néceffaire & qu'il falloit le deffécher. (Voyez au mot *la Bruyère*.)

MESSIMIEU. — Fief de Meffimieu, qui confifte en un domaine en la paroiffe de Marcilly, poffédé par M. *Montginot*, avocat, au nom de fes enfants, repréfentant M. *Antoine Chaffain*.

Antoine Perrin, écuyer, en a prêté l'hommage le 5 janvier 1678, & en a donné le dénombrement, reçu le 14 février fuivant. (Voyez au mot *la Vernade*.)

MEYLIEU. — Paroiffe de Meylieu-Montrond. (Voyez au mot *Montrond*.)

MEYS. — Paroisse de Meys. (Voyez au mot *Bouthéon*.)

MIGNARDIERES. —Château, fief de Mignardières, en la paroisse de St-Martin-de-Boiffy, en Roannois. M. *Valence*, possesseur.

MIRIBEL. — Château en ruines, en la paroisse de Périgneux. (Voyez au mot *Bouthéon*.)

MOINGS. — Paroisse de Moings, en toute justice, est de la dotation du Chapitre de Notre-Dame de Montbrison, fondé par *Guy, comte de Forez*, au mois de juillet 1223, qui donne non-seulement son château de Moings avec ses dépendances, mais encore sa dîmerie de Verrières & sa grange de la Pierre.

· On écrit souvent *Moind*, du latin *Modonium*. Ce lieu, l'une des stations de la voie romaine de *Feurs* à *Rhodez*, a été, pour son nom antique & celui de ses eaux minérales, le sujet de nombreuses controverses parmi nos érudits. Le doute enveloppe encore la question que ne cessent de rappeler des vestiges de monuments importants & bien antérieurs à ceux de Montbrison du moyen-âge, qui paroît n'avoir possédé, dans les temps les plus reculés, qu'un petit temple & un *préside*, sur son monticule. Voyez principalement les savantes dissertations de MM. *Auguste Bernard* & abbé *Roux*. (*Note de l'éditeur*.)

MOINGS. — Prieuré de Moings ou du Palais, en la paroisse du même nom, sous le vocable de Ste-Eugénie, consiste en dîmes de ladite paroisse & aux environs, & dépend de l'abbaye de la Chaize-Dieu, ordre de St-Benoît.

MONS. — Rentes nobles de Mons, Montagnac, Tréméolles, Taillefer, dans les paroisses de Boisset, St-Pal, Tiranges, Usson.

Jean-Dominique de Saignard, chevalier, seigneur de Saffelanges, en a prêté l'hommage le 2 octobre 1751.

MM. *de Saffelanges*, du nom de *Saignard*, appartiennent aujourd'hui entièrement au Forez par la possession du château de Veauchette, ancien siége de la maison *de Rostaing*. Deux autres branches de leur famille sont restées dans le Velay, ce sont celles *de Choumouroux* & *de la Fressanges*, aux environs d'Issengeaux. (*Note de l'éditeur.*)

MONSUPT. — Monsupt, ci-devant châtellenie royale unie à Sury-le-Comtal; St-Georges, St-Thomas, paroisses; Boisset-sur-St-Priest, la Roche, Châtelus.

Par différents contrats, M. *de Mazenod* a acquis les seigneuries, en premier lieu des villages de Châtelus, la Roche, Grézieu, le Fade, Puimarcel, le Bletz, l'Hospitalet; en second lieu, de Boisset-sur-St-Priest & Chenereilles, & il revendit Chenereilles au sieur *Perrin*. Par le dernier contrat, qui est du 21 août 1696, reçu Montagnon & Clert, notaires à Lyon, *Charles-Ignace de la Rochefoucauld de Rochebaron*, & dame *Magdelaine de Sourdis*, son épouse, vendirent à *Charles-Joseph de Mazenod*, écuyer, seigneur de Pavezin, Boisset & Chenereilles, conseiller au présidial de

Lyon, les terres & feigneuries de Monfupt, St-Thomas, St-Georges; la juftice à prendre, conformément au terrier Clavi.

Charles-Jofeph de Mazenod en a donné le dénombrement le 23 août 1693.

Etienne-Jofeph de Mazenod de Pavezin, écuyer, chevalier d'honneur au Bureau des finances à Lyon, en a prêté l'hommage le 7 feptembre 1722.

Jean-François de Mazenod, écuyer, en a prêté l'hommage le 5 mai 1761; il l'a renouvelé à caufe du joyeux avénement du Roi à la couronne, le 31 décembre 1776.

Jean-François de Mazenod, écuyer, après le décès de fon frère aîné, l'a prêté pour les terres de Monfupt, St-Georges, St-Thomas, Boiffet, Châtelus & la Roche, en toute juftice, le 4 avril 1781.

Monfupt eft un ancien château des comtes de Forez, en la paroiffe de St-Georges, dont il n'exifte qu'une tour. St-Thomas eft une paroiffe, ainfi que Boiffet-fur-St-Prieft, dont St-Prieft, qui eft dans la mouvance de St-Marcellin, eft l'annexe. Châtelus, la Roche, font des villages, ainfi que Grézieu, le Fade, Puimarcel, le Bletz & l'Hofpitalet, qui avoient été, par un premier contrat, auffi acquis en démembrement de St-Marcellin.

MM. *de Mazenod* continuent la poffeffion de leur fiége central de St-Marcellin, auquel ils ont ajouté, ces dernières années, le château du *Colombier* attenant, qu'ils ont fait remarquablement rebâtir. C'eft un ornement pour le pays attaché depuis longtemps à cette honorable famille. (*Note de l'éditeur*.)

MONTAGNAC. — (Voyez aux mots *Tiranges*, *Tréméolles*.)

MONTALIVET. — Fief de Montalivet, en la paroiſſe de Renaiſon. M. *de Saconin*, poſſeſſeur.

MONTARBOUX. — (*Mons-Herboſus*), en la paroiſſe de Sauvain; Palognieux, Chorignieu, avec juſtice, chargé d'une fondation de douze livres envers les cordeliers de Montbriſon, uni à la ſeigneurie de Chalmazel, depuis 1744, & appartenant à *la maiſon de Talaru*.

Annet de Châtillon, écuyer, en a prêté l'hommage le 9 février 1674, & en a donné le dénombrement, reçu le 25 février ſuivant. (Voyez aux mots *Boën*, *Chalmazel*.)

MONTARCHER. — Montarcher, paroiſſe; Marandières; rentes nobles appelées d'Audebert, de la Chazotte, dans les paroiſſes de Montarcher, la Chapelle & Eſtivareilles; rente noble de Joanziecq; fief & domaine de la Goutte, en la paroiſſe d'Eſtivareilles; domaine de la Faverge, rente noble impoſée ſur icelui.

Cette ſeigneurie a appartenu à la maiſon *de Cremeaux* qui l'avoit eue par alliance de celle *de Rochebaron*, qui la poſſédoit dans le XIIIᵉ ſiècle, & à qui elle étoit venue de la maiſon *de Châtillon*.

Pons d'Aurelle, écuyer, a prêté l'hommage de Montarcher & arrière-fief de Marandières, le 10 novembre 1673. Il en a donné le dénombrement, reçu le 6 août 1675.

Sieur *Jean Chauvon*, receveur des tailles à St-Etienne, a prêté l'hommage de Montarcher & Marandières, le 9 avril 1753, & avoit acquis de *Charles-Louis d'Aurelle de Terreneyre*, le 20 juillet 1743, par acte reçu Marillac, notaire à Clavel, en Auvergne.

François Vincent, secrétaire du Roi, a prêté l'hommage de Montarcher & Marandières, le 13 mai 1758, & a acquis de *Pierre-Benoît Gonin de Lurieu*, écuyer, receveur des tailles, héritier du sieur *Chauvon*, son oncle, par acte du 22 décembre 1757, reçu Mallonet & Trablaine, notaires.

Benoît Vincent, écuyer, fils de François, a prêté l'hommage de Montarcher & Marandières; rentes nobles d'Audebert, la Chazotte y unie; la Chapelle & Estivareilles en toute justice; rente noble de Joanziecq, de la Chandie; fief & domaine de la Goutte, en la paroisse d'Estivareilles, le 3 décembre 1777, & a acquis de *Jean-François Vincent*, conseiller au Parlement de Dijon, son frère consanguin, & de dame Perrine-Françoise *Paparel*, son épouse, par contrat du 15 octobre précédent 1777, reçu Coste & Pourrat, notaires à Lyon.

<small>Montarcher, sur un pic élevé dominant au loin la vallée de l'Andable & un pays sévère, jadis vaste forêt de pins, rappelle, comme son nom, un de ces châteaux de l'âge de fer. Les pierres amoncelées qui l'entourent semblent celles de la démolition de la sourcilleuse forteresse. Quelques ruines abritent le presbytère, l'église & la croix du salut, qui ont remplacé non moins tutélairement l'ancien appareil guerrier. (*Note de l'éditeur*.)</small>

MONTBRISON. — Ville capitale du Forez; Marcilly, Châtelneuf, châtellenies royales.

Contrat d'échange entre le Roi & les sieurs *du Rosier* & *Thoynet*, du 11 juin 1771, reçu de maître Duclos-Dufresnoy, notaire à Paris, des terres & seigneuries de Montbrison, Châtelneuf & Marcilly-le-Châtel, avec six cantons de bois de la forêt de *Sénonches*, qui avoient été acquis par lesdits sieurs *du Rosier* & *Thoynet*, par contrat du 17 mai 1771.

Les redevances de ces trois terres consistent, suivant le procès-verbal d'évaluation fait par M. *de la Plagne*, commissaire nommé par la Chambre des comptes, du 4 juin 1772, en argent, cent soixante-sept livres quinze sols; froment, trente-cinq bichets un vingt-quatrième; seigle, six cent soixante-douze bichets trois quarts un sixième; orge, deux cent quatre-vingt-six bichets deux tiers; avoine, mille trois cent vingt-neuf ras un trentième; chapons, soixante-deux; lapins, quarante-quatre & demi; gélines, cent cinq trois quarts; foin, soixante-dix-sept faix & demi & un seizième; oies, deux; vin, quatre ânées un tiers; paille, cinq cents clayes; cire, une livre; fromage, trente-neuf livres un sixième & un huitième; lièvres, un sixième & un vingt-quatrième. Pour l'abénévis de Coureaux & de Bazanne, argent, cent cinquante-quatre livres; avoine, cent vingt-un ras. Pour l'inféodation du parc & places du Château, deux cent dix livres; un terrain considérable & précieux pour Montbrison, appelé les Places de Vaures; une partie des fossés de la ville; un droit de layde, & pour l'inféodation des étangs d'Uzores, six cents livres.

Un arrêt du Conseil, du 26 octobre 1772, a distrait de l'échange la haute, moyenne & basse justice, qui continuera d'appartenir au Roi. Cet arrêt du Conseil ne fait mention que de cent quatre-vingt-onze arpents, tandis que dans l'échange il s'agissoit de six cantons, qui devoient produire trois cent soixante-dix-huit arpents environ.

Il a été dressé un autre procès-verbal par M. Besson, commissaire de la Chambre des comptes, aux mois de novembre & décembre 1782, qui diffère en plusieurs points du premier, & l'évaluation est plus considérable.

Henry-François du Rosier, écuyer, seigneur de Magnieu-le-Gabion, *François Thoynet*, écuyer, receveur général des ponts & chaussées à Paris, fils de M. *Etienne Thoynet*, procureur du Roi à Montbrison, & ensuite conseiller en la Cour des aides à Paris, neveu de M. *Terrey*, contrôleur général.

Le chapitre de Notre-Dame de Montbrison, qui fut doté de la terre & seigneurie de Moings, de la dîme de la paroisse de Verrières, qui jouit d'une belle rente noble dans la ville & aux environs de Montbrison, de plusieurs autres seigneuries & dîmes, fut fondé par *Guy IV*, comte de Forez, au mois de juillet 1223, pour être composé d'un doyen, d'un chantre, d'un sacristain, d'un maître de chœur & de neuf chanoines. En 1229, le même comte fonda cinq chapelains pour aider aux chanoines à faire le service divin. Le comte se réserve la collation des dignités, chanoinies & prébendes, & elle a passé au Roi par la réunion du comté de Forez à la couronne.

Le dernier réglement, pour ce chapitre, eft celui fait par M. *de Montazet*, en qualité de commiffaire du Roi & archevêque diocéfain, revêtu de lettres-patentes du 22 juin 1769, regiftrées au Parlement le 29 du même mois, & en notre bailliage, 5 mai 1771.

Il dépend du collége de Montbrifon, une rente noble appelée du St-Efprit, qui, par fentence de notre bailliage rendue entre les Prêtres de l'Oratoire & M. le confeiller de l'Egallerie, le 1er février 1748, eft déclarée appartenir au collége dudit Montbrifon.

Par contrat paffé entre les échevins & habitants de la ville de Montbrifon & le fupérieur de la maifon de l'Oratoire de Lyon, reçu Pizot, notaire audit Montbrifon, le 5 juillet 1624, les Pères de l'Oratoire s'obligent d'envoyer des régents & profeffeurs de leur maifon à Montbrifon, pour y enfeigner la grammaire, les humanités & la philofophie. Les habitants promettent le logement d'habitation, &, pour les claffes, de faire bâtir un édifice à la manière & forme de la congrégation de l'Oratoire, & de fournir un revenu annuel de deux mille quatre cents livres en fonds, héritages, rentes ou penfions reconnues à leur profit, dont il leur fera délivré les titres & reconnoiffances.

La nuit du 11 au 12 avril 1775, l'églife & partie des bâtiments du collége furent incendiés. Ils ont été reconftruits dès 1784, & achevés en 1786. L'adjudication autorifée par arrêts du Confeil des 5 août 1783 & 16 mars 1784, a été donnée à la congrégation au prix de foixante-deux mille cinq cents livres, dont il a été fait un emprunt par la communauté des habitants de la ville. Mais la conftruction ayant dépaffé le prix d'adjudication, la congrégation a dû fubvenir au déficit, & le public en a l'obligation au fupérieur de ce collége, qui, par fon intelligence & fes foins, a furpaffé les vœux des habitants.

En la même année 1784, le prieuré de *Savignieu*, ordre de St-Benoît, près Montbrifon, a été réuni au collége par les foins de Mgr *de Montazet*, archevêque de Lyon, & dans la fuite la cure de cette paroiffe fera deffervie par un Oratorien choifi par l'archevêque, dans le nombre de trois qui lui feront préfentés.

Le couvent des Capucins de la ville de Montbrifon fubfifte depuis 1509, par les bienfaits des habitants fondateurs. Cet établiffement fut autorisé par lettres-patentes d'Henri III, du mois de juillet 1576, confirmées par celles d'Henri IV, du 19 octobre 1600; de Louis XIII, du mois de mai 1619; de Louis XIV, du mois de juillet 1653, décembre 1662, & octobre 1663, vérifiées au Parlement; & par arrêt du Conseil de septembre 1668, qui excepte cette maison du réglement général fait par la déclaration de décembre 1666, confirmé encore par lettres-patentes de Louis XV, du mois de juillet 1716.

Le couvent des Cordeliers, en la même ville, fut fondé par le vicomte de Ladvieu, qui les mit en possession en 1254, du consentement du comte de Forez. On peut voir ce qu'il y a de particulier à ce couvent dans la *Narration historique des couvents de l'ordre de St-François*, par le Père Fodéré.

Le couvent & abbaye de Ste-Claire-de-Montbrison eut pour fondateur *Pierre d'Urphé*, grand écuyer de France, qui obtint du pape, le 15 novembre 1496, une bulle pour le faire construire. La maison fut achevée en 1500, & habitée par des religieuses venues de différents couvents. *Pierre d'Urphé* étoit fils d'autre *Pierre d'Urphé* & d'*Isabeau de Chauvigny de Blot*. Il étoit bailli de Forez depuis 1486. Ce même Pierre d'Urphé avoit épousé en 1487 *Catherine de Polignac*, avec laquelle il fonda, en 1490, le couvent des Cordeliers de la Bastie, supprimé depuis peu d'années. Il épousa en secondes noces, en 1495, *Antoinette de Beauveau*, & mourut en 1508. Ce fut lui qui changea le nom d'*Ulphé* en celui d'*Urphé* ou *Urfé*.

Le monastère de Ste-Ursule, appelé vulgairement le *Grand-Couvent*, fut fondé par *Claude Chapuis*, écuyer, seigneur de Foris, Panissière, Trézette & Vilette, qui étoit marié dès le 13 janvier 1617, avec *Marie Reymond*. Cette branche de Chapuis s'est éteinte dans la maison de *Guigou de Foris*.

L'Hôtel-Dieu de Montbrison dut son établissement, vers 1090, à *Guillaume III*, l'un des comtes de Forez de la première race, qui donna aux pauvres la dîme de toute la dépense qui seroit faite dans sa maison. Mais Guy II, pour tenir lieu de cette dîme, donna à cet hospice la *layde* (1)

---

(1) Droit sur les marchandises exposées en vente.

de tous les grains qui fe vendent à la Grenette de Montbrifon. L'acte eft du 8 juillet 1260; ce que *Jean, comte de Fore*, duc de Bourbonnois, a confirmé le 4 feptembre 1475. Les pauvres malades font confiés aux foins des Dames religieufes de St-Auguftin, & l'adminiftration eft dans les mains de recteurs électifs.

L'Hôpital général, vulgairement appelé Maifon de Charité, fut créé par les foins des habitants de Montbrifon, qui obtinrent des lettres-patentes pour fon établiffement, en 1659. Cette maifon eft auffi adminiftrée par des recteurs électifs.

MONTCHAL. — Paroiffe de Montchal, en toute juftice.

Charles-Céfar de Faÿ en a prêté l'hommage & donné le dénombrement le 17 février 1674.

Gabriel de Faÿ-Gerlande a donné le dénombrement des directes, rentes nobles, affifes fur les paroiffes de Bourg-Argental & St-Julien, le 24 juillet 1690.

Juft-François de Faÿ, chevalier, comte de *Gerlande*, fils de *Gabriel*, comte de Sauffac & Montchal, feigneur de Gerlande, la Colonges & autres places, en a prêté l'hommage & remis le dénombrement le 5 juillet 1714.

Charles-Céfar de Faÿ, chevalier, marquis de Gerlande, en a prêté l'hommage le 7 feptembre 1723, & a remis le dénombrement.

Florimond de Faÿ, marquis de *la Tour-Maubourg & Gerlande*, feigneur & baron des baronnies de Boulogne, la Tour, Dugnères; vicomte de l'Eftranges; comte de Montchal; feigneur de la ville & vicomté de Privas, Gerlande, la Motte, Lignon, Chabrefpine, la Baftie, le Mazel, Pleyne, Joyeufe, la Roue & autres places; chevalier de St-Louis, en a prêté l'hommage & remis le dénombrement le 12 janvier 1774, renouvelé le 16 décembre 1776. (Voyez au mot *Burdignes*.)

MONTEGUET. — Fief de Monteguet de Mefple, en toute juftice, partie en Forez & partie en Bourbonnois.

Il appartient à l'abbaye de la Béniffondieu, ordre de Cîteaux, paroiffe de Briennon, diocèfe de Lyon.

Dame Marie-Marguerite-Thérèfe *de Jarente*, abbeffe. (Voyez au mot *Béniffondieu*.)

MONTEILLARD. — Rente noble de Monteillard.

M. & Mme *de Pontchartrain* ont vendu en démembrement de la terre de Nervieu, par contrat du 8 feptembre 1751, reçu d'Août, notaire à Paris, à *Georges-Jofeph du Puy*, feigneur du Châtelard, leurs rentes nobles au-delà des ruiffeaux d'Anjon & d'Armenfon, & la rente de *Monteillard*, en la paroiffe de Trélins & aux environs.

Pierre-Jofeph du Puy, héritier de *Georges-Jofeph*, fon père, a vendu à fieur *Antoine Lattard*, maître de pofte, la rente noble de Monteillard, affife dans les paroiffes de Trélins, Marcoux, Marcilly, Châtelneuf, St-Bonnet-de-Coureaux & autres lieux, par contrat du 26 avril 1769, reçu Châtelus, notaire. Ledit fieur Lattard a vendu ou élu en ami, *Michel Rouffet*, par contrat du 5 juin 1769, la rente de Monteillard, reçu du même notaire, & ledit *Michel Rouffet* a remis à M. Gafpard *Morel*, commiffaire à Boën, par contrat du 14 février 1772, reçu Durand, notaire à Boën. (Voyez au mot *Châtelard*.)

MONTGILBERT. — Juftice de Montgilbert, qui comprend plufieurs villages en la paroiffe de St-Prieft-la-Prugne en Forez, dépendant de la juftice & château de Montgilbert & du Mayet en Bourbonnois, appartenant à M. *du Prat*.

Par fentence du 19 août 1680, il a été dit, faifant droit fur les conclufions de M. *Duguet*, avocat du Roi, que défenfes font faites au bailli de Montgilbert d'attirer, par les appels, les jufticiables du Forez; lui enjoint de tenir fes audiences dans l'étendue de St-Prieft, à peine de nullité.

MONTLOUP. — (Voyez au mot *Balichard*.)

MONTMUZARD. — Rente noble de Montmuzard unie à *la Rivière*, & confifte, en argent, deux livres onze fols un denier; feigle, quarantefix bichets; avoine, cent huit ras trois coupes & demie, mefure de Donzy; gélines, onze & demie, & fe lève dans les paroiffes d'Effertines & St-Martin-Leftra, mandement de Donzy. Une tranfaction du 30 mars 1635, reçu Efparron, notaire, paffée dans la ville d'Haute-Rivoire, entre noble *Jean Jacquemetton*, fieur de Montmuzard, & Jean-Denis & Claude *Palmier*, du lieu de Montmuzard, affranchit ces emphytéotes des corvées & charrois, & ne les affujettit qu'à une manœuvre chacun par an, pour couper les foins. (Voyez au mot *la Rivière*.)

MONTPEROU. — (Voyez auffi au mot *la Rivière*.)

MONTRAVEL. — Fief de Montravel, en la paroisse de Villars, consiste en un domaine, fonds allodiaux appelés de *Montravel* & *Curnieu*.

Jean-Baptiste Ravel, écuyer, en a prêté l'hommage le 21 décembre 1776. (Voyez ci-devant au mot *la Porchère*.)

MONTROND. — Château fort, paroisses de Montrond, Boisset & Meylieu, en toute justice.

Echange fait en 1302 entre *Jean*, *comte de Forez*, & *Arthaud de St-Germain*, le jeune. Le comte donne audit *Arthaud* le château, mandement & détroit de Montrond, avec toute justice & juridiction, se réservant le droit de supériorité; &, de la part d'*Arthaud*, il donne sa portion du château & mandement de *St-Germain-Laval*, avec toute juridiction.

En 1343, *Giraud*, seigneur de *Crussol* & de *Cornillon*, & *Béatrix de Baudiner*, vendirent au *comte de Forez* l'autre moitié du château & mandement de *St-Germain*, qui étoit entré dans la maison de *Crussol* par le mariage d'une fille de la maison de *St-Germain*. Ils vendirent aussi ce qu'ils pouvoient avoir au mandement de *St-Just-en-Chevalet* & autres lieux communs entre eux, sous la condition que le comte cédera aux vendeurs le hameau de la Thuilière avec tous ses ténements, qui est situé entre les deux bois de Lambroisier & de Merley, joignant d'un autre côté au mandement de Cornillon, avec tous les fiefs & juridiction qu'il peut avoir auxdits lieux, & en la maison & grange appelée la *Chamaresche*, en la paroisse de St-Just-en-Velay. Le comte donne encore la juridiction sur un autre hameau, qui sera du mandement de Cornillon comme il l'étoit de celui de St-Victor.

En 1456, *Arthaud de St-Germain* étoit bailli de Forez. Sa mère, *Louise d'Apchon*, aux droits de laquelle la maison de St-Germain avoit recueilli, par substitution, les biens d'Apchon en Auvergne, en prit le nom & les armes.

Antoine-Joseph-Marie d'Apchon, chevalier, en a prêté l'hommage le 10 juin 1722.

Antoine-Louis-Claude de St-Germain d'Apchon, marquis de Montrond, baron de Boiffet, comte de St-Trivier & de Cremeaux, feigneur du Chefne, Marchais & autres lieux, lieutenant-général de Bourgogne au gouvernement de Mâcon, meftre-de-camp commandant le régiment d'Aunis, a prêté l'hommage des feigneuries & fiefs de Montrond, Boiffet & Cremeaux, le 9 août 1782, favoir : de Montrond à lui donné dans fon contrat de mariage paffé à Paris, le 8 novembre 1778, par *Antoine-Marie de St-Germain*, fon père, & de la feigneurie de Cremeaux, en qualité d'unique héritier de *Marie-Louife de Cremeaux d'Entraignes*, fa mère, & feul héritier de *Jules-Céfar de Cremeaux*, fon oncle, cohéritier avec ladite dame de Cremeaux, époufe de M. d'Apchon, de *Louis-Céfar de Cremeaux*. (Voyez au mot Cremeaux.)

> La maifon de *St-Germain-d'Apchon-de-Montrond*, originaire d'Auvergne & du nom primitif d'*Arthaud*, qu'elle y portoit dans la haute chevalerie, fut auffi une des premières de la nobleffe du Forez. Elle s'éteignit, peu après la Révolution, dans les marquis de *Biencourt*, qui ont aliéné Montrond & fes dépendances, vers 1820, à l'honorable M. *Victor Dugas* de St-Chamond, poffeffeur actuel.
>
> Le château de Montrond, défendu par un *Sacconin de Pravieux*, fut, en 1562, pris par le *baron des Adrets* à fon retour de Montbrifon, & fouillé auffi de fes cruautés.
>
> En 1793, il fut incendié par les bandes révolutionnaires accourant d'Auvergne pour le fiége de Lyon. Depuis lors, la noble forthereffe ne domine plus le cours de la Loire & le centre de la plaine du Forez, que de fa maffe impofante & démentelée. (*Note de l'éditeur*.)

MONTROUGE. — Château fief de Montrouge, en la paroiffe de Savignieu; maifon fief de la Pommière; rente noble de Ste-Catherine, en la paroiffe de Précieu.

Dame *Jeanne Montagne*, veuve de noble *François Chirat*, confeiller au fiége de Forez, en a prêté l'hommage le 9 juin 1722, & en a remis le dénombrement. (Voyez au mot *la Pommière*.)

Ce fief a donné fon nom à l'une des honorables familles de Montbrifon, celle des *Chirat*, ancienne dans la magiftrature du bailliage. L'un de fes membres, peu de temps avant la fuppreffion de l'ordre de Malte, avoit fait fes preuves de *chevalier fervant*. (*Note de l'éditeur*.)

MONTVERDUN. — Rentes nobles de Montverdun. (Voyez aux mots *Chenereilles, la Porchère*.)

MONTVERDUN. — Prieuré de Montverdun, en la paroiffe du même nom.

En 1333, *Robert d'Auvergne*, archevêque de Lyon, fit la réforme de ce prieuré, où il appela des religieux de la Chaize-Dieu, ordre de St-Benoît, pour fervir le monaftère à la place des chanoines réguliers de l'ordre de St-Auguftin qui y étoient auparavant, à caufe du relâchement furvenu. Le prieuré a été réuni, en 1701, au *féminaire de St-Charles* de Lyon.

Sur les conteftations qui s'étoient élevées entre le *prieur* de Montverdun & *Arnulphe d'Urphé*, feigneur de la Baftie, il y eut un jugement rendu par les gens du Confeil du comte de Forez, le 19 mars 1401, qui maintient le prieur dans la juridiction haute, moyenne & baffe, du côté de Montverdun jufqu'à la rivière du Lignon, & les limites en font déterminées dans l'acte en latin.

Le 21 juillet 1742, les *recteurs* du Bureau des écoles des pauvres & féminaire de St-Charles, ont obtenu un arrêt du Confeil d'Etat du Roi, revêtu de lettres-patentes du même jour, qui évoquent au Confeil toutes caufes & inftances mues & à mouvoir au bailliage de Forez, concernant les droits du prieuré de Montverdun, & les renvoie en la Séné-

chauffée de Lyon, fauf l'appel au Parlement, où elles ont été enregiftrées le 23 août 1755; & en 1758, le 9 août, il y a eu arrêt rendu avec
les officiers du bailliage de Montbrifon, qui ordonne que les arrêts feront
exécutés par provifion, dépens réfervés.

MURAT. — Rentes nobles de Murat. (Voyez aux mots *Dulac*, *Maulevrier*.)

NANTAS. — Fief de Nantas, en la paroiffe de St-Jean-de-Bonnefont,
acquis depuis environ un fiècle de M. *Baraillon*, tréforier de France,
par M. *Jean Bernou*.

Dame *Marie Deshayes*, veuve de *Jean Bernou*, écuyer, en a prêté
l'hommage le 7 octobre 1722. (Voir au mot *Rochetaillée*.)

<small>La terre de *Nantas* continue d'appartenir à la branche cadette de la maifon *Bernou de Ro-
chetaillée*, en poffeffion auffi, depuis peu, de l'immenfe fucceffion de fon aînée. (*Note de
l'éditeur.*)</small>

NERONDE. — Ville de Néronde, châtellenie royale, ci-devant tenue
par engagement & aujourd'hui en régie.

Cette châtellenie avoit été engagée en 1543, au fieur *Guiot Henry*,
marchand à Lyon, & en 1696, pour onze mille livres.

Claude-François-Eléonord Dulieu, chevalier, en a prêté l'hommage le 7 septembre 1722.

Claude-Eléonord Dulieu l'a prêté le 7 janvier 1763.

Claude Chol de Clercy, écuyer, a acquis cette châtellenie par engagement, en a pris possession en 1771, & a fait enregistrer son contrat le même mois, 19 janvier 1771.

Cette châtellenie comprend, pour la justice, les paroisses de Néronde, Balbigny, Beaulieu, Piney, St-Jodard, St-Just-la-Pendue, Violey, St-Marcel-de-Félines, partie de Ste-Colombe & de Crozet. (Voyez au mot *Feurs*.)

M. *Claude Chol de Clercy*, le dernier seigneur de Néronde avant la Révolution, outre sa qualité d'écuyer conseiller du Roi, étoit prévôt général des maréchaussées de France dans les provinces de Lyonnois, Forez & Beaujolois, & chevalier de St-Louis. Il avoit épousé dame *Charlotte du Puy*, de l'ancienne famille de ce nom en Forez, dont il eut un fils, *Etienne*, marié à demoiselle *Françoise-Olympe de la Grye*, sœur de Mme *de Chantelauze*. En leur fils unique, mort enfant, s'éteignit le nom *de Clercy*. Les deux filles du prévôt général furent très bien alliées : l'une au comte *d'Amerval de Grandchamp*, à Paris ; l'autre à M. *Dugas*, de Lyon. (Voir l'article *Arcon* pour la famille de la Grye.)

Nous ne quitterons pas *Néronde* sans noter qu'il fut la patrie du Père *Cotton*, confesseur d'Henri IV, & le berceau de la famille *Mondon*, de très ancienne bourgeoisie, jouissant du droit d'armoiries, exerçant déjà le notariat en 1458 (*Noms féodaux*) &, depuis lors, presque de père en fils. Elle s'est perpétuée jusqu'à nos jours, soit à Feurs, dans les notables propriétaires actuels, soit à Montbrison, où l'une de ses branches s'est consacrée depuis longtemps à la magistrature.

Les *Cotton*, en s'éteignant par leur héritière, dans la maison *Dulieu*, cédèrent aussi à celle-ci la seigneurie de Néronde & leur château d'habitation de Chenevoux.

En 1065 vivoit *Arthaud de Néronde*, grand seigneur qui fonda l'abbaye de *St-Rigaud d'Avaize*, non loin de Charlieu. (*Note de l'éditeur*.)

NERVIEU. — Paroisse de Nervieu, ci-devant comté sur la tête de M. de Pontchartrain.

Jacques d'Urphé, bailli de Forez, seigneur de Bussy, & dame *Marie de Neuville* vendirent le 11 janvier 1622, devant le notaire Dubost, en démembrement de ladite feigneurie de Buffy, à *Guillaume d'Albon*, feigneur de Sugny, Nervieu & Grénieu, la juftice haute, moyenne & baffe, fur les feux, maifons, bâtiments, prés, bois, terres & poffeffions contenues dans les limites portées au contrat : cette partie de juftice eft unie à Nervieu.

Hommage prêté entre les mains du chancelier, le 6 avril 1748, par *Paul-Jérôme, marquis de Pontchartrain*, lieutenant-général des armées du Roi, enregiftré au greffe du Domaine le 28 feptembre fuivant.

Vital Chapuis de la Salle, écuyer, lieutenant criminel à Montbrifon, a acquis Nervieu de M. *de Pontchartrain*, par actes des 7 & 8 feptembre 1751, reçu d'Aouft & fon confrère, notaires à Paris, & en a prêté l'hommage le 19 novembre fuivant. Il a renouvelé l'hommage, à caufe du joyeux avénement du Roi à la couronne, le 7 feptembre 1776.

Le contrat du 7 feptembre 1751 a été paffé par M. & Mme *de Pontchartrain* à M. *Chapuis* & dame *Françoife-Thérèfe Jourdan de St-Léger*, fon époufe, & comprend la terre & feigneurie du bourg & paroiffe de Nervieu & du bourg de Grénieu, fon annexe, confiftant en une halle au milieu du bourg de Nervieu, en droit de haute, moyenne & baffe juftice; droit de chaffe & pêche; droit de marché; le port de Nervieu fur la Loire; le quart du port de Garet, auffi fur la Loire; les droits de collation & de patronage, fi aucuns y a; les rentes nobles; droits feigneuriaux; droit d'aubaine, de layde; le domaine de la baffe-cour de Grénieu, avec une portion au *bois de Rioux;* quatre métérées de terre dépendant du domaine de *la Beauche*.

Les vendeurs fe réfervent les rentes nobles affifes dans les paroiffes de Miférieu, Ste-Foi, Poncins, Cleppé, Salt-en-Donzy, Civen & Trélins, & fur le domaine de M. Pariat. Ils fe réfervent auffi l'ancien château de *Sugny*, le grand & le petit bois des *Glandons*, les domaines dépendant de Sugny & tout ce qui s'y rapporte, le domaine de Charbonnières, le domaine de Rochette, le domaine de la Grange-Neuve, le domaine du Chevalard, le domaine de la Beauche, le port Colon fur la Loire, le port de Naconne fur le Lignon, les moulins de Sugny & de Cleppé, le domaine & les étangs de l'Hormey, avec le pré Mouton & le *champ d'Albon*, les fix étangs fitués à Ste-Foi & à St-Sulpice, la maifon *Guingard* à

Nervieu & ſes dépendances, & les ſept huitièmes du bois de Rioux. (Voyez aux mots *la Salle, Sugny, la Beauche, le Chevallard, Chatelard, Monteillard.*)

NEYRIEU. — Domaine & fief de Neyrieu, en la paroiſſe de Virignieu.

Jean du Fenouil-Turray, chevalier, en a prêté l'hommage le 10 juin 1679, & en a donné le dénombrement, reçu le 17 août 1682. (Voyez aux mots *Charniat, Tiranges, Eſtaing, Ste-Foy-l'Argentière, le Fenouil.*)

Le fief de *Neyrieu* conſiſte en maiſon, prés, terres, de la contenance d'environ cent métérées de terre & brouſſailles, de quinze métérées de bois, trois ſeſtives de pré, une rente noble appelée de *Cluny*, & partie de celle de *la Forêt*, valant annuellement trente livres; une dîme en la paroiſſe de Virignieu, indiviſe avec celle du ſieur *Tricaud du Monceau*; des moulins, une rente noble appelée *la Liègue*, valant par an environ cent livres, &, dans la paroiſſe de St-Martin-Leſtra, une rente & dîme, la rente appelée *Marcieu*, valant par an quinze livres; une autre rente noble, appelée de *Bonlieu*, valant annuellement vingt-cinq livres; les prés, terres, ſitués aux *Gouttes;* partie des fonds du domaine du Faÿ en franc-alleu, avec une petite dîme audit lieu de St-Martin-Leſtra.

Le tout acquis par adjudication, au préjudice des frères *Charretier*, par ſentence de la Sénéchauſſée de Forez, du 7 mai 1678, & par contrat d'acquiſition de *Marguerite du Molard*, femme d'*André Charretier*, ſieur de Ste-Foy, par acte du 28 décembre 1678, & de *Balthazar & Hector de Charpin*, père & fils, & des dames *Louiſe de Villars & Catherine de Capony*, leurs épouſes.

Le fief & château des Gouttes, près du Bourg de St-Martin, étoit tout-à-fait indépendant de ce qui eſt déſigné dans l'article ci-deſſus. Il appartenoit à une ancienne maiſon de ce nom, dont l'héritière époufa le premier de MM. *de Cognet*, venus de Bourgogne en Forez, & fixa leur famille dans cette province. (*Note de l'éditeur*.)

NOALIEU. — Paroiffe de Noalieu, dépendant de la juftice de St-Marcel d'Urphé.

Le comte *d'Albon* a vendu par contrat du mois de mars 1784, reçu Vial, notaire, au fieur *Magdinier*, maître de pofte, tous les cens & fervis qu'il avoit dans la paroiffe de Noalieu, & la dîme qu'il levoit dans ladite paroiffe. Il s'eft réfervé la juftice, à caufe de la feigneurie de St-Marcel, & tous les droits honorifiques.

Le 21 octobre 1631, *Claude d'Albon des Galles*, chevalier, feigneur de St-Marcel, a prêté l'hommage à frère *François de Codignac*, commandeur de Verrières & la Sauveté, des dîmes de blé, vin & charnage qu'il a dans les paroiffes de Noalieu, Cezai, Allieu & St-Martin-la-Sauveté; devant Barail, notaire.

NOHARET. — Fief de Noharet, en la paroiffe de Bourg-Argental, rente noble appelée de *Juffac* ou *Giraud*. *Jean de Juffac*, feigneur de Noharet, en 1543.

Juft-François de Vernoux, écuyer, à prêté l'hommage le 6 août 1675, & a donné le dénombrement le même jour.

Dame *Louife de l'Ifle*, veuve & héritière fidéicommife de *Jean-François de Vernoux*, écuyer, l'a prêté le 30 août 1753. Ce fief confifte en une maifon, jardin, prés, terres, favoir : en terres, quatre-vingts feftérées; en pré, vingt-deux feftérées, & la terre de la Morée, de douze feftérées; en la rente noble valant, par an, argent, trois livres feize fols; feigle, dix-sept festiers; froment, une quarte; avoine, seize festiers quatre ras; seize poules; quatre poulets; droit de retenue & de prélation.

La très ancienne & honorable maison *de Vernoux*, du Vivarois, aussi recommandable par ses services militaires de tous les temps que par ses alliances, a aliéné Noharet peu après la Révolution. Elle possédoit aussi aux environs la terre de *Montchal*, titrée de comté, mais dont il ne lui reste que les ruines du château & de sa tour dominant au loin le pays environnant. Le dernier seigneur de Noharet fut le comte *François Richard de Vernoux*, chevau-léger de la garde du Roi, comme son père qui étoit chevalier de St-Louis. (*Note de l'éditeur*.)

NOALLY. — Paroisse de Noally, en toute justice; fief de la Ferrière, dans le château de Néronde.

La justice de Noally est limitée par le chemin de Villechenève à Violey, de matin & bise; par le village de Cherblanc, dépendant de la justice de Vilette, de soir, & par celle de Sa Majesté, à cause de Donzy, des autres parts.

Dame *Virginie de la Palud-Guiffray de Montaynard* en a prêté l'hommage le 15 octobre 1675, & a donné le dénombrement, reçu le 6 juin 1678.

Sieur *Jean Froget*, maître de poste, a prêté l'hommage de Noally le 19 octobre 1736, & a acquis de Messire *Laurent-Joseph-Aimé de Guiffray-Montaynard*, marquis de Marcieu, par acte du 23 juin 1736, reçu Contamine, notaire à Lyon.

Sieur *Pierre Froget*, héritier de *Jean*, son frère, l'a aussi prêté, pour Noally, le 12 mars 1754; il en a donné le dénombrement, reçu le 31 mars 1757.

Sieur *Pierre Perrin*, bourgeois à Pouilly (depuis secrétaire du Roi, reçu en 1773), en a prêté l'hommage le 25 janvier 1768, ensemble du fief de la Buerie & de la Thuillière, ès-qualités de *Pierre Froget*, son

oncle & donateur. Il a pris le nom de *Noally* de cette dernière poffeffion. (Voyez aux mots *la Thuillière, la Buerie*.)

M. *Perrin de Noally* périt à Lyon fur l'échafaud révolutionnaire. Sa veuve, demoifelle de Chavanne, époufa en fecondes noces le général *de Précy*, illuftré par fa défenfe de Lyon en 1793. (*Note de l'éditeur*.)

NOZIERES. — (Voyez au mot *St-Polgues*.)

NULIZE. — Dîme en la paroiffe de Nulize, vendue par *François-Benoît de Ste-Colombe*, marquis de *l'Aubépin*, à fieur *Michel Ronzy*, marchand, au prix de vingt-fept mille livres, & fous la réferve d'un bichet d'avoine annuellement, avec lods & mi-lods, à la charge auffi de payer au fieur curé de Nulize neuf bichets de blé par an, & fe réferve auffi la dîme fur un domaine.

Le fieur *Ronzy* eft décédé en 1771, & a laiffé des enfants mineurs de fon mariage avec la demoifelle *Andrillard*, dont le fieur *Triomphe* eft tuteur.

OGEROLLES, *alias* AUGEROLLES. — Seigneurie d'Ogerolles, en toute juftice, & de la paroiffe de St-Romain-d'Urphé, que *Germaine de la Forge*, fille unique de *Guillaume* & de *Philippine de Veaux*, porta, vers 1479, ainfi que *Génétines*, en dot à *Simon Charpin*, fils de *Jean* &

d'*Isabeau de Meyx*, devenu l'auteur d'une branche de cette bonne maison forezienne. (Voyez au mot *Génétines*.)

ORIOL. — Seigneurie d'Oriol, en toute justice, comprenant la paroisse de St-Ferriol.

En 1336, noble homme *Guillaume de Piétavia*, chevalier, & dame *Sibylle*, sa femme, prêtèrent l'hommage au comte de Forez, d'Oriol, St-Ferriol & le Fay.

Un arrêt du Conseil, du 11 septembre 1586, ordonne que les habitants d'Oriol seront tenus de garder & conserver le château d'Oriol, où l'on a mis de tout temps les prisonniers détenus de l'autorité du bailli de Forez; à cet effet, l'entretenir à leurs dépens, de réparations, & pourvoir aux frais du capitaine & du geôlier; en considération de ce, ils doivent continuer d'être exempts de tailles.

OUSCHES. — Paroisse d'Ousches, en Roannois.

Gilbert d'Albon a prêté l'hommage de son château d'Ousches, grange, fossés, étangs, vignes, prés, verchères, justice & rentes, le 7 mai 1441. (Voyez au mot *St-André*.)

PAILLERET. — Pailleret & Rocheblaine, châtellenie royale par engagement.

Cette feigneurie fit partie de la dot d'*Alix de Viennois*, en époufant *Jean I*ᵉʳ, comte de Forez (1296).

Silvion de Clairieu, feigneur de Rocheblaine, encourut la commife de fon château en 1250, au profit du *dauphin de Viennois*, pour avoir refufé de lui rendre *Guy Payan*, fils d'autre Guy, feigneur d'Argental & de la Faye, fon prifonnier qu'il réclamoit.

Demoifelle *Marie Riboulet*, dame de la *Bâftie*, en a prêté l'hommage le 17 juin 1723.

Jean-François Riboulet d'Archinefches, écuyer, l'a prêté le 3 feptembre 1759.

PAILLERET. — Rente noble du prieuré de Pailleret.

M. *Céfar des Champs*, prieur commandataire dudit prieuré, en a prêté l'hommage le 15 avril 1674, & en a donné le dénombrement, reçu le 15 feptembre fuivant.

PAILLERET. — Rente noble dans le mandement de Rocheblaine & Pailleret.

Dame *Geneviève de Chanaleilles*, dame de *Meyrès*, en a prêté l'hommage le 1ᵉʳ mars 1674, & en a donné le dénombrement, reçu le 26 feptembre fuivant.

François de Tournon, feigneur de *Meyrès*, en a prêté l'hommage le 1ᵉʳ feptembre 1759.

PALAIS. — Rente noble du Palais & du Chaperon, en la paroiſſe de St-Cyr-les-Vignes.

André Duguet, écuyer, en a prêté l'hommage le 12 juin 1722, & a aliéné à M. *David le jeune*, conſeiller au ſiége de Forez.

PALOGNIEU. — Seigneurie de Palognieu, en juſtice moyenne & baſſe, la haute appartenant au ſeigneur de Couzan, qui l'a vendue au nommé *Moſnier*, dit *Paille*, marchand à Palognieu, ainſi que la rente noble qu'il avoit dans la paroiſſe. (Voyez au mot *Boën*.)

La dîme de cette paroiſſe eſt perçue moitié par le curé du lieu, & l'autre moitié par le chapitre de Notre-Dame de Montbriſon, qui, ſur ſa moitié, paye une redevance au curé, & autre redevance au prébendier de Boiſſet, le tout formant le ſixième du produit de cette moitié de dîme qui lui doit être délivrée par le fermier.

PELUSSIEU. — Fief de Péluſſieu, en la paroiſſe de Feurs, conſiſtant en un château, domaines, rente noble & moyenne juſtice.

Claude de St-Georges, marquis de St-André, en a prêté l'hommage le 3 ſeptembre 1753, & en a donné le dénombrement, reçu le 17 ſeptembre 1754.

Claude, marquis de St-André & de St-Georges, chevalier de St-Louis, ancien capitaine au régiment du Roi, infanterie, a prêté l'hommage de Péluſſieu, en moyenne juſtice, le 6 décembre 1776.

Claude, marquis de *St-Georges*, a vendu ce fief à M. *Thiollière*, préfident en l'élection de St-Etienne. (Voyez au mot *St-André*.)

Ce domaine & château a paffé fucceffivement, depuis la Révolution, en la poffeffion de M. le chevalier *des Périchons*, de Mme *de Pinelly*, née de Forbin, & de M. *d'Arlempde*. (*Note de l'éditeur*.)

PERRELON. — Rente noble de Perrelon, aux environs de la ville de St-Etienne.

André Frotton, fieur d'Albuzy, écuyer, dont aujourd'hui Mme d'Apinac, fa fille unique, eft héritière (1788).

PERRINS. — Rente noble des Perrins.

Sieur *Georges-Daniel Fauvel*, ancien greffier de l'élection de Montbrifon, en a prêté l'hommage le 14 décembre 1776, & a acquis de *Simon Chaland*, marchand, par contrat du 9 juin 1776, reçu *Tifon des Arnauds* & fon confrère, notaires à Montbrifon.

Le contrat qui eft regiftré renferme l'énumération des articles de directe aliénés. (Voyez au mot *Goutelas*.)

PIERREFITE. — (Voyez au mot *Champagny*.)

PIERRELAS. — Rente noble de Pierrelas. (Voyez au mot *la Ferrière*.)

PINEY. — Paroiffe de Piney, du diocèfe de Lyon, de la châtellenie de Néronde, fur la rive droite de la Loire; il y refte des veftiges d'un pont de pierre fur la Loire, bâti par les Romains. Au commencement de ce fiècle, Louis XIV fit conftruire la digue de Piney fur ce fleuve, pour garantir la Touraine & l'Orléanois de fes débordements, en retardant l'écoulement des eaux. Du Domaine du Roi, comme dépendance de Néronde.

PINGUS. — Terre feigneurie de Pingus, en toute juftice, qui appartient au chapitre de Notre-Dame de Montbrifon.

Un procès-verbal dreffé à la réquifition de M. *Duguet*, *avocat du Roi*, par M. *Chapuis*, lieutenant criminel, le 28 juillet 1671, conftate que le bourg & paroiffe d'Arfeuilles eft compofé de quatre ou cinq parcelles, la plus grande partie de la juftice & province du Bourbonnois, autres néanmoins que les parcelles & collectes de *Pingus* & le pré de *Vergier*, qui dépendent de la juftice ordinaire du feigneur de Château-Morand, l'ayant acquife de la dame *ducheffe de Vantadour;* ladite parcelle divifée de la juftice du Bourbonnois par des limites féparatives entre les deux provinces, rapportées au fufdit acte, & que M. *Papon*, dans le prologue *de fes Notaires*, retrace auffi.

PLANCHAS. — Dîme inféodée du village de Planchas, paroiſſe de St-Bonnet-de-Coureaux. (Voyez au mot *la Mure*.)

POIZAT. — Rente noble de Poizat. (Voyez au mot *Chenereilles*.)

POMMIERS. — Prieuré de Pommiers, ordre de Cluny, en commande, à la nomination du *prieur de Nantua*, & communauté de religieux.

Une tranſaction du mois de mai 1264, paſſée entre *Reynaud*, *comte de Forez*, & le prieur de Pommiers, règle l'étendue que doit avoir la garenne aux cerfs & biches du comte; conſerve au prieur la juſtice & juridiction du prieuré ſur les hommes & terres qui en dépendent, ſur les paroiſſes de Pommiers & St-Georges-de-Barolles; & lorſqu'il ſera queſtion de délit méritant la peine de mort ou mutilation de membres, les prévenus feront envoyés au châtelain du comte, qui leur fera le procès. Il eſt permis aux religieux & prieur de chaſſer hors les confins de la garenne, excepté avec filets & engins. Suit la délimitation de cette garenne dans l'acte en latin.

PONCINS. — Paroiſſe de Poncins, en toute juſtice; rente noble qui fut du chapitre de Notre-Dame de Montbriſon; rente noble qui fut d'*Urphé*, & la haute juſtice ſur le village des *Périchons*.

Henry de la Tour, comte de *St-Vidal*, en a prêté l'hommage le 10 avril 1674, & donné le dénombrement, reçu le 12 mai fuivant.

Gafpard d'Eftaing, marquis du *Terrail*, en a donné le dénombrement, reçu le 8 juin 1695.

Cette feigneurie fut vendue par le marquis du Terrail à la marquife de Berville, qui fit enregiftrer le brevet de don de retrait du Roi, le 28 janvier 1720.

Jacques Cognet de la Maifonfort, écuyer, en a prêté l'hommage le 20 juin 1720, & avoit acquis dudit fieur du Terrail, par contrat du 3 mai 1718, reçu Bourg & Vernin, notaires.

Jean-Pierre Montagne, écuyer, en fon nom & comme tuteur de *Jean-Hector Montagne*, fon fils, héritier dudit fieur *Cognet*, a prêté l'hommage enfemble de la terre de Jas, le 20 avril 1753. (Voyez aux mots *la Salle, Marclopt*.)

MM. *Montagne de Poncins* continuent la poffeffion de la terre patrimoniale dont ils portent le nom, & qui eft une annexe de leur principale réfidence de *St-Cyr-les-Vignes*, canton de Feurs. (*Note de l'éditeur*.)

PONTEMPERAT. — Hameau du Pontempérat, en la paroiffe d'Uffon, en toute juftice.

Uffon étoit ville confidérable, & il y refte plufieurs monuments d'antiquité qui annoncent qu'elle exiftoit avant Jules-Céfar.

Du côté du Velay eft le village du *Pontempérat*, par corruption de *Pons imperatoris*, où exifte le pont qu'on dit avoir été bâti par cet empereur.

Du côté du Forez fe trouve une maifon forte & feigneurie de plufieurs feux; le furplus en Auvergne. Cette feigneurie porte le nom de *la Prade*.

M. *Richard* eft feigneur du Pontempérat & de la Prade.

MM. *Richard de la Prade*, feigneurs du Pontempérat, forment la branche principale d'une ancienne famille dont le berceau fut cette partie du Forez fituée entre St-Bonnet-le-Château & les limites du Velay. Elle fournit des tabellions (notaires) fous François Ier, & jouiffoit de conceffion d'armoiries, avant fon anobliffement par charges. *Claude Richard*, l'un des premiers connus, fut capitaine châtelain de Rochebaron & Bas. Son fils, maire de Craponne, qualifié feigneur du *Pontempérat*, époufoit, en 1725, demoifelle *le Foreftier de Villeneuve*, du Velay, des mêmes qué ceux de Normandie. MM. Richard ci-deffus avoient pour collatéraux ceux dits *de Leyniecq* & *de Montchaud*, & les trois branches, également honorables, étoient unies d'ancienne parenté. Celle qui nous occupe ici, déjà recommandable par fes antécédents, ne l'eft pas moins par fon relief actuel dans les fciences & les lettres. La faculté de médecine de Lyon trouve un de fes anciens profeffeurs & fon vénérable doyen dans M. le docteur *de la Prade*, & nous aurons affez fait connoître fon fils, en le citant comme l'auteur des *Poèmes évangéliques* & des *Symphonies*. C'eft l'une des célébrités que revendique le Forez, fa patrie primitive. Son alliance avec la noble & très honorable famille *de Parieu*, d'Auvergne, dont les membres ont figuré de nos jours dans les grandes charges de l'Etat, a comblé les vœux de fes amis par une belle poftérité & des fils, qui rediront auffi, d'après leur père & les principes de leurs auteurs :

« Comme au temps des aïeux, près du foyer auftère,
« J'ai vu briller l'honneur, pénate héréditaire.'
« Victor DE LA PRADE (*Symphonies*). »

(*Note de l'éditeur.*)

POUILLY. — Pouilly-lès-Feurs, paroiffe en toute juftice; prieuré de St-Benoît, dépendant de Cluny.

L'ordre de Cluny a obtenu des lettres-patentes de confirmation de fes priviléges & d'évocation générale au grand Confeil, le 25 mai 1749, regiftrées le 4 juin fuivant.

PRAIX. — Fief de Praix, en la paroiffe de Lentigny.

Jean Châtelus, bourgeois à Roanne, en a prêté l'hommage le 21 mars 1674, & en a donné le dénombrement, reçu le 21 avril fuivant.

Ce fief confifte en une maifon, jardin, pré de cinq charretées de foin, vingt feftérées de terres, un petit vignoble, avec une vigne de huit œuvrées; deux petits paquerages & une garenne.

Aujourd'hui poffédé par M. *de Contenfon* (du Beffey), officier de marine.

PRALEIRES. — Maifon, domaine de Praleires, en franc-alleu, en la paroiffe de Balbigny, poffeffion des *Dulieu de Chenevoux*. (Voyez au mot *Balbigny*.)

PRALONG. — Paroiffe de Pralong. (Voyez au mot *Goutelas*.)

PRANDIERES. — Maifon, fief de Prandières, dans la paroiffe de Cezay.

Jean de Prandières en a prêté l'hommage le 7 août 1674, & en a donné le dénombrement, reçu le 2 juin fuivant.

Ce fief confifte en une maifon, cour, colombier, jardin & pré de trois feftives & demie, & quatre feftérées de terre.

M. *Barrieu*, avocat, héritier de la demoifelle *de Prandières*, veuve Chaffain, eft en poffeffion.

PRAVEL. — Rente noble de Pravel, paroiſſe de Tiranges. (Voyez au mot *Dufieu.*)

PRAVIEUX. — Fief de Pravieux, à Pouilly-lès-Feurs. (Voyez au mot *Chenevoux.*)

L'ancienne maiſon de *Sacconins* porta le nom de *Pravieux* de ce fief qu'elle poſſédoit avant les *Dulieu de Chenevoux*, & ceux-ci lui ſuccédèrent auſſi par alliance dans la ſeigneurie de Buſſières. Elle fournit des comtes de l'égliſe de Lyon, & ſe diſtingua pour la cauſe catholique dans nos guerres de religion. — Voyez au mot *Montrond.* — (*Note de l'éditeur.*)

PRÉCIEU. — Paroiſſe de Précieu. (Voyez au mot *Curraize.*)

PRUNERIE. — Fief de Prunerie, en la paroiſſe de St-Maurice-en-Gourgois; rente noble appelée de *Bas* & *Boiſſet*.
Dénombrement donné par Joſeph Dufavrey, le 11 juin 1696.
Dame *Pierrette de la Noue*, veuve de *Joſeph Dufavrey*, en a prêté l'hommage le 12 juin 1722. — Foi & hommage du château, fonds & rente noble de Prunerie, du 13 août 1778, par ſieur *Pierre Gagnière*, marchand à St-Etienne, qui a acquis de ſieur *Benoît du Bouchet*, le 24 décembre 1776, par acte reçu Lambert & ſon confrère, notaires à Paris, au prix de trente-ſix mille cent livres, qui l'avoit acquis avec d'autres

objets de demoiselles *Philippine* & *Jeanne Dufavrey*, par contrat du 10 septembre 1773, reçu Ferrandin, notaire à St-Etienne. (Pour la rente noble de Prunerie, voyez aux mots *Dulac*, *Maulevrier*.)

RENAISON. — Paroisse de Renaison, en toute justice, indivise avec le Roi.

Dame *Renée Durand*, veuve & héritière de *Gilbert de Martinières*, écuyer, sieur de Tharon, en a prêté l'hommage le 8 mai 1674, & en a donné le dénombrement, reçu le 12 juin suivant.

La justice haute, moyenne & basse, indivise avec le Roi, prend sur le bourg & franchises de Renaison. La rente noble vaut annuellement, argent, seize livres; gélines ou poulets, vingt; avoine, soixante-dix-neuf ras; vin, soixante-dix pintes; seigle, vingt-cinq bichets; ladite justice & rente noble acquise, savoir: les trois quarts de *Philippe du Maine*, seigneur comte *du Bourg*, & l'autre quart de *Claude de Damas*, seigneur de Beaucresson, par contrat des 1er janvier 1654 & 3 novembre 1658. Enfin, une dîme inféodée par indivis, acquise d'*Hector Andrault de Langeron*, marquis de Maulevrier, par contrat du 15 mars 1655.

RENAISON. — Rente noble à Renaison; dîmes; autre rente noble en la même paroisse & en celles de St-Haon-le-Vieux, Pouilly-les-Nonains, St-André, Villemontois, Chéré & St-Maurice.

Jérôme Goyet de Livron, écuyer, receveur des tailles à Roanne, en a prêté l'hommage le 27 juillet 1753. (Voyez au mot *Beaucresson*.)

RENDANS ou RANDANS. — Prieuré, ordre de St-Benoît, fous le titre de St-Martin-de-Randans, près & en la paroiffe de Feurs, en commande.

Le prieuré de Randans étoit très ancien; des titres de 945 le rappellent, & il appartenoit à l'abbaye de Savigny. L'églife de Feurs en dépendoit, fuivant une donation de 1106, par l'archevêque de Lyon, *Hugues*. Les fonctions curiales s'y exercèrent : témoin le cimetière qu'on y voit encore rempli d'offements. Un *Talaru* en fut prieur en 1121. La haute tour carrée du clocher, démolie depuis quelques années pour prévenir fa deftruction par la Loire, étoit bâtie de beaux matériaux romains; elle ornoit & dominoit au loin le magnifique payfage des environs de Feurs. On prétend que le nom de *Randans* vient d'*ara Dianæ* (autel de Diane). Dans les ruines de l'églife du prieuré, fut trouvé, en 1820, le beau cippe tumulaire d'*Ervandus*, rapporté à Feurs. (*Note de l'éditeur*.)

REYNAUDS (LES). — Rentes nobles des Reynauds, *Dalmès*, *Severt* & de *Bois*, dans les paroiffes de Cremeaux, Souternon, St-Julien-d'Oddes, St-Paul-de-Vezelin, St-Georges-de-Barolles, Buffy, acquifes par honorable *Antoine Fialin* de Cremeaux, de *Pierre Reynard*, feigneur de Beaurevers & St-Ange, par contrat du 7 février 1749, reçu Fonthieuvre, notaire à St-Juft-en-Chevalet.

M. *Ramey de Sugny* a acquis de M. Fialin fils, qui a confervé *Perfigny*.

Le poffeffeur, il y a plus d'un fiècle, de la rente noble des Reynauds & autres ci-deffus relatées, nous a donné, dans fa defcendance, une des illuftrations actuelles chère au Forez, en M. le comte *de Perfigny*, le zélateur du fecond empire, aujourd'hui ambaffadeur de France en Angleterre, & dont le pays aimera toujours à réclamer le bienveillant patronage. L'ancien manoir de *Perfigny* eft fur le territoire de Cremeaux, qui avoit auffi produit, à une époque plus reculée, la noble famille des *Vernin de Cremeaux*, dont l'un fut fecrétaire du duc de Bourbon en 1346, & un autre grand-juge de Forez en 1388. Il y a des analogies hiftoriques & des localités privilégiées. (*Note de l'éditeur*.)

RILLY. — Fief de Rilly, maifon forte; fief de *Changy*, avec juftice; moitié d'autre fief auffi appelé *Changy*, en la paroiffe de Cordelles, mandement de St-Maurice-en-Roannois ; le fief des *Salles*, fur les limites du Forez & du Beaujolois, en la paroiffe de Comeilles.

André de la Mure, écuyer, en a prêté l'hommage le 30 mars 1674, & en a donné le dénombrement, reçu le 12 juin fuivant.

Claude Chapuis, écuyer, chevalier de St-Louis, l'a prêté le 31 octobre 1724.

Jean-François Courtin, chevalier, l'a prêté le 31 mai 1755. (Voyez au mot *Changy*.)

L'ancienne & honorable famille *Courtin* porte aujourd'hui le nom de *Neubourg*. (*Note de l'éditeur*.)

RIORGES. — Prieuré de Riorges, en la paroiffe du même nom, uni au collége de Roanne.

RIOTORD. — Paroiffe de Riotord, partie en Velay, partie en Forez ; la juftice d'une partie dépend de Clavas, & l'autre partie eft au feigneur de Dunières.

Jocerand, feigneur de *St-Didier*, prêta l'hommage de fon château, mandement & juridiction de Riotord, à *Jean, comte de Forez*, le 7 décembre 1322.

RIOU. — Fief de Riou, en la paroiſſe de St-Sulpice-en-Buſſy. (Voyez au mot *Buſſy*.)

RIVAS. — Paroiſſe de Rivas.

Guillaume du Verney, dit *Morel*, reçut l'inveſtiture de la juſtice haute, moyenne & baſſe de la ville de Rivas, de *Jean, comte de Forez*, le 17 août 1317, & *Iſabeau d'Illeux*, ſa veuve, fit hommage de ce qu'elle avoit au château de *Grézieu*, le 15 novembre 1320.

Le 17 juillet 1687, par contrat reçu Garnier & *Arouet*, notaires à Paris, dame *Magdelaine d'Eſcoubleau de Sourdis*, épouſe de M. *de la Rochefoucauld*, vendit à M. *Arnoul Ponchet*, conſeiller au Parlement, ſa part des fiefs & ſeigneuries de Rivas, Craintilleu & St-Cyprien, avec la juſtice haute, moyenne & baſſe, charrois; enſemble la rente noble de Rivas, au prix de quatre cents livres. Ces fiefs ſont un démembrement de *Sury*, & M. *de Roſtaing*, qui étoit aux droits de M. *Ponchet*, a vendu la ſeigneurie de Rivas aux religieuſes de Jourſey, par contrat du 12 juillet 1747, reçu Lorange, notaire. (Voyez aux mots *Jourſey, Sury* & *Veauchette*.)

Le lecteur remarque dans cet article, parmi les notaires cités, Me *Arouet*; c'étoit le père du célèbre Voltaire. (*Note de l'éditeur.*)

RIVAS. — Prieuré de Rivas, en commande.

ROANNE. — Le Roannois eft un petit pays qui fait partie du comté de Forez, & dont Roanne eft la principale ville.

En l'an 1000, les feigneurs de *St-Maurice* achetèrent du *comte de Forez* le château de Roanne.

En 1291, le *comte de Forez* racheta la moitié de Roanne.

Vers 1346, *Hugues de Couzan* poffédoit la moitié de Roanne, qui lui avoit été apportée en dot par *Alix de la Perrière*, à qui elle étoit échue par fa mère, du nom de *St-Haon*, & par fa grand'mère, du nom de *Roanne*.

Imbert Boify, préfident au Parlement de Paris; *Jean Boify*, évêque de Mâcon, originaires de St-Haon, firent bâtir, en 1398, un château à Boify, auquel ils donnèrent leur nom.

Euftache de Lévis fut marié avec *Alix de Damas-Couzan*, en 1442, & acheta la feigneurie de Boify.

Dans la même année, *Euftache de Lévis* vendit tous fes biens à *Jacques Cœur*, argentier du roi Charles VII, le plus riche négociant de l'univers, fur lequel ils furent bientôt revendus de l'autorité d'une Chambre de juftice, & *Guillaume Gouffier*, fénéchal de Saintonge, premier chambellan du Roi, s'en rendit adjudicataire.

En 1516, *Anne* de France & le *connétable de Bourbon*, comte de Forez, firent don à *Arthus Gouffier* de la moitié de Roanne, qu'ils avoient confervée depuis l'achat de 1291.

Charles IX, par fes lettres-patentes du mois de mai 1564, créa, en faveur de *Claude Gouffier*, grand écuyer de France, les feigneuries de Boify, la Motte & Roanne, en marquifat.

Par autres lettres-patentes du mois de novembre 1566, le même roi érigea ce marquifat en titre prééminence de *duché de Roannois*, pour en jouir par *Claude Gouffier*, fes hoirs & fucceffeurs mâles, à la charge de racheter par lui, dans trois mois, des héritiers du fieur de St-André, les châtellenies de St-Haon, St-Maurice & Crozet, comprifes fous le nom de parfait de la baronnie de Roanne, pour demeurer unies audit duché.

Charles IX fit lui-même le rachat de ces châtellenies, & il y eut arrêt du Parlement de Paris, le 23 décembre 1567, qui porte que *Claude Gouffier* remplira le duché de Roannois de terres de même eftimation &

prix, & cependant que l'érection du duché fubfiftera par celles dont il étoit compofé pour lors, en fourniffant au Domaine de Sa Majefté une terre de foixante livres parifis de revenu.

François, vicomte d'*Aubuffon de la Feuillade*, maréchal de France, colonel des Gardes-Françoifes, gouverneur & lieutenant-général du Dauphiné, époufa *Charlotte Gouffier*, & acquit le duché de Roannois.

M. *de la Feuillade* obtint, au mois d'avril 1667, des lettres-patentes, par lefquelles le Roi lui confirme, & en tant que de befoin crée en fa faveur la terre de Roannois en *duché*, aux mêmes claufes & conditions qu'à la première création.

M. *de la Feuillade*, pour fe conformer aux lettres-patentes du mois de novembre 1566 & à l'arrêt du Parlement du 23 décembre 1577, acquit, par contrat du 16 décembre 1677, des commiffaires généraux députés par Sa Majefté pour la vente & adjudication de fes petits domaines, en conféquence de la déclaration du 8 avril 1672, les châtellenies de *St-Haon*, *St-Maurice* & *Crozet*.

M. *de la Feuillade* acheta auffi, à titre d'échange, par contrat du 14 juin 1686, ratifié par lettres-patentes des mêmes mois & an, la châtellenie de *Cervières*, fuivant la faculté qui lui étoit accordée par la première érection de pouvoir acquérir & joindre audit duché d'autres terres de valeur de dix mille livres de revenu.

Au mois de novembre 1686, ce même feigneur obtint des lettres-patentes en forme d'édit, par lefquelles le Roi approuve & ratifie le contrat d'aliénation des châtellenies de St-Haon, St-Maurice & Crozet, enfemble de celle de Cervières, pour, à l'avenir, compofer un feul & même corps de duché, & une même juridiction.

Les officiers du bailliage de Montbrifon, dans le reffort duquel étoient les quatre châtellenies, formèrent oppofition à l'enregiftrement des lettres-patentes; mais, par arrêt du Parlement du 29 août 1687, rendu entre MM. *de Pouderoux*, lieutenant-général; *Chapuis*, lieutenant criminel; *Claude Allard*, lieutenant particulier; *Jean de l'Egallerie*, *Antoine Chirat*, *Jean Ramey*, *Pierre Boyer*, *Camille Flechères* & *Jacques Staron*, confeillers; *Claude Duguet* & *Thomas Buffière*, avocats du Roi; *Claude Baffet*, procureur du Roi; la communauté des procureurs audit bailliage; *Michel Gonon*, secrétaire & greffier du Domaine, & *François, vicomte d'Aubusson de la Feuillade;* il a été dit que les lettres-patentes seroient enregistrées pour être exécutées; ce faisant, que les châtellenies de St-Maurice, St-Haon, Crozet & Cervières, demeureront unies à la seigneurie de Roanne, pour composer une même juridiction dont les appellations seront relevées en la Cour, à la charge, par M. *d'Aubusson*, de payer auxdits officiers l'indemnité qui pourra leur être due pour le ressort desdites châtellenies & le droit de prévention qui leur est accordé par les édits des mois de septembre & novembre 1645, sur les officiers de la justice de Roanne & juridictions qui en dépendent, & à M. *de Pouderoux*, pour raison de son office de juge domanial; laquelle indemnité ils feront liquider dans six mois, pardevant le lieutenant-général de Riom.

Autres arrêts rendus dans le débat de la même cause, & la liquidation des indemnités aux officiers de Montbrison.

Enfin, il a paru des lettres-patentes du 28 août 1775, registrées au Parlement le 5 septembre suivant, qui portent que le droit de concurrence & de prévention attribué aux officiers du bailliage de Forez, tant en matières civiles que criminelles, n'aura plus lieu dans les terres, seigneuries & justice & châtellenies dont étoit ci-devant composé le duché-pairie de Roanne, à l'exception des cas royaux qui demeurent réservés aux officiers du bailliage de Montbrison. (Voyez aux mots *Cervières, St-Haon, Crozet, St-Maurice.*)

ROANNE. — Rente noble qui se lève dans les paroisses de Roanne, St-Sulpice, Villeret, Comelle.

Charles Ferrier, curé de Boisset en Beaujolois, fils & héritier de *Charles Ferrier*, seigneur de la Bussière, en a prêté l'hommage le 6 mai 1761, & ledit *Charles Ferrier* l'avoit acquise de messire *Bernard de Noblet*, comte de la Clayte, par acte du 20 octobre 1736, reçu Pugnet, notaire, au prix de mille deux cents livres.

ROBERTET. — Rente noble de Robertet. (Voyez aux mots *Merlieu*, *Bouthéon*.)

ROCHEBARON. — Terre & seigneurie de Rochebaron, en toute justice.

Cette seigneurie n'a que la paroisse de Bas-en-Basset, mais elle est très grande. Il y avoit autrefois une maison de ce nom. On en trouve des titres de 1150, mais on n'en connoît pas la suite. Vers l'an 1450, dame *Antoinette de Rochebaron* épousa *Louis de Chalencon*, qui, avec les biens de Rochebaron, en prit le nom & les armes. Plus récemment, une autre *Antoinette de Rochebaron*, héritière de sa maison, fut alliée à *Claude des Serpents*, comte *de Gondras*. Elle eut trois filles, dont deux épousèrent les deux frères de la maison de *la Rochefoucauld*. *Louis de la Rochefoucauld*, comte de *Lauras* en Auvergne, qui reçut la terre de Rochebaron, & *Louis-Antoine de la Rochefoucauld*, apanagé de la terre de *Gondras*, de la seigneurie de *Magny* & de quatre ou cinq paroisses en Beaujolois.

Le comte de Lauras n'eut qu'un fils, le *marquis de Rochebaron*, capitaine de cavalerie, qui épousa l'héritière de la maison *de Sourdis*, dame de Sury-le-Comtal.

Le mandement de Rochebaron, dans l'étendue duquel s'exerce la justice, est divisé en huit parcelles, & chaque parcelle renferme plusieurs villages :

1º Celle de *Bas* comprend le village de Bas & ceux de St-Julien, Javelon, le Crépon, la Conche, Montméat & la France;

2º Celle de *Baffet* comprend Baffet, Gourdon, les Salles, Ceneles, Chaponas en partie & Etampes;

3º Celle de *la Mure* comprend la Mure, Julien, Bruailles, Fouilloux, la Biée, le Roure, Os, Bourzay & Ronchevoux;

4º Celle de *Cremerolles* comprend Cremerolles, Contenfon, Rave, Ravognes, le Verd, Ancette, la Roche, Mayol, Malavalette, Clavaret, Montchovet;

5º Celle de *Chanteloube* comprend Chanteloube, Théfinas, Baitaille, le Beffet & Chaumont;

6º Celle de *Chazellet* ou la *Montagne* comprend Chazellet, la Valtaillée, le Bouchet, le Pin & le Périer;

7º Celle de *Cubelle* ou la *Haute-Montagne* comprend Cubelle, le Cros-Nomas, Eclune-Haute & Eclune-Baffe;

8º Celle de *Cuffon* eft compofée du feul village de Cuffon.

Louis de la Rochefoucauld, comte de Lauras, en a prêté l'hommage le 25 juin 1674, fuivi du dénombrement, reçu le 1er juillet 1678.

François de la Rochefoucauld, chevalier, en a prêté l'hommage enfemble de Sury-le-Comtal, le 8 octobre 1722.

François-Jofeph de Giry, chevalier, baron de *Vaux*, a prêté l'hommage de Rochebaron & de Bas-en-Baffet le 26 juin 1743, & a acquis de M. *de la Rochefoucauld de Rochebaron*, le 9 octobre 1741, par acte reçu Bernon, notaire à Lyon.

Odet-Jofeph de Giry de St-Cyr, abbé de St-Martin-de-Pontoife, confeiller d'Etat ordinaire, aumônier de Madame la Dauphine, a prêté l'hommage de Rochebaron & Bas le 3 août 1745, & l'avoit acquis du baron de Vaux, fon frère, par contrat du 21 octobre 1743, reçu Périchon & fon confrère, notaires à Paris.

Jean-Baptifte de Fificat & de Beauregard, chevalier, feigneur de Bellièvre, a acquis, par fentence d'adjudication & licitation du Châtelet de Paris, du 15 février 1774, des cohéritiers de l'abbé de St-Cyr, qui étoient dame *Claudine Courtin*, veuve de M. *François Hue de Grosbois*, capitaine d'artillerie; dame *Renée-Magdelaine Maffo de la Ferrière*, veuve de

Pierre-François-Joseph de Giry, baron de Vaux; dame *Marie-Adélaïde de Giry*, épouse de Gabriel du Fornel, écuyer; sieur *François Gauthier*, curateur à l'hoirie vacante dudit sieur de Giry, baron de Vaux, & en a prêté l'hommage le 1er avril 1775.

Ledit sieur *de Fisicat* a renouvelé l'hommage à cause du joyeux avénement du Roi à la couronne, le 27 septembre 1776.

La justice de Rochebaron ne comprend pas l'entière paroisse; elle a pour confins, du côté du matin, la seigneurie de Monistrol; de midi, celle de Beauzac & Chalencon; de soir, celles de Valprivas, Tiranges, St-Pal & Leyniecq; de bise, St-Bonnet, Rozier & Aurec.

Il est dit dans le dénombrement de 1678, que le seigneur de Rochebaron a trente vassaux qui possèdent des cens dans sa seigneurie en arrière-fief, savoir: les prieurs de Grazac, de St-Rambert, des Salles, de St-Julien, de Confolens, de Rozier, de la Tourette, le commandeur de Bessa-Morel, le chapitre de St-Mayol-du-Puy, les curés & prêtres de Bas, les prêtres de St-Bonnet, les chanoines de Monistrol, les curés de Merle & de St-Hilaire, le vicaire de Rochebaron, les dames de la Seauve, le sieur de Vinols, l'évêque du Puy, le seigneur de Beauzac, le seigneur du Chambon; pour la rente & domaine de la Rivoire, les sieurs Sicard, de Fournier, Laurenson, de Valprivas, ce qui fait des difficultés au moins pour plusieurs.

La terre de Rochebaron, l'une des quatre grandes baronnies du Forez, dépouillée par la Révolution des droits féodaux qui en faisoient la puissance & le revenu, est réduite aujourd'hui au seul vieux témoin de son existence passée, l'imposante & pittoresque ruine de son antique château, dominant de loin la Loire & la gorge sauvage qui remonte de Bas.

Notre savant chroniqueur, M. de Latour-Varan, a illustré de nos jours Rochebaron en mettant en scène son possesseur & sa fille *Marguerite*, dans son charmant roman historique intitulé *L'Abbaye de Chazaux*. (*Note de l'éditeur*.)

ROCHEBLAINE. — Châtellenie royale de Rocheblaine. (Voyez au mot *Pailleret*.)

ROCHE-EN-REGNIER. — La seigneurie de Roche-en-Régnier a son principal manoir dans le Velay; il en dépend seulement quelques parties de rentes nobles dans le Forez. (Voyez au mot *Aurec*.)

Les seigneuries de Roche-en-Régnier, Retournac, Maliciernon & Thiers, qui avoient appartenu aux comtes de Forez, sont sorties de la main du Roi, & furent données à héritage perpétuel, en 1536, à *Louis de Bourbon, prince de la Roche-sur-Yon*.

La seigneurie de Roche & Retournac fut aliénée au marquis de Néreslang, dont les héritiers l'ont vendue à M. *Jourda de Vaux*, père du maréchal de France.

Thiers, en Auvergne, étoit possédé par une famille du même nom, qui prenoit la qualité de *vicomtes de Thiers* dès l'an 1216. *Guy*, seigneur de Thiers, épousa *Clémence de Courtenay*, & laissa deux fils & une fille. *Guillaume*, aîné, fut vicomte de Thiers; *Louis*, cadet, fut seigneur de *Volore*, & la fille épousa *Pierre de Besse*, seigneur de Bellefaye, frère du cardinal *Nicolas de Besse*. La branche de *Guillaume* s'est éteinte, par alliance, dans la maison de Forez, & la vicomté de Thiers passa en celle de Bourbon par le mariage d'*Anne*, héritière du Forez, avec *Louis II de Bourbon*.

La vicomté de Thiers fut distraite, en 1536, de la confiscation des biens du connétable de Bourbon, & remise la même année, à héritage perpétuel, à *Louise de Bourbon-Montpensier*, sœur du *connétable*, mariée à *Louis de Bourbon*, prince de *la Roche-sur-Yon*, tige des ducs de Montpensier.

Au mois de juillet 1303, *Philippe, roi de France*, avoit fait donation à *Jean, comte de Forez*, du feudage, hommage du château de Thiers & de ses appartenances, pour tout ce qui pourroit dépendre de Sa Majesté.

ROCHEFORT. — Fief & seigneurie de Rochefort, paroisse de même nom, en toute justice.

Hugues de Rochefort en a prêté l'hommage en 1181, l'an que Guy II, comte de Forez, fit édifier le château de Cervières.

François-Louis-Hector de Simianne en a prêté l'hommage le 23 août 1768.

M. *de Simianne* a vendu cette seigneurie à *Jean-Hector Montagne*, seigneur de Poncins. (Voyez au mot *Urphé*.)

L'ancienne maison *de Rochefort*, illustre en Forez, après avoir abandonné son manoir féodal primitif pour d'autres possessions dans le pays, n'y est plus représentée aujourd'hui; plusieurs même l'ont prétendue éteinte depuis longtemps. Mais il est certain qu'elle avoit une de ses branches en Vivarois, & que ses rejetons en Forez s'y sont conservés aux environs d'Epercieu d'abord, puis au château de *Beauvoir*, près Boën, où elle subit tous les malheurs de la Révolution. Son entière expatriation a eu lieu de nos jours, avec les regrets de ses compatriotes. (*Note de l'éditeur*.)

ROCHE-LA-MOLIERE. — Terre seigneurie de Roche-la-Molière, en la paroisse de St-Genest-l'Erpt. Ladite paroisse est partie de la justice de Roche, partie de celle de St-Etienne & partie de celle du Roi, à cause de sa châtellenie de St-Victor.

Cette seigneurie fut pendant plusieurs siècles dans une des branches de la maison de *Lévis-Ladvieu*. Elle fut la dot de *Catherine de Ladvieu*, fille de Jean, dans le commencement du XVe siècle, mariée à *Jean d'Ogerolles*, seigneur de St-Polgues, fils d'*Antoinette Verd*, dont le père étoit bailli de Forez.

Après quatre générations, *Françoise d'Ogerolles* la porta, vers 1580, à *Alexandre de Capony*, seigneur de Feugerolles, & *Hector de Charpin*, fils de *Balthazard* & de *Louise de Villars*, épousa, en 1676, *Catherine de Capony*, héritière de Roche-la-Molière & de Feugerolles.

La terre de Roche-la-Molière a été successivement vendue, savoir, par

Hector de Charpin & Françoife-Catherine de Villars, le 16 décembre 1683, à *Pierre Duon*, tréforier de France. *Magdelaine Chapuis*, fa veuve, la vendit à *Jean Perrin*, feigneur de *Vieux-Bourg*, échevin à Lyon, le 22 août 1719. *Jean Perrin* la donna à fon fils *Alexandre-Bonaventure*, en le mariant avec *Suzanne Adamel*, le 19 janvier 1723, qui la vendit à *Jean-Louis Girard*, le 25 janvier 1745. M. Girard, décédé au port de Lorient, le 9 août 1746, fur la paroiffe de St-Louis, au diocèfe de Vannes, fieur *Pierre Girard*, fon père, fecrétaire du Roi, en fit donation, par partage, à *Marie Girard*, fa fille, époufe de M. *Antoine Chapuis de Mauboft*, par acte du 6 janvier 1749; lefquels l'ont vendue, le 21 février 1776, à M. *Paultrier*, échevin à Paris.

Le duc de *Charoft (Sully)*, en vertu de lettres de don du Roi, l'a retraite au même prix, & l'a revendue au fieur *Jofeph Neyron*, négociant & fecrétaire du Roi à St-Etienne, le 26 février 1772.

Gafpard de Capony, feigneur de Roche-la-Molière, Feugerolles & St-Juft, a fondé, par contrat du 19 janvier 1663, reçu Brunon, notaire au Chambon, dans la chapelle de Notre-Dame de St-Savin & Ste-Anne, bâtie en la baffe-cour du château de Roche, une commiffion de meffes qui doivent être célébrées dans ladite chapelle, tous les dimanches de l'année, & trois jours de chaque femaine, par le prébendier qui réfidera audit Roche, dans la maifon qui lui eft donnée par ledit acte.

Pour la dotation, ledit fieur *de Capony* donne le prix du louage de fon domaine appelé *le Dernon*, fis au *Bouchage*, juridiction dudit Roche, montant pour lors à cent quatre-vingt-dix livres en argent; quatre-vingts bichets de feigle, mefure de Roche; cinquante livres de beurre; cinquante livres de fromage. Les bâtiments duquel domaine ledit feigneur promet d'entretenir du furplus du revenu dudit domaine, & décharge les prébendiers de tous droits de lods & mi-lods, pour leur entrée en ladite commiffion de meffes.

Gafpard de Capony, chévalier, en a prêté l'hommage le 22 août 1674, & donné le dénombrement, reçu le 20 feptembre fuivant.

Jean Perrin, ex-conful de Lyon, en a prêté l'hommage le 22 avril 1720.

Jean-Louis Girard, écuyer, l'a prêté en 1745.

Pierre-Antoine Chapuis de Maubost, écuyer, au nom de dame Marie Girard, sa femme, l'a prêté le 20 août 1753.

Armand-Joseph de Béthune, duc de Charost, a prêté l'hommage le 17 mai 1767.

Sieur Joseph Neyron, secrétaire du Roi à St-Etienne, en a aussi prêté l'hommage le 13 mars 1772, & l'a renouvelé à cause du joyeux avénement du Roi à la couronne, le 21 décembre 1776.

Suivant le dénombrement donné par Gaspard de Capony, en 1674, la seigneurie de Roche consiste en un château, deux prés, jardin & terres, un domaine appelé de Freycon, trois étangs, un petit moulin, un réservoir, deux bois taillis, droit de chasse, droit de prendre aux carrières, dans le mandement dudit Roche, la moitié du charbon qui s'y tire en fournissant la moitié de la dépense; justice haute, moyenne & basse; une rente noble assise sur les paroisses de St-Genest-l'Erpt, Firminy & St-Victor, rendant annuellement, argent, trente-six livres douze sols; froment, vingt-neuf bichets; seigle, quatorze sestiers & quatre bichets; avoine, vingt-cinq sestiers & demi, mesure de Roche; chapons, gélines ou poulets, soixante-dix-neuf & demi; bois, vingt-six charettes; foin, vingt-trois trousses; paille, quarante-cinq cleux ou bottes; charrois, manœuvres; les cinq cas, savoir: ordre de chevalerie; mariage de filles & acquisitions de rente de valeur de vingt livres & au-dessus; passage d'outre-mer & captivité par guerre.

M. de Béthune avoit réuni à cette terre deux domaines acquis du sieur Caze, contrôleur des gabelles.

Une sentence sur vu de pièces, rendue au Domaine le 20 mai 1760, entre Antoine Chapuis de Maubost, seigneur de Roche, & sieur Charles Varion, bourgeois à Villebœuf, opposant à l'aveu & dénombrement de la terre de Roche, ordonne qu'à défaut par le sieur Chapuis d'avoir rapporté titres suffisants pour établir le droit de charbon compris dans son dit aveu, renvoie ledit sieur Varion de la demande, & lui permet de tirer du charbon dans ses fonds, ainsi qu'il avisera. Cette sentence a été rendue au rapport de M. Genest, conseiller.

La terre & château de Roche-la-Molière n'ont pas cessé d'appartenir à l'honorable famille Neyron, mais le régime de ses riches mines de charbon de terre a subi de grands changements. D'après la nouvelle législation, ces mines sont maintenant la propriété d'une compagnie concessionnaire du Gouvernement, qui, au lieu des extractions primitives si simples, a fait de la contrée un vaste foyer d'exploitations industrielles couvert de machines & d'ouvriers. Un *tunnel* de chemin de fer vient d'être percé entre le bassin de Roche & le vallon de St-Genest-l'Erpt, pour l'exportation des charbons. Le vieux château féodal est resté seul sans transformation dans sa masse imposante & sévère. (*Note de l'éditeur*.)

ROCHETAILLEE. — Terre seigneurie, paroisse de Rochetaillée, en toute justice.

Cette seigneurie appartenoit à la maison de *Jarez*. Godemard de *Jarez*, premier du nom, seigneur de St-Chamond, Virieu, Chana, Malleval, rendit hommage de ces terres à l'Eglise de Lyon, le 1er mai 1217.

Guy, seigneur de *Jarez* & de *Rochetaillée*, rendit l'hommage au comte de Forez; l'acte fut passé au château de Sury-le-Comtal, le jeudi de la Nativité de la Vierge (1230).

Béatrix de *Roussillon*, dame de Jarez, tutrice de ses enfants, rendit le même devoir à *Jean, comte de Forez*, le vendredi avant la fête de St-Thomas, apôtre, en 1290.

Fleurie de *Jarez*, petite-fille de Godemard I*er*, & quatrième fille de Godemard II & de Béatrix de Roussillon, morts sans enfants mâles, porta cette seigneurie à *Jean de Lignières*, son mari, qui en fit l'hommage à *Jean I*er, comte de Forez, en 1325.

Marguerite de Lignières, leur fille, dame de Rochetaillée, épousa, vers l'an 1330, *Arthaud VI d'Apchon*, seigneur de Montrond.

Un de leurs successeurs avec *Eléonore de Sceaux-Tavannes*, son épouse, vendit cette seigneurie à *Louis Badol*, le 20 septembre 1642, par contrat reçu Duguet, notaire. *Louis Badol de Forcieu* en fit don à *Hugues Badol de Forcieu*, son frère, en faveur duquel cette seigneurie fut érigée en *baronnie* par lettres-patentes du mois de novembre 1656, registrées en la Chambre des comptes & au Parlement, les 19 mars & 15 juillet 1657.

Hugues de Forcieu, écuyer ordinaire du Roi, en a prêté l'hommage en la Chambre des comptes, & donné en ce fiége le dénombrement, reçu le 10 juillet 1674.

Jean de Forcieu, écuyer, l'a prêté le 12 feptembre 1722.

En 1748, cette feigneurie a paffé à *Jean-Baptifte Bernou de Nantas*, appelé à la fubftitution faite par *Alexandre de Forcieu*, fon grand-oncle.

Jacques Bernou, écuyer, en a prêté l'hommage, enfemble des fiefs de Nantas & de l'Eftivalière, le 28 mai 1753.

Jean Bernou, chevalier, baron de Rochetaillée, a prêté l'hommage de la feigneurie de Rochetaillée, en toute juftice, & du fief de Nantas, en la paroiffe de St-Jean-de-Bonnefont, le 9 juillet 1781.

Un jugement rendu à Rochetaillée, le 21 avril 1458, par frère Nicolas Jacquier, de l'ordre des Frères-Prêcheurs, commis de l'autorité apoftolique, & par le fieur Etienne Gay, doyen de l'églife de Notre-Dame de Montbrifon, adjoint, condamne Jean Compte, de la paroiffe de St-Etienne-de-Furens, comme convaincu de maléfice & idolâtrie du diable, apoftat de la foi catholique, & hérétique profané, retranché de la fainte églife de Dieu & de la compagnie des fidèles, à être livré au bras féculier; & à l'inftant il eft remis à *Jean Cogniol*, lieutenant de la juftice de Rochetaillée, qui le condamne à être brûlé vif, & confifque fes biens au profit dudit feigneur de Rochetaillée.

Ledit Compte fut incontinent faifi par Jean du Cros, bourreau, qui le conduifit fous le village de la Chomette, où il fut exécuté.

<small>Depuis le dernier article de foi & hommage ci-deffus cité, jufqu'à ce jour, la terre de Rochetaillée n'a pas ceffé d'appartenir à l'honorable famille *Bernou de Rochetaillée*, qui ajoute à fon nom la qualification attachée à cette ancienne baronnie. (*Note de l'éditeur*.)</small>

SACONAY. — *Saconay, Aveize, la Chapelle-en-Vaudragon, le Blanc, le Malpitaval*, en toute juftice.

Camille d'Arefte, écuyer, en a prêté l'hommage le 5 feptembre 1754, & a donné le dénombrement, reçu le 25 janvier 1755.

Claude d'Arefte, écuyer, a prêté l'hommage des fiefs de la Chapelle-en-Vaudragon, le Blanc, le Malpitaval & la Chèvre, le 7 mai 1765.

Camille d'Arefte a renouvelé fon hommage à caufe du joyeux avénement du Roi à la couronne, le 14 décembre 1776.

<small>Saconay eft encore la poffeffion d'un allié de l'honorable famille que nous venons de nommer, & nous fommes heureux de rappeler ici Mr *C. d'Arefte de la Chavanne* comme un membre diftingué de l'Académie de Lyon & l'un de fes fecrétaires actuels.

Il y eut une ancienne famille *de Saconay* qui a fourni douze comtes chanoines de l'Eglife de Lyon, dès 1406. L'un d'eux a écrit une relation de nos guerres de religion dans le XVIe fiècle. (*Note de l'éditeur.*)</small>

STE-AGATHE. — Paroiffe de Ste-Agathe, en toute juftice.

Guillaume de Barges a prêté l'hommage du château & feigneurie de Ste-Agathe, en 1333.

Guillaume de Mars prêta l'hommage de fon château de Ste-Agathe, juftice, cens, rentes, prés, terres, domaines, dans le mandement dudit lieu, le 8 juillet 1441.

Edouard de Mars vendit cette feigneurie, l'an 1502, à M. *d'Urphé,* & la juftice fut unie à celle de la Baftie. (Voyez aux mots *Urphé, la Baftie.*)

Jean, comte de Forez, avoit fait donation à *Pierre de Barges,* au mois de mars 1311, du mandement & feigneurie de Ste-Agathe-fur-Lignon, attribution de juridiction, permiffion d'avoir des fourches patibulaires, fous la réferve du fief & droit de régale.

ST-ALBIN. — Prieuré de St-Albin, en la paroiffe de Buffières, confifte en rentes nobles & dîmes.

Le prieur en a prêté l'hommage le 27 juillet 1727.

M. *Cahouette*, chanoine régulier de la congrégation de France, prieur.

ST-ANDRE. — Paroiffe de St-André, en toute juftice; fief de *Péluffieu*.

Jean de l'Efpinaffe, alias *d'Albon*, feigneur de St-André-en-Roannois, prêta l'hommage pour fon château, grange, cour, foffés, colombier, jardin, vigne, prés, terres & dépendances dudit St-André; cens, rentes, juftice dudit lieu, le 7 mai 1441.

Gilles d'Albon le prêta auffi pour fon château de St-André, le 13 janvier 1443.

Claude de St-Georges, marquis de St-André, en a prêté l'hommage le 3 feptembre 1753; il en a donné le dénombrement, reçu le 17 feptembre 1754.

Claude, marquis de St-Georges & de St-André, chevalier de St-Louis, ancien capitaine au régiment du Roi, infanterie, a prêté l'hommage de St-André, en toute juftice, & de Péluffieu, près Feurs, en moyenne juftice, le 6 décembre 1776.

Une fentence, rendue aux Requêtes du Palais, à Paris, le 13 février 1638, en faveur des habitants de St-André contre *Jacques d'Apchon*, leur feigneur, a mis les parties hors de cour, fur fa demande du mi-lods à chaque mutation de nouveau feigneur & nouveau tenancier. J'ai parlé de ce droit dans mes premières obfervations fur le Forez.

Il réfulte de ce qui précède, que la maifon *d'Apchon* avoit fuccédé aux *d'Albon* dans la poffeffion de St-André, qui paffa enfuite aux St-Georges.

Le château de St-André, demeure du célèbre maréchal de France de ce nom, au XVIe fiècle, étoit un des plus beaux de la province; il eft aujourd'hui à peu près démoli. (*Note de l'éditeur.*)

ST-ANDRE-LE-PUY. — Rente noble de St-André en ladite paroiſſe. M. *Tibaud*, curé, en optant la portion congrue, a abandonné ſon terrier au décimateur. (Voyez au mot *Bellegarde*.)

ST-ANTOINE. — Commanderie de St-Antoine, au faubourg de la Magdelaine de Montbriſon, confiſte en pré, jardin, terre, cens, penſion, le tout affermé, en 1773, par acte reçu Bernard, notaire, à cent cinquante livres. Cette commanderie eſt unie à l'ordre de Malte. (Voyez au mot *St-Jean-de-Montbriſon*.)

Vers 1562, les troubles de la religion causèrent la démolition de la commanderie de St-Antoine, au quartier de la Magdelaine.

ST-APPOLLINARD. — Paroiſſe de St-Appollinard (Forez-Viennois). (Voyez au mot *Maclas*.)

ST-BONNET-LE-CHATEAU. — Ville, châtellenie royale à laquelle eſt unie celle de *Marols*.

Jean Ier, comte de Forez, acquit la ſeigneurie de St-Bonnet de *Robert de Damas*, fils de *Dauphine de St-Bonnet*, puiſſante héritière de ſa maiſon, au prix de huit mille livres, par contrat du 9 des kalendes de juin 1291.

Cette châtellenie avoit été engagée, en 1543, à *Jean Camuel*, de Lyon,

&, le 20 juin 1639, à *Balthazard de Gadagne d'Hoſtun*, comte de la Baume, au prix de dix-ſept mille livres, en exécution de l'édit de décembre 1638; l'engagement a été renouvelé, le 21 juin 1711, à M. *d'Hoſtun, comte de Tallard;* & de nouveau engagée, le 20 août 1750, à ſieur Jean Frédéric, qui a fait enregiſtrer ſon contrat d'engagement le 23 mars 1751. Madame *de Saſſenage*, qui étoit aux droits de M. *de Tallard*, eſt rentrée dans l'engagement par arrêt du Conſeil.

ST-BONNET-LES-OULES. — Paroiſſe & ſeigneurie de St-Bonnet-les-Oules, *Gramont, St-Chriſtôt, Trocéſar.*

Camille Navary, comte *de Breſves*, mari de dame *Hélène Bartholy*, en a prêté l'hommage le 2 ſeptembre 1675, & en a donné le dénombrement, reçu le 17 décembre ſuivant.

Gaſpard de Courbeau, chevalier, a prêté l'hommage de St-Bonnet-les-Oules, Fontenette & Montverdun, le 13 mai 1720, & a acquis de la dame *Bartholy*, comteſſe *de Breſves*, & du marquis *de Breſves*, ſon fils, par acte du 17 mai 1719, reçu Hodieu & ſon confrère, notaires à Lyon.

Jean-Baptiſte Flachat, écuyer, qui a acquis de *Claude* & *Chriſtophe de la Fraſſe*, par acte reçu Bourdin & Perrin, notaires à Lyon, du 3 mars 1736, a prêté l'hommage de St-Bonnet-les-Oules, en toute juſtice, le 30 avril 1736, & l'a renouvelé à cauſe du joyeux avénement du Roi à la couronne, le 23 novembre 1776.

M. *Pierre Vincent*, écuyer, négociant à St-Etienne, a acquis St-Bonnet-les-Oules, par acte de licitation faite entre les héritiers de M. & Mme *Flachat*.

La famille *Flachat* étoit conſidérée & appartenoit à l'échevinage de Lyon. L'un de ſes membres avoit même été prévôt des marchands.

Il y a une compoſition du 17 mai 1317, entre *Jean, comte de Forez*, & *Pierre d'Angérieu*, pour la juſtice de St-Bonnet, qui en rappelle les limites.

MM. *Vincent* font toujours en poffeffion de cette terre, dont ils portent le nom, & qui diftingue une des branches de leur famille, celle iffue de M. *Pierre Vincent*, relaté ci-deffus, feigneur acquéreur de St-Bonnet-les-Oules. (*Note de l'éditeur.*)

ST-BONNET-DES-QUARTS. — Seigneurie, en toute juftice, de St-Bonnet-des-Quarts & *St-Riram;* rente noble de *Berthalieu*.

Dame *Eléonore de Thianges*, comteffe *du Bourg*, en a prêté l'hommage le 3 février 1674.

Dame *Antoinette-Charlotte du Maine du Bourg*, veuve de *Louis de Loftange*, & *Eléonord-Alexandre de St-Mauris*, comte *de Malbarey*, propriétaires par indivis, en ont prêté l'hommage en 1754.

Louis-Mallo-Gabriel, marquis *de Vauborel*, a acquis cette terre par acte du 31 mars 1768, reçu de Lalain, notaire à Paris, de la dame *du Maine*, veuve de *Loftange*, & en a prêté l'hommage le 8 feptembre 1768. Il l'a renouvelé pour le joyeux avénement, le 21 décembre 1776.

Antoine-Jean Terrey, chevalier, confeiller du Roi en fes confeils, maître des requêtes ordinaire de fon hôtel, intendant de Moulins, a prêté l'hommage de *Changy, St-Bonnet-des-Quarts, St-Riram*, en ce qui eft Forez, le 22 octobre 1782. (Voyez aux mots *Changy, Beclandière*.)

Ce dernier poffeffeur nommé fut l'oncle du célèbre *abbé Terrey*, né à Boën en Forez, & miniftre des finances fur la fin du règne de Louis XV. (*Note de l'éditeur.*)

ST-BONNET-DES-QUARTS. — Rente noble en la paroiffe de St-Bonnet-des-Quarts, acquife par M. *Antoine-Philibert de Chavannes*, lieutenant-général au bailliage ducal de Roanne, de fieur *Jean-Baptifte*

Perrin & de dame *Marie Gardin*, fon époufe, par acte du 2 mai 1773, reçu Pain de Fréminville, notaire à la Paliffe.

STE-CATHERINE. — Rente noble de Ste-Catherine, unie au domaine de *la Pommière*, paroiffe de Précieu.

Dame *Jeanne Montagne*, veuve de noble *François Chirat*, en a prêté l'hommage le 9 juin 1722, & a remis le dénombrement.

M. *Antoine Lachèze*, procureur en ce fiége, a acquis le domaine de la Pommière & rente noble.

Son petit-fils, ancien député & membre du Confeil général du département de la Loire, confeiller actuel à la Cour impériale de Lyon, continue la poffeffion. (*Note de l'éditeur*.)

STE-COLOMBE. — Seigneurie de Ste-Colombe; *la Goyetière* en ladite paroiffe; rente noble à *Sury-le-Bois*.

Guillaume de Ste-Colombe-Nanton a prêté l'hommage de Ste-Colombe & de la rente de Sury-le-Bois, indivife avec le Roi, & en a donné le dénombrement, reçu le 28 avril 1674.

Jean-Eléonord de Ste-Colombe, qui a acquis de *François Gavot*, receveur au grenier à fel de St-Symphorien, la terre de Ste-Colombe, par contrat du 6 mars 1737, reçu Contamine, notaire à Lyon, au prix de cinquante mille cinq cent cinquante livres, en a prêté l'hommage le 12 janvier 1740.

Jean-Louis-Eléonord de Ste-Colombe, chevalier, feigneur du Poyet, l'a prêté le 11 mai 1773, & il l'a renouvelé, à caufe du joyeux avénement du Roi à la couronne, pour la terre de Ste-Colombe qui eft en Forez, pour le fief de la Goyetière, & rente noble attachée audit fief; une maifon, preffoir & ténement de vigne à Néronde, le 23 décembre 1776.

<small>La maifon de Ste-Colombe eft au rang des plus anciennes & des plus nobles du Forez. Elle a fourni des chanoines comtes de l'Eglife de Lyon, & fes alliances dans la province font des plus relevées. Aux Etats de 1614, un Ste-Colombe fut député de la nobleffe. (*Note de l'éditeur.*)</small>

STE-COLOMBE. — Rente noble de Ste-Colombe, en la paroiffe de St-Cyr-les-Vignes & Valeilles, indivife par moitié avec le Roi. (Voyez ci-devant au mot *Ste-Colombe.*)

Jean-Pierre Plaffon, bourgeois de Lyon, en a prêté l'hommage le 12 novembre 1760, & a acquis de *Jean-Eléonord de Ste-Colombe*, par contrat du 28 octobre 1760, reçu Mathelin, notaire. (Voyez au mot *la Combe.*)

ST-CYR-LES-VIGNES. — Rente noble de St-Cyr, en la paroiffe du même nom, unie à la cure.

M. *Gagniaire*, curé <small>(depuis député aux Etats-Généraux de 1789). (*Note de l'éditeur.*)</small>

ST-DENIS-SUR-COIZE. — Paroiffe. (Voir au mot *Châtelus*.)

ST-DIDIER-SUR-ROCHEFORT. — Seigneurie & paroiffe qui avoit été unie au comté de St-Juft-en-Chevalet, par lettres-patentes accordées à *Anne d'Urphé*, au mois d'août 1578. (Voyez au mot *Urphé*.)

François-Louis-Hector de Simianne a vendu cette feigneurie à *Jean-Hector Montagne*, écuyer, feigneur de Poncins.

Sieur *Jacques-Marie de la Valette*, contrôleur des actes à Cervières, poffède dans cette paroiffe de St-Didier une dîmerie appelée *Buabry*, qu'il a acquife de *Marguerite-Antoinette* & *Pierre Rotagnon*, par contrat du 8 avril 1783, reçu Lafont, notaire, au prix de mille deux cents livres.

Louis de Luzy, feigneur de Couzan, a vendu à M. *Laurent Dutey*, curé de Noally, la directe, cens & fervis qu'il avoit dans la ville de St-Didier-fur-Rochefort, territoires circonvoifins, & fur les villages du Mas, de la Roche & des Molles, en ladite paroiffe, confiftant en dix-fept reconnoiffances, au prix de mille deux cent foixante livres, par contrat du 13 juin 1781, reçu Fanget, en démembrement de la terre de Couzan. (Voyez aux mots *Couzan*, *Lugny*.)

ST-DIDIER-EN-VELAY. — La ville de St-Didier eft la feconde du diocèfe du Puy; feigneurie dont celle de Moniftrol eft un démembrement que *Guigues*, feigneur de St-Didier, en fit en faveur de *Guillaume de la Noue*, évêque du Puy, l'an 1260. La feigneurie de St-Didier eft une baronnie & du nombre des dix-huit dont les feigneurs, en qualité de barons, ont féance aux Etats du Velay.

Cette seigneurie a appartenu à une famille du même nom, dont l'origine se perd dans les temps les plus reculés, & qui nous est connue depuis le Xe siècle.

Etienne, seigneur de St-Didier, Lapt, la Maftre, maria *Valpurge*, sa fille unique, en 1376, à *Louis Ier*, seigneur de *Joyeuse*, fils de *Randon Ier*, & de Flore de *Quailus*, à condition que ceux de la maison de Joyeuse écartelleroient leurs armes de celles de St-Didier, qui étoient *d'azur, au lion d'argent armé, lampassé de gueules, à la bordure de gueules chargée de huit fleurs de lys d'or*.

La postérité de *Louis Ier de Joyeuse* & de *Valpurge de St-Didier*, a possédé cette terre pendant huit générations, jusqu'à *Georges de Joyeuse*, qualifié vicomte de St-Didier, non marié, cinquième fils de *Guillaume de Joyeuse*, maréchal de France, & de *Marie de Batarnay*, comtesse de Bouchage.

Philibert de Nérestang, chevalier des ordres & premier grand-maître de celui de St-Lazare, fit l'acquisition de cette terre en 1609.

Madame *de Châtillon*, héritière de *Louis de Nérestang*, *duc de Gadaigne*, arrière-petit-fils de *Philibert*, décédé sans postérité en 1733, a vendu les terres de St-Didier & Aurec, à M. *de Génestet*, écuyer, seigneur de Sénujol, en 1734.

Il dépend de cette baronnie & paroisse de St-Didier, plusieurs villages & rentes nobles situés en Forez. (Voyez au mot *Aurec*.)

Les barons du pays de Velay qui ont séance aux Etats du Puy, sont ceux de Londes, de Maubourg, de Dunières, de Bouzols, de St-Didier, de Montbonnet, de Larderol, de St-Bonnet, de Querrières, du Villard, de la Brosse, de Roche-en-Régnier, de Saussac, de Jonchères, de St-Vidal, de Vachères, de St-Haon & de Beaudiner.

Les villes & communautés qui ont droit d'envoyer alternativement & de concourir aux Etats du Puy, sont les villes de St-Didier & Montfaucon, Monistrol & Craponne, Issengeaux & Tence, le Monestier & St-Paulien.

ST-ESPRIT. — Rentes nobles du St-Efprit, dans les paroiffes de St-Galmier, Gramont & St-Chriftôt.

Le gardien du couvent des Cordeliers de St-Galmier en a prêté l'hommage le 25 mai 1723, & en a remis le dénombrement. (Voyez au mot *Valprivas.*)

ST-ETIENNE-DE-FURANS. — Ville; *St-Prieft, Villars, St-Geneft-l'Erpt*, paroiffes en toute juftice.

Cette feigneurie, dans les temps les plus reculés, appartenoit à la maifon *d'Urgel;* elle eft reftée dans cette famille jufqu'à *Louis d'Urgel de St-Prieft*, qui, fans enfants de fes deux mariages, en fit donation, le 26 août 1641, en faveur de fes neveux, fils de Claude *de Châlus*, baron *d'Orcival*, & *d'Antoinette de St-Prieft*, fa fœur.

François de Châlus, petit-fils, l'a vendue à M. Abraham *Peyrenc de Moras*, maître des requêtes, depuis miniftre d'Etat.

Dame *Magdelaine de Jarez*, veuve de *Jocerand d'Urgel*, tutrice de fes enfants, avoit prêté à *Jean, comte de Forez*, l'hommage de la terre de St-Prieft-en-Jarez, avec cette expreffion : *præ cæteris aliis dominis* (d'où l'on veut conclure la prééminence fur les autres feigneurs du pays), du lundi avant la fête de Ste-Catherine, du mois de novembre 1313.

Jean de St-Prieft-en-Jarez l'a auffi prêté, le 10 mars 1458, de fon château, châtellenie & mandement de St-Prieft, de la ville de *St-Etienne*, en toute juftice, *infra comitatum Forenfem;* de fa grange de *la Doa*, de fes bois de *Girin, Robertane* & *Surin;* de cinq étangs dans le mandement de St-Prieft; plus, pour les moulins de *Villebœuf*, de *la Chaléaffière*, de *l'Eftivalière* & de *la Bargette;* les cens, fervis, les dîmes dans les paroiffes de St-Prieft & St-Etienne, la layde defdits mandements, le *four banal* de St-Etienne; la maifon, village & mandement de *St-Juft-en-Velay* (in *Vallania*), avec toute juftice; un four banal dans icelle; les cens dans la paroiffe de St-Juft, indivis avec le prieur de Firminy & l'abbeffe de St-Thomas.

(Il y a erreur dans le titre, c'eft la dîme qui a été indivife & non les cens. Elle eft aujourd'hui dans les mains du curé auquel elle a été abandonnée par le feigneur & les dames de St-Thomas, pour lui tenir lieu de portion congrue.)

François-Marie Peyrenc de Moras, chevalier, miniftre d'Etat, marquis de St-Prieft, baron de St-Etienne, premier baron du Forez, en a prêté l'hommage le 2 juin 1765.

La ville de St-Etienne, la plus confidérable du Forez, eft renommée par fon commerce en armes, quincaillerie & rubans; les officiers du bailliage de Forez, à Montbrifon, y ont exercé la juftice par femeftre, en concurrence & par prévention fur les officiers du feigneur, depuis 1667 jufqu'au 11 juin 1766, que la commiffion a été fupprimée.

M. *Pierre Gilbert de Voifins*, préfident au Parlement de Paris, & dame *Anne-Marie de Merle*, fon époufe, qui étoit légataire univerfelle de *François-Marie Peyrenc de Moras*, fon oncle, ont vendu, par contrat du 18 août 1786, reçu Boulard & fon confrère, notaires à Paris, à *Claude Ravel*, baron de Montagny, le domaine de la Doa, les biens de St-Prieft, le bois de Robertane, exempts de dîmes & tous droits & devoirs feigneuriaux, avec affranchiffement des mêmes objets, fur tous les autres biens que ledit fieur *de Montagny* poffède dans les feigneuries de St-Prieft & St-Etienne, avec droit de pêche dans l'étendue de fes fonds, droit de girouette, créneaux, colombier, dans tous lefdits biens.

Une ordonnance rendue par M. *Vital Chapuis*, lieutenant criminel à Montbrifon, député par la Cour des Grands-Jours de Clermont, du 10 décembre 1665, fait défenfe à M. *Jean-Baptifte Joly*, avocat, juge de la ville de St-Etienne, à M. *Jean Mathevon*, avocat, châtelain, à M. *Blaife Morandin*, lieutenant de ladite juridiction, de prendre la qualité de juge général, capitaine & lieutenant-général; mais feulement celle de juge, châtelain & lieutenant de la juridiction ordinaire du marquifat de St-Prieft & ville de St-Etienne, à peine de cinq cents livres d'amende.

La même chofe a été ordonnée par arrêt du Confeil privé du Roi, portant réglement entre les confuls échevins de la ville de St-Etienne & les officiers dudit lieu, du 3 février 1668, revêtu de lettres-patentes du même jour. (Voyez aux mots *l'Eftivalière, la Doa*.)

Par contrat du 2 février 1787, reçu Piquet & fon confrère, notaires à Paris, les commiffaires du Roi ont acquis de M. *Pierre Gilbert de Voifins*, marquis de Vilaine & préfident du Parlement de Paris, & de dame *Anne-Marie de Merle*, fon époufe, la terre, feigneurie & marquifat de St-Prieft; la terre & feigneurie de la ville de St-Etienne; la directe, rente noble du Clapier; le domaine de *Tardy;* la rente de cent cinquante livres due par le fieur Gagnaire, pour les bâtiments, jardin & verger du domaine de Tardy, au prix de un million trois cent trente-cinq mille neuf cent trente-cinq livres, dont quatre cent mille livres pour la rente viagère de trente-fix mille livres, à neuf pour cent. Ladite rente reverfible après le décès du préfident, favoir: vingt-quatre mille livres fur la tête de *Pierre-Paul-Alexandre-Gilbert de Voifins*, fon fils, & douze mille livres fur la tête de demoifelle *Anne-Marie-Marthe Gilbert*, fa fille; le furplus payable en cinq ans, & ce, outre autres conditions.

En 1608, les Minimes furent appelés à St-Etienne pour l'établiffement d'un collége. Leurs maifon & églife furent bâties fur un local agréable. Ils furent placés dans leur maifon en 1611; mais ils n'ont jamais enfeigné ni profeffé. Les riches marchands y ont toujours formé obftacle, parce qu'ils veulent entretenir les ouvriers dans l'ignorance & leur fujétion.

Ces religieux ont acquis des fonds voifins & ont un enclos & des jardins précieux. La façade du portail de l'églife fut conftruite en 1618.

Le couvent & enclos des Capucins fut une libéralité des habitants & de la maifon de Beffet de la Valette. Fondés en 1619, ils fe rendirent fort utiles dans les temps de pefte & épidémies qui ravagèrent plufieurs fois la ville dans les années poftérieures.

Des religieufes Dominicaines de la ville du Puy-en-Velay, formèrent un couvent du même ordre à St-Etienne; l'acte eft du 15 novembre 1615, reçu Mathevon & Picon, notaires. Le marquis de St-Prieft affranchit de fa directe le lieu de leur établiffement, moyennant quelques prières. Ces religieufes poffèdent des terrains précieux & confidérables attenants à leur maifon. Leur crédit & celui de quelques propriétaires poffeffeurs comme elles & dans les mêmes intérêts, ont arrêté le projet fouvent formé d'ouvrir une route de communication de St-Etienne à Roanne, très avantageufe pour le commerce. Ce couvent eft placé auprès de la place publique, fur un pré acheté de *Pierre Bardonnenche*, & acquis par contrat du 22 janvier 1633; & la primitive habitation fut abandonnée parce qu'elle n'étoit pas auffi commode.

L'établiffement des Urfulines, venues de St-Chamond à St-Etienne, date du 7 octobre 1635, qu'il y eut acte de fondation paffé devant Ravachol, notaire. *Jean Matare*, marchand, leur donna onze mille livres, à la charge de recevoir, à perpétuité, pour religieufe, une fille de fes héritiers ou fucceffeurs.

Les lettres-patentes d'établiffement des Pénitents du St-Sacrement, font du 14 février 1668; celles du Confalon datent de 1720.

<small>Telle eft l'hiftoire de l'ancien St-Etienne dans les temps antérieurs & jufqu'à la Révolution qui vint lui donner un prodigieux effor. La vente des biens nationaux des communautés ou propriétés qui l'enferroient, l'activité inouïe de la manufacture d'armes pour les befoins de la guerre européenne que foutenoit la France, toutes les branches d'induftrie & de commerce, à commencer par l'exploitation des riches houillères du fol, favorifées, multipliées par les nouvelles communications, l'emploi des machines & des chemins de fer, en firent bientôt pour nous un autre *Birmingham*. La petite cité de huit mille habitants en 1789, en compte aujourd'hui près de cent mille. L'Etat a couronné une telle extenfion en transférant à St-Etienne, en 1855, le chef-lieu du département. Cette prérogative appartenoit à Montbrifon depuis 1441, par l'édit du comte de Forez, Charles, duc de Bourbon, qui en dépouilla, à cette époque, la ville de Feurs, ancienne capitale du pays, & même de la région des *Ségufiaves*, fous les Romains. (*Note de l'éditeur.*)</small>

ST-FERRIOL. — Bourg & paroiffe de St-Ferriol.

C'eft dans ce lieu que s'exerçoit la juftice de St-Ferriol, fous le nom de *bailliage* du même nom, qui, en 1746, fut réuni au fiége de Bourg-Argental, & l'édit de 1771 a laiffé une partie de ce fiége à Bourg-Argental, & a réuni l'autre partie au bailliage de Montbrifon. (Voyez au mot *Aurec.*)

Dans le dénombrement donné par le marquis de *Néreflang*, & reçu le 25 juin 1779, il y comprend, article deuxième, la terre & feigneurie d'*Oriol*, en toute juſtice, haute, moyenne & baſſe, avec tous les droits y attachés. Elle conſiſte aux maſures du château d'Oriol & village d'Oriol, dans la paroiſſe d'Aurec, de même que les villages & hameaux du Sauze, du Courtial, la Rotte, Buchères, la Mianne, la Frague & Chabannes; au clocher & partie du bourg de St-Ferriol, &, dans ladite paroiſſe de St-Ferriol, les villages & hameaux du Rochain, Drevet, le Foletier, Ruchon, Dauroure & Cubriſolles.

STE-FOY-L'ARGENTIERE. — Château ſeigneurie de Ste-Foy-l'Argentière, en toute juſtice, annexe de St-Genis-l'Argentière.

Demoiſelle *Marguerite du Molard*, femme ſéparée de biens d'*André Charretier*, en a prêté l'hommage le 22 ſeptembre 1675, & en a donné le dénombrement, reçu le 22 avril 1678.

Jean Métrat, écuyer, l'a prêté le 27 mars 1754, & donné le dénombrement, reçu le 29 mars 1776.

M. le comte *du Fenouil* a acquis cette ſeigneurie, dont il eſt actuellement poſſeſſeur.

ST-GALMIER. — Ville châtellenie royale de St-Galmier, engagée avec Virignieu & Marclopt à *Thomas de Gadaigne*, en 1537. Cet engagement a paſſé au duc de *Tallard*, & aujourd'hui à Mme *de Saſſenage*. La juſtice comprenoit les paroiſſes de St-Galmier & Chambœuf, mais cette dernière paroiſſe a été démembrée de St-Galmier & engagée à M. *Dodieu*. (Voyez au mot *Chambœuf*.)

Par édit du mois de février 1774, les châtellenies de St-Victor, la Fouilloufe, St-Jean-de-Bonnefont, la Tour-en-Jarez, Virignieu, St-Héand, ont été unies à celle de St-Galmier.

Par contrat du 30 octobre 1687, reçu le Moine & fon confrère, notaires au Châtelet de Paris, les fours banaux de St-Galmier ont été vendus par les commiffaires de Sa Majefté, en vertu des édits des mois d'avril 1667, août 1669, déclaration du 6 avril 1672, arrêt du 23 juillet 1686, lettres-patentes du 13 mai 1687, à *Jacques Leffin*, boulanger, & à la demoifelle *Blein*, fa femme, pour en jouir comme propriétaires incommutables, eux, leurs hoirs, fucceffeurs & ayants-caufe, à perpétuité, moyennant la redevance annuelle & perpétuelle de trois cent foixante livres, & celle de trois cent foixante livres, pour une fois; de faire faire les réparations néceffaires auxdits fours pour les entretenir, acquitter toutes les charges qui leur font inhérentes, & les tenir en plein fief, foi & hommage de Sa Majefté, à caufe de fa châtellenie de St-Galmier.

> Les particularités de l'hiftoire de St-Galmier en font le *Vicus-Auditiacus* de l'époque Gallo-Romaine; changent fon nom, dans le VIIe fiècle, en celui de *St-Baldomer* ou *Galmier*, l'un de fes habitants, canonifé; y placent un hofpice de pélerins par *Anchericus*, archevêque de Lyon, vers 926; font occuper & ravager cette petite ville par les Huguenots, en 1570, & la fignalent jufqu'à nos jours par fon active induftrie de commerce de denrées & de chamoiferie, & une fabrique de vitraux peints, nouvellement établie.
>
> Enfin, de récentes & favantes difcuffions enlèvent à St-Galmier & à fes fources minérales le nom antique d'*Aquæ-Segefta*, pour le placer fur *Moind*, près de Montbrifon, ftation de voie romaine avec eaux minérales; de même qu'elles indiquent notre problématique *Mediolanum* aux environs de Boën, fur la trace des colonnes milliaires retrouvées & la concordance des chiffres de l'Itinéraire romain. (*Abbé Roux*, Recherches fur le *Forum Segufiavorum*, 1851.) (*Note de l'éditeur.*)

ST-GEORGES-SUR-COUZAN. — Paroiffe de St-Georges-fur-Couzan, de la juftice de Couzan.

Rente noble qui fe lève dans ladite paroiffe & celle de Chalmazel, démembrée de la terre de Couzan, vendue par *Louis de Luzy*, marquis de Couzan, à M. *Pierre Durand*, notaire à Boën, par contrat du 8 mai 1772, reçu Hodin, notaire. (Voyez au mot *Couzan*.)

ST-GEORGES-HAUTE-VILLE. — Paroiffe de St-Georges-Haute-Ville. (Voyez au mot *Monfupt*.)

ST-GERMAIN-LAVAL. — Ville, châtellenie royale de St-Germain-Laval.

Cette petite ville eft à quatre lieues nord de Montbrifon.

On trouve une charte de l'an 1249, par laquelle *Arthaud*, feigneur de St-Germain, accorde certains priviléges aux habitants de la ville.

En 1302, *Arthaud de St-Germain* remit à *Jean, comte de Forez*, fa portion du château & mandement de St-Germain-Laval, avec toute juridiction, en échange de la feigneurie de Montrond.

En 1343, *Gérard*, feigneur de *Cruffol* & de *Cornillon*, & *Béatrix de Beaudiner*, fa femme, vendirent au comte de Forez l'autre moitié du château & mandement de St-Germain, ce qu'ils avoient au mandement de St-Juft-en-Chevalet, & autres lieux communs entre eux.

Cette châtellenie fut engagée, en 1549, à M. *Clément du Puy*, avocat.

Contrat d'engagement au profit du fieur *Aimé Berth*, du 28 feptembre 1650.

Claude-Jofeph Berth en a prêté l'hommage le 27 août 1753.

Il dépendoit de cette châtellenie un bois haut-taillis chêne, de deux cent vingt-cinq arpents, que tient nouvellement, par échange non confommé, la dame *de Pierrefite* de Roanne.

ST-GERMAIN-LAVAL. — Dîme inféodée, en la paroiffe de St-Germain-Laval & Nollieu.

Sieur *Gilbert Puy*, marchand des Salles-en-Cervières, qui a acquis du fieur *Mazy de la Farge*, par acte du 1er feptembre 1711, reçu Roche, notaire, en a prêté l'hommage le 20 mai 1722.

Poffeffeur actuel, le fieur *Pochin*, procureur du Roi en la châtellenie de St-Germain.

Une autre partie de dîme, en la même paroiffe de St-Germain, appartient à la demoifelle *Gonin*, époufe de M. *Chavanne*, notaire audit lieu.

ST-HAON. — Paroiffe de St-Haon-le-Châtel, châtellenie royale unie au bailliage ducal de Roanne.

Cette châtellenie comprend les paroiffes de *St-Haon-le-Vieux, St-Riram* & *St-Léger;* elle avoit été engagée, en 1543, au feigneur de St-André. (Voyez au mot *Roanne*.)

Dîme inféodée en la paroiffe de St-Haon-le-Châtel & St-Haon-le-Vieux.

Claude du Puy des Farges, écuyer, en a prêté l'hommage le 21 janvier 1761.

Il y a dans les dépendances de cette châtellenie un bois taillis chêne, de foixante arpents, qui eft fous la main de M. *d'Harcourt*.

St-Haon, du latin *Sanctus-Habundus*. (Note de l'éditeur.)

ST-HEAND. — Bourg, paroiffe, châtellenie royale de St-Héand.

Cette châtellenie fut engagée le 7 octobre 1705, en exécution des arrêts du Conseil des 22 avril & 10 octobre 1702, moyennant treize mille trois cent trente-trois livres six sols huit deniers, & les deux sous par livre, outre & au pardessus, la somme de dix mille six cent vingt livres, pour le principal de la rente de cinq cent trente-une livres sept sols, due au sieur & dame *de Cannaye*.

Cette seigneurie consiste en la justice exercée à St-Galmier; aux trois quarts des dîmes du mandement & justice, l'autre quart appartenant au curé; droit de charnage; rente noble; les trois quarts de la dîme en vin de la paroisse de St-Bonnet-les-Oules; les bois taillis de la grande & petite *Espinasse*, la Chaux, Fressères, Rollebec, la Fayolle & bois du Four de deux cent quatre arpents, haut taillis chêne.

M. *Etienne de Cannaye*, chevalier, conseiller au Parlement, doyen des Requêtes, en a prêté l'hommage le 15 février 1716.

M. *Etienne de Cannaye*, prêtre, académicien, vétéran de l'Académie des Inscriptions & Belles-Lettres, en a prêté l'hommage le 4 avril 1755.

Les trois quarts de la dîme qui appartiennent au Roi, sont réglés par une transaction du 26 mai 1452, passée entre le procureur général du comté de Forez & le sieur *de Velchia (Veauches)*, pour lors curé.

Un arrêt contradictoire, rendu le 22 août 1749, au Parlement de Paris, entre M. *de Cannaye*, seigneur engagiste, & M. *de Vergès*, curé, ordonne l'exécution de la transaction de 1452, maintient M. de Cannaye dans le droit & possession de faire affermer par les officiers de la châtellenie, par chacun an, la totalité des grosses dîmes qui appartiennent pour les trois quarts audit seigneur, & pour un quart au curé, & ce, par affiches, publications & adjudication au plus offrant & dernier enchérisseur, en présence du curé, ou dûment appelé; & où il n'y auroit point d'adjudication par défaut d'enchères, il est permis audit sieur *de Cannaye* de faire lever les grosses dîmes par des préposés à sa nomination, en présence & du consentement du curé, ou dûment appelé; lesquels préposés seront tenus de délivrer, au nom du seigneur, au curé, le quart desdites grosses dîmes.

Il est dit aussi dans l'arrêt, que le curé percevra la totalité des dîmes *novales* antérieures & postérieures à sa demande, & donné acte du consentement du curé à ce que ledit sieur *de Cannaye* jouisse seul des dîmes de Malleval, de Chazottes & Changy.

Un arrêt du Conseil, du 25 janvier 1710, permet d'établir à St-Héand un marché, tous les mardis de chaque semaine, ainsi que quatre foires par année, 25 janvier, jeudi avant la Semaine Sainte, 17 juin & 18 novembre, dans lesquelles foires on percevra les droits qui se lèvent dans les grenettes voisines.

Une transaction passée entre M. *de Cannaye*, conseiller au Parlement, seigneur engagiste, & les habitants de cette paroisse, le 7 juillet 1722, reçu Orlande, notaire à Lyon, a réglé différents droits de cette seigneurie. Elle est portée au registre du greffe du Domaine, f° 66.

Par contrat du 7 novembre 1787, reçu Boulard, notaire à Paris, messire *Alphonse de Droullin*, chevalier de *Ménilglaize*, capitaine au régiment des Gardes-Françoises, donataire d'*Etienne de Cannaye*, son grand-oncle, a vendu à M. *Claude Ravel de Montagny*, baron de *Montagny*, la terre, seigneurie & châtellenie de St-Héand, qui consiste en un vieux château tombant en ruines, cour, rentes nobles & foncières, les trois quarts des dîmes de la paroisse de St-Héand, droit de charnage, novailles, dîme en vin de la paroisse de St-Bonnet-les-Oules, bois, four banal, places vaines & vagues, droit de grenette & de halle & foire; droit de guet & garde de St-Symphorien-le-Château; les greffes & droits de greffe des présentations des défendeurs au bailliage de Montbrison, pendant les années alternatives & triennales, dans lesquelles ledit sieur *de Ménilglaize* a été maintenu pendant la vie du roi régnant, seulement, non compris les exercices de la justice, la nomination aux offices, les droits seigneuriaux casuels & les droits du greffe, qui demeurent réservés au Roi; l'engagement fait aux auteurs dudit sieur *de Ménilglaize*, moyennant cinquante-neuf mille livres, & la vente par lui faite audit sieur *Ravel*, au prix de soixante-sept mille quatre livres onze sols, savoir, pour le domaine de St-Héand, soixante mille huit cent soixante-sept livres neuf sols, & pour les greffes, six mille cent trente-six livres onze sols huit deniers.

MM. *Ravel de Montagny*, en perdant à la Révolution les droits seigneuriaux sur St-Héand, y ont conservé leurs belles possessions territoriales, dont le centre est le château de Malleval.

St-Héand vient du latin *Sanctus-Heugendus;* dans les vieux titres : *St-Heugende* ou *Eugende.* (*Note de l'éditeur.*)

ST-HILAIRE. — Paroisse de St-Hilaire, en toute justice.

Antoine-Joseph la Pierre de St-Hilaire, écuyer, a acquis la seigneurie de cette paroisse de M. *Flachat d'Apinac*, qui l'a démembrée de la terre de Leyniecq, par contrat du 21 décembre 1776, & en a prêté l'hommage qui est au folio 107 du registre du greffe. (Voyez au mot *Valprivas*.)

ST-JEAN-DE-MONTBRISON. — Commanderie de St-Jean-de-Montbrison, de l'ordre de Malte. Le château est au faubourg de St-Jean-de-Montbrison.

Cette commanderie y a été fondée par *les comtes de Forez*, & dans la justice ; *l'Hospital-le-Grand*, aussi en toute justice ; le village, territoire & pont de *la Cruzille*, près St-Jean-Soleymieux, où également s'étend ladite justice ; *Château-le-Bois*, en la paroisse de St-Maurice-en-Gourgois, membre de ladite commanderie, aussi avec justice ; *le Temple-de-Vernois*, en la paroisse de St-Cyprien, domaine de *la Chaux*, encore avec justice ; rentes nobles, dîmes.

On trouve une transaction du mois de février 1272, passée entre *Guy, comte de Forez*, & Robert *de Monterugoso*, prieur de la sainte maison d'Hôpital-de-Jérusalem, en Auvergne, au nom de la maison d'Hôpital-de-St-Jean-de-Montbrison, qui confirme la justice de l'Hôpital-de-St-Jean sur la ville & territoire de *la Cruzille, pont de la Cruzille* & leur territoire ; *le comte* se réserve la justice en cas de mort, dernier supplice & mutilation de membres.

Une autre tranfaction, paffée au mois de juillet 1293, entre *Jean*, *comte de Forez*, & frère *Maurice de Hermont*, prieur de la fainte maifon de Jérufalem, difpofe que le commandeur a toute juftice, haute, moyenne & baffe, fur les villes de l'Hôpital-le-Grand, Meffilieu, leurs dépendances & territoire, & autres terres de ladite maifon. Le *comte* ne fe réferve, & à fes officiers, que la connoiffance des grands crimes, en cas de mort, mutilation de membres; le droit de reffort & fupériorité.

Louis, duc de Bourbonnois, comte de Clermont & de Forez, tant en fon nom qu'en celui de fa tante, comteffe de Forez, reçut l'hommage que frère *Pierre Dys*, hofpitalier, lui fit des chofes qu'il tenoit au comté de Forez, le 15 feptembre 1378.

Au temps des guerres *des Croifades*, qui furent au nombre de huit, dont la première fut réfolue au Concile de Clermont, en 1095, & les deux dernières, qui font de faint Louis, en 1248 & 1270, deux ordres militaires s'élevèrent, connus, l'un fous le nom de *chevaliers de St-Jean-de-Jérufalem*, établis à Jérufalem en 1048; l'autre, auffi fondé à Jérufalem, en 1118, en faveur des pèlerins de la Terre-Sainte.

Les comtes de Forez, animés de la même munificence que nos rois & grands feigneurs de la chrétienté, fondèrent, dans le voifinage de Montbrifon, l'hôpital connu aujourd'hui fous le nom de *la commanderie de St-Jean*, qu'ils dotèrent d'une grande étendue de terrain.

La commanderie de Montbrifon a fuccédé aux biens que les Hofpitaliers du Temple avoient en Forez. *Pierre-Paul-Alexandre de Monfpey*, chevalier de juftice de l'ordre de St-Jean-de-Jérufalem, commandeur actuel. (Voyez aux mots *Château-le-Bois, l'Hôpital-le-Grand, St-Antoine.*)

ST-JULIEN-EN-JAREZ. — Prieuré de St-Julien, près la ville de St-Chamond, dont partie de la rente noble eft affife en Forez; ci-devant aux Jéfuites, uni au Grand-Collége de Lyon de l'Oratoire. Le feigneur de Feugerolles tient en penfion annuelle & foncière une partie de la rente noble.

ST-JULIEN-MOLIN-MOLETTE. — Paroiffe de St-Julien-Molin-Molette, en toute juftice, dans le reffort de Bourg-Argental.

Louis-François de la Baume, chevalier, comte *de Suze*, en a prêté l'hommage le 3 juin 1678, & en a donné le dénombrement, reçu le 16 juillet fuivant.

François-David Bollioud, chevalier, a prêté l'hommage de St-Julien & de Bourg-Argental, par engagement du Domaine du Roi, le 16 août 1761.

Ledit fieur *Bollioud* a prêté l'hommage de St-Julien & de *Burdignes*, par lui acquis de M. *de Faÿ de Maubourg*, en démembrement de *Montchal*, par acte du 19 août 1777, reçu *Fraiffe*, notaire, & par la même ordonnance, il a été furfis à la preftation de l'hommage de la terre de Bourg-Argental, jufqu'à ce que l'échange projeté avec Sa Majefté fut confommé.

ST-JUST-EN-BAS. — Paroiffe de St-Juft-en-Bas, en toute juftice, vendue à M. *Jean-Baptifte Girard de Vaugirard*, lieutenant-colonel au régiment de Royal-Rouffillon, brigadier des armées du Roi, par M. *de Luzy-Couzan*, en 1782, en démembrement de Couzan. (Voyez aux mots *Couzan, Grandris*.)

Jean de Luzy de Péliffac, baron de Couzan, feigneur de Châlain d'Uzores, Champ, Sauvain, &c., avoit acquis, par acte du 11 avril 1671, reçu Gendre, notaire, au prix de douze mille livres, de *Claude de Luzy*, écuyer, la directe, cens, fervis, dus par les habitants du bourg de St-Juft-en-Bas & ceux de plufieurs villages de cette paroiffe, avec la juftice haute, moyenne & baffe.

Le fief de *Colombette*, qui appartient auffi audit fieur *de Girard*, en toute juftice, comprend les villages de Colombette & Bas, en la même paroiffe de St-Juft.

ST-JUST-EN-CHEVALET. — Paroiffe feigneurie de St-Juft-en-Chevalet, en toute juftice, qui fut vendue par *le connétable de Bourbon*, en 1507, à *Pierre d'Urphé*, grand écuyer de France, au prix de quinze mille livres, & adjugée, par décret, au préjudice de la maifon d'Urphé, à M. *de Simianne*, en 1776. (Voyez au mot *Urphé*.)

ST-JUST-SUR-LOIRE. — Paroiffe de St-Juft-fur-Loire, fur la rive droite de la Loire, vis-à-vis St-Rambert, fur la route de St-Etienne à Montbrifon, dépendant de la châtellenie royale de la Fouilloufe, engagée au fieur *Labarre*.

C'eft dans cette paroiffe que l'on trouve l'avaloir ou éclufe, fur la rivière de Loire, pour la pêche aux faumons. Cette éclufe fubfiftoit du temps des comtes du Forez, & a été entretenue par les engagiftes.

C'eft dans cette paroiffe encore qu'on voit confervé de nos jours l'*Hermitage de Grandjean*, qui eft une petite fortereffe fur la Loire, avec tours, murailles & chapelle. Il y a une fondation de trente livres annuellement, impofée fur les revenus de la châtellenie, pour une meffe, les premiers lundis du mois. Le prébendier eft à la nomination du grand aumônier de France.

On voit auſſi dans cette paroiſſe la maiſon de la Baraillère, en forme de château, vendue par la baronne *de Giac*, fille du fieur *d'Arlos*, au fieur *Marcoux*, marchand à St-Etienne, dans la cenſive & juſtice de la châtellenie. Cette maiſon avoit été conſtruite par le fieur *de la Colonge*, aïeul maternel de meſſire *d'Arlos*.

<small>Le château de Grandjean exiſtoit déjà en 1173, car il figure dans le célèbre traité limitatif de ladite année, entre l'Egliſe de Lyon & le comte de Forez *Guy II*, qui nomme Grandjean parmi ſes châteaux réſervés.

Pendant le ſéjour à la Croiſade de Guy II, de 1182 à 1184, le pape confirma la donation de nombre d'égliſes du Forez à l'abbaye de Savigny, parmi leſquelles on remarque la *chapelle de Grandjean*. (M. *Auguſte Bernard*, Hiſtoire du Forez.)

La garde du ſanctuaire de la Vierge étoit confiée à un ermite, qui, pour le dernier, fut un vétéran de Fontenoy entré en religion par un vœu fait au plus fort de la bataille. Cette localité de Grandjean, d'un pittoreſque effrayant dans les rochers de la Loire, a été plus d'une fois reproduite ſur la toile par nos artiſtes, mais jamais mieux que ſous la plume élégante de notre ſavant chroniqueur M. *de Latour-Varan*, dans un article courtoiſement dédié à l'auteur de cette note. (Chroniques des châteaux & abbayes du Forez, 1854.) (*Note de l'éditeur*, d'A..... de V^{ches}.)</small>

ST-JUST-LES-VELAY. — Paroiſſe de St-Juſt-lès-Velay, en toute juſtice.

Jean, ſeigneur *de St-Prieſt*, de *Meys* & de *St-Juſt-en-Velay*, prêta l'hommage du village & mandement de St-Juſt (*in Vallania*), le 18 juillet 1474.

Claude-Nicolas Clermont de Chaſte, l'a vendu à *Gaſpard de Capony*, ſeigneur *de Feugerolles*, par acte du 17 novembre 1658, reçu Brunon, notaire au Chambon. (Voyez au mot *le Petit-Roure*.)

Pierre-Hector de Charpin, au nom d'*Angélique de Capony*, ſa femme, & de dame *Magdelaine du Peloux*, veuve *de Gaſpard de Capony*, vendit cette terre de St-Juſt à *Gabriel Anſelmet, ſieur des Bruneaux*, par contrat du 20 août 1683, reçu de Lorme, notaire à Lyon.

Nicolas Anselmet vendit aux recteurs de la Charité de St-Etienne, par contrat du 18 septembre 1709, reçu Piard, notaire à St-Etienne, une partie des cens, argent, gélines, seigle, avoine, spécifiés dans l'acte, mesure de St-Didier, avec les lods.

Le même *Nicolas Anselmet, sieur des Bruneaux*, a vendu cette seigneurie, par acte du 18 novembre 1716, reçu de Laroa, notaire à St-Victor, à *Jean-Jacques Jacquier*, écuyer, baron de Cornillon, qui en a prêté l'hommage, & de quelques fonds allodiaux & dîmes indéodées, le 14 septembre 1719, & a remis le dénombrement.

François-Jean-Jacques Grimod-Bénéon, chevalier, *baron de Riverie*, héritier substitué de *Jean-Jacques Jacquier*, l'a vendue & une partie de sa terre de Cornillon, à *Jean-Baptiste Michel, comte de Charpin, seigneur de Feugerolles*, par contrat du 15 février 1775, reçu Couhert, notaire à Riverie. (Voyez au mot *Feugerolles*.)

Une partie de cette paroisse est dans la mouvance de la terre de St-Didier.

Jocerand de St-Didier avoit prêté l'hommage à *Jean, comte de Forez*, de tout ce qu'il avoit & percevoit dans la ville de St-Just-en-Velay, ensemble de son château de Riotord, le 7 décembre 1332.

Jacques de Géneslet de Sénujol, chevalier, en a prêté l'hommage le 3 août 1754.

Claude-Jacques-Vincent de Géneslet, marquis de Néreslang, l'a prêté le 16 décembre 1776, & en a donné l'aveu, reçu le 25 juin 1779. (Voyez au mot *Aurec*.)

On trouve d'autres ventes en démembrement de la terre de St-Just, faites par *Nicolas Anselmet des Bruneaux*, à la date de 1709, à *François & Michel de Parchas de la Murette*, devant les notaires de Laroa & Gidrol.

ST-MARCEL-DE-FELINES. — En la châtellenie de Néronde, justice du Roi.

Claude de Talaru de Chalmazel en a prêté l'hommage le 30 mars 1674, & en a donné le dénombrement, reçu le 25 septembre suivant.

Ce fief consiste en la basse justice, rente noble valant par an, argent, quarante-huit livres huit sols; froment, dix-sept bichets; seigle, cent six bichets; orge, soixante-douze bichets; avoine, deux cent soixante-douze bichets; pension, huit livres; fers à cheval, quatre; anguilles, six; poules, cent huit; chapon, un; lapins, cinquante-six; poulets, vingt-six; fèves, deux bichets; journées d'homme, six; vin doux, trente-deux pintes; lampes d'huile, huit; dîme inféodée à la onzième gerbe; les fours banaux; droits de layde & charnage à Néronde; le port de Piney, moulin, avaloir & écluse sur la Loire, moyennant le cens qui se paie à Sa Majesté, à cause de Néronde, qui est de vingt-deux sols six deniers, suivant l'abénévis du 28 avril 1425; un autre moulin, avaloir & écluse, sur la même rivière, appelé Chazant, sous l'abénévis annuel de cinq sols & un carton seigle. Le fief de Félines, en la paroisse de St-Marcel, consiste en maison, domaine, prés, terre & bois.

François-Hubert de Talaru, chevalier, en a prêté l'hommage le 12 juin 1722.

César-Marie, marquis de Talaru, comte de Chamarande, marquis de Chalmazel, maréchal des camps & armées du Roi, commandeur de ses ordres, premier maître d'hôtel en survivance de la Dauphine, en a prêté l'hommage le 18 mars 1774. (Voyez au mot *Chalmazel*.)

Le château & fief de St-Marcel appartenoit, dans le XIIe siècle, à la maison de *Guéric*, passa ensuite aux *Thorigny de Montrottier*, en 1410, advint aux *de Mars de Luxembourg*, &, en 1569, par l'héritière de ceux-ci, à *Jean de Talaru*, qui fit rebâtir le château actuel vers 1585. Il étoit encore possédé & habité par notre contemporain le digne marquis *de Talaru*, décédé en 1850, & qui a doté de cette partie de son riche héritage MM. *de Courtivron*, de Bourgogne, ses neveux. (*Note de l'éditeur*.)

ST-MARCEL-D'URPHE. — St-Marcel, Nollieu, Cezai, paroiffes en toute juftice.

Claude, comte d'Albon, en a prêté l'hommage le 30 juin 1722.

Camille-Alexis-Eléonord-Marie, marquis d'Albon, a prêté l'hommage pour St-Marcel-d'Urphé, Cezai, Nollieu & mandement, le 25 feptembre 1776.

Euftache Rebbé avoit prêté l'hommage de fon château de *St-Marcel* & appartenances, droit de cens, manœuvres, inveftifous, reconnoiffances, le 6 février 1441.

ST-MARCELLIN. — Ville & paroiffe de St-Marcellin, *St-Prieft-en-Rouffet*, annexe de *Boiffet*, fief & château du *Colombier*.

En 1333, *Jean Marefchal*, feigneur d'Apinac, prêta l'hommage de fa maifon & fief du Colombier.

En 1641, *Claude Livet*, lieutenant particulier au bailliage de Montbrifon, poffédoit le fief du Colombier; en 1664, il inftitua pour fon héritier *Pierre de Fournier*, fon neveu, fieur *de Montagnac*.

Pierre de Fournier, lieutenant particulier au même fiége, époufa demoifelle Marguerite *de Muxino*.

Cette feigneurie de St-Marcellin fit partie de l'échange entre le Roi & la dame d'Allonville, du 9 avril 1609, dont il eft parlé au mot *Sury*.

Charles de la Rochefoucauld & la dame *de Sourdis*, fon époufe, vendirent, le 23 février 1693, à *Claude-François de Fournier*, écuyer, feigneur de Montagnac, demeurant en fon château du Colombier, paroiffe de St-Marcellin, la terre & feigneurie de St-Marcellin & St-Prieft-en-Rouffet.

En 1696, on trouve *François de Fournier de Montagnac*, qui avoit époufé *Catherine des Halles*, qui fe remaria avec *Anne de Chavagnac*, par laquelle lefdites terres paffèrent à la maifon *d'Efpinchal*.

Gabriel Bonnot, fecrétaire du Roi, en prêta l'hommage le 20 août 1720, & avoit acquis des fires & dame *de Chavagnac*, par contrat du 28 février 1720, reçu Avril, notaire.

M. le comte *d'Efpinchal* eft rentré dans cette terre.

La terre de St-Marcellin avoit originairement pour poffeffeurs les *comtes de l'églife de Lyon*, qui firent un échange de cette feigneurie avec les *comtes de Forez*.

ST-MAURICE-EN-GOURGOIS. — Bourg & paroiffe de St-Maurice-en-Gourgois, en toute juftice.

Robert de St-Bonnet en fit don à *Humbert*, fon frère, prieur de St-Rambert, en 1239, & en démembrement de *St-Bonnet-le-Châtel*, avant l'acquifition que le comte de Forez en fit. Cette feigneurie de St-Maurice, qui confifte en juftice, cens & dîme, eft unie au prieuré de St-Rambert.

L'églife de St-Maurice fut bâtie par les Bénédictins, fes deffervants, qui, vers la fin du XIVᵉ fiècle, furent réunis à leur couvent de St-Rambert. Un prêtre féculier, fous le nom de *curé*, & des prêtres fociétaires de la paroiffe deffervirent cette églife jufqu'en 1635, que M. *Gagnère* fut le premier curé titulaire nommé par les comtes de Lyon, à caufe de leur chapelle de *Notre-Dame-des-Anges*, fituée au lieu de *Gourgois*, dans la même paroiffe. Le prieur de St-Rambert prétend avoir le droit de nommer à la cure; mais l'archevêque peut invoquer le droit commun, la chapelle des Anges ne devant fon établiffement qu'aux foins des habitants du lieu. Lorfque *Robert de St-Bonnet* a donné à l'églife de St-Rambert, il ne paroît pas qu'il eut le droit de nommer à la cure. La commanderie de *Château-le-Bois*, grand membre de celle de Montbrifon, eft dans cette paroiffe. Elle confifte en toute juftice, dîme, cens, domaine. L'ancien château eft en ruine, il ne refte que la chapelle. (Voyez aux mots *St-Rambert, Château-le-Bois*.)

ST-MAURICE. — Châtellenie royale de St-Maurice-en-Roannois, unie au bailliage ducal de Roanne, & auparavant engagée, en 1543, au seigneur de St-André.

La justice de cette châtellenie s'étend, en tout ou partie, sur les paroisses de St-Maurice, Bully, Cordelles, Dancé, Lentigny, Riorges, St-Paul-de-Vezelin, Villeret, St-Sulpice-de-Villeret, partie aussi de Verney & de Villemontois. (Voyez au mot *Roanne*.)

Un arrêt du Parlement de Paris, rendu au rapport de M. Robert, sur les conclusions de M. le procureur général, le 4 août 1786, entre *François-Henry, duc d'Harcourt*, marquis de Beuvron & de Boify, comte de Lillebonne, St-Romain-la-Motte, seigneur du duché de Roannois & châtellenies y unies, lieutenant-général des armées du Roi, gouverneur de Normandie & du vieux palais de Rouen, & *Catherine-Scholastique d'Aubusson de la Feuillade*, son épouse, d'une part; Georges Thély, laboureur, de la paroisse de Cordelles, mandement du Verdier réuni à la châtellenie de St-Maurice, d'autre part, & les habitants, corps & communauté de la même paroisse, intervenant, a débouté le duc d'Harcourt & son épouse de leur demande de payement d'un mi-lods de père à fils, qu'ils réclamoient de Georges Thély, à cause de la succession qu'il avoit eue par le décès de son père, avec dépens, tant envers Thély que les habitants de Cordelles.

ST-PAL-EN-CHALENCON. — Paroisse & seigneurie de St-Pal, en toute justice.

En 1260, *Bertrand de Chalencon* fit hommage au *comte de Forez* de son château de St-Pal. Son petit-fils *Guillaume* épousa *Valpurge de Polignac*.

En 1334, noble homme *Guiot de Chalencon* prêta l'hommage pour ses châteaux, maisons & seigneurie de St-Pal, Tauriac, Lefieu, Chantagret, Boisset, Tiranges, Chazelles, Périer & Vacherolles.

Gaspard de Reynaud, chevalier, seigneur de Mons, a prêté l'hommage de St-Pal le 26 avril 1752, & avoit acquis d'*Alexandre-Louis Peyrenc de St-Priest*, conseiller au Parlement de Paris, par contrat du 7 février 1751, reçu Chevalier & Matthieu, notaires à Clermont.

Françoise-Louise de Rochechouart, veuve de *Claude*, comte *de la Richardie de Besse*, seigneur de Puy-de-Selle, baron de Châteauneuf, seigneur de St-Pal, usufruitière actuelle. (Voyez au mot *Chalencon*.)

St-Pal, échu par succession des *de Besse* aux *Génestet de St-Didier*, a été aliéné par ces derniers au sortir de la Révolution. (*Note de l'éditeur*.)

ST-POLGUES. — Paroisse, seigneurie de St-Polgues, en toute justice, & sur partie de celle de Bully.

Noble *Guillaume d'Ogerolles* prêta l'hommage au *comte de Forez* de son château & mandement de St-Polgues, en 1317.

Dame *Françoise de la Richardie de Besse*, veuve de *Charles Ducroc*, en a prêté l'hommage le 6 mars 1674, & donné le dénombrement, reçu le 11 décembre suivant.

Emmanuel-Gaspard du Bourg a prêté l'hommage de St-Polgues, Noizières, Bully, Dancé, St-Julien d'Oddes, Cherchan, la Motte, St-Romain, Pailleret, le 10 juin 1722.

Just-Henry du Bourg, marquis de Bazas, l'a prêté le 1er octobre 1753; ledit sieur du Bourg a aussi prêté l'hommage de la terre de Chantois & de la terre appelée Renards, le 6 août 1767, & avoit acquis de *Jean-Louis de Foudras de Courcenay*, héritier de *Jean-François de la Mure*, par contrat du 22 mars 1767, reçu Châtelus, notaire à Roanne. Il les a renouvelés à cause du joyeux avénement du Roi à la couronne, le 23 décembre 1776. (Voyez au mot *Chantois*.)

ST-PRIEST-EN-ROUSSET. — (Voyez au mot *St-Marcellin*.)

ST-PRIEST-LES-ST-ETIENNE. — (Voyez au mot *St-Etienne*.)

Nous ne pouvons nous contenter d'un fimple renvoi fur cette localité célèbre, deuxième baronnie du Forez, illuftrée par fes poffeffeurs. Les premiers connus appartinrent à la maifon de *Jarez* (1), iffue de celle de nos comtes de Forez. Les *d'Urgel* vinrent, dans le XIIe fiècle, d'Auvergne, d'autres difent de Catalogne, s'enter fur les feigneurs de *Jarez-St-Prieft*, en époufant leur héritière. Contemporains de faint Bernard, ils fondèrent aux environs de St-Etienne l'abbaye de *Valbenoite*, en 1150. Une autre alliance, avec les feigneurs de St-Chamond, leur acquit la majeure partie des poffeffions de la maifon de Jarez. Ces puiffants feigneurs jouèrent, à toutes les époques, le plus grand rôle dans le pays, & laiffèrent le nom d'*Urgel* pour celui de *St-Prieft*. Ils formèrent plufieurs branches, particulièrement celles d'*Epinac* ou *Apinac*, vers la fin du XIIIe fiècle ; de *St-Chamond*, en 1387 ; de *Fontanez*, en 1333, qui a fait le rameau de *St-Prieft-d'Albuzy*, en 1589; enfin, la branche de *la Fouilloufe* & celle de *Suzy*, en Beaujolois. Les guerres du moyen-âge, celles de religion dans nos pays, firent furgir de nobles chefs & de grands perfonnages dans la maifon de St-Prieft, mais leur dur caractère, trop en harmonie avec les mœurs de l'époque, dégénéra plufieurs fois en férocité. On vit deux frères, féparés de croyances, chacun à la tête de leur parti, fe pourfuivre avec acharnement. Dans une expédition contre les Proteftants du Velay, quatre des prifonniers, faits à la prife de St-Pal-de-Mons, font mis en réferve par le feigneur de St-Prieft, qui les ramène chez lui & les fait maffacrer, le dimanche fuivant, en préfence de tout le peuple raffemblé pour la grand'meffe. A quelques années de là, dans une rencontre de chaffe, près de St-Geneft-l'Erpt, MM. d'Ogerolles, père & fils, feigneurs de Roche-la-Molière, furent tués par M. de St-Prieft. Cet événement, fuivi d'une condamnation capitale, attira la malédiction fur la lignée du meurtrier, qui ne fe releva plus, & fit paffer fes poffeffions à des collatéraux par les femmes. Quant au château lui-même de St-Prieft, plus tard, comme complément de la vengeance célefte, il fut frappé par la foudre, qui difperfa fes pierres lugubres. (*Note de l'éditeur*.)

(1) Jarez, pays du *Gier*, territoire de cette rivière.

ST-PRIEST-LA-ROCHE. — Terre, feigneurie de St-Prieft-la-Roche, bac fur la Loire, avaloir, preffoir banal, garenne, colombier, prés, terres, bois.

Marie-Anne-Jacqueline de Ste-Colombe en a prêté l'hommage le 11 décembre 1773, & l'a renouvelé, à caufe du joyeux avénement du Roi à la couronne, le 21 décembre 1776.

ST-PRIEST-LA-VESTRE. — (Voyez au mot *Cervières*.)

Dîme inféodée en la paroiffe de St-Prieft-la-Veftre, appelée la petite dîme; château *du Boft*, rente noble.

Edme-François du Boft de Chauffecourte, écuyer, a vendu la rente noble à M. de Gilbertet, d'Auvergne.

ST-PULGENT. — Fief de St-Pulgent, maifon forte, en la paroiffe de St-Martin-la-Sauveté.

Chriftophe du Buiffon, écuyer, en a prêté l'hommage le 20 mars 1674, & en a donné le dénombrement, reçu le 25 feptembre fuivant.

Ce fief confifte en maifon, fonds allodiaux, dîme, rente noble.

Thomas de Chamboduc de St-Pulgent en a prêté l'hommage le 11 août 1753.

En 1397, la famille primitive du nom de *St-Pulgent* avoit prêté l'hommage de fon fief au commandeur de Verrières, à caufe de la feigneurie de *la Sauveté*, & comme membre en dépendant.

Les frères de St-Pulgent, de la même maifon, l'avoient prêté au même en 1419.

Noble *Auſtregile de St-Pulgent* l'a renouvelé au commandeur en 1516, & la demoiſelle de St-Pulgent en 1588.

Le 9 octobre 1617, ſuivant l'acte reçu Gayardon, notaire, *Balthazard du Buiſſon*, ſieur de St-Pulgent, a prêté le même hommage à frère *François du Boſt de Codignac*, commandeur de Verrières, ſeigneur de la Sauveté.

Par ſentence du 4 juin 1613, rendue par M. *de Pommey*, tréſorier de France, au bureau des finances de la généralité de Lyon, commiſſaire député pour le renouvellement du papier terrier de Sa Majeſté, le commandeur a été maintenu dans le droit de foi & hommage due par le ſieur de St-Pulgent.

<small>Cette localité féodale, après ſes poſſeſſeurs primitifs, a paſſé, depuis plus d'un ſiècle, dans les mains de l'honorable famille de *St-Pulgent*, du nom de *Chamboduc*, qui a fourni un conſeiller-ſecrétaire du Parlement de Dombes en 1727, & dans laquelle la ville de Montbriſon ſe félicite d'avoir trouvé ſon excellent maire actuel, M. Léon de St-Pulgent.
Une autre branche de cette famille, celle des *Chamboduc de la Garde*, eſt aujourd'hui éteinte. (*Note de l'éditeur.*)</small>

ST-RAMBERT. — Ville de St-Rambert, prieuré en toute juſtice; dîmes, rentes nobles, prés, terres, étang, moulins, château, jardins.

Ce prieuré eſt ſous le vocable de *St-André*, ci-devant ordre de St-Benoît, première fille de l'Ile-Barbe; & depuis la tranſlation des reliques de *ſaint Rambert* & de *ſaint Domitien*, du pays de Bugey, vers l'an 1070, le nom de *St-Rambert* lui a été donné, & y a formé une petite ville agréable par ſa poſition ſur la rive gauche de la Loire.

Le 16 avril 1224, *Guy IV, comte de Forez*, reconnoît, en faveur de ce prieuré, qu'il ne prétend que le droit de garde, fixé à trente ſols annuellement.

Robert de St-Bonnet-le-Châtel donna, en 1239, à *Humbert*, ſon frère, moine de l'Ile-Barbe & prieur de St-Rambert, les villages de St-Maurice-en-Gourgois, maiſons, édifices, vignes.

Ce prieuré, membre de l'Ile-Barbe, fut ſécularifé le 24 avril 1549, par une bulle du pape Paul III, autoriſée & homologuée par le roi Louis XIII, en décembre 1642.

L'abbaye de l'Ile-Barbe a été réunie, en 1744, au chapitre des comtes de Lyon, & le prieuré de St-Rambert eſt à la nomination du Roi.

ST-RIRAM. — Paroiſſe. (Voyez au mot *St-Bonnet-des-Quarts*.)

ST-ROMAIN-LES-ATHEUX. — Paroiſſe. (Voyez au mot *Feugerolles*.)

ST-ROMAIN. — Paroiſſe de St-Romain-le-Puy. (Voyez au mot *Sury*.)

Prieuré de St-Romain-le-Puy, en commande, de l'ordre de St-Benoît, à la nomination de l'abbé d'Ainay, de Lyon.

Sous le règne de Conrad, roi de Bourgogne, en 1017, *Boſchitaleus*, chevalier, donna à Aſtérius, abbé, & au monaſtère d'Ainay, l'égliſe de St-Romain, érigée en l'honneur de St-Martin, & tous les droits qu'il pouvoit avoir ſur ladite égliſe.

Dans le même temps, *Lanceranus* & *Ramode*, sa femme, seigneurs du territoire, lieu & mont de St-Romain, donnèrent pour le salut de leurs âmes, à l'église d'Ainay, tout le mont de St-Romain & tout ce qu'ils avoient aux environs, comme le mas d'*Omasio*, la moitié des Quarts & *cannabiam unam* (une chenevière).

Ce château & prieuré ayant besoin d'un protecteur, il y eut une transaction avec *Guy, comte de Forez*, dans laquelle il fut dit que *le comte auroit dans les limites du mandement de St-Romain la moitié de la justice seulement*, & que la garde du château lui appartiendroit; laquelle garde il reçut en même temps en fief de l'abbé d'Ainay, qui lui en fit hommage en 1236.

Par sentence du bailliage de Forez, M. *de Maubec*, prieur de St-Romain, & ses fermiers, ont été condamnés à délivrer annuellement aux pauvres des paroisses de St-Romain, St-Georges-Haute-Ville, Lésigneux, Précieu, Boisset & St-Jean-Soleymieux, quinze setiers blé seigle; lesdites sentences rendues sur nos conclusions, les 1ᵉʳ mai & 20 juin 1778; le régalement de cette redevance, dans les mains des curés des différentes paroisses, est du 8 mars 1779, homologué par autre sentence du même mois, & enregistré à notre diligence le 27 avril suivant.

ST-SAUVEUR. — Prieuré de St-Sauveur, en la paroisse du même nom, en toute justice, uni au *collége de Tournon*.

Ce prieuré fut fondé en 1061, par *Arthaud d'Argental* & *Robert*, abbé de la Chaize-Dieu, qui accepte la donation. *Arthaud* donne à cet abbé & à son couvent de *la Chaize-Dieu* l'église de St-Sauveur & ses dépendances, pour y construire & y avoir un monastère; il lui donne l'église d'Argental, celle du Bourg, de Burdignes, de Vanosc, de Riotord & de St-Genest, qui sont, dit-il, de sa seigneurie, *in senioratu meo*. *Adhémard*, fils d'*Arthaud*, confirma, en y ajoutant, les donations de son père, &

mit au nombre de fes nouvelles libéralités, en 1180, fa terre *de Valbignis*, aujourd'hui *Bobigneux*, patrimoine de la maifon *de la Rochette*.

<small>La maifon *de la Rochette*, d'ancienne chevalerie, dont la fouche eft en Auvergne, occupa de fes nombreufes branches, outre fon fiége originaire, le Velay, le Forez, le Vivarois, &c. Le fervice militaire de tous les temps, la tradition des Croifades, l'admiffion aux chapitres nobles, forment fes principaux reliefs. Elle eft maintenant éteinte en Forez & Vivarois, où de dignes héritières ont partagé fes belles poffeffions; mais elle eft encore dignement repréfentée, fous fon nom, en Auvergne, Velay, Charolois & Bourgogne. (*Note de l'éditeur*.)</small>

ST-THOMAS. — Paroiffe de St-Thomas-les-Nonains, ou la Garde. (Voyez aux mots *Monfupt, la Garde, les Pomeys*.)

Prieuré de St-Thomas audit lieu, établi par *Reynaud de Forez*, archevêque de Lyon, du confentement d'*Albert*, prieur de St-Romain-le-Puy, par une charte de l'an 1213. Ce prieuré avoit été fondé par *Guy, comte de Forez*, pour douze religieufes de chœur & fept converfes. L'archevêque, dans l'acte d'établiffement, accorde à la *prieure de St-Thomas* le patronage de la cure de St-Juft-lès-Velay, dite *in Jarezio*, lequel patronage *Bertrand* & *Jarente d'Ecotay* lui avoient cédé pour le falut de leur âme, en fe croifant contre les Albigeois. Ce prieuré & fes revenus, qui confiftent principalement en une rente noble, ont été unis au couvent *des Salles*, en Beaujolois.

<small>Aucune localité féodale ne nous retrace l'époque des Croifades plus que celle de St-Thomas. Ses voifins, les feigneurs d'Ecotay, figurèrent parmi les Croifés, auprès de nos comtes de Forez, d'une manière illuftre. *Bernard d'Ecotay*, d'abord chanoine de Notre-Dame de Montbrifon, puis chef des chapelains d'outremer fous faint Louis, confia, en 1250, à *Guy de Précieu*, prêtre forezien comme lui, un morceau de la vraie croix, qui, fuivant fa deftination, fut rapporté au prieuré de St-Thomas. — Voyez *Bernard ainé*, d'après la Mure, Vers fur Ecotay, Journal de Montbrifon, du 3 janvier 1858. — (*Note de l'éditeur*.)</small>

ST-VICTOR-SUR-LOIRE. — Paroiffe, châtellenie royale, dont la juftice s'exerce à St-Galmier, en conféquence de l'édit de 1774, & comprend la paroiffe de St-Victor-fur-Loire ; la parcelle de Landuzières & Cizeron, en la paroiffe de St-Geneft-l'Erpt ; le village de Bieffe, paroiffe de St-Maurice ; le village de Mérieux, en la paroiffe de Périgneux ; les villages de Vaffalieu & Notre-Dame de Grâce, en la paroiffe de Chamble ; les villages de Montfarmier, Chava & Chevieu, en la paroiffe de St-Rambert jufqu'au ruiffeau de Bonfon, qui fépare la paroiffe de St-Rambert de celle de St-Marcellin.

Cette châtellenie fut aliénée au marquis *de Néreftang*, par contrat du 17 décembre 1674, au prix de dix-huit mille deux cents livres, acquife, en 1711, par M. *Chapuis de Marniolas*, qui la vendit à M. *d'Arlos*, & *Pierre-Jofeph d'Arlos de la Servette*, fon fils, en prêta l'hommage le 10 juillet 1762. Elle a été revendue par engagement à fieur *Jean Berry la Barre*, pour mille cent quatre-vingts livres de rente, & le rembourfement de l'ancienne finance, par contrat du 10 feptembre 1763, enregiftré.

Prieuré de St-Victor & du Châtelet, qui confifte en un château dans une prefqu'île de la Loire, domaine audit lieu, dîme dans la paroiffe & rente noble.

L'églife de Ste-Foy du Châtelet & celle de St-Victor furent données en 1103, par *Hugues Ier*, archevêque de Lyon, à *l'abbé* de Ste-Foy de Conques-en-Rhodez, qui en eft le patron. C'eft pourquoi il eft dit dans le préambule du terrier du prieuré, de l'an 1406, figné *Roftaing*, que le prieuré du Châtelet, fous St-Victor en Forez, diocèfe de Lyon, dépend de l'abbaye & monaftère de Conques.

De la paroiffe & châtellenie de St-Victor-fur-Loire, dépendoit auffi l'arrière-fief de *la Terraffe*. — M. *Mollin*, tréforier de France, avoit obtenu, en 1690, de M. le comte *de Néreftang*, feigneur de St-Victor, baron de St-Didier, d'Aurec, &c., la conceffion du droit de chaffe, pêche excluſive dans la Loire ; maifon forte, pigeonnier, garenne, pour la maifon de la Terraffe érigée en arrière-fief, à la charge de prêter foi & hommage, & d'une redevance annuelle.

M. *Antoine Chovet*, élu en l'élection de St-Etienne, puis secrétaire du Roi & coseigneur de la baronnie de la Faye, en fit l'acquisition vers 1717, de la dame veuve *Mollin*, & relâcha, en 1750, cet arrière-fief comme partie de dot à sa fille *Hélène*, mariée ladite année à M. *d'Assier de Valenches*, écuyer, seigneur de Luriecq, dont la famille possède encore la Terrasse. (*Note de l'éditeur*.)

SALT-DE-COUZAN. — Paroisse de la justice de Couzan & prieuré.

SALT-EN-DONZY. — Prieuré de l'ordre de St-Benoît, en commande, dans la paroisse du même nom; justice de Donzy; sous le vocable de *St-Julien-de-Salt*. Cette église fut donnée, en 1018, au monastère de Savigny, *regnante Rodulpho rege*, par *Girin* de Salt & du Piney, & consiste en fonds, dîmes & cens.

SALUNAUD. — Rente noble de Salunaud, en la paroisse de St-Marcellin.

M. *Claude-Joseph Fredières*, procureur à Montbrison, en a prêté l'hommage le 10 juin 1722.

M. *Pierre-Josué Gérentet*, notaire à St-Rambert, en a prêté l'hommage le 6 septembre 1747, & a acquis de M. *Abraham Verd*, avocat, héritier du sieur Fredières, par contrat du 14 août 1746, reçu Boison, notaire à Sury, au prix de trois mille trois cent cinquante livres.

SAUVAGNERE. — Maifon, jardin, molière, ufine pour les fils de fer; le tout appelé Sauvagnère, en la paroiffe du Chambon; prés, terres, bois, affranchis au fieur *Matthieu-André Jourjon*, négociant, héraut d'armes, par le *feigneur de Feugerolles;* rente noble audit lieu & aux environs, acquife par le même de la dame *Vincent, veuve de Curnieu*, par acte du 7 juin 1760, reçu Jabouley, notaire à St-Etienne.

SAUVAIN. — Paroiffe de Sauvain, feigneurie ci-devant unie à celle de Couzan, qui avoit été acquife avec cette dernière, le 4 juin 1657, par *Jean de Luzy de Péliffac*, de *Louis de St-Prieft*, feigneur de *St-Etienne*, avec toute juftice fur partie de ladite paroiffe, vendue à noble *Antoine Mathon*, avocat à Montbrifon, par *Louis de Luzy*, feigneur marquis de Couzan, Châlain & Origny, au prix de quatorze mille livres, par contrat du 2 décembre 1772, reçu Hodin, notaire à Boën. M. Mathon en a prêté l'hommage le 19 décembre 1772, & l'a renouvelé, à caufe du joyeux avénement du Roi à la couronne, le 4 décembre 1776.

Il dépend de la cure dudit lieu une rente noble affife fur cette paroiffe.

SAVIGNIEU. — Paroiffe dont la juftice eft du Domaine du Roi, démembrée de la juftice de Montbrifon; engagée par contrat du 12 feptembre 1720, moyennant mille livres; ledit contrat enregiftré le 20 novembre 1729.

Le prieuré de Savignieu, ci-devant en commande de l'ordre de St-Benoît, dépendant de la Chaize-Dieu, fut fondé, en 930, par *Gérard, comte de Forez*, & a été uni, ainfi que la manfe conventuelle, au collége de Montbrifon, en 1783; les échevins, au nom de la communauté, en ont pris poffeffion après le décès de l'abbé *Rat de Mondon*, prieur commandataire, en 1786.

SERRE. — Rente noble de Serre, qui fe lève aux paroiffes & juridictions de *la Tour-en-Jarez*, *St-Jean-de-Bonnefont* & lieux circonvoifins. Elle confifte, en argent, trois livres dix fols; froment, neuf bichets; feigle, douze bichets; avoine, vingt-cinq ras, le tout mefure de Jarez; foin, deux faix; gélines, neuf; poulets, fept.

Jean Bérardier de la Chazotte, écuyer, en a prêté l'hommage le 16 janvier 1674, & en a fourni le dénombrement, reçu le 11 août 1676. (Voyez au mot *Grézieu*.)

SERRE. — Rente noble de Serre ou Cizeron, en la paroiffe de St-Geneft-l'Erpt, fur le village de Cizeron.

Sieur *Claude Marcoux*, marchand; *Jeanne Pacatel*, fa femme; *Jean-Baptifte Marcoux*, leur fils, ont vendu cette rente noble, par actes des 14 & 19 mars 1781, reçu Teyter, notaire à St-Etienne, à fieur *Pierre Rigaud*, commiffaire à terrier. Elle confifte, en argent, fept livres fix deniers; gélines, quatre; feigle, vingt bichets *fecous* & *ras*, mefure de St-Rambert; au prix de mille deux cents livres.

Par autre acte paffé en novembre 1785, reçu du même notaire, le fieur *Rigaud* a modéré tout ce cens à un denier fur chaque pièce d'héritage, & le lods au cinquantième denier, en faveur du fieur *Payre*, marchand, & des enfants *Partarieu*, poffédant les biens fitués audit lieu de Cizeron. (Voyez aux mots *Entremont, Cizeron*.)

SEVERT. — Fief de Sévert, en la paroiffe de St-Marcel-de-Félines.

M. *Jean-François-Camille Flachères*, ancien maître des requêtes, en 1760, au Parlement de Dombes, demeurant à Roanne, & dame Antoinette *Martin des Granges*, fon époufe, font poffeffeurs de ce fief.

SOUTERNON. — Paroiffe, feigneurie de Souternon.

Cette feigneurie, ainfi que celle de *Buffy*, furent vendues par le *connétable de Bourbon* à dame *Antoinette de Beauveau*, veuve de *Pierre d'Urphé*, fous la réferve du reffort, fupériorité & hommage, par contrat du 10 février 1517, au prix de huit cents livres.

Dame *Louife Pérachon de Sénozan*, veuve de M. *Georges-Antoine de la Chaize-d'Aix*, lieutenant-général des armées du Roi, a prêté l'hommage de Souternon, St-Germain-Laval, la Chaize & Aix, le 7 février 1721.

Jofeph de Monteynard, marquis de *Montfrain*, l'a prêté pour Souternon le 18 août 1755. (Voyez aux mots *Buffy, Aix*.)

Jean-Marie-Antoine Ramey de Sugny, écuyer, a acquis la terre fief de Souternon, & rente noble de *Pierrelas*, de *Jofeph, marquis de Monteynard de Montfrain*, de François, comte de *Monteynard*, fon fils, & de *Marie-Anne du Bourg de St-Polgues*, époufe dudit feigneur marquis de Monteynard, par acte du 6 juillet 1780, reçu Milleran, notaire à Montceau, province de Brionnois, & en a prêté l'hommage le 3 août 1780. (Voyez aux mots *Sugny, Génétines, Vinols.*)

SUGNY. — Fief de *Sugny, Grénieu;* rentes nobles en la paroisse de St-Just-en-Chevalet; celles de *la Merlée* & *Taillefer.*

François-Marie-Vital Ramey de Sugny, chevalier, conseiller au Parlement de Metz, en a prêté l'hommage le 3 avril 1761. (Voyez aux mots *Souternon, Génétines, Bufferdan.*)

SUGNY. — Fief de l'ancien château de Sugny, en la paroisse de Nervieu.

Noble *Noël Boyer de Montorcier*, conseiller au siége de Forez, en a prêté l'hommage le 4 décembre 1751, & a acquis de M. *de Pontchartrain*, en démembrement de Nervieu, par acte du 8 septembre 1751, reçu d'Aoust & Marchand, notaires à Paris. (Voyez au mot *Nervieu.*)

La belle terre de Sugny & son château dominant le riche paysage des rives de la Loire à Balbigny, sont devenus l'apanage de l'honorable & forezienne famille *Meaudre*. Elle y représente héréditairement MM. *Boyer de Montorcier*, qui prirent le nom de *Sugny*, comme le portent dignement & par continuation leurs successeurs actuels. (*Note de l'éditeur.*)

SURY-LE-BOIS. — Châtellenie de Sury-le-Bois, en la paroisse de Valeilles & St-Cyr-les-Vignes, en toute justice, du Domaine du Roi.

Le château de Sury-le-Bois, aujourd'hui en ruine, étoit un château de chasse des comtes de Forez. Une vieille chronique prétend qu'ils le destinoient aussi à d'autres plaisirs, & que les illustres acteurs des Croisades trouvoient dans les environs des réminiscences de férail au petit fief de *la Brosse*. Quoi qu'il en soit, tout sembloit à Sury se rapporter à la chasse. Une immense prairie, qui a retenu le nom de *Pré des Comtes*, fournissoit le fourrage des chevaux; il y avoit des redevances considérables en orge, pour la nourriture des chiens, & les vastes forêts avoisinantes étoient des plus giboyeuses.

Cette châtellenie avoit été engagée, en 1543, à *François Folasson* de Lyon, & dernièrement à *Hugues d'Espinasse*, prévôt de la maréchaussée, le 1er juillet 1718, au prix de trente-neuf mille quarante livres; le contrat enregistré le 21 mai 1719.

Urbain de l'Espinasse, aussi prévôt de la maréchaussée, en a prêté l'hommage le 17 février 1755.

Sieur *Jean-Pierre Plasson*, bourgeois de Lyon, qui a acquis cette châtellenie de M. *de Laurencin*, héritier de M. *de l'Espinasse*, par contrat du 1er avril 1758, reçu Roche & Paton, notaires à Lyon, en a prêté l'hommage le 30 mai suivant. (Voyez au mot *la Combe*.)

Il dépendoit de cette châtellenie une forêt en taillis chêne, de cent cinquante-huit arpents, qui a été abénévisée au sieur *Plasson*, ainsi qu'un domaine dit *Nizon*, & autres objets, moyennant une redevance en grains, dont il a été parlé au mot *la Combe*.

A la porte du château s'étendoit au sud-est un vaste territoire couvert de superbes chênes, traversé par une route pavée; c'est sur cet emplacement que M. *de la Combe* fit construire, vers 1790, après le défrichement, l'étang dit de Sury. On avoit transporté sur sa bonde une vieille croix de pierre, dont la base portoit encore sculptée *l'épée de connétable*. C'étoit un vieux témoin des grandeurs de la localité. MM. *de Poncins* ont acquis de M. *de la Combe* l'étang & la forêt de Sury, vers 1810. (*Note de l'éditeur.*)

SURY-LE-COMTAL. — Sury-le-Comtal, St-Romain-le-Puy, paroisses en toute justice.

Le 9 août 1609, *le Roi* changea les terres du *Monceau* & partie de *Fontainebleau*, avec *Gabrielle d'Allonville*, veuve de *Guy de Rochechouart*, à qui il donna, en contre-échange, les terres de *Sury, St-Romain, Monsupt* & *St-Marcellin*, par contrat reçu Thibaud & Haudessus, notaires à Paris ; les lettres-patentes de ratification sont du même mois, suivies d'un procès-verbal d'évaluation.

Au mois de janvier 1277, *Guy, comte de Forez*, affranchit les habitants de Sury, qui résidoient depuis la maison de *Robert*, chapelain de l'église de Bonson, jusqu'à la maison de *Gonette-des-Grues*, & depuis le béal de son moulin jusqu'au territoire *des Verchères*, de la layde du marché de Sury, du péage, du fournage, des dîmes & charnage, & de tous droits d'entrée & de sortie au marché; des charrois; il règle le lods au douzième denier, moyennant cinquante livres viennoises.

Les limites de la seigneurie de Sury, lorsqu'elle étoit sous la main des comtes de Forez, étoient décrites & rappelées dans la sentence donnée le 1ᵉʳ février 1499, par *Tavard*, juge, signée *Durantet*, greffier, entre M. *André Hippolyte*, procureur général du comté de Forez, & noble *Jacques de Veauche*, écuyer, seigneur de Veauchette.

Noble *Christophe de la Frasse*, conseiller en la sénéchaussée de Lyon, a acquis Sury & St-Romain qui, originairement, composoient deux seigneuries & châtellenies, de *François de la Rochefoucauld*, marquis de *Rochebaron*, & de dame *Françoise de la Rochefoucauld de Foudras*, par acte reçu Saulnier & Perrin, notaires à Lyon, du 5 juin 1735, au prix de cent mille livres; de treize mille livres de pension viagère, & en outre d'une pension de neuf cents livres, au prébendier prieur de la Mercy; celle de quinze livres aux cordeliers de Montbrison; cent soixante bichets seigle au greffier secrétaire du Domaine; soixante-quatre bichets à l'exécuteur de la haute justice à Montbrison; le tout mesure de Montbrison.

Cette terre consiste en un château, rentes nobles, lods, mi-lods, layde, fours & pressoirs banaux; le greffe de Sury, une portion de dîme en la paroisse de St-Cyprien; douze domaines, la dîme du vin, froment, feigle, orge, avoine, dans la moitié de la paroiſſe de Sury ; le droit de nomination & collation du prieuré de Notre-Dame de la Mercy, audit Sury.

Cette terre appartenoit au feigneur de *Rochebaron*, comme légataire univerfel de dame *Magdelaine d'Efcoubleau de Sourdis*, ſa mère, qui étoit héritière de *Louis d'Efcoubleau*, ſon frère, qui avoit ſuccédé à meſſire *Jacques de la Veuhe*, feigneur de Montagnac, lequel avoit acquis leſdites terres de la dame *Gabrielle d'Allonville*. (Il y avoit eu une alliance entre les *d'Efcoubleau* & les *la Veuhe*.)

Le fieur *Chriſtophe de la Fraſſe* en a prêté l'hommage le 10 novembre 1735, & ci-devant *François de la Rochefoucauld* l'avoit prêté le 8 octobre 1722. M. *de la Fraſſe* en a donné le dénombrement, reçu le 25 juin 1736.

Claude de la Fraſſe, chevalier, en a prêté l'hommage le 8 août 1753, & l'a renouvelé à cauſe du joyeux avénement du Roi à la couronne, le 14 décembre 1776. (Voyez aux mots *St-Marcellin*, *Monſupt*, *Chenereilles*, *Veauchette*, *Eſſalois*, *Bataillou*.)

Nous avions vu, à *Sury-le-Bois*, nos comtes adonnés aux plaiſirs de la chaſſe ; *Sury-le-Comtal* nous les montre dans tout leur appareil princier. Cette réſidence, aimée & embellie par eux, dans un ſite choiſi, preſque au centre de leur domination ſuzeraine, rempliſſoit de tous points ſa brillante deſtination. Voyageurs ou touriſtes qui avez fait le parcours de Montbriſon à St-Rambert-ſur-Loire, n'avez-vous pas été ſaiſis d'une artiſtique admiration en abordant Sury par les frais ombrages qui bordent ſa rivière? Guidés d'avance au travers de la plaine par le haut clocher gothique, vous apercevez bientôt la façade du château. Ses ornements, de l'époque de François Ier, ont adouci l'aſpect de l'ancien manoir féodal ; les uſages & le luxe modernes l'ont tout-à-fait humaniſé. Au travers de la majeſtueuſe grille, vos yeux ſe promènent dans le parc & les parterres qui environnent le château. Tout y eſt beau, grandioſe & ſans effort ; vous ſemblez jouir d'un admirable payſage du *Pouſſin*. Il ſe compoſe de magnifiques nappes de verdures encadrées d'arbres romantiques, ſe reflétant dans de vaſtes pièces d'eau. L'enceinte elle-même eſt un courant limpide fourni par *la Mare* deſcendant des montagnes voiſines.

L'impoſante habitation vous a donné entrée ſous le bon accueil de ſes poſſeſſeurs actuels, &, en parcourant une ſuite de vaſtes appartements bien entretenus, vous reſpirez partout les nobles & grands ſouvenirs du pays qui, dans l'un de ſes ſomptueux châteaux, vous offre auſſi un véritable muſée hiſtorique. Vous ne ſortirez pas ſans ſavoir que vos eſtimables & gracieux hôtes, MM. *Jordan de Sury*, ſuccédèrent, par acquiſition, vers 1790, à la famille *de la Fraſſe*, venue auſſi de Lyon & naturaliſée dans notre Forez. La conſidération des charges publiques entouroit ces deux familles fur le fol lyonnois; mais la première eft éteinte, tandis que celle de nos compatriotes de Sury, tout en confervant à Lyon un nom diftingué dans plufieurs de fes membres, continue la poffeffion de la plus belle terre du pays, qui, dépouillée aujourd'hui de fes droits féodaux, a dédommagé fes maîtres par l'attachement de toute la contrée. (*Note de l'éditeur.*)

SURY. — Prieuré de Sury-le-Comtal, en commande, & confifte en dîmes en ladite paroiffe de Sury, celle de Magnieu-Haute-Rive & Châlain-le-Comtal.

M. *Gay*, fupérieur du féminaire de St-Charles de Lyon, prieur actuel.

TAILLEFER. — Rentes nobles de Taillefer. (Voyez aux mots *Sugny, Tréméolles.*)

TARON. — Seigneurie de Taron en Roannois.

Jean Goyet de Livron, écuyer, receveur des tailles à Roanne, en a donné le dénombrement, reçu le 4 feptembre 1756.

Il a renouvelé l'hommage à caufe du joyeux avénement du Roi à la couronne; enfemble pour *Beaucreffon*, & comme cofeigneur du bourg & franchifes de *Renaifon* & *St-Haon*, le 7 feptembre 1776. (Voyez aux mots *Beaucreffon, Magnieu-Haute-Rive.*)

TAURIAC. — Rente noble de Tauriac ou de *Vacherolles*, qui fe lève au lieu de Tauriac, paroiffe de Bas-en-Baffet, & confifte, argent, quatre livres un denier; froment, une carte cinq coupes; avoine, douze ras cinq coupes; droit de taille aux quatre cas; feigle, dix-neuf cartons une coupe; vendue à *Antoine de Droffanges*, écuyer, fieur *Dufieu*, demeurant dans fa maifon Dufieu, paroiffe de St-Julien-d'Ance, par dame *Antoinette de Rochebaron*, comteffe de Rochebaron, baronne d'Ambert, St-Pal, Tiranges, veuve de *Claude des Serpents*, comte de *Gondras;* ladite rente noble dépendant de fa terre de St-Pal, & provenant de celle de la *Tour des Sauvages*, au prix de fix cent vingt livres, par contrat du 20 feptembre 1753, reçu Chalette, notaire à St-Pal.

TIRANGES. — Paroiffe; *Boiffet-lès-Tiranges*, paroiffe; *Chaumont, Montagnac, Fournier*, fiefs.

La juftice de *Chalencon* en Velay, qui appartient à M. *de Polignac*, comprend une partie de la paroiffe de Tiranges; l'autre partie de juftice appartient à M. *de Gayardon*, comte *du Fenouil*.

Laurent de Gayardon, chevalier, en a prêté l'hommage le 11 juin 1722. (Voyez aux mots *Neyrieu*, *Ste-Foy-l'Argentière*.)

TORTOREL. — Fief de Tortorel-la-Chapelle, en la paroiffe d'Eftivareilles, qui a moyenne & baffe juftice; la haute juftice appartient à Marandières, dont Tortorel a été démembré.

M. *Jean de Perey*, lieutenant en la châtellenie de Montbrifon, en a prêté l'hommage le 6 mai 1722.

M. *Jacques-Philippe François*, notaire à St-Bonnet, a acquis de M. *Claude-Joseph Franchet*, avocat, & de la dame *de Perey*, son épouse, par contrat du 1ᵉʳ janvier 1753, reçu *Morel*, notaire, & en a prêté l'hommage le 22 avril 1755.

Ledit M. *François* a aussi acquis une rente noble, assise sur les villages *du Fraisse, Fougerolles*, de la paroisse de Luriecq, & sur celle de St-Bonnet-le-Château, de *Benoît-Charles de Flachat d'Apinac*, par contrat du 3 juin 1763.

TRAQUET. — Rente noble de Traquet, en la paroisse de St-Just-en-Chevalet & St-Priest-la-Prugne.

Matthieu Pollet, bourgeois à Champoly, en a prêté l'hommage le 27 février 1761, & avoit acquis de sieur *Mallet de Vandègre*, seigneur de la Goutte.

Sieur *François Imbert*, demeurant à Roanne, fils & héritier d'*Anne-Thérèse Pollet*, qui l'étoit de *Matthieu Pollet*, possède cette rente noble.

TREMEOLLES. — Rentes nobles de Tréméolles, Montagnac, Taillefer & Mons, dans les paroisses de St-Pal, Boisset, Tiranges, Usson.

Jean de Saignard de Sasselanges, écuyer, a acquis d'*André Chapuis*, sieur *de la Goutte*, par contrat du 10 février 1729, & reçu Peyssal & Bodet, notaires.

Jean-Dominique de Saignard, chevalier, seigneur de *Sasselanges*, en a prêté l'hommage le 2 octobre 1752.

TREMOLLEN. — Fief de Trémollen, en la paroiffe de St-Juft-en-Chevalet.

Barthélemy du Boft en a prêté l'hommage le 26 avril 1674, avec dénombrement, reçu le 27 feptembre fuivant.

M. *Pierre du Boft* l'a prêté le 5 mai 1722.

Noble *Claude du Boft*, avocat, l'a prêté le 10 juin 1754, & l'a renouvelé à caufe du joyeux avénement du Roi à la couronne, le 25 avril 1777.

TREZETTE. — Fief de Trezette, paroiffe de Villechenève. (Voyez au mot *la Rivière*.)

Un arrêt appelé *de Trezette*, rendu en 1472, & qu'a confirmé une fentence des Requêtes du palais, de 1664, a jugé qu'il n'étoit dû aucun droit à la mutation de nouveau feigneur & de nouveau tenancier du père au fils, quoique les habitants de Paniffières s'y fuffent obligés par une tranfaction de 1432, & quoique le droit eût été reconnu dans deux terriers fubféquents & payé à chaque mutation. Tous ces actes ont été écartés parce qu'ils n'avoient aucun rapport au titre primordial & aux anciennes reconnoiffances.

TROCESAR. — (Voyez au mot *Fontanès*.) (Du latin, *retro Cæfar*, ou *tropheum Cæfaris*.)

UNIAS. — Paroiffe d'Unias. (Voyez au mot *Cuzieu*.)

Une tranfaction paffée entre MM. *André Dupuy*, curé d'Unias, & religieufe perfonne frère *Claude de Rochebaron*, commandeur de St-Jean-de-Montbrifon, du 8 juin 1606, porte que le commandeur remet au curé la dîme des communaux d'Unias, en ladite paroiffe feulement, non compris celle qui fe lève à Craintilleu & Meylieu, fous la condition que le curé fera fa réfidence à l'Hofpital-le-Grand, ou y tiendra un prêtre pour les fervices divins & adminiftration des facrements; à la charge auffi, par le curé, de payer au curé de St-Jean-de-Montbrifon ce qu'il a coutume de prendre annuellement fur les communaux d'Unias; & le curé d'Unias cède au commandeur la rente de la confrérie de l'Hôpital, & lui remet le terrier figné *Rochon*, notaire, & l'acte de confentement des habitants.

URBISE. — Paroiffe d'Urbife, en toute juftice, limitrophe du Bourbonnois.

Dame *Marie de la Guiche*, ducheffe douairière de *Ventadour*, en a prêté l'hommage le 22 feptembre 1673, & en a donné le dénombrement, reçu le 3 juillet 1681.

Jean-Baptifte de Gallois, chevalier, feigneur de la Tour, Urbife, Gleney, Baffoly-le-Nox, Dompierre, demeurant en fon château de St-Aubin, en a prêté l'hommage le 20 août 1774, pour les feigneuries de la Tour & Urbife. Il l'a renouvelé à caufe du joyeux avénement du Roi à la couronne, le 31 décembre 1776.

URPHE ou URFE. — Seigneurie d'Urphé; St-Juſt-en-Chevalet, Buſſy, la Baſtie, Ste-Agathe, St-Didier-ſur-Rochefort, St-Laurent.

La ſeigneurie de St-Juſt fut vendue, par *le connétable de Bourbon*, à Pierre d'Urphé, grand écuyer de France, en 1507.

Toutes ces terres réunies conſiſtoient au château d'Urphé en ruines, paroiſſe en toute juſtice, rente noble; la paroiſſe de St-Thurin, celle de Champoly, celle de Juré, celle de St-Romain-d'Urphé, celle de St-Juſt-en-Chevalet, celle de Rochefort, celle de St-Didier-ſur-Rochefort, celle de St-Laurent-en-Solorre, celle de Ste-Agathe, celle de St-Etienne-le-Molard, celle de Chéré, partie de St-Prieſt-la-Prugne, partie de St-Martin-la-Sauveté, partie de St-Romain-d'Urphé, cinq hameaux dans celle de Cremeaux.

Alexis-Jean de Laſcaris d'Urphé, marquis du Châtelet, au nom d'*Adélaïde-Marie-Thérèſe de Laſcaris de la Rochefoucauld d'Urphé*, en a prêté l'hommage le 6 ſeptembre 1754.

François-Louis-Hector de Simianne en a prêté l'hommage le 23 août 1768, ſous la dénomination de *comté d'Urphé*, châtellenies de St-Juſt, Buſſy, & ſeigneuries de Rochefort, unies audit comté par lettres-patentes accordées à Anne d'Urphé, au mois d'août 1578.

Ledit ſieur de Simianne a renouvelé l'hommage à cauſe du joyeux avénement du Roi à la couronne, le 3 décembre 1776.

Durand Antoine de Meaux, écuyer, ſeigneur du Perrier, lieutenant-général au bailliage & ſénéchauſſée de Forez, juge domanial, a prêté l'hommage du comté de St-Juſt-en-Chevalet, marquiſat d'Urphé, & des fiefs & ſeigneuries du Perrier, Merlieu, rente noble de la Baſtie. Le comté de St-Juſt & marquiſat d'Urphé, par lui acquis dudit ſieur *de Simianne* & de *Charles-François*, comte *de Simianne*, & la dame *Marie-Eſther-Emélie de Sévérac*, épouſe dudit ſieur de Simianne, père; par contrat reçu Barrieu, notaire à Montbriſon, du 16 octobre 1781. (Voyez aux mots *Julieu, Buſſy, la Baſtie.*)

Ce feroit le cas de rappeler ici, dans ſes faſtes, la maiſon *d'Urphé*, qui doit ſon origine à un ſeigneur allemand du nom de *Wlphe*, venu en Forez à la ſuite du roi Louis-le-Gros, en 1126, retenu & fixé dans le pays par une belle alliance. Elle prit rang, de tous temps, dans la plus haute nobleffe, & y ajouta encore les grands emplois, les charges de la cour & la célébrité littéraire. En 1554, les d'Urphé, en s'alliant à la maifon de Savoie qui tenoit aux *Lafcaris* par les femmes, juftifièrent leur prétention de defcendre des plus nobles races du monde : de celle de *Charlemagne* par les *Ulphe*, & par les *Lafcaris* des empereurs de Conftantinople.

Les ruines du château d'Urphé, du haut de nos montagnes, projetant au loin l'afpect de leurs *cornes* menaçantes (1), ont confervé leurs vieilles légendes. L'empreinte d'une main fanglante redit encore que les maîtres y furent affaffinés, par leurs domeftiques, dans une nuit de l'année 1418. Un rejeton abfent perpétua la famille, qui continua de fleurir pendant trois fiècles dans fes grands honneurs, jufqu'en 1724, qu'elle s'éteignit à défaut d'héritiers mâles. Deux fubftitutions fucceffives la relevèrent par les femmes dans les maifons *de Larochefoucauld-Langeac* & *du Châtelet*, pour prendre fin, avec le dernier marquis de ce nom, dans les prifons révolutionnaires de 1793. Ses biens (ceux de la maifon d'Urphé) avoient été décrétés depuis longtemps, & adjugés au marquis *de Simianne*, qui les démembra & aliéna dans notre pays, comme il eft rapporté ci-avant. (Voyez Les d'Urphé, par M. *Augufte Bernard*. Paris, Imprimerie royale, 1839.) (*Note de l'éditeur*.)

(1) *Les cornes d'Urphé*, dicton populaire.

URPHE. — *Prébende*, ou commiffion de meffes dotée d'une rente noble qui fe lève en la paroiffe d'Arthun & autres, & d'une dîme au hameau de Serres, paroiffe de St-Laurent-en-Solorre.

M. *Nicolas de Roure*, chanoine de l'églife collégiale de Thiers, prébendier.

USSON. — Bourg & paroiffe d'Uffon. La moitié du bourg qui comprend le clocher, & la moitié de la paroiffe tout en Forez, l'autre moitié en Auvergne.

Cette feigneurie eft unie à celle d'Ecotay. Uffon vient d'*Iffidmagus;* il étoit traverfé par une voie romaine de *Forum* (Feurs) à *Segodunum* (Rhodez), dont il étoit une ftation, & qui devint depuis, la *Via Bolena* du moyen-âge.

Poncet de Rochebaron en fit hommage au *comte de Forez*, le 27 février 1248. (Voyez aux mots *Ecotay, Pontempérat, Valenches*.)

Uſſon, ſur les limites du Forez, du Velay & de l'Auvergne, outre ſes reliefs d'antiquité, fut ſous la féodalité une des ſeigneuries importantes de nos montagnes. Elle appartint toujours aux grandes maiſons du pays. Après les *Rochebaron*, elle paſſa aux *la Roue*, non moins conſidérables, pour être poſſédée enſuite par les *St-Martin d'Aglié*, puiſſante maiſon piémontoiſe, qui la diviſa & l'aliéna après la ſuppreſſion des droits féodaux par la Révolution.

Il y a un autre *Uſſon* en Auvergne, près d'Iſſoire, célèbre par ſon château, eſpèce de priſon d'Etat où fut renfermée Marguerite de Valois, première femme d'Henri IV, & où la cour aſſidue que fit à cette princeſſe *Honoré d'Urphé*, valut à l'auteur de l'Aſtrée la diſgrâce du Roi, qui le fit arrêter à Feurs, comme il le raconte lui-même dans ſes Epiſtres morales. (*Note de l'éditeur*.)

UZORES. — Les étangs d'Uzores, en la paroiſſe de St-Paul-d'Uzores, appelée *Louabes*, le grand & le petit *marais* & *rives*, dépendant du Domaine du Roi.

Sieur *Jean-Marie Lafont*, ancien capitaine de cavalerie au régiment de Royal-Rouſſillon, en a été engagiſte.

Bail emphytéotique, ou contrat d'inféodation, paſſé à M. *Pierre Challaye*, conſeiller au Parlement de Dombes, moyennant ſix cents livres de rente, du 6 février 1765, enregiſtré.

Bois d'Uzores, dans les paroiſſes de Châlain & de St-Paul-d'Uzores, ſous la main du Roi, en taillis eſſence chêne, & de l'étendue de cent quatre-vingt-quinze arpents, réglés en coupes, dont la vente ſe fait annuellement par les officiers de la maîtriſe des eaux & forêts. (Voyez au mot *Goutelas*.)

VALBENOITE. — (*Vallis-Benedicta*.) Abbaye royale de Valbenoîte, en la paroiſſe de St-Etienne, ordre de Cîteaux, en toute juſtice, dîmes, rentes nobles, domaine, partie de la dîme de St-Cyr-lès-Vignes, terre & ſeigneurie de Graix, auſſi en toute juſtice.

Seule abbaye d'hommes de l'ordre de Cîteaux, au comté de Forez, fille de celle de Bonnevaux en Dauphiné, fondée fuivant *le Laboureur*, par *Ponce d'Urgel*, vers l'an 1150, & la maifon bâtie en 1222.

Les comtes de Forez *Guy II* & *Guy III* mirent cette abbaye fous leur fauvegarde & protection, & confirmèrent les donations faites par *Briant de Ladvieu* & *Pons de St-Prieft*.

Wilhelmine de Rouffillon, veuve de *Guy II* & mère de *Guy III*, dota cette abbaye, en 1195, des fonds qu'elle avoit fur les rives du Furans, dans les montagnes de Villebœuf & de Montferré, à l'Ile-Barbe & dans la terre de Rochetaillée.

Le 18 août 1373, le comte de Forez permit aux religieux de fortifier leurs bâtiments par tours, foffés, &c.

Le promoteur, dans fon réquifitoire à Mgr *de Tencin*, archevêque de Lyon, du 9 mars 1757, à l'effet d'obtenir l'union de ladite abbaye aux cures de St-Etienne, dit que les quatre religieux qui deffervent cette églife font fimples manfionnaires, fous le titre de bénéfice régulier ou d'offices clauftraux, mais fous les fimples obédiences de l'abbé & fupérieur général de l'ordre. Toutes leurs fonctions fe bornent à pfalmodier chaque jour l'office divin, & à faire chaque femaine une diftribution de pain aux pauvres des environs; aumône qui peut être en ufage dans toutes les maifons de l'ordre, & l'une des claufes de la fondation faite, en 11...., par *Pons, feigneur de St-Prieft*.

La maifon de Valbenoîte a été incendiée & reconftruite en 1780.

L'ordre de Cîteaux a obtenu des lettres-patentes de confirmation de fes priviléges, avec attribution de juridiction au Grand-Confeil, au mois de mars 1719, enregiftrées au Grand-Confeil, le 24 du même mois.

Nous ne quitterons pas Valbenoîte fans rappeler ici l'intéreffant article que M. *de Latour-Varan* lui a confacré dans fes Chroniques des châteaux & abbayes du Forez, page 253. Nous y recueillons les particularités fuivantes :

Benoite de la Valette, fille d'un feigneur voifin, fit conftruire les premières cabanes de folitaires de Valbenoîte, dans une forêt dépendante des poffeffions de fon père. Quelques autres feigneurs d'alentour prêtèrent leur concours pour fonder l'abbaye, principalement *Pons d'Urgel*. Les comtes de Forez, protecteurs auffi, inaugurèrent la conftruction du monaftère en 1184. Le premier état de l'abbaye fut troublé, en 1358, par l'invafion des

Anglois, qui, après n'avoir laiffé à St-Etienne que des ruines fumantes, fe ruèrent fur l'abbaye, dont ils brûlèrent les bâtiments, & comprirent dans la dévaftation tous les titres & papiers. *Jeanne*, comteffe de Forez, la fit reftaurer en 1372, & la fortifia de remparts. Dans les hauts perfonnages de la localité, auxquels elle adreffe les lettres-patentes à ce fujet, figurent *Humbert d'Urgel*, chevalier, feigneur de St-Prieft, & *Guillaume de Sallemard*, damoifeau, châtelain de la Tour-en-Jarez. A l'époque des guerres de religion du XVIe fiècle, *l'amiral de Coligny* s'étoit emparé de St-Etienne, en 1570, & s'y cantonna. Ses farouches foldats fondirent fur Valbenoîte, en maffacrèrent & difpersèrent les moines, détruifirent les fortifications, firent fauter les voûtes de l'églife, & pillèrent l'abbaye de fond en comble. La pacification revenue, les bénédictins réparèrent leurs ruines & avoient retrouvé leur état habituel, lorfqu'en 1780 arriva un nouveau défaftre, l'incendie des bâtiments. Pour les reftaurer, l'Ordre lui-même prêta des fecours, & l'abbaye de *la Seauve* concourut pour la moitié des frais. Il y eut enfuite un autre incendie, qui précéda de bien peu le cataclyfme révolutionnaire qui abolit les couvents. Lors de la fuppreffion, en 1790, le prieur & quatre religieux formoient tout le perfonnel de l'abbaye. Leurs fonctions ne confiftoient plus qu'à dire l'office & à diftribuer régulièrement les aumônes prefcrites. Dom *Brun* fut le dernier abbé; il fe fignala par fon fafte & les habitudes mondaines d'un ancien officier de cavalerie, fa primitive profeffion; il ferma les portes de l'abbaye.

Parmi les prieurs de Valbenoîte, en général tirés de maifons marquantes, figurent : *Robert de Rochefort*, 1337; *Hugues de Torrenche*, 1377; *Guillaume Maftin de la Merlée*, 1484; *Pierre d'Angérieu*, 1499; *Antoine de St-Prieft*, 1527; *Jean de Laurencin*, 1541; *Antoine de Rochefort*, 1551; trois *de Maffo*, dont l'un reftaurateur de l'abbaye en 1576, après le paffage des proteftants; *François d'Albon*, 1650; *Jacques de Forcieux de Rochetaillée*, 1680; & enfin dom *Brun*, qui termine la lifte des abbés. (*Note de l'éditeur.*)

VALEILLES. — Paroiffe de Valeilles, juridiction de Feurs.

Au couchant de fon territoire étoit fitué le château féodal de Sury-le-Bois, fouvent illuftré par le féjour de nos comtes de Forez, & d'où font datées nombre de leurs ordonnances.

Dans la direction du nord, fur les confins, au lieu de féparation des routes de Valeilles & de Sury, exifte l'étang de *la Croifette*, fur les bords duquel deux gentilshommes du voifinage, dont l'un du nom de *Tricauld*, vidèrent une querelle l'épée à la main. L'un d'eux fuccomba, & fon adverfaire, par une fondation expiatoire faite à l'églife de Feurs, obligea fon clergé de venir tous les ans proceffionnellement au lieu du finiftre, marqué encore par une croix. (*Note de l'éditeur.*) (Voyez aux mots *Sury-le-Bois, la Combe, le Soleillant.*)

VALENCHES. — Rente noble de Valenches, paroiffe de Marols.

Pierre Bonnet d'Affier, écuyer, dont le père fut confeiller au Parlement de Dombes, prêta le dernier hommage le 14 décembre 1776. Il tenoit de fes auteurs, & ceux-ci héréditairement & remontant à une époque très reculée, le patrimoine & terre de Valenches. On y retrouve des *Affier* (*Afferii*) poffeffionnés, en 1330 & au-delà.

En 1299, il y eut un échange par lequel *Jean, comte de Forez*, donna à *Odon de Seneuil* (*Odo de Senolio*), riche feigneur du Velay, fur la rivière d'Anfe, la terre de Valenches & celle de Luriecq, démembrées de fa vafte feigneurie de St-Bonnet-le-Château, pour recevoir de lui, en retour, le village de *Liffac-fous-Uffon* & fes dépendances, dont le comte de Forez vouloit gratifier fon voifin le comte d'Auvergne, en délimitation des deux provinces.

En 1417, d'après le terrier *Chalencon*, vivoit à Valenches *Durand-Affier*, poffeffeur de la plus grande partie du territoire. Ses fucceffeurs, jufqu'à l'avénement de Henri IV, l'avoient encore agrandi. A cette époque eut lieu la féparation de la branche établie enfuite en Lyonnois, & devenue celle des barons de *la Chaffagne*. Pierre d'Affier, en 1652, par fon alliance avec Catherine *de Châtelus*, fille de *Jeanne de St-Prieft d'Albuzy*, ne laiffoit plus qu'un feul petit héritage étranger. Enfin, fon fils du nom de *Jean*, en 1700, réuniffoit dans fes mains, outre d'autres chevances dans le voifinage, la totalité de Valenches, avec tous les droits utiles & honorifiques auxquels il avoit joint la feigneurie de Luriecq.

Les château & village de Valenches ont été rebâtis, en 1840, par les deux frères MM. *Pierre & Jofeph d'Affier*, unis de cœur & de fentiments dans cette œuvre régénératrice qui confacre plus de cinq fiècles de poffeffion conftante dans leur lignée directe. C'eft un titre modefte, mais réel, qu'ils lèguent à leurs fucceffeurs. Le chef de la famille, auteur de la préfente publication, continue d'être apanagé de ce patrimoine primordial, & deux générations d'héritiers mâles le fuivent, iffues de fon alliance avec Demoifelle *Adélaïde de la Barthe de Thermes*. (*Note de l'éditeur.*)

(Voyez au mot *Luriecq*.)

VAL-JESUS. — Monaſtère de Camaldules, en la paroiſſe de Chamble, qui fut fondé & doté, ſuivant l'acte reçu Faure, notaire, le 12 février 1633, par *Vital de St-Paul*, prêtre de la congrégation de l'Oratoire, prieur de St-Germain-l'Herm, à la charge de trois meſſes baſſes, réduites à une, par ordonnance du 1ᵉʳ mars 1696.

La terre & ſeigneurie d'*Eſſalois*, ſituée tout auprès, dépend de ce monaſtère. (Voyez aux mots *Eſſalois*, *Vaſſalieu*.)

Touriſtes avides d'impreſſions, ne paſſez pas près du *Val-Jéſus* ſans venir le viſiter. Les aſcenſions au Mont-Blanc ſont célèbres; il s'agit ici de la deſcente dans une profonde enceinte formée par les rochers de la Loire. Vous y trouverez une véritable Thébaïde, & les cellules encore debout des hommes de Dieu qui vinrent y oublier le monde en cultivant une petite preſqu'île fertile au milieu de ce payſage d'impoſante déſolation. Reſte auſſi délabrée l'égliſe du monaſtère & ſon clocher dans le goût italien, rappelant le pays du chef-d'ordre. Il projette ſon ombre ſur le cimetière des religieux où venoient encore prier en corps, chaque nuit, les ſurvivants. Si vous ſuppoſez ce tableau ſous l'effet du clair de lune, s'étendant auſſi ſur le ſite effrayant qui l'encadre, il ne manquera rien à vos ſenſations & à la gravité de vos penſées.

Dom *Jérôme*, dernier prieur des Camaldules, arraché de ſon déſert, périt à Feurs ſur l'échafaud révolutionnaire de 1793; ſes vertus y reçurent la couronne du martyre. (*Note de l'éditeur*.)

VALPRIVAS. — Fief, château de Valprivas, en la paroiſſe de St-Hilaire.

Jocerand de Thélys, ſeigneur de Valprivas, en a fait l'hommage en toute juſtice, ſituée en Forez, reſſort du Velay, au *duc de Bourbon*, à cauſe de ſon comté de Forez, le 22 ſeptembre 1490.

Claude Verd, dit *du Verdier*, écuyer, ſeigneur de Valprivas & Luriecq, en a prêté l'hommage au Bureau des finances de Lyon, le 30 mai 1614. Il tenoit ces ſeigneuries d'*Antoine du Verdier*, ſon père, le célèbre littérateur, mort en 1600.

Gaſpard-Béatrix Verd du Verdier, écuyer, a prêté l'hommage en la Chambre du Domaine, à Montbriſon, de Valprivas, en toute juſtice,

& de Luriecq, aussi en toute justice, dont la haute est indivise avec Sa Majesté; dans l'aveu & dénombrement remis le même jour, il est dit que la terre de Valprivas est en Forez, ressort du siége du Chauffour, diocèse du Puy, éclipsée du bailliage de Velay, en date du 30 janvier 1674.

Dame *Anne de la Pierre de St-Hilaire*, veuve de *Claude-Amédée Verd du Verdier*, écuyer, en a prêté l'hommage le 10 juin 1722.

Antoine-Joseph de la Pierre de St-Hilaire, fils de *Jean-Baptiste* (secrétaire du Roi dès 1731), a prêté l'hommage du fief de Valprivas, rentes nobles de *Maison-Neuve* & du *St-Esprit*, le 8 avril 1755, & l'a renouvelé à cause du joyeux avénement du Roi à la couronne, pour Valprivas & les rentes de Maison-Neuve & du St-Esprit, & l'a prêté pour la terre de St-Hilaire, acquise de M. d'*Apinac* & démembrée de Leyniecq, le 21 décembre 1776. (Voyez au mot *St-Hilaire*.)

VARAN. — Fief de Varan, en la paroisse de St-Ferriol, mandement d'Oriol, en toute justice, acquise en 1660, par *Claude de la Tour*, écuyer, du *marquis de Nérestang*, en démembrement d'Oriol.

Claude de la Tour, écuyer, en a prêté l'hommage le 12 mai 1674, & a donné le dénombrement, reçu le 12 juin suivant.

Le fief de *Varan* consiste en maison forte, en ruine, bois, prés, terres, en la paroisse de St-Ferriol, justice haute, moyenne & basse, avec une rente noble qui en dépend, & qui consiste annuellement en argent, seigle, avoine, gélines, noix. Cette rente est assise sur les lieux de Varan, la Fayette & la Bayonnière, acquise par le même contrat du 1ᵉʳ octobre 1660, reçu Montchovet, notaire.

Plus, une rente noble en la même paroisse de St-Ferriol, reconnue au profit de *Guillaume de la Tour*, au terrier Laroire, en argent, seigle, avoine, gélines; le grain, mesure de St-Didier.

Jean-Baptiste de la Tour, écuyer, a prêté l'hommage pour la terre de la Fayette & seigneurie de Varan, le 7 septembre 1753.

Le même seigneur l'a renouvelé le 1ᵉʳ février 1755, & a remis le dénombrement.

MM. *de la Tour-Varan* présentent une des plus dignes généalogies, se rattachant aux la Tour-d'Auvergne & autres grandes maisons du pays par leurs alliances. Ils possédoient, vers 1200, le fief de *la Tour*, près Firminy. En 1249, *Humbert de la Tour* étoit l'un des quatre notables arbitres sur le différent entre *Aymard de Beaudiner*, seigneur de Cornillon, & le Chapitre de Lyon.

Nobles gentilshommes, ils ont traversé les siècles sans autre ambition que celle de l'honneur attaché à leur épée, consacrée de tous temps au service de la France. Dans les militaires, qu'ils n'ont cessé de fournir, neuf avoient péri les armes à la main, avant l'âge de trente ans; le premier, à la bataille de Poitiers, de 1356; un autre, à Azincourt, en 1415, & les derniers, massacrés à Lyon & à Quiberon, pour la cause royale, en 1793. Leur représentant actuel a joint un autre genre de distinction à celle de ses ancêtres, par le talent littéraire & l'érudition qui en font l'un de nos plus savants & intéressants historiographes. La ville de St-Etienne s'honore de lui avoir confié, comme conservateur, la direction de sa Bibliothèque publique. (*Note de l'éditeur.*)

VARINAY. — Fief de Varinay, en toute justice, en la paroisse de Pouilly-en-Roannois; rente noble appelée Varinay, & une autre appelée *Pelletier*.

François Bonnefont en a prêté l'hommage le 30 août 1674, & a remis le dénombrement, reçu le 27 septembre suivant.

VASSALIEU. — Fief de Vaffalieu, en la paroiffe de Chamble, dépendant de Notre-Dame-de-Grâces; collége académique des prêtres de l'Oratoire.

Notre-Dame-de-Grâces fut bâtie en 1608, par *Vital de St-Paul*, prieur de St-Germain-l'Herm, en Auvergne. *Jeanne de St-Paul*, dame de Vaffalieu & de la Guillanche, fa fœur, & *Jean d'Apchon*, marquis de Cérézat & de Montrond, fon mari, y appelèrent, pour deffervir cette chapelle, le père *Boniface d'Anthoine*, camaldule, qui y amena des religieux de fon ordre. Mais, le concours des pélerins ne s'accordant pas avec la vie folitaire de ces pieux ermites, le fieur de St-Paul les transféra dans le vallon d'*Amieu*, à préfent appelé le *Val-Jéfus*, où ils bâtirent un couvent en 1626. M. *de St-Paul* les remplaça à Notre-Dame-de-Grâces par des prêtres de la congrégation naiffante de l'Oratoire, qui furent employés dans les miffions & pour l'éducation de la jeuneffe. Cette académie a fleuri jufqu'en 1729, que des ordres fupérieurs en interdirent les exercices; mais qui ont été repris en 1760, à la grande fatisfaction du public, & principalement pour la facilité des hautes études dans les contrées circonvoifines. (Voyez au mot *Val-Jéfus*.)

VAUDRAGON. — Seigneurie de Vaudragon, paroiffes de la Rajaffe & du Pizay, en Jarez.

Le 9 juillet 1324, *Reynaud*, *comte de Forez*, échangea fa terre d'Ecotay, qu'il donna à *Hugues de Ladvieu*, & en contre-échange *Hugues de Ladvieu* remit au *comte* fa terre de Vaudragon & du Pizey. (Voyez aux mots *Lafay*, *Ecotay*.)

VAUGIRARD. — Maifon en forme de château, en la paroiffe de Champdieu, anciennement appelée le village des Evêques.

La maifon de *Girard de Vaugirard*, qui possède, en a pris le nom. (Voyez au mot *Grandris*.)

VAURES. — Fief de Vaures, près Montbrifon. Il confifte en fonds allodiaux, compofant la majeure partie du domaine de Vaures, en la paroiffe de Savignieu, & rente noble.

M. *Noël Staron*, élu à Montbrifon, en a prêté l'hommage le 8 juin 1722.

Noble *Claude Staron*, confeiller au fiége de Forez, en a prêté l'hommage le 23 mars 1772, & a fait enregiftrer le contrat de vente du fief de Vaures, qui fut paffé par *Chriftophe de Chalmazel* à *Noël Staron*, élu, reçu Granjon, notaire, & a remis l'aveu & dénombrement. Il a renouvelé l'hommage à caufe du joyeux avénement, en 1776. Rentes nobles de Vaures. (Voyez aux mots *Dulac, Maulevrier*.)

VAUX. — Fief de Vaux, en la paroiffe de St-Romain-la-Motte.
Le couvent *des Urfulines* de Roanne le possède.

VEAUCHES. — Paroiffe de Veauches. (Voyez au mot *Bouthéon.*)

VEAUCHETTE. — Veauchette, Craintilleu, St-Cyprien.

Bérard de Veauches avoit prêté l'hommage de la feigneurie de Veauchette, en 1333.

Ferrand de Veauches, feigneur de Veauchette, l'a prêté de fa maifon de Veauchette, droits, rentes, poffeffions & appartenances, le 21 juillet 1441.

Les limites du fief de Veauchette font rapportées dans d'anciens actes. Pour en connoître la juftice dans fon premier état, on peut voir la fentence rendue par le juge de Forez, le 1er février 1499, entre *André-Hippolyte*, procureur-général du comté de Forez, & noble *Jacques de Veauches*, feigneur de Veauchette.

Par contrat du 17 juillet 1687, reçu Garnier & *Arouet*, notaires à Paris, dame *Magdelaine d'Efcoubleau de Sourdis*, époufe de M. *de la Rochefoucauld*, vendit à M. *Arnouil Ponchet*, confeiller au Parlement, fa part des fiefs & feigneuries de Rivas, Craintilleu, St-Cyprien, avec la juftice haute, moyenne & baffe; charrois; enfemble la rente noble de Rivas, ce qui eft un démembrement de Sury, unie à Veauchette, à l'exception de Rivas, vendu par M. *de Roftaing* aux religieufes de *Jourfey*.

Juft-Antoine-Marie Germain, marquis *de Roftaing*, meftre-de-camp de cavalerie, chevalier de St-Louis, premier aide-major de la compagnie des moufquetaires, bailli d'épée de la province de Forez, au bailliage de Montbrifon, en a prêté l'hommage le 9 avril 1772, & l'a renouvelé à caufe du joyeux avénement du Roi à la couronne, le 21 décembre 1776.

M. *de Roftaing*, en fa qualité de bailli de la province, préfida l'affemblée de l'ordre de la nobleffe à Montbrifon, en 1789, & fut nommé député aux Etats-Généraux.

Il n'eft pas befoin d'ajouter que la maifon *de Roftaing* eft une des plus anciennes & des plus diftinguées du pays; elle eut toute la confiance de nos comtes & enfuite les faveurs de la cour fous les *Valois*. Le Forez en possède encore une branche, mais non plus à Veauchette, aliéné depuis quelques années à l'honorable M. *de Saffelanges*, du Velay, de la famille des *de Saignard*. (*Note de l'éditeur.*)

VERANE. — Paroiffe de Vérane. (Voyez au mot *Maclas*.)

VERNAS. — Rente noble de Vernas. (Voyez au mot *Bourg-Argental*.)

VERNOILLE. — Fief de Vernoille, en la paroiffe de Pommiers.

François-Antoine de Madières, avocat, en a prêté l'hommage le 21 juillet 1755.

Antoine-François de Madières, auffi avocat, frère de *François-Antoine*, l'a prêté le 16 décembre 1777.

Aujourd'hui à MM. de Pommerol, par demoifelle de Madières, leur mère. (*Note de l'éditeur.*)

VERNOIL. — Temple de Vernoil, en la paroiſſe de St-Cyprien, membre de la commanderie de St-Jean-de-Montbriſon. (Voyez au mot *St-Jean-de-Montbriſon*.)

VERPRE. — Fief de Verpré. (Voyez au mot *la Malinière*.) C'eſt une poſſeſſion de la famille *du Mirat*, en Roannois.

VERRIERES. — Paroiſſe de Verrières, près St-Germain-Laval; commanderie de l'ordre de Malte, avec juſtice, dîme, cens. Cette commanderie dépend du bailliage de Lyon, & comprend, à cauſe du château de *la Sauveté*, le clocher & une partie de la paroiſſe de *St-Martin-la-Sauveté*, auſſi en toute juſtice.

Un arrêt du Parlement de Paris, du 5 août 1613, rendu entre M. *Juſt de Bron*, commandeur de Verrières, & demoiſelle *Jeanne du Verney*, veuve de *Melchior Papon*, condamne cette dernière à payer au commandeur, ſur les deux tiers des dîmes de la Grande & la Petite Sauveté, appartenant à ladite *du Verney*, les arrérages du droit de garde, à raiſon de quatre ſeſtiers ſeigle, meſure dudit lieu. Cette dîme a paſſé dans la maiſon de *Gréẓolles*.

Il eſt dû ſur les dîmes de la Sauveté, aux pauvres des paroiſſes, trente-trois quintaux de pain, dont vingt-deux par M. *de Gréẓolles*, & onze par *le commandeur*. La viſite prieurale de 1754 porte que les officiers de Verrières ſe feront fournir le pain par le fermier, qu'ils le pèſeront & le livreront eux-mêmes, à la manière accoutumée, en demandant néanmoins aux curés voiſins un rôle des plus néceſſiteux, & paſſeront outre en cas de refus. (Voyez au mot *Gréẓolles*.)

VERRIERES. — Près Montbrifon, autre paroiffe, dans laquelle eft fitué le château & fief de *Beauvoir*, uni à *Ecotay*. (Voyez au mot *Ecotay*.)

VEZELIN. — Château en ruines, feigneurie de Vezelin, en la paroiffe de St-Paul-de-Vezelin, appartenant à l'abbaye de *la Béniffondieu*. (Voyez au mot *Bigny*.)

VIDRIEU. — Rente noble de Vidrieu, en la paroiffe de St-Georges-Haute-Ville. (Voyez au mot *Dulac*.)

VILLECHAIZE. — Fief de Villechaize, en la paroiffe de St-Julien-la-Veftre.

Jacques-Gilbert du Palais de la Merlée en a prêté l'hommage le 16 mars 1674, & a donné le dénombrement, reçu le 25 feptembre fuivant.

François-Jofeph-Marie Courtin, chevalier, en a prêté l'hommage le 15 décembre 1753.

M. *Guy du Beffey*, avocat, l'a prêté le 27 juillet 1771.

La famille *du Beffey*, de Roanne, eft divifée en deux branches, diftinguées par les noms de *Villechaize* & de *Contenfon*, qui font des fiefs qui leur appartiennent.

MM. *Courtin*, portant le nom de *Neubourg*, sont également du Roannois, & d'une ancienne famille.

VILLECHENEVE. — Paroisse de Villechenève, dépendant de la châtellenie de Donzy.

La seigneurie de cette paroisse fut donnée à titre d'inféodation, à *Camille de Riverie*, chevalier, moyennant trois mille livres, & une rente annuelle portant tous profits de directe, par contrat du 21 mars 1675. Elle consistoit en un bois appelé d'*Azolette*, d'environ huit arpents; en la haute, moyenne & basse justice dans toute l'étendue de la paroisse; en cens, dont la plus grande partie est taille baptisée, guet & garde, & moisson de châtelain, qui ne porte ni lods ni ventes; c'est ainsi que s'exprime le dénombrement reçu le 9 avril 1696, fourni par ledit sieur *de la Rivière*.

Lettres-patentes du mois d'août 1674, en faveur des habitants de Villechenève, portant établissement de trois foires audit lieu. La première, le jour de St-Sébastien; la deuxième, le 2 mai; la troisième, le 14 août, & un marché le mercredi de chaque semaine.

Autres lettres-patentes du mois de mai 1675, obtenues par M. *de la Rivière*, portant établissement de deux autres foires. (Voyez aux mots *Feurs, la Rivière*.)

VILLENEUVE. — Rente noble de Villeneuve, château près St-Bonnet-le-Châtel, consiste en huit cent quatre-vingt-huit cartons de seigle, quatre cent cinquante-huit cartons d'orge; vingt cartons avoine;

poules, foixante-dix-fept; argent, cinquante-fept livres; très anciennement poffédée par les *Mâftin*, les *de Cohade*, & enfin par *Pierre de la Veyffière de Cantoinet*, écuyer (1787).

VILLERET. — M. *Céfar Faure*, abbé de Gifmont, prieur commandataire de Marcigny, ordre de Cluny, en ladite qualité, cofeigneur avec le Roi du bourg de Villeret & fes dépendances; poffédant la moitié de toute juftice, une maifon à Villeret, un pré, la moitié des dîmes & fervis, en a prêté l'hommage le 17 mai 1674, & a donné le dénombrement, reçu le 19 juin fuivant.

VILETTE. — Seigneurie de Villette & *Trezette*. (Voyez au mot *la Rivière*.)

VINOLS. — Rente noble de Vinols.

M. *Nabonan*, procureur du Roi en la châtellenie de St-Germain-Laval, l'a acquife de M. *Meaudre*, confeiller au fiége, fecrétaire du Roi, qui l'avoit acquife de dame *Claire des Ifles*, veuve de fieur *Charles Arnaud*, & de fieur *Magdelain*, fon fils. Ledit M. *Nabonan* l'a vendue à M. *Ramey de Sugny*. (Voyez aux mots *Souternon*, *Génétines*.)

VIRIGNIEU. — Paroiffe, châtellenie royale de Virignieu, engagée avec St-Galmier & St-Bonnet-le-Château à Mme *de Saffenage*, aux droits de la maifon d'Hoftun de Gadaigne établie à Bouthéon.

Virignieu avoit été précédemment engagé à M. *Hugues Dupuy*, lieutenant particulier en la fénéchauffée de Lyon. (Voyez au mot *St-Galmier*.)

VIRIEU. — Paroiffe de Virieu (Forez-Viennois). (Voyez au mot *Malleval*.)

FIN.

APPENDICE DE L'EDITEUR.

—

TABLES.

LE FOREZ FEODAL. 1732-1788.

TABLE ALPHABETIQUE

DES NOMS DE FIEFS ET LIEUX PRINCIPAUX COMPOSANT LE PRESENT RECUEIL.

(Les noms italiques adjoints défignent les localités, & les chiffres, les pages du texte.)

A.

ABOIN (*Périgneux*). 3
AILLY (*Roanne*) 4
AIX (*St-Martin-la-Sauveté*) 4
ALLIEU (*Boën*). 5
AMBIERLE. 5
AMIONS (*St-Germain-Laval*). . . . 6
APINAC. 6
ARCON (*Roanne*) 7
ARPHEUILETTE (*St-Haon*) . 8
AUBIGNY (*Sury-le-Comtal*) 8
AUDEBERT, rente noble fur Montbrifon, voyez auffi Montarcher. . . 183
AUREC. 10
AUREC, prieuré. 12
AVEIZE (*Chazelles-fur-Lyon*). . . . 13
AZIEU (*Sury-le-Comtal*). 13
AZOLES (*St-Haon*). 13

B.

BAGNOLS (*St-Galmier*). 14
BALICHARD (*Villemontet*) . . 14
BALBIGNY 15
BARAILLON (*St-Prieft-Boiffet*). . . . 16
BARD (*Montbrifon*) 15
BARD, prieuré. 16
BARD, rente noble. 16
BAS-EN-BASSET. 17
BATAILLOU (*St-Marcellin*) . . . 17
BAYARD (*La Tour-en-Jarez*). . . . 18
BEAUCRESSON (*Renaifon*). . . 18
BEAULIEU (*St-Etienne*). 19
BEAULIEU, prieuré. 19
BEAULIEU, rente noble (*Rivas*) . . . 19
BEAUREGARD, rente n. (*Verrières*) . 19
BEAUREVERD, la Boulenne (*Mornand*) 20
BEAUVOIR (*Arthun*). 20
BECLANDIERE (*Changy*). 21
BELLEGARDE. 21
BELLEGARDE, prieuré. 22
BENISSONDIEU (*Roanne*). 22
BIGNY (*Feurs*). 22
BOEN. 23
BOISSET-MONTROND 25
BOISSET-ST-PRIEST. 25
BOISSET-TIRANGES 25
BOISVERD (*Epercieu*). 25
BOISVERD, prébende 26
BONLIEU, abbaye. 26
BONNEVILLE (*Bourg-Argental*). . . 27

BONVERT (Mably) 27
BOURG-ARGENTAL 28
BOURG-ARGENTAL, maifon allod. 29
BOURG-ARGENTAL, rente noble . 29
BOURRELIERE (Changy). 29
BOUTHEON . . . /. 30
BOUZON (Juré). 31
BUFFERDAN (St-Martin-la-Sauveté) . 31
BUFFERDAN, rente noble. 31
BULLION (LE) (Chambéon). 32
BULLY (En Roannois). 32
BURDIGNES. 32
BUSSIERES 33
BUSSY. 33

C.

CERIZET (Boiffet-Montrond) 35
CERVIERES. 35
CEZAY (Boën). 35
CHALAIN-LE-COMTAL. 36
CHALAIN-D'UZORES. 36
CHALAIN-LE-COMTAL, rente n. . 36
CHALENCON-POLIGNAC 36
CHALMAZEL-TALARU. 37
CHAMBEON 39
CHAMBLE 39
CHAMBOEUF. 39
CHAMBOEUF, prieuré. 39
CHAMBOST-LONGE-SAGNE . . . 40
CHAMP. 40
CHAMPAGNY (St-Haon-le-Vieux) . 41
CHAMPDIEU 42
CHAMPLONG (Roanne) 42
CHANCE (Renaifon). 42
CHANGY (La Pacaudière) 43
CHANGY (Cordelles) 43
CHANGY (St-Héand) 44
CHANGY (St-Bonnet-des-Quarts). . . 44

CHANTOIS (Roannois). 45
CHARANGE-BEAUVOIR (Arthun) . 46
CHARNIAT (Chambéon) 46
CHARPENEY (Châtelus) 47
CHARPIN, rente noble. 47
CHATEAU-BAS (Chantois) 47
CHATEAU-GAILLARD (Mornand). 47
CHATEAU-LE-BOIS (St-Maurice-en-
    Gourgois) 48
CHATEAU-MORAND (St-Martin-
    d'Eftraux) 48
CHATEL (Cleppé) 49
CHATELARD (LE) (Pommiers). . . 49
CHATELNEUF. 50
CHATELUS. 50
CHAVANEY (Forez-Viennois). . . . 51
CHAVANNES (St-Juft-en-Chevalet) . 52
CHAUFFOUR (LE), bailliage (Eftiva-
    reilles). 52
CHAVASSIEU (Lérigneu). 52
CHAZEAUX (Firminy) 54
CHAZELLES-SUR-LYON 55
CHAZELLES-SUR-LADVIEU. . . . 55
CHENEREILLES, rente noble. . . . 56
CHENEREILLES. 56
CHENEVOUX (Néronde). 57
CHERCHAN (St-Julien-d'Oddes) . . 58
CHEVENEY (Changy) 58
CHEVRIERES. 58
CHORIGNEU (Boën). 59
CHOSIEU (Trelins). 60
CHOSSONIERES (Cottance) 60
CIVEN 60
CIZERON (St-Geneft-l'Erpt). 61
CLAPEYRON (St-Cyr-les-Vignes) . . 61
CLAVAS, abbaye (Riotord). 62
CLEPPE. 62
CLEPPE, prieuré. 62
COGNET (LE) (Châtelneuf). 63

TABLE DES LIEUX.

COLOMBETTE (St-Juft-en-Bas)	63
COLONGES (St-Juft-fur-Loire)	63
COMMIERES (Villeret)	64
CONTENSON (St-Juft-en-Chevalet)	64
CORNILLON (Mably)	65
CORNILLON (Firminy)	65
CREMEAUX	66
CROL ou CROEL (Feurs)	67
CROZET (Roannois)	68
CROMERIEU (Montbrifon)	68
COUZAN (Boën)	68
CUCURIEU (Nulize)	69
CURNIEU (La Fouilloufe)	70
CURNIEU (St-Geneft-l'Erpt)	70
CURNIEU (Villars)	71
CURRAIZE (Précieu)	72
CUZIEU	72
CUZIEU, prieuré	73

D.

DAMIERES (Château-Morand)	73
DANCE (St-Polgues)	74
DEVEYS (LE) (La Fouilloufe)	74
DEVEYS (LE) (St-Hilaire)	74
DONZY (Salt près Feurs)	74
DUFIEU (Tiranges)	75
DUFIEU, rente noble	75
DULAC, rente noble (La Boutonne, St-Ferriol, St-Geneft-l'Erpt)	75
DUMAS (Eftivareilles)	76
DUPLAIX (Chenereilles)	77
DUVERDIER (Merlieu)	77

E.

ECOTAY	77
ENTREMONT (St-Victor)	79
EPERCIEU (Feurs)	80
ESSALOIS (Chamble)	80
ESSERTINES (Lérigneu)	80
ESTAING (Virignieu)	81
ESTAING, dîme	82
ESTIVAREILLES	83
ETRAT (St-Juft-fur-Loire)	83

F.

FEUGEROLLES (Le Chambon)	84
FEURS	86
FIRMINY	87
FLACHAS (Néronde)	87
FONTANÈS (En Jarez)	87
FONTENELLE (St-Bonnet-les-Oules)	89
FORETTE (Bonfon)	89
FORIS (Montbrifon)	89
FOULETIER (LE) (Aurec)	90
FOURNIER (La Tourrette)	90

G.

GABILLON (St-Maurice-en-Gourgois)	90
GACHAS (Apinac)	90
GAITE (La Tourrette)	91
GAZILLAN, rente noble	91
GENETINES (St-Romain-d'Urfé)	91
GERNIEU (Bourg-Argental)	92
GILLIER (Doizieu)	92
GIRAUD (LES) (Montbrifon)	93
GLAND (St-Maurice-en-Gourgois)	93
GODINIERE (St-Martin-d'Eftraux)	93
GOURDIN (St-Galmier)	94
GOUTELAS (Marcoux)	94
GOUTELAS, rente noble	95
GOUTELEN (Chazelles-fur-Ladvieu)	95
GRAIX (St-Julien-Molin-Molette)	96
GRAMMONT	96
GRANDRIS (St-Bonnet-de-Coureaux)	96

GRENIEU (Nervieu). 96
GREZIEU-LE-FROMENTAL 97
GREZOLLES (St-Germain-Laval). . . 98
GREZOLLON-AILLY 98
GUINGARD (Nervieu). 98

J.

JARNIEU (Bourg-Argental) 98
JAS (Feurs) 98
JEAN GOULIN (Mornand). 99
JONZIEU. 100
JONZIEU, prieuré 100
JONZIEU, rente noble. 100
JULLIEU (St-Etienne-le-Molard). . . 100
JOURSEY, prieuré (St-Galmier) . . . 101
JURIEU (Bellegarde) 102

L.

LA BASTIE-URPHE (Boën). 102
LA BASTIE (L'Hôpital-le-Grand). . . 103
LA BASTIE, rente noble 104
LA BEAUCHE (Nervieu). 104
LA BERNARDE (Renaison) 104
LA BOULENNE (Mornand). 104
LA BOUTERESSE (Boën). 105
LA BOUTONNE (Villars) 105
LA BRUYERE (St-Romain-le-Puy) . . 105
LA BUERIE (Pouilly-lès-Feurs). . . . 106
LA CHAMBRE (St-Haon). 106
LA CHANA (St-Hilaire) 107
LA CHAIZE, rente noble. 107
LA CHANDIE (La Chapelle-en-la-Faye) 107
LACHAT (Balbigny). 108
LA CHAPELLE-EN-LA-FAYE. . . . 108
LA CHAPELLE-EN-LA-FAYE, fief. . 109
LA CHARPINIERE (Chambœuf). . . 109
LA CHAUMASSERIE (St-Etienne) . . 109

LA CHAZOTTE (Sorbiers) 110
LA CLAIRE (Chambéon) 110
LA COMBE (Valeilles) 111
LA COPIE (St-Germain-Laval). . . . 111
LA CUREE (La Pacaudière) 112
LA DOA (St-Etienne). 112
LADVIEU. 112
LADVIEU, rente noble. 113
LA FARGE (Chenereilles) 113
LA FAY (La Rajaffe) 113
LA FAYE (St-Geneft-Malifaux) . . . 114
LA FERRIERE-NERONDE 115
LA FERRIERE-ST-MEDARD 116
LA FILHE (St-Maurice-en-Gourgois) . 117
LA FOUILLOUSE 117
LA GARDE (St-Didier-fur-Rochefort). 117
LA GARDE-ST-THOMAS 118
LA GARDE-DU-CHAMBON. . . . 119
LA GOUTTE-DES-SALLES. 120
LA GOUTTE-D'ESTIVAREILLES. . 120
LA GOUTTE (St-Maurice-en-Gourg.) 121
LA GOYETIERE (Ste-Colombe) . . . 122
LA GREVOL (Bourg-Argental) . . . 122
LA GRUE (St-Héand). 122
LA GUILLANCHE (Châtelneuf). . . 123
LA HUE (St-Maurice-en-Gourgois). . 123
LA LANDE (St-Marcellin) 123
LA LIEGUE (Bellegarde) 124
LA LIEGUE (Pailleret) 124
L'ALLIER (Marlhes) 124
LA MALINIERE (Roanne). 124
LA MERLEE (Bouthéon). 125
LA MERLEE-COLONGES (St-Juft-
  fur-Loire) 125
LA MERLEE (St-Julien-la-Vêtre). . . 126
LA MOTHE (Noally) 126
LA MOTHE-BARIN (Marcilly). . . 127
LA MURE (St-Bonnet-de-Coureaux). . 127

LA NOERIE (*Néronde*)	128	LAVORT (*Chazelles-sur-Ladvieu*)	143
LA PIERRE (*Chazelles-sur-Ladvieu*)	128	LE BLANC (*Aveize*)	144
LA POMPEE (*Précieu*)	128	LE BOST (*La Ferrière*)	144
LA PORCHERE (*La Fouilloufe*)	129	LE BUISSON (*Valeilles*)	144
LA PORCHERE, rente noble	129	LE CHEVALLARD (*Lérigneu*)	144
LA PORTE (*Pailleret*)	130	LE CHEVALLARD (*Nervieu*)	145
LA RAJASSE	130	LE COGNET (*St-Cyr-les-Vignes*)	145
LA REY (*St-Galmier*)	130	LE CROZET (*Cezay*)	145
L'ARGENTIERE (*Ste-Foy*)	130	L'HOSPITAL-SOUS-ROCHEFORT	146
LA RIVIERE (*Villechenève*)	131	L'HOSPITAL-LE-GRAND (*Unias*)	146
LA ROCHE (*Misérieu*)	133	LE MALPITAVAL (*Aveize*)	147
LA ROCHE (*St-Priest*)	133	LE MAZOYER (*St-Laurent-la-Conche*)	147
LA ROCHE, rente noble	134	LE MONCEAU (*Salt-en-Donzy*)	147
LA RONZY (*Bouthéon*)	134	LE PALAIS-LES-FEURS	147
LA ROUE (*St-Anthème*)	134	LE PARC-LES-MONTBRISON	148
LA ROUE (*Pailleret*)	134	LE PERRET (*St-Cyr-les-Vignes*)	150
LA SALLE (*Feurs*)	134	LE PERRIER (*Boiffet-Montrond*)	151
LA SALLE (*Nervieu*)	135	LE PESCHER (*Virignieu*)	151
LA SALLE (*Tourzie*)	135	LE PETIT-ROURE (*St-Didier-en-Velay*)	151
LA SEAUVE, abbaye	136	LE PINEY (*St-Cyr-les-Vignes*)	152
LA TERRASSE (*St-Victor-sur-Loire*)	263	LE POYET (*Chazelles-sur-Ladvieu*)	152
LA THUILLIERE (*Pouilly-lès-Feurs*)	137	LERIGNIEU	154
LA TOUR (*Balbigny*)	137	LE ROSIER (*Feurs*)	154
LA TOUR-EN-JAREZ	137	LE ROUSSET (*St-Jean-Soleymieux*)	155
LA TOURRETTE	138	LE SAILT-DE-COUZAN	156
LAVAL-EN-CERVIERES	138	LES AMARUTS (*Néronde*)	156
LAVAL (*Chéré*)	138	LE SAUVAGE (*Montbrison*)	157
LAVAL (*St-Hilaire*)	139	LES BOIRON (*Cuzieu*)	157
LA VALLA (*St-Didier-sur-Rochefort*)	139	LES COMBES (*La Rajasse*)	157
LA VALLA (*St-Chamond*)	139	LES FARGES (*St-Etienne*)	157
LA VALETTE (*Pélussin*)	140	LES FARNANCHES (*La Valla*)	157
LA VALETTE (*St-Etienne*)	140	LES GRANGIERS (*St-Just-lès-Velay*)	158
LA VALMITTE (*St-Hilaire*)	141	LE SOLEIL (*St-Etienne*)	158
L'AUPEPIN (*En Jarez*)	141	LE SOLEILLANT (*Valeilles*)	159
LA VARENNE (*Salt-en-Donzy*)	142	L'ESPINASSE (*Changy*)	159
LA VAURE (*Sorbiers*)	142	LES PERRICHONS (*Poncins*)	159
LA VAURETTE (*Cottance*)	143	LES PERRINS (*Pralong*)	160
LA VERNADE (*Marcilly*)	143	LES POMEYS (*St-Thomas*)	160

LES RENARDS (*St-Polgues*) 161	MARTINAT (*St-Etienne*) 176
LES SALLES (*Cervières*) 161	MAUBOST (*Champdieu*) 176
LES SALLES, prieuré (*Bas-en-Baffet*) . 161	MAULEVRIER, rentes nobles. . . . 177
L'ESTIVALIERE (*St-Etienne*) 162	MENIS (*Merle*) 177
LE TEMPLE-DE-MARLHES 162	MERIGNIEU (*Léfignieu*) 177
LE TEMPLE-DE-VERNOIS (*Craintilleu*) 162	MERLE 178
L'ETRAT-EN-CERVIERES 162	MERLIEU (*Savignieu*) 178
LE VERGIER-CHATEAU-MORAND 163	MESSILIEU, étang (*Précieu*) . . . 178
LE VERNEY (*St-Galmier*) 163	MESSIMIEU (*Marcilly*) 179
LE VERT (*Bas-en-Baffet*) 164	MEYLIEU-MONTROND 179
LEYNIECQ (*Merle*) 164	MEYS (*Chaʒelles-fur-Lyon*) 180
LEYNIEU, chapitre 164	MIGNARDIERES (*St-Martin-de-Boiffy*) 180
LUGNY (*St-Didier-fur-Rochefort*) . . 165	MIRIBEL (*Périgneux*) 180
LUPPE (*Foreʒ-Viennois*) 166	MOINGS (*Montbrifon*) 180
LURE-GREZOLLES 166	MOINGS, prieuré 181
LURIECQ 167	MONS (*St-Pal-en-Chalencon*) . . . 181
	MONSUPT (*St-Georges-Haute-Ville*). 181
M.	MONTAGNAC (*St-Hilaire*) 182
	MONTALIVET (*Renaifon*) 183
MACLAS (*Foreʒ-Viennois*) 167	MONTARBOUX (*Sauvain*) 183
MAGNERIE (*Pommiers*) 168	MONTARCHER 183
MAGNIEU-HAUTE-RIVE 168	MONTBRISON 184
MAGNIEU-HAUTE-RIVE, rente n. 170	MONTCHAL 188
MAGNIEU-LE-GABION (*St-Laurent-la-Conche*) 170	MONTEGUET (*Vers le Bourbonnois*). 189
MAISONNEUVE (*St-Hilaire*) 171	MONTEILLARD (*Trelins*) 189
MALLEVAL-VIRIEU (*Foreʒ-Viennois*). 172	MONTGILBERT (*St-Prieft-la-Prugne*) 189
MALLEVAL (*St-Héand*) 172	MONTLOUP (*Villemontet*) 190
MALMONT (*St-Juft-lès-Velay*) . . 173	MONTMUZARD (*Haute-Rivoire*) . . 190
MARANDIERES (*Montarcher*) . . . 174	MONTPEROU (*Villechenève*) . . . 190
MARCIGNY, prieuré en Charolois . 174	MONTRAVEL (*Villars*) 191
MARCILLY-LE-CHATEL 174	MONTROND 191
MARCILLY, prieuré . . . 174	MONTROUGE (*Savignieu*) 192
MARCLOPT 174	MONTVERDUN, prieuré 193
MARCLOPT-LA-MAISONFORT . . 175	MONTVERDUN, rente noble . . . 193
MARCLOPT, rente noble 175	MURAT-DULAC, rente noble . . . 194
MARCOUX-GOUTELAS 176	
MARLHES 176	**N.**
MAROLS, châtellenie 176	NANTAS (*St-Jean-de-Bonnefont*) . . 194

TABLE DES LIEUX. 303

NERONDE 194
NERVIEU. 195
NEYRIEU (*Virignieu*). 197
NOALIEU (*St-Marcel-d'Urphé*) . . . 198
NOHARET (*Bourg-Argental*) 198
NOALLY (*Montagne de Violey*). . . 199
NOZIERES (*St-Polgues*) 200
NULIZE. 200

O.

OGEROLLES (*St-Romain-d'Urphé*). . 200
ORIOL (*St-Ferriol*). 201
OUSCHES (*En Roannois*). 201

P.

PAILLERET (*Forez-Viennois*) 201
PAILLERET, rente noble du prieuré. 202
PAILLERET-ROCHEBLAINE, autre
   rente noble 202
PALAIS (Rente noble du) (*St-Cyr-les-
   Vignes*). 203
PALOGNIEU 203
PELUSSIEU (*Salvizinet*) 203
PERRELONG (*St-Etienne*). 204
PERRINS (LES) (*Goutelas*). 204
PIERREFITE (*St-Haon*) 204
PIERRELAS-LA-FERRIERE (*Néronde*) 205
PINEY-SUR-LOIRE. 205
PINGUS (*Limites du Bourbonnois*) . 205
PLANCHAS (*St-Bonnet-de-Coureaux*). 206
POIZAT (*Chenereilles*) 206
POMMIERS, prieuré 206
PONCINS (*près Feurs*) 206
PONTEMPERAT. 207
POUILLY-LES-FEURS 208
PRAIX (*Lentigny*). 208
PRALEIRES (*Balbigny*) 209

PRALONG 209
PRANDIERES (*Cezay*). 209
PRAVEL (*Tiranges*). 210
PRAVIEUX (*Pouilly*). 210
PRECIEU 210
PRUNERIE (*St-Maurice-en-Gourgois*). 210

R.

RANDANS (*Feurs*). 212
RENAISON. 211
RENAISON, rente noble 211
REYNAUDS (LES) (*Cremeaux*) . . . 212
RILLY (*Cordelles*) 212
RIORGES, prieuré (*Roanne*). 213
RIOTORD (*Partie en Velay*). . . . 213
RIOU (*St-Sulpice*) 214
RIVAS 214
RIVAS, prieuré. 214
ROANNE (*Ville de*) 215
ROANNE, rente noble. 217
ROBERTET, rente noble (*Montbrison*) 218
ROCHEBARON (*Bas-en-Basset*). . . 218
ROCHEBLAINE (*Forez-Viennois*) . . 221
ROCHE-EN-REGNIER (*Velay*). . . 221
ROCHEFORT (*Boën*) 222
ROCHE-LA-MOLIERE. 222
ROCHETAILLEE (*St-Etienne*). . . . 225

S.

SACONAY (*Aveize*) 226
STE-AGATHE-LA-BOUTERESSE. . 227
ST-ALBIN, prieuré (*Buffières*). . . . 228
ST-ANDRE-EN-ROANNOIS. 228
ST-ANDRE-LE-PUY (*Bellegarde*) . . 229
ST-ANTOINE-DE-MONTBRISON . 229
ST-APPOLLINARD (*Forez-Viennois*). 229

ST-BONNET-LE-CHATEAU. . . . 229	ST-PRIEST-EN-ROUSSET 257
ST-BONNET-LES-OULES 230	ST-PRIEST-LES-ST-ETIENNE. . . . 257
ST-BONNET-DES-QUARTS. . . . 231	ST-PRIEST-LA-ROCHE 258
ST-BONNET-DES-QUARTS, rente noble. 231	ST-PRIEST-LA-VETRE. 258
	ST-PULGENT. 258
STE-CATHERINE, rente n. (*Précieu*) 232	ST-RAMBERT-SUR-LOIRE. 259
STE-COLOMBE. 232	ST-RIRAM (*Roannois*) 260
STE-COLOMBE, rente noble. . . . 233	ST-ROMAIN-LES-ATHEUX 260
ST-CYR-LES-VIGNES, rente noble. 233	ST-ROMAIN-LE-PUY 260
ST-DENIS-SUR-COIZE 234	ST-SAUVEUR. 261
ST-DIDIER-SUR-ROCHEFORT . . 234	ST-THOMAS-LA-GARDE 262
ST-DIDIER-EN-VELAY 234	ST-VICTOR-SUR-LOIRE. 263
ST-ESPRIT, rente noble (*St-Galmier*). 236	SALT-SOUS-COUZAN 264
ST-ETIENNE-DE-FURANS. 236	SALT-EN-DONZY. 264
ST-FERRIOL, bailliage. 239	SALUNAUD (*Périgneux*) 264
STE-FOY-L'ARGENTIERE 240	SAUVAGNERE (*Le Chambon*). . . . 265
ST-GALMIER 240	SAUVAIN. 265
ST-GEORGES-SUR-COUZAN . . . 241	SAVIGNIEU (*Montbrison*) 265
ST-GEORGES-HAUTE-VILLE . . . 242	SERRE-EN-JAREZ, rente noble. . . 266
ST-GERMAIN-LAVAL. 242	SERRE-CIZERON, rente noble (*St-Geneft-l'Erpt*) 266
ST-GERMAIN-LAVAL, dime inféod. 243	
ST-HAON-LE-CHATEL. 243	SEVERT-ST-MARCEL. 267
ST-HEAND. 243	SOUTERNON. 267
ST-HILAIRE. 246	SUGNY, fief. 268
ST-JEAN-DE-MONTBRISON. . . . 246	SUGNY-NERVIEU. 268
ST-JULIEN-EN-JAREZ, prieuré. . . 247	SURY-LE-BOIS (*Valeilles*). 269
ST-JULIEN-MOLIN-MOLETTE. . . 248	SURY-LE-COMTAL 270
ST-JUST-EN-BAS 248	SURY-LE-COMTAL, prieuré 272
ST-JUST-EN-CHEVALET 249	
ST-JUST-SUR-LOIRE 249	T.
ST-JUST-LES-VELAY 250	
ST-MARCEL-DE-FELINES 252	TAILLEFER, rente noble (*Tiranges*) . 272
ST-MARCEL-D'URPHE 253	TARON (*Renaifon*). 272
ST-MARCELLIN. 253	TAURIAC-VACHEROLLES (*Bas-en-Baffet*). 273
ST-MAURICE-EN-GOURGOIS. . 254	
ST-MAURICE-EN-ROANNOIS. . . 255	TIRANGES (*Confins du Velay*) . . . 273
ST-PAL-EN-CHALENCON. . . 255	TORTOREL (*Eftivareilles*) 273
ST-POLGUES 256	TRAQUET (*St-Juft-en-Chevalet*). . . 274

TREMEOLLES (*St-Paul-en-Chalencon*) 274	VAUDRAGON (*La Rajaffe*). 286
TREMOLLEN (*St-Juft-en-Chevalet*). . 275	VAUGIRARD (*Champdieu*) 287
TREZETTE (*Villechenève*) 275	VAURES (*Montbrifon*) 287
TROCESAR (*Fontanez*) 275	VAUX (*St-Romain-la-Mothe*) 287
	VEAUCHES. 288

U.

VEAUCHETTE (*Veauches*) 288
VERANE (*Forez-Viennois*). 289

UNIAS (*Unitas Dei*) 276	VERNAS (*Bourg-Argental*) 289
URBIZE (*Confins du Bourbonnois*) . . 276	VERNOILLE (*Pommiers*) 289
URPHE, feigneurie (*Confins d'Auvergne*) 277	VERNOIL (*St-Cyprien*) 290
URPHE, prébende (*Arthun*). 278	VERPRE-LA-MALINIERE(*En Roannois*) 290
USSON 278	VERRIERES (*St-Germain-Laval*) . . . 290
UZORES (*Etangs d'*) 279	VERRIERES (*Montbrifon*). 291
	VEZELIN (*St-Paul-de-Vezelin*). . . . 291

V.

VIDRIEU (*St-Georges-Haute-Ville*). . 291
VILLECHAIZE (*St-Julien-la-Vêtre*) . 291

VALBENOITE, abbaye (*St-Etienne*) . 279	VILLECHENEVE(*Confins du Lyonnois*) 292
VALEILLES 281	VILLENEUVE (*St-Bonnet-le-Château*). 292
VALENCHES (*Marols*). 282	VILLERET (*En Roannois*) 293
VAL-JESUS (*Chamble*) 283	VILLETTE (*Villechenève*) 293
VAL-PRIVAS (*St-Hilaire*). 283	VINOLS, rente noble (*St-Germain-Laval*). 293
VARAN (*St-Ferriol*). 284	
VARINAY (*Pouilly-en-Roannois*). . . 285	VIRIGNIEU 294
VASSALIEU (*Chamble*) 286	VIRIEU (*Forez-Viennois*). 294

FIN DE LA TABLE DES LIEUX.

TABLE ANALYTIQUE

DES POSSESSEURS DE FIEFS, HOMMAGERS ET AUTRES, PORTÉS AU PRÉSENT RECUEIL.

(Les chiffres à droite indiquent les pages correspondantes du texte.)

A.

ABBESSE DE CLAVAS. — Pour la justice & juridiction de plusieurs lieux de la baronnie de la Faye, en 1410. . . .   114

D'ABOIN DE CORDES. — Famille d'ancienne noblesse, connue dans le XIVe siècle & transportée au château de Cordes, près Firminy, aliénant Aboin à la maison de Vinols, en 1633   3

AGNO D'OLIERGUES. — Faisoit hommage de son château aux *Damas de Couzan*, en 1208.   69

AGUIRAUD. — Notaire à Bellegarde, possesseur de la rente de Jurieu, paroisse de Bellegarde, en 1755   102

ALBANEL. — Bourgeois de Lyon, acquéreur des *Pouderoux* de la seigneurie de la Lande & Bataillou, en 1719 .   17

ALBERT. — Prieur de St-Romain-le-Puy, concourt à l'établissement du prieuré de St-Thomas en 1213 262

D'ALBON. — Dame de Nerviëu, pour la rente noble sur Salt-en-Donzy, acquise du Chapitre de Montbrison.   150

D'ALBON. — Seigneur de St-Marcel-d'Urphé, terre acquise de la maison de *Rebbé*, vend les rentes de Noalieu en 1784; possesseur de St-Marcel encore en 1776 . . . ⎰ 198
⎱ 253

D'ALBON. — Seigneur de Sugny, Nervieu, acquis par lui des *d'Urphé* en 1622, & qu'il vendit à M. *de Pontchartrain* en 1748.   196

D'ALBON. — Seigneurs d'Oufches & de St-André en Roannois, en 1441; remplacés par les *d'Apchon*, après la mort du maréchal, en 1563 . . . . ⎰ 201
⎱ 228

ALBY (Jean). — Délégué du comte de Forez en 1343, pour revendiquer la justice du Chauffour, à laquelle prétendoit l'évêque du Puy.   52

ALCOOCK (Joseph), anglois. — Entrepreneur de manufacture, s'établit en Roannois dans le château de la Mothe, cédé par M. *de Nompère*, en 1788.   126

ALIX DE VIENNOIS. — Comtesse de Forez par son mariage, en 1294, avec Jean Ier, à qui elle porta en dot les bailliages de Bourg-Argental, St-Ferriol & du Chauffour   52

D'ALLARD. — Ecuyer, seigneur de Chazelles-sur-Ladvieu & Goutelen, en 1761, ainsi que du château de la Pierre. 56

ALLEMAN (Floride). — Veuve de Gerin le Thoux, & en cette qualité dame du Rouffet, paroisse de St-Jean-Soleymieux. Les *le Thoux*, qui sont de la maison *de Pradines*, avoient, en 1342, prêté l'hommage du Rouffet, qu'ils ont cédé, vers 1562, aux *d'Albon-Sugny*, & ceux-ci aux *Damas* par alliance, peu après. 156

D'ALLIER. — Docteur en théologie, prieur de St-Jean-de-Cuzieu & Chamboft, en 1738. 73

D'ALLONVILLE (Gabrielle). — Veuve *de Rochechouart*, reçut, en 1609, par échange avec le Roi, auquel elle céda quelques possessions & partie de Fontainebleau, les terres de Sury-le-Comtal, St-Marcellin, Monsupt, St-Romain, Chenereilles. . . . 270

AMEDEE. — Archevêque de Lyon, autorise la fondation du prieuré de Joursey, faite, en 1130, par la maison de *Ladvieu*. . . . 101

ANDRAULT DE LANGERON. — Devenus seigneurs de Chevrières par leur alliance avec les *la Veuhe*, vers 1723, vendent cette terre à M. J.-Claude Chovet, baron de *la Chance*, en 1782. 59

D'ANGERIEU. — Seigneur de St-Bonnet-les-Oules, règle, en 1317, avec le comte de Forez, les limites de cette possession. . . 230

ANJELVIN. — Marchand à St-Bonnet-le-Château, avoit acquis, en 1599, de M. *d'Apchon*, la rente de Gachas, paroisse d'Apinac; son petit-fils, *André Anjelvin*, la possédoit en 1674. 90

ANNE DE FRANCE. — Comtesse de Forez en 1511, 1516, 1517, & belle-mère du connétable de Bourbon; actes de suzeraineté. 132, 172, 215

ANNE DE FOREZ. — Dauphine d'Auvergne & héritière de sa maison, par son mariage avec Louis II de Bourbon, fit son mari notre premier comte de la troisième race. 221

ANSELMET, sieur des BRUNAUX. — Acquéreur de Roche-la-Molière des *Capony*, en 1677, & de St-Just-lès-Velay, en 1683, des mêmes. 66, 84, 109, 250

D'ANTHOINE. — Père camaldule du Val-Jésus, appelé par *Jeanne de St-Paul* & le marquis *d'Apchon*, son frère, pour fonder à Notre-Dame-de-Grâces un couvent des Camaldules en 1608, transféré au Val-Jésus en 1626 286

D'ANTOZUN. — Commandeur de Malte à Montbrison, en 1485, règle certains droits de dîme à St-Maurice-en-Gourgois, avec l'abbesse de la Seauve. 136

D'APCHON (Dame). — Née *de Cremeaux*, Héritière de sa maison, en a porté les biens à son mari le marquis *d'Apchon de Montrond*, en 1780 67

D'APCHON (Jacques). — Seigneur de St-André-en-Roannois, en 1638. Les *St-Georges*, successeurs vers 1753. . . . 228

D'APCHON DE ST-GERMAIN. — Seigneurs de Montrond, terre possédée par cette maison depuis l'échange de 1302, avec le comte de Forez, qui reçut moitié de St-Germain-Laval en retour. . . . 191

D'APINAC (Madame). — Née *Frotton d'Albuzy*, avoit hérité de son père du fief de Bayard, paroisse de Sorbiers, en 1789. Sa mère étoit une *Cozon de Bayard*. 18

D'ARCY D'AILLY. — Qualifié de comte, prêtoit l'hommage d'Ailly, paroisse de Parigny, près de Roanne, en 1674. . . 4

D'ARESTE. — Seigneur de Saconay, en prêtoit l'hommage ainsi que d'Aveize, près Chazelles-sur-Lyon, en 1754 . . . . . . { 13
{ 227

D'ARLOS DE LA SERVETTE. — Seigneur de St-Victor-sur-Loire, d'Entremont, d'Etrat & de la Barraillère, en 1762. Il eut pour successeur son gendre, le baron *de Giac*. { 79
{ 83
{ 263

AROUET. — Notaire à Paris, père de Voltaire, reçoit un acte de transmission de la terre de Rivas en Forez, à la date de 1687. { 214
{ 288

ARTHAUD & GERARD. — Comtes de Forez, fondent, en 902, le prieuré d'Ambierle en Roannois, & saint Odo, abbé de Cluny, fut, en 938, l'un des premiers prieurs. 5

ARTHAUD D'ARGENTAL. — Fonde, en 1061, le prieuré de St-Sauveur entre les mains de saint Robert, abbé de la Chaize-Dieu. *Adhémard*, fils d'*Arthaud*, ajoute la donation de Bobigneux en 1180. 261

ARTHAUD. — Seigneur de St-Germain en 1249, par une charte de ladite année, accorde certains priviléges aux habitants de St-Germain-Laval. *Louis* de Forez, sire de Beaujeu, lui concéda, en 1273, la terre de Chambost, qualifiée de baronnie. . . { 40
{ 242

ARTHAUD DE ST-GERMAIN. — Seigneur de Montrond en 1302, par l'échange fait avec le comte de Forez, qui reçoit de lui la moitié de St-Germain-Laval. 191

ARTHAUD D'APCHON. — Fut seigneur de Rochetaillée en 1330, par son mariage avec *Marguerite de Linière*, dame de Rochetaillée ; un de leurs successeurs vendit, en 1642, à *Louis Badol de Forcieu*. . . . 225

ARTHAUD D'APCHON. — Bailli de Forez en 1456 ; il avoit succédé à *Aimé Verd*, dont il avoit épousé la fille, & étoit en même temps seigneur de Chenereilles du chef de sa femme. 191

ARTHAUD. — Sieur de la Ferrière, fief en la paroisse de St-Médard. 116

ASSIER ou D'ASSIER. — Ecuyers, seigneurs de Valenches, & possesseurs du lieu, sans interruption, dès le XIIIe siècle ; seigneurs aussi de Luriecq depuis 1700. Une branche de cette famille fut titrée en Lyonnois, par l'érection de la baronnie de la Chassagne, en 1672. . { 167
{ 282

D'AUBAREDE. — Ecuyer, seigneur de Bellegarde, par acquisition des *de Vinols*, en 1690. 21

D'AUBUSSON DE LA FEUILLADE. — Duc, maréchal de France, obtint, en 1667, l'érection du Roannois en duché, & fit l'acquisition de Cervières en 1686. . . . 216

D'AUGEROLLES (Pierre). — Seigneur de Feurs, vend, en 1295, la moitié de cette ville au comte de Forez, qui la réunit à celle qu'il avoit déjà 86

D'AURELLE. — Notaire à Usson en 1768. . 107

AURILLON. — Ecuyer, seigneur de Changy en 1600, vend aux *du Maine du Bourg*... 44

AVRIL. — Notaire à St-Marcellin, en 1720, reçoit l'acte de transmission de la dame *de Chavagnac* au sieur Bonnot, écuyer, pour la terre de St-Marcellin 253

B.

BADIC DE VERSEILLE. — Veuve d'*Antoine Gayardon de Grezolles*, prête l'hommage d'Aix en 1753. 5

BADOL. — Seigneur de Rochetaillée, terre acquise des *d'Apchon* en 1642, la transmet à son frère *Badol de Forcieu*, qui fait ériger la baronnie en 1656. 225

BAILLARD. — Sieur du Piney, écuyer; pour les rentes nobles de Vaure, Prunerie, &c., en 1755 .... { 76, 177 }

BALBINIUS. — Chevalier romain, dont on prétend voir le tombeau près de Balbigny. Ce sont plutôt des pierres druidiques. 15

BARDONNENCHES (Pierre de). — A St-Etienne, vend, en 1633, aux dominicaines, l'emplacement de leur couvent 239

BARJOT DE CARVILLE. — Seigneur de la Varenne, du chef de sa femme N. *du Vernay*. 142

BARGE (DE) DE TREMEOLLES. — Ecuyers, seigneurs de Ste-Agathe en 1333, de Merlieu en 1335, possesseurs de la rente noble de la Grue, sur St-Héand & la Tour, en 1674. .... { 122, 178, 227 }

BARALLON. — Héraut d'armes à St-Etienne, possesseur de la rente noble du Soleil, près St-Etienne, en 1760, & revendue à M. *Vincent de Soleymieux*, en 1781 158

BARRIEU. — Notaire à Montbrison .... { 41, 93 }

BARRIEU. — Avocat, héritier de dame *de Praudière*, du fief de ce nom, paroisse de Cezay, en 1788. 209

BARTHELOT DE RAMBUTEAU. — En Mâconnois, élit en ami M. *du Mirat* pour le fief de Bonvert, paroisse de Mably, acquis de M. *de Damas d'Audour* en 1774. 28

BATTANT DE POMMEROL. — Lieutenant en la châtellenie de Montbrison, acquéreur, en 1754, du domaine de la Goutte, paroisse de St-Maurice-en-Gourgois, de M. *de Chambaran*, son beau-frère, ainsi que de la rente de Gland 121

BAUDINOT. — Sieur *de la Salle* en Roannois, possède Tourzie, près de la Pacaudière, 1674 136

BAYLE DE FOY. — Sieur de la Bâtie, vend, en 1647, la rente noble de Bonneville à *Paul de la Rochette*, seigneur de Bobigneux. 27

BAYLE. — Seigneur de Malmont, fief en la paroisse de St-Just-lès-Velay, relevant, en arrière-fief, de la seigneurie de Feugerolles en 1780 173

BAZIN DE BEZON. — Dame *d'Aubusson de la Feuillade*, prêtoit l'hommage de Commières en Roannois, en 1754 64

BEAUDINER (Dame Luce de). — Fondatrice, en 1331, de l'abbaye de Chazeaux, près Firminy. Elle étoit dame de Cornillon & veuve de *Guillaume de Poitiers*. Ce monastère, de l'ordre de Ste-Claire, fut transféré à Lyon en 1623. 54

BEAUJEU (Le fire de). — En 1229, céda au comte de Forez tous fes droits fur Couzan, & obtint de lui en échange la baronnie de Chamboft. 40

BEAUJEU (Sibylle de). — Bienfaitrice de Beaulieu, prieuré, fondé à Riorge en Roannois, en 1115. Elle s'affocie le feigneur *de Montmorillon*, fon mari, dans fes actes de donation, à la date de 1120. . . . 19

BEAUMONT (Denis de). — Bailli de Forez en 1401, rend un jugement entre Arnoul d'Urphé, feigneur de la Baftie, & le prieur de Montverdun. 102

BEAUVEAU (Antoinette de). — Veuve de *Pierre d'Urphé*, acquit en 1517, d'*Anne de France* & de *Suzanne de Bourbon*, femme du connétable, les feigneuries de Buffy & Souternon 33

BENEON (Jean & François). — Bourgeois de Lyon, prêtoient l'hommage de Châtelus en 1674; ils avoient acquis la rente de Charpeney, dans le voifinage, en 1618. . . 51

BERARD DE VEAUCHES. — Seigneur de Veauchette en 1333, *Ferrand* en 1441, puis les *Roftaing* 288

BERARDIER.— Ecuyer, & dame *d'Allard*, fa femme, en 1674, adjudicataires de la terre de Grézieu-le-Fromental, en 1670, vendue par décret au préjudice de *Jacques Henrys*, feigneur dudit lieu 97

BERARDIER DE LA CHAZOTTE ET DE GREZIEU. — Prêtoient l'hommage de ces feigneuries, en 1674, 1722, 1767 . . . . { 110 / 266

BERAUD (Demoifelle).— Poffédant la rente de Beauregard, qui fe lève fur Montbrifon & Verrières (ancien titre de 1581) 19

BERNARD. — Notaire à Montbrifon, 1773 . 229

BERNARDIN DE L'HERMUZIERE. — Seigneur de Leyniecq, avoit cédé cette terre à *Charles-Benoît Flachat d'Apinac*, en 1747. 164

BERNOU (Noble Philippe). — Avocat, vend en 1770, au fieur *Antoine Neyron*, négociant à St-Etienne, la rente noble de Curnieu-fur-St-Geneft-l'Erpt. 70

BERNOU. — Seigneurs de Nantas & de Rochetaillée, ainfi que de l'Eftivalière, par fubftitution des *Badol de Forcieu*, en 1748. { 162 / 194 / 226

BERRY-LA-BARRE. — Seigneur engagifte de la Fouilloufe, St-Juft-fur-Loire & St-Victor, acquis de M. *d'Arlos*, en 1763 . . . . . . { 117 / 249 / 263

BERTH. — Seigneur engagifte de St-Germain-Laval, par contrat de 1750. 242

BERTHALY (Barthélemy). — Bourgeois de St-Juft-lès-Velay, acquéreur de la rente noble des *Grangiers*, en ladite paroiffe, vendue par noble *Jean Chaves*, en 1700 . 158

BERTHAUD (Etienne). — Seigneur de la Chapelle-en-la-Faye, près Montarcher; il en prêtoit l'hommage en 1674 108

BERTHELAS.— Ecuyer, feigneur d'Arpheuillette, paroiffe de St-Haon-le-Vieux, en Roannois (1674), ainfi que du fief de Chancé près de Renaifon, en 1776. . . . { 8 / 43

BERTRAND. — Seigneur de la Roue, en 1311, paffe une tranfaction avec le comte de Forez, fur les droits concernant les châteaux de la Roue & Montpeloux 77

BERTRAND (Léonard de). — Seigneur d'Effalois & maître des eaux & forêts du Forez faisoit bâtir le château d'Effalois, paroiffe de Chamble, en 1580. 80

BESSE (Pierre de). — Seigneur de Bellefaye, frère du cardinal de *Beffe*, époufa dans le XIIIᵉ fiècle une fille de la maifon de *Thiers*, éteinte dans celle des comtes de Forez. . 221

BESSET (Noble Jean de). — Seigneur de la Valette, avoit acquis cette feigneurie des *Rochefort*, en 1622; il la tranfmit à fon gendre *Pianelly de la Valette*, en 1638. . . 141

BLANCHET. — Ecuyer, feigneur de la Chambre, fief dans la paroiffe de St-Haon en Roannois, en 1674. 106

BLOS (Arthaud de). — Seigneur de Magnieu-le-Gabion &'de la Rey, vendit Magnieu aux *Talaru*, en 1500, & il paffa d'eux aux *du Rofier*, en 1687, par fuite d'alliance . . . 170

BLUMEINSTEIN. — Ecuyer, feigneur de la Goutte, comme acquéreur du fieur *Mallet de Vandègre*, en 1753. 120

BOISVERD (Catherine de). — Veuve de *Gonon de Blos*, acquit, en 1486, de *Pierre du Vernay*, Magnieu-le-Gabion. 170

BOISY frères (Imbert & Jean de). — Firent bâtir, en 1398, le château de Boify en Roannois; il paffa enfuite aux *Lévis-Couzan*, à *Jacques Cœur* & aux *Gouffier*, puis aux feigneurs de Roanne 215

BOLLIOUD DE SAINT-JULIEN ET BOURG-ARGENTAL. — Lieutenant particulier audit fiége, prêtoit l'hommage de fes poffef- fions, en 1681, & acquit la baronnie de Bourg-Argental, par échange avec le Roi, en 1772. . . . . . . $\left.\begin{matrix} 28 \\ 29 \\ 33 \\ 248 \end{matrix}\right.$

BONNEFOND. — Seigneur de Varinay en Roannois, paroiffe de Pouilly-fous-Charlieu, en prêtoit l'hommage en 1674. . . . 285

BONNOT. — Seigneur du Soleillant, paroiffe de Valeilles, comme acquéreur de *Gilbert de Martinières*, en 1720; il l'étoit auffi de *Commières* en Roannois, la même année. $\left.\begin{matrix} 64 \\ 159 \end{matrix}\right.$

BOSCHITALEUS. — Chevalier, donateur de St-Romain-le-Puy, lors de la fondation du prieuré, en 1017. 260

BOTIGUES (Guillaume de). — Seigneur de Malleval, près St-Héand, par l'inveftiture du comte de Forez, en 1277. 172

BOTHEREL. — Notaire, en 1511, à St-Martin-la-Sauveté. 126

BOUCHET. — Avocat, fieur *Dufieu-Tiranges*, poffeffeur de rente noble, de 1761 à 1776. 75

BOURBON (Jean, duc de). — Comte de Forez, acquéreur, des *Montboiffier*, du château de *Bouthéon*, qu'il légua, en 1486, à *Matthieu de Bourbon*, fon fils naturel, qui fit rebâtir le château. 30

BOURBON (Le connétable de). — Vend, en 1516, la feigneurie de Bellegarde aux *Bron de la Liègue* 21

BOURBON (Suzanne de). — Femme du connétable, vend, en 1517, le comté de *Buffy* aux *d'Urphé*. 33

BOURBON (Louis de). — Prince de la Roche-sur-Yon, reçoit du Roi, en 1536, à héritage perpétuel, les seigneuries de Roche-en-Regnier, Retournac & Thiers. . 221

BOURBON (Jean de). — Evêque du Puy, achète, de *Marguerite de Montchenu*, la seigneurie de Bourg-Argental, & la remet, en 1481, à son neveu, le comte de Forez. . . 28

BOURBOULON. — Notaire à Montbrison, reçoit le contrat d'acquisition du comté de Buffy, par M. *de Rochefort*, en 1778, ledit comté vendu par M. *de Simianne* . . . 34

BOURG & CHAVANNE. — Notaires à Montbrison; le premier, acquéreur de Château-Gaillard, paroisse de Mornand, . en 1717. 47

BOURGEOIS (Jean). — Sieur d'*Arcon* en Roannois, acquis par lui, en 1720, de *Pierre Dodieu*, élu à Montbrison, & qu'il transmit aux *de la Grye*. 7

BOURLIER. — Seigneur d'Ailly en Roannois, en prêtoit l'hommage, en 1753, succédant aux *d'Arcy d'Ailly* 4

BOUTHEON (Falcon de). — Prieur de St-Romain-le-Puy, l'étoit aussi des Salles, paroisse de Bas-en-Basset, en 1498. . . . 161

BOUVET. — Bourgeois de Lyon, sieur de la Roche, en 1785, étoit acquéreur de ce fief des *la Rivolière de Varange* 133

BRESSIEU. — Juge châtelain de St-Priest-la-Roche, acquéreur du fief de *la Salle*, près Feurs, en 1667, de *Guillemette de Cremeaux*. 135

BREVES (comte de). — Seigneur de St-Bonnet-les-Oules, passoit la vente de Châtelus en 1673, aux *Bénéou* de Lyon. 51

BRIOUDE (N... Pupier de). — Femme de *Lesgallerie du Taillou*, possédoit le fief de la Mothe-Barin, paroisse de Marcilly, comme héritière du chanoine *Pasturel*, son oncle, en 1788. 127

BRIZET. — Acquéreur d'une parcelle de Bouthéon, dite *Cérizet*, en la paroisse de Boisset-Montrond, vendue en 1779, par *Louis de Pons*, seigneur de Bouthéon . . . 35

BRON (Just de). — Commandeur de Verrières, fait un règlement de droits, en 1613, avec *Jeanne du Verney*, veuve de *Melchior Papon*, à St-Martin-la-Sauveté. 290

BRUNON. — Notaire au Chambon, passe la vente de St-Just-en-Velay, à *Gaspard de Capony*, en 1658, par M. *de Clermont de Chaste*. 250

BOYER. — Sieur d'Arcon en Roannois, transmettoit ce fief, par son héritière, à *Jeanne de la Grye*, en 1776 7

BOYER DU MONCEL. — Ecuyer, prêtoit l'hommage de Bataillou, de la Lande & du Moncel, & avoit acquis de dame *de Forcieu*, en 1776. 17

BOYER (Christophe). — Lieutenant général au bailliage du Chauffour, prêtoit l'hommage d'une rente noble de Chenereilles & Montverdun, en 1722. 56

BOYER DE MONTORCIER ET DE SUGNY. — Acquéreur de cette dernière terre de M. *de Pontchartrain*, dans le démembrement de Nervieu, en 1751. 268

BUFFET. — Ecuyer, sieur du Crozet, succède aux *Honorati* de Lyon, dans la possession de ce fief, dont il prêtoit l'hommage en 1776. 146

BUHET. — Notaire, poffeffeur de la rente noble de Gabillon, paroiffe de St-Maurice-en-Gourgois, en 1788. 90

BUSSAT. — Notaire à St-Etienne, paffe les ventes de M. *de Giac*, au fieur *Marcoux*, de Cizeron, Etrat, &c., en 1771 61

C.

CACHEDENIER DE VASSIMONT. — Prieur d'Eftivareille, paroiffe du même nom & dans la juftice de Leyniecq ; bénéfice anéanti par la Révolution, & que poffédoit un *d'Affier* en 1696 83

CAHOUETTE. — Prieur de St-Albin, paroiffe de Buffière ; hommage prêté en 1727 . . 228

CALIXTE II (Pape). — Approuve la fondation du prieuré de Beaulieu, en 1120 . . 19

CAMALDULES DU VAL-JESUS. — Fondés en 1626 ; acquirent Effalois en 1661, des *d'Efcoubleau de Sourdis* 80

CAMUEL. — Seigneur engagifte de St-Bonnet-le-Château ; étoit de la ville de Lyon. Son contrat eft de 1543 229

CAMUS (Gilbert de). — Seigneur de Boën, Arthun, Montarboux, Palognieu, en 1722 ; il céda aux *Punctis de la Tour*, en 1754. . 24

CAMUS (Gafpard de). — Seigneur de Fontanez en 1717 ; il aliéna en 1736 aux *Philibert* de Lyon, qui prirent le nom de cette terre. 88

CANNAYE (De). — Seigneur engagifte de St-Héand. MM. de Cannaye étoient de Paris ; en 1705, l'un d'eux, doyen des Requêtes au Parlement. 244

CANNAYE (L'abbé). — Seigneur de St-Héand & Malleval ; fon neveu & héritier , *Droullin de Ménilglaize*, aliéna aux *Ravel* en 1787. 245

CAPONY (Alexandre). — Acquéreur de Feugerolles, des *Lévis de Couzan*, en 1586. . 84

CAPONY. — Seigneur de St-Juft-lès-Velay, acquis des *Clermont de Chafte*, en 1658 . 250

CARRIER DE MONTHIEU. — Acquéreur du Verney , près St-Galmier, vers 1778 ; & depuis aliéné aux *Thiollière*, en 1791 . . . 163

CELLIERES. — Notaire à Bourg-Argental en 1698. 27

CERIZIER. — Acquéreur de la rente de la Chandie, paroiffe de la Chapelle-en-la-Faye, en 1752 108

CHABANNES. — Marquis de Curton, feigneur du Palais, dont l'ancien château avoit été rafé par arrêt des Grands-Jours de Clermont, en 1666, fous la poffeffion des *Chabannes*, datant de 1658. 148

CHABANNES (Chriftophe de). — Seigneur de Jas, acquis de *Gilbert de Rivoire*, en 1661. 99

CHABANNES. — Marquis de Curton, feigneur du Chevallard ; vendit ce fief, en 1768, à M. *Souchon*, confeiller au fiége de Forez. 144

CHALAN. — Bourgeois de Montverdun, acquéreur du fief de la Guillanche, paroiffe d'Effertines, vendu par *Benoît de Chambaran*, en 1773 123

CHALENCON (Bertrand de). — Seigneur de St-Pal ; en prêtoit l'hommage au comte de Forez, en 1260. Son petit-fils, *Guillaume*, époufa, en 1349, *Valpurge*, héritière de la maifon *de Polignac*, & un arrêt du Parle-

ment de 1464, attribua aux *Chalencon*
de fa defcendance, les nom, armes &
biens des *Polignac*, qu'ils n'ont ceffé de
poffédér depuis. 255

CHALENCON. — Notaire, auteur du Terrier de Valenches, à la date de 1417. . . 282

CHALENCON (Angélique de). — Veuve de
Jofferand de Ladvieu-Feugerolles; règle,
en 1347, les limites de fa terre de Feugerolles avec celles de la Faye & de Rochetaillée 84

CHALETTE. — Notaire à St-Pal-en-Chalencon, en 1753, paffe la vente de la rente
de Tauriac, paroiffe de Bas-en-Baffet, acquife par *Antoine de Droffanges* de la maifon de *Rochebaron*. 273

CHALLAYE. — Notaire à Montbrifon; paffoit la vente de Chavaffieu, en 1684, par
les *la Rochefoucauld-Sourdis*, à *Jofeph Henrys*,
écuyer, enfuite fieur d'Aubigny. 53

CHALLAYE.—Seigneur engagifte des étangs
d'Uzores du domaine du Roi, en 1765. . 279

CHALLAYE. — Confeiller au Parlement de
Dombes; poffédoit la rente noble du
Cognet, paroiffe de Châtelneuf, en 1767. 63

CHALUS (Gilbert de).—Héritier des *St-Prieft*
de la baronnie de Couzan, la vendit aux
Luzy de Péliffac, en 1656 69

CHALUS D'ORCIVAL. — Seigneur de
St-Prieft & St-Etienne; neveu & héritier
des *St-Prieft*, en 1641. 236

CHALUS (François de). — Seigneur de St-
Etienne & de St-Prieft, petit-fils du précédent, vendit fes poffeffions à M. *Peyrenc
de Moras*, miniftre d'Etat, qui en prêtoit
l'hommage en 1765. 236

CHAMBARAN (André de). — Ecuyer, poffeffeur de la rente noble de Gland, paroiffe de St-Maurice-en-Gourgois; en prêtoit l'hommage en 1674 ainfi que du fief
de la Guillanche, paroiffe de Châtelneuf. } 93
{ 123

CHAMBARAN (Jean-Chriftophe de). —
Ecuyer, chevalier de St-Louis, beau-frère
de M. *Marcellin Battant de Pommerol*, à qui
il vend, en 1754, le domaine de la Goutte,
paroiffe de St-Maurice-en-Gourgois . . 121

CHAMBARAN (Catherine de).—Dame *Battant de Pommerol*, fit paffer à fon mari &
à fes enfants, les biens de fa famille à St-
Maurice-en-Gourgois, en 1754. 121

CHAMBODUC DE MAGNIEU. — Seigneur,
en 1753, de St-Pulgent, paroiffe de St-
Martin-la-Sauveté, & de la Garde, paroiffe de St-Didier-fur-Rochefort, fon
père confeiller au Parlement de Dombes
en 1727 258

CHAMBOISSIER, — Notaire à St-Germain-
Laval, paffoit, pour le comte de *St-Polgues*,
l'acte d'aliénation du fief de Cherchan,
en 1761. 58

CHANALEILLES (Geneviève de). — Dame
de Meyrès; prêtoit l'hommage de la rente-
noble de Pailleret en 1674. M. *de Tournon*,
fucceffeur, l'a renouvelé en 1759. . . . 202

CHAPITRE N.-D.-DE-MONTBRISON. —
Seigneur de Moingt d'après la dotation
du comte de Forez *Guy IV*, en 1223, fondateur du Chapitre. 180

CHAPUIS.—Ecuyers, feigneurs de la Bruyère, paroiffe de St-Romain-le-Puy; en ont
prêté l'hommage de 1674 à 1782. . . . 105

CHAPUIS. — Ecuyer, lieutenant-général à
Montbrifon, en 1671. 205

CHAPUIS. — Seigneur de Rilly, paroiffe de Cordelles-en-Roannois; en prêtoit l'hommage en 1724 213

CHAPUIS DE MAUBOST. — Du nom de ce fief en la paroiffe de Champdieu, à qui *Marie Girard*, fa femme, porta la terre de Roche-la-Molière en 1749, revendue, en 1776, au duc *de Charroſt-Sully* 132, 135, 176, 178, 224

CHAPUIS DE LA GOUTTE ET DU POYET. — Le premier de ces fiefs, paroiffe d'Eſtivareille, aux *Chapuis*, à la date de 1674, & le deuxième, paroiffe de Chazelles-fur-Ladvieu, acquis des *Laqueille*, en 1753, revendu aux *de la Mure*, en 1771 . . . . . 121, 153

CHAPUIS. — Seigneur de Foris près Montbrifon, marié en 1617 à *Marie Reymond*, & qui fonda le monaſtère des Urfulines du Grand-Couvent à Montbrifon. Cette branche éteinte dans les *Guigou de Foris*. . . 89

CHAPUIS DE LA SALLE ET NERVIEU. — En prêtoit l'hommage en 1720, & a fait héritier fon coufin, *Chapuis de Mauboſt* . . . 135

CHAPUIS DE LAVAL. — Du nom de ce fief en la paroiffe de St-Hilaire, poffédé par ledit fieur, qui l'a aliéné, en 1749, à M. *Hilaire Favier de la Chomette*. 139

CHAPUIS DE LA FAY. — Ecuyer, confeiller au préfidial de Lyon, poffeffeur de la Rajaffe, l'Aubépin, &c.; prêtoit l'hommage de toutes fes terres en 1674 & 1722. Madame la comteffe *de Cibeins*, née *de Savaron*, héritière par fon père allié aux *Chapuis*. . 113

CHAPUIS DE MARNIOLAS EN BRESSE. — Acquit des *Néreſtang* la terre de St-Victor-fur-Loire en 1711, revendue à M. *d'Arlos de la Servette* en 1762. 263

CHARGERES (De). — Prieur de Sailt-fous-Couzàn, en 1788. 156

CHAROST-SULLY (Le Duc de). — Seigneur de Roche-la-Molière, qu'il acquit par lettre de retrait & revendit au fieur *Jofeph Neyron* en 1772. 223

CHARPIN (Hector de). — Et *Angélique de Capony*, fa femme, qui lui porta la feigneurie de Feugerolles en 1676. 84

CHARPIN (Jean de). — Seigneur de Génétines; en prêtoit l'hommage en 1675, & fon fucceffeur en 1753. 91

CHARPIN (Simon de). — Seigneur d'Ogerolles, paroiffe de St-Romain-d'Urphé, par fa femme *Germaine de la Forge*, en 1479; elle lui porta auffi Génétines 200

CHARPIN (Jean-Baptiſte-Michel de). — Comte de Feugerolles & marquis de la Rivière, paroiffe de Villechenève, d'après la donation qui lui fut faite de cette dernière terre en 1777, par *Camille de Riverie*, pour caufe d'alliance. 132

CHARPINEL DU PALAIS. — Eteints en *Talaru* vers 1376 . . . : 148

CHARRETIER. — Seigneur de Ste-Foy-l'Argentière, dépoffédé du fief de Neyrieu en 1678; il en portoit le nom 197

CHASSAIN (Claude). — Receveur des tailles à Montbrifon, acquéreur de la rente noble de la Vernade en 1645, paroiffe de Marcilly, & comprenant les terriers de Chenevoux & du Soleillant 143

CHASSAIN (Noël). — Secrétaire du Roi en 1730, & fieur de Marcilly. La deuxième branche de cette famille repréfentée par les *Montginot*, en 1780 143

CHASSAIN (Chriftophe). — Commandant de la maréchauffée à St-Bonnet; poffédoit la rente noble de la Chandie, paroiffe de la Chapelle-en-la-Faye, en 1741, & l'aliéna à *Jean Cerifier* dudit lieu 108

CHASTRE. — Bourgeois de St-Juft-en-Chevalet, fieur de Chavanne, en la même paroiffe, dont il prêtoit l'hommage en 1722. 52

CHATEAU-BRIAND (Lucile de). — Chanoineffe de l'Argentière, en 1790, & fœur de l'illuftre auteur qui la rappelle dans fes mémoires 131

CHATEAU-MORAND (Agnès de). — Dame *de Lévis*, porta en dot Château-Morand à fon mari, en 1422 48

CHATELNEUF (La dame de). — Pour la feigneurie de la Roue & Montpeloux; elle en prêtoit l'hommage au Comte de Forez en 1333 78

CHATELUS (Jean). — Bourgeois de Roanne, fieur de Praix, fief en la paroiffe de Lentigny en Roannois (1674), paffé depuis aux *Contenfon* 208

CHATELUS. — Notaire à Roanne; reçoit l'acte de tranfmiffion de Chantois, paffé des *Foudras*, héritiers *de la Mure*, aux *Dubourg de St-Polgues*, en 1767 46

CHATILLON (Annet de). — Seigneur de Montarboux après les *St-Polgues*; en prêtoit l'hommage en 1674. Montarboux, paroiffe de Sauvain, paffa enfuite aux *Talaru* en 1744 183

CHATILLON (Dame de). — Héritière des *Néreftang*, vend en 1734 les feigneuries d'Aurec & St-Didier aux *Géneftet de Sénujol*, qui prirent le nom de *St-Didier* . . . . { 10 / 235 }

CHAULCE DE CHAZELLES. — Chevalier de St-Louis, poffeffeur, en 1759, de la rente de Charniat-Neyrieu, fur Feurs & Chambéon, du chef de fa femme *Clémence Rigaud*. 47

CHAVAGNAC. — Chevalier de St-Louis, feigneur du Verney, paroiffe de St-Galmier, dont il prêtoit l'hommage en 1722. Il eut pour fucceffeurs fes parents *d'Efpinchal* . 163

CHAVANNE. — Notaire à St-Germain en 1730 5

CHAUVON. — Receveur des tailles à St-Etienne, feigneur de Montarcher, qu'il avoit acquis des *d'Aurelle de Terreneyre* en 1743, & qu'il tranfmit à fon héritier *Gonin de Lurieu* en 1757 183

CHAVASSIEU D'AUBEBERT. — Notaire à Montbrifon, acquéreur d'une rente noble dite d'Aubebert, à Montbrifon, en 1780. 169

CHAVASSIEU. — Procureur au fiége de Montbrifon, acquéreur d'une rente & pré, à Fontane, paroiffe de Châlain, en 1783. 169

CHAVANNES (Antoine de). — Lieutenant-général au bailliage ducal de Roanne, acquéreur d'une rente noble, paroiffe de St-Bonnet-des-Quarts, en 1773 231

CHAVES (Noble Jean de). — Seigneur du Col, qui eft un fief près Satilieu en Vivarois. Il marioit fa fille, en 1666, à *Jean-Baptifte de la Rochette* de St-Didier en Velay, homme d'armes de la Reine 158

CHAZAL. — Confeiller au Parlement, vend

la rente de Barnier, paroiffe de Mornand, vers 1780, à M. *Durand*, confeiller au fiége de Forez. (*Article omis dans le texte*).
            Mémoire.

CHAZELLES. — Acquéreur de la rente de Colombette, de *Pierre-François de Rochefort de Beauvoir*, en 1749. Celui-ci la tenoit de fes parents, les *Girard de Beauvoir*, auxquels il avoit fuccédé vers 1747. 63

CHIEZE (Jean & Benoît). — Poffeffeurs de rentes fur Boën, la Boutereffe & Arthun, en 1494 42

CHIRAT. — Seigneur de Montrouge, paroiffe de Savignieu, & *Jeanne Montagne*, fa femme; ils poffédoient auffi, en 1722, le fief de la Pommière, paroiffe de Précieu. 192

CHIRAT (N. . . . . .). — Dame du Parc de Montbrifon, alliée à M. *Sylveftre de la Noërie*, en 1743. 149

CHOMAT. — Notaire à St-Etienne en 1777; reçoit l'acte de tranfmiffion de la terre de la Rivière, de M. *de Riverie* à M. *de Charpin*. 132

CHOVET (Antoine). — Cofeigneur de la baronnie de la Faye, acquife par indivis avec M. *Courbon des Gaux*, en 1742, de M. *de Clermont de Chafte* 114

CHOVET DE LA CHANCE. — Ecuyer, feigneur de Chevrières dont il fut acquéreur, vers 1782, de MM. *de Langeron*. . . 59

CIBOT. — Bourgeois, poffeffeur de la rente de la Bâftie-fur-Précieu & l'Hôpital-le-Grand, vendue par lui à M. *Raymond*, confeiller au fiége de Forez, en 1778. . . . 103

CLAIRIEU (Silvion de). — Seigneur de Rocheblaine; encourut la commife de fon château en 1250, repris par le *Dauphin de Viennois*. 202

CLAVISSON (Dame de). — Veuve *de la Roue;* fut engagifte de la feigneurie de Ladvieu en 1537, avant les *Damas.* . . . 112

CLERCY (Claude Chol de). — Seigneur engagifte de Néronde, par acquifition de cette feigneurie des *Dulieu de Chenevoux*, en 1771. 195

CLERMONT (De). — Marquis *de Chafte*, vendit en 1658, à *Gafpard de Capony* & par lui à noble *Paul du Fornel*, les droits de juftice fur le lieu du Petit-Roure, en démembrement de la terre de St-Juft-lès-Velay. 151

CLERMONT DE CHASTE. — Seigneur de St-Juft-lès-Velay; vendit cette terre à *Gafpard de Capony*, en 1658. 250

CLERMONT DE CHASTE. — Sénéchal du Velay; prêtoit l'hommage de la baronnie de la Faye en 1716; elle eft fituée fur Marlhes & St-Geneft-Malifaux 114

CODIGNAC (De). — Commandeur de Verrière en 1634. 165

COGNET (Claude). — Ecuyer, feigneur de la Maifonfort de Marclopt en 1699 . . . 175

COGNET DE LA MAISONFORT (Jacques). — Seigneur de Jas en 1722. 99

COGNET DE LA MAISONFORT. — Ecuyer, feigneur de Poncins en 1720. 207

COISE (Aimon de). — Damoifeau, fondateur, en 1273, de l'abbaye de l'Argentière, prieuré de Bénédictines dépendant de Savigny 130
(*C'eft par erreur que le texte porte le nom de* Cabe.)

COLOMB (Antoine). — Procureur du Roi en l'élection de St-Etienne en 1677 ... 109

COMMANDEUR DU TEMPLE DE MARLHES. — Etendoit ses droits de justice sur plusieurs parcelles de la Faye. 114

COMMISSAIRES DE S. M. (1787).—Acquéreurs pour le Roi, des terres de St-Priest & St-Etienne-de-Furans ...., ... 238

COMTE DE FOREZ (Le).—Rachète la moitié de Roanne en 1291 215

COMTES DE LYON. — Possesseurs primitifs de St-Marcellin, qu'ils échangèrent avec le *Comte de Forez*. 254

CONRAD-LE-PACIFIQUE. — Roi de Bourgogne, souverain de Lyon en 971. ... 87

CONRAD. — Roi de Bourgogne en 1017; contemporain de la fondation du prieuré de St-Romain-le-Puy. 260

COTON (Jacques). — Ecuyer, seigneur de Chenevoux en 1620 15

COURBEAU (Gaspard de).—Chevalier, seigneur de St-Bonnet-les-Oules en 1720; acquéreur des *Bartholy*. 230

COUHERT. — Notaire à Riverie (1775). . 85

COURBON DES GAUX (Jean-Louis).—Co-acquéreur de la baronnie de la Faye en 1742. 114

COURBON DES GAUX. — Ecuyer, possesseur de la rente de l'Allier, 1776. 124

COURTIN DE NEUBOURG. — Chevalier, seigneur de Villechaize en 1753 291

COURTIN (Joseph-François). — Chevalier, seigneur de Rilly, 1755 213

COURTILHE. — Baron de Giac, seigneur d'Entremont & Etrat, en 1771 ..... 79, 84

COUZAN-LADVIEU (De). — Seigneur de Boën en 1540 23

COUZAN (Hugues de). — Seigneur de la moitié de Roanne en 1346 215

COUZAN-DAMAS (Alix de). — Héritière, mariée à *Eustache de Lévis* en 1442 69

CREMEAUX D'ENTRAIGUES. — Du nom originaire de *Vernin*. *Pierre Vernin* juge de Forez en 1388. Les *Vernin* seigneurs de Cremeaux en 1440. 67

CREMEAUX D'ENTRAIGUES. — Veuve d'*Escoubleau de Sourdis*; en 1661, vendit Essalois aux *Camaldules* du Val-Jéfus. . . 80

CREMEAUX (Philippine de). — Dame de la Salle près Feurs, qu'elle porta à *Claude de Bressoles* en 1667 135

CREMEAUX (Claude de). — Prieur d'Aurec en 1553. 12

CRUSSOL (Guillaume de). — Seigneur de Cornillon en 1359 . 66

CUSSON (Dame Marthe de). — Veuve de *Joseph de Mayol*, lieutenant-général au siége de Bourg-Argental en 1688 29

D.

DACON (Gilles). — Chevalier, seigneur de Magnieu-Hauterive en 1260. 168

D'ACRASON (Guillaume).—Autre seigneur de Magnieu vers 1300. 168

TABLE ANALYTIQUE.

DALLIER (Etienne). — Procureur du Roi au fiége de Bourg-Argental en 1689 122

DALMES. — Seigneur de Curnieu en 1513. 71

DAMAS (Hugues de). — Seigneur de Couzan en 1208 68

DAMAS. — Seigneur du Rouffet, par une alliance avec les *d'Albon de Sugny*. ... 156

DAMAS (Claude de). — Seigneur de Beaucreffon en 1654 18

DAMAS D'AUDOUR. — Seigneur de Bonvert en 1774 28

DAMAS (Le Marquis de). — Seigneur de Ladvieu en 1696 112

DAMAS-THIANGES. — Comteffe du Bourg, dame de Changy & St-Bonnet-des-Quarts en 1674 44

DAUPHINE DE St-BONNET. — Dame de Leyniecq & Montarcher, en 1280. ... 6

DAVID. — Confeiller au fiége de Forez en 1756. 175

DE LADRET. — Notaire à St-Galmier en 1785. 82

DE LA ROA. — Notaire à Firminy en 1716. 85

DE LA ROA & GIDROL. Notaires en 1709-1736. 251

DENIS. — Echevin de Lyon, acquéreur de Cuzieu dont il prend le nom, en 1735. . 73

DE MEAUX (Meffieurs). — Alliés & fucceffeurs des *Puy* vers 1720 178

DE MEAUX. — Ecuyer, lieutenant-général au fiége de Forez, acquéreur du comté d'Urphé en 1781, des *Simianne* 277

D'ESCOUBLEAU (Louis). — Seigneur de Sury-le-Comtal, par fucceffion des *laVeuhe*. 271

D'ESCOUBLEAU DE SOURDIS. — Dame de la Rochefoucauld en 1687 .... { 17 / 214

DESCHAMPS (Céfar). — Prieur de Pailleret en 1674 202

DESHAYES (Marie). — Veuve de *Jean Bernou*, écuyer, feigneur de Nantas, en 1722. . 194

DES JACOB DE LA CHAUSSEE. — Poffeffeur de rente à Chéré, près Roanne, en 1787. 138

DES PERICHONS (Louis Gemier). — Seigneur des Périchons, en 1754, acquis des *la Chaize d'Aix* 160

DESROYS. — Subftitut au bailliage de Velay, en 1482 65

DESVERNEY & PEYSSONNEAU. — Notaires à St-Etienne, en 1654. 141

DEVILLE. — Notaire en 1677. 109

DODIEU (Nicolas). — Elu à Montbrifon, feigneur de la Charpinière, en 1754. ... 109

DODIEU. — Seigneur d'Arcon en Roannois, en 1720 7

DODIEU. — Notaire & fecrétaire du Roi, feigneur de Vilette, en 1511 131

DODIEU (Marie-Anne). — Dame engagifte de Chambœuf, en 1781. 39

DROSSANGES (De). — Ecuyer, feigneur du Fieu & de Tauriac, en 1753 273

DROULLIN DE MENILGLAIZE (Le chevalier). — Seigneur de St-Héand, comme héritier des *de Cannaye*, vend cette terre à M. *Ravel de Montagny*, en 1787 245

DU BESSEY (Nicolas-Geneft).—Seigneur de Contenfon, en 1767 64

DU BESSEY DE CONTENSON.— Seigneur de Praix, en 1787. 209

DU BESSEY (Guy). — Avocat, feigneur de Villechaize, en 1771 291

DU BOST (Meffieurs). — Seigneurs de Trémollen, paroiffe de St-Juft-en-Chevalet, de 1674 à 1777. 275

DU BOST DE CHAUSSECOURTE. — Seigneur de St-Prieft-la-Vêtre 258

DU BOST.— Seigneur de Boifverd-d'Epercieu, en 1674 25

DU BOUCHET.— Acquéreur du fief de Prunerie, en 1773. 210

DU BOURG.— Marquis de Bazas, 1716, feigneur de la Roue-Pailleret 134

DU BOURG. — Comte de St-Polgues, feigneur de Chantois, Cherchan, St-Polgues. ⎧ 46 ⎫ 58 ⎩ 256

DU BOURG (Juft-Henry).—Marquis de Bazas, comte de St-Polgues & de Chantois, en 1776 256

DU BUISSON.—Ecuyer, feigneur de St-Pulgent, en 1617, 1674 258

DU CHATELET (Le marquis d'Urphé). — 1754. 277

DU COGNET.— Seigneurs des Gouttes, de la Maifonfort de Marclopt & de Jas. . . . ⎧ 99 ⎩ 197

DUCROS (Magdelon). — Seigneur de la Goutte & du Fieu dans le XVIe fiècle. . . 120

DUCRUET-PIERREFEU. — Seigneur du Baraillon, en 1787. 16

DU FAVREY (Jofeph). — Seigneur de Prunerie, en 1696. 210

DU FENOYL-TURREY. — Chevalier, feigneur de Neyrieu, en 1679 197

DU FENOYL (Le Comte). — Acquéreur & feigneur de Ste-Foy-l'Argentière, après 1776. 240

DU FENOYL (Madame). — Vend la rente de l'Allier, en 1742. 124

DU FORNEL (Noble Paul).— Avocat du Roi au fiége de St-Ferriol, acquéreur du Petit-Roure, en 1658 151

DU FORNEL (Louis & Gabriel).—Chevaliers, poffeffeurs du Roure en 1757-1777. . . 152

DU FORNEL (Antoine-Laurent).—Chevalier de St-Louis, feigneur du Soleillant, en 1780. 159

DUGUET.—Avocat du Roi au fiége de Forez, en 1680 190

DUGUET (André). — Ecuyer, feigneur du Bullion, en 1722 32

DULIEU DE CHENEVOUX. — Seigneurs de Balbigny, fucceffeurs des *Coton* qui poffédoient en 1620. 15

DULIEU DE CHENEVOUX. — Chevalier, feigneur de Néronde, en 1722, 1763 . . 195

DULIEU DE CHENEVOUX. — Seigneur de Pravieux, près Pouilly-lès-Feurs, par héritage des *Saconin*, en 1776 58

DU MAINE. — Seigneur de Changy & St-Bonnet-des-Quarts, en 1600. 44

DU MAINE (Philippe). — Comte du Bourg, poſſeſſeur de la dîme de Renaiſon, en 1654. 211

DU MAINE DU BOURG. — Veuve *de Loſtange*, dame par indivis de St-Bonnet-des-Quarts, en 1754. 231

DUMAS. — Seigneur de St-Bonnet-des-Quarts, en 1597 44

DU MIRAT. — Ecuyer, ſeigneur de Bonvert, paroiſſe de Mably, après les *Damas*, en 1774. 28

DU MIRAT. — Seigneur de Vertpré en Roannois. 290

DUMIRAT. — Seigneur de Champlong, en 1787. 42

DU MONDEY (Dame). — Pour la rente de la Baſtie, paroiſſe de l'Hôpital-le-Grand . . 103

DUON. — Tréſorier de France, acquéreur de Roche-la-Molière, en 1683. 223

DU PALAIS (Gaſpard). — Seigneur de la Merlée, en 1674 126

DU PALAIS DE LA MERLEE. — Seigneur de Villechaize, en 1674 291

DU PALAIS DE LA MERLEE (Marguerite). — Veuve *de Loras*, en 1761 ; avoit porté ce fief dans la maiſon de ſon mari 126

DU PELOUX (Madelaine). — Veuve *de Capony*, 1683, concourt à l'aliénation de St-Juſt-lès-Velay, par *Hector Charpin*, ſon fils. { 84 / 250

DU PRAT. — Seigneur de Montgilbert-du-Mayet, 1788, en Bourbonnois 189

DUPRE. — Châtelain de St-Galmier, en 1676. { 14 / 94

DUPUY (André). — Conſeiller au ſiége de Forez, en 1782 93

DUPUY (Hugues). — Seigneur engagiſte de Virigneu 294

DUPUY DES FARGES. — Ecuyer, ſeigneur de St-Haôn, en 1761 . . . . . , . . . 243

DUPUY (André). — Cùré d'Unias, en 1606. 276

DUPUY (Clément). — Seigneur engagiſte de St-Germain, en 1549 242

DUPUY DU CHATELARD. — Seigneur dudit lieu. . . . . { 50 / 168 / 189

DURAND. — Conſeiller au ſiége de Forez, poſſeſſeur en 1788 de la rente noble de Barnier, paroiſſe de Mornand. Mémoire.

DURAND. — Notaire à St-Rambert, en 1771. 177

DURAND (Pierre). — Notaire à Boën, en 1772, poſſeſſeur de rente à St-Georges. 242

DURAND (Rénée). — Veuve de *Gilbert de Martinières*, écuyer, ſeigneur de Taron & Renaiſon, en 1674 211

DU ROSIER (Arnould). — Acquéreur de Magnieu-le-Gabion, en 1687. 171

DU ROSIER (Antoinette). — Veuve & héritière de *Chriſtophe de Talaru-Chalmazel*, en 1671 . . . . 81, 169, 171

DU ROSIER (Guillaume). — Acquéreur de la Varenne, en 1773 . . . . 142, 155

DU ROSIER & THOYNET. — Echangiſtes avec le Roi, en 1771, pour la terre de Montbriſon 184

DU ROURE (Nicolas). — Prébendier d'Urphé 278

DU SAYS (Guichard). — Familier du *Comte de Forez*, 1341 152

DU SAYS (Pierre). — Procureur-général du comté de Forez, en 1452 100

DUVAN. — Notaire à Néronde, en 1752. . 145

DU VERNEY. — Seigneur dudit lieu & Rivas, en 1487 81

DU VERNEY (Jean). — Seigneur de la Garde, en 1301 118

DU VERNEY (Guillaume). — Seigneur de Rivas, en 1317 214

DU VERNEY (Pierre). — Seigneur de Magnieu-le-Gabion, en 1486 170

DU VERNEY. — Seigneur de la Varenne, juge châtelain à Feurs, en 1674 142

DU VERNEY (Jeanne). — Veuve de *Melchior Papon*, en 1613 290

DU VERNEY (Dame). — Veuve *Barjot de Carville*, poſſédoit la Varenne, en 1722 . . . 142

DU VERNEY. — Seigneur de Grézieu, en 1301 97

E.

ECOTAY (Godemar & Ubo d'). — Bienfaiteurs de Jourſey, en 1144 101

ECOTAY (Bertrand & Jarente d'). — Se croiſent contre les Albigeois, en 1208. . 262

ECOTAY (Hugues d'). — Bienfaiteur de la Béniffondieu, en 1140 22

ENTRAIGUES (Etienne d'). — Tréſorier de Forez, en 1401 102

ESCALLIER. — Bourgeois de Cottance, poſſeſſeur du fief de Choffonnières, 1745-1776 60

ESPINASSE (Hugues d'). — Seigneur engagiſte de Sury-le-Bois, en 1718 269

ESPINCHAL (Louis, comte d'). — Seigneur du Verney, en 1775 163

ESPINCHAL (D'). — Seigneurs de St-Marcellin, par ſucceſſion des *Chavagnac*. . . 253

ESPINCHAL (Catherine d'). — Veuve *de Gineſtous*, en 1674 134

ESTAING (Gaſpard d'). — Marquis du Terrail, ſeigneur de Poncins, en 1695 207

ESTIVAL. — Ex-conſul à Lyon, ſeigneur de la Garde-St-Thomas, en 1719 119

F.

FALATIER (Hugues). — Seigneur de Luppé, en 1378 166

FAURE (César). — Prieur commandataire de Marcigny, en 1674. 293

FAURON (Florimont). — Seigneur de la Goutte-des-Salles, en 1421 120

FAUVEL (Daniel). — Greffier en l'élection de Montbrison, rente des Perrins, en 1776. 204

FAVIER (Hilaire). — Seigneur de la Chomette & de Laval, possesseur de la rente noble de la Chana-St-Hilaire, en 1768. . { 107 / 139 }

FAŸ. — Seigneur de Gerlande, Montchal & Burdignes, 1650 . . . . { 29 / 33 / 188 }

FAŸ. — Comte de la Tour-Maubourg, seigneur de la Garde-St-Thomas, en 1674. . 120

FAŸ (Nobles François & Imbert de). — Seigneurs de Changy, paroisse de Cordelles, en 1561 43

FERRAND DE VEAUCHES. — Seigneur de Vauchette, en 1441. 288

FERRAND. — Notaire à Boën 63

FERRANDIN. — Notaire à St-Etienne . . . 129

FERRIER (Charles). — Seigneur de la Buffière, en 1761, possesseur d'une rente noble sur Roanne. 217

FERRUS (Barthélemy de). — Seigneur de Cucurieu en 1761 70

FEUILLOT DE VARANGES. — Seigneur de la Roche, en 1785 133

FIALIN. — Nom originaire de M. le Comte de Persigny, l'un des grands dignitaires de l'époque actuelle. Son aïeul possédoit les rentes nobles des Reynauds & autres, en 1749, aliénées plus tard à M. Ramey de Sugny 212

FLACHAT (Charles de). — Ecuyer, seigneur d'Apinac, en 1674 6

FLACHAT (Charles-Benoît de). — Chevalier, seigneur de Leyniecq, en 1749 164

FLACHAT (Claude de). — Ecuyer, seigneur de la Varenne, près Feurs, en 1637. . . 142

FLACHAT D'APINAC. — Epoux de Marie Frotton d'Albuzy, en 1785 77

FLACHAT (Jean-Baptiste). — Acquéreur & seigneur de St-Bonnet-les-Oules, en 1736. 230

FLACHERE. — Seigneur de Severt, paroisse de St-Marcel-de-Félines, maître des requêtes au Parlement de Dombes, en 1760. 267

FOLASSON (François). — De Lyon; seigneur engagiste de Sury-le-Bois, en 1543. 269

FONTHIEUVRE. — Notaire à St-Just-en-Chevalet, sieur de Bouzon, en 1754. . . 31

FONTANEZ (De). — Chevalier, seigneur de Maclas & la Valette, en 1674. . . . . . { 140 / 167 }

FORCIEU (Badol de). — Seigneurs de Rochetaillée, de 1642 à 1748, prédécesseurs des Bernou de Rochetaillée. 225

FOREST. — Bourgeois de Roanne, seigneur d'Amions, en 1703-1753 6

FORGES. — Notaire à Roanne, en 1754 . . 153

FORISSIER. — Châtelain de St-Galmier, possesseur des rentes nobles de Gourdin & Bagnols, en 1788 94

FOUDRAS. — Marquis de Courcenay, seigneurs de Chantois, 1762; prédécesseurs des *du Beffey* à Contenson, & des *du Mirat* à la Malinière. 46, 65, 125, 256

FOURNIER DE MONTAGNAC. Seigneur du Colombier de St-Marcellin, en 1664 . 253

FRAISSE. — Notaire à Bourg-Argental, en 1777. 248

FRANCHET. — Avocat, & la dame *de Perey*, son épouse, possesseurs du fief de Tortorel, paroisse d'Estivareilles, en 1753. . 274

FREDIERES. — De Montbrison possesseur de la rente de Salunaud, en 1722 264

FROGET. — Bourgeois, seigneur de Noailly & la Buerie, auquel a succédé M. *Perrin de Noailly*, son neveu, en 1768. 199

FROTTON. — Seigneur d'Albuzy & de la Sablière, en 1760. 18

FROTTON (André). — Seigneur d'Albuzy, père de Madame *d'Apinac*, en 1789 . . . 204

FUMEL (Laure de). — Dame abbesse de la Seauve, en 1785 136

G.

GADAGNE (Louis d'Hostun de). — Seigneur de Bouthéon en 1674, & *Gilbert de Gadagne*, en 1722. 30

GADAGNE D'HOSTUN. — Seigneur engagiste de St-Bonnet-le-Château, en 1639. . 230

GADAGNE (Thomas de). — Seigneur engagiste de St-Galmier, Virignieu & Marclopt, en 1537 240

GADAGNE (Anne de). — Comtesse de Château-Gay, dame du Poyet, en 1674. . . . 153

GAGNIAIRE. — Curé de St-Cyr-les-Vignes, député aux Etats-Généraux de 1789, possesseur de la rente noble de ladite cure . 233

GAGNERE. — Marchand à St-Etienne, acquéreur de Prunerie en 1778. 210

GALLET. — Marquis de Montdragon, seigneur de la Valla en 1768. 140

GALLOIS DE LA TOUR. — Seigneur d'Urbise & de Dompierre, 1730-1769. . . . 276

GASTON DE GASTE. — Bailli de Vivarois, fils de *Louise de Falatier*, seigneur de Luppé en 1439 166

GAUDIN (Jean-Marie). — Seigneur engagiste de Feurs, 1760 86

GAUDIN (Jean-Marie). — Ecuyer, seigneur engagiste de Jas, 1768. 99

GAUDIN (Dame). — Veuve Gras, 1776, dame de la Beauche-Nerview. 104

GAUDIN. — Notaire, reçoit l'acte de transmission de Jas, des *Rivoire du Palais* aux *Chabannes* en 1661. 99

GAYARDON. — Comte du Fenouil, seigneur décimateur d'Estaing, 1785. . . . 83

GAYARDON DE GREZOLLES. — Seigneur d'Aix, 1731, 1776. . . . . 4, 5

GAYARDON (André de). — Ecuyer, seigneur de Grezolles, 1674. 98

GAYARDON (Laurent de). — Chevalier,

feigneur de Tiranges, Boiffet, Chaumont, Montagnac, Fournier, 1722. 273

GEMIER (Claude-Marcellin). — Acquéreur des Périchons, *d'Antoine de la Chaize d'Aix*, en 1697 159

GEMIER (Jacques). — Confeiller au fiége de Forez, fieur des Périchons, 1739; depuis, fecrétaire du Roi. 160

GENEST (Noble Jean-Marie). — Confeiller au fiége de Forez, fieur de Foris, 1770. . 89

GENESTET DE SENUJOL. — Seigneur d'Aurec & St-Didier, acquis par lui de l'héritière des *Néreftang*, en 1734. . . . . . . } 10 / 235

GENEST DE PUJOL. — Seigneur de la Tourette, 1753 (fecrétaire du Roi en Languedoc depuis 1670). 138

GERARD. — Comte de Forez, fondateur du prieuré de Savigny en 930. 266

GERARD. — Seigneur de Cruffol & de Cornillon, & *Béatrix de Beaudiner*, fa femme, vendent, en 1343, au comte de Forez, la moitié de St-Germain-Laval à réunir à celle que tenoit déjà le comte 242

GERENTET. — Préfident en l'élection de Montbrifon, fieur de la Varenne par fa mère *du Verney*; M. *du Rofier*, acquéreur en 1773 142

GERENTET. — Notaire à St-Rambert, acquéreur de la rente de Salunaud, 1746. . 264

GIAC (Baronne de). — Née *d'Arlos*, dame *de la Baraillère*, 1771. 250

GILBERT DE VOISIN. — Préfident au Parlement de Paris, feigneur de St-Prieft & St-Etienne, aux droits de fa femme, née *de Merle*, 1787. . . . . } 112 / 237

GIRARD (Claude). — Ecuyer, feigneur de Beauvoir, de St-Juft-en-Bas & de Colombette, 1692-1722. . . . . } 21 / 63 / 149

GIRARD. — Seigneur de Vaugirard & de Grandris, 1755. . . . . } 96 / 287

GIRARD. — Chevalier de St-Louis, fieur de Godinière & de la Fayolle, paroiffe de St-Martin-d'Eftraux, en 1788 93

GIRARD. — Famille qui fuccéda aux *Perrin* dans la poffeffion de Roche-la-Molière, en 1745 223

GIRY (De). — Baron de Vaux, acquéreur & feigneur de Rochebaron en 1741. . . . 219

GOBERT (Imbert). — Acquéreur du Fouletier, paroiffe d'Aurec, 1779. 90

GODEMARD DE JAREZ. — Seigneur de St-Chamond & Rochetaillée en 1217. . 225

GONIN DE LA RIVOIRE. — Ecuyer, fieur de Collonge & de la Merlée, 1767. . . } 63 / 125

GONIN DE LURIEU. — Ecuyer, receveur des tailles, héritier de Montarcher & Marandière, de fon oncle *Chauvon*, en 1757. 184

GONIN DE LURIEU. — Ecuyer, acquéreur & feigneur du Palais, près Feurs, en 1763, qu'il tenoit des *Chabannes-Curton*. . . . 148

GONIN (Jean-Baptifte). — Notaire à St-Rambert, 1722, poffeffeur du fief de Forette, paroiffe de Bonfon. 89

GOUFFIER (Guillaume). — Seigneur de Boify, fénéchal de Saintonge, adjudicataire des biens de *Jacques Cœur*, vers 1445. 215

GOUFFIER (Arthur). — Donataire de la moitié de Roanne, par *Anne de France* & le *connétable de Bourbon*, en 1516. 215

GOUFFIER (Claude). — Seigneur du duché de Roanne, créé par Charles IX en 1566. Il étoit en outre grand écuyer de France. 215

GOULARD DES LANDES. — Acquéreur & feigneur de Curraize, par acquifition des *Lévis-Couzan*, en 1721. MM. *de Curraize* appartiennent aux échevins de Lyon. . . . 72

GOYET DE LIVRON. — Ecuyer, receveur des tailles à Roanne, poffeffeur de rentes à Renaifon, en 1753. 211

GOYET DE LIVRON. — Ecuyer, feigneur de Taron & Beaucreffon, acquis des *Damas* en 1761 . . . . { 18 272

GOYET DE LIVRON. — Ecuyer, acquéreur de Magnieu-Haute-Rive, de *Jean-Hector Montagne de Poncins*, 1776. 168

GRAS (J.-M.) — Héraut d'armes, fieur de la Beauche, acquis du comte *de Pontchartrain*, 1751 104

GREZOLLES (Le commandeur de). — Décimateur à Verrières, 1613. 290

GRIMOD DE BENEON. — Baron de Riverie, feigneur de Cornillon & de St-Juft-lès-Velay, 1775 . . . . { 66 251

GROLEE DE VIRIVILLE & SIBYLLE DE LA TOUR-GOUVERNET, fa femme. — Seigneurs de Malleval (Forez-Viennois), 1716. 172

GROZEILLER (Pierre). — Chevalier, confeiller du Roi, feigneur engagifte de Lérignieu en 1700 154

GROZEILLER. — Seigneur de Chenereilles, fecrétaire du Roi, dès 1732 57

GROZEILLER DE LA CHAPELLE. — Deuxième fils du fecrétaire du Roi, feigneur de Lérignieu 154

GROZEILLER (Dame). — Née *Perrin de Chenereilles*, apporta à fon mari Chenereilles & la Farge en 1737. 57

GUICHARD. — Veuve *de Pouderoux*, dame de Bataillou & du fief de la Lande, 1719. . 17

GUIGOU. — Sieur des Granges & de la Rivière, & *Anne Chapuis*, fa femme, 1722. { 89 132

GUIGOU DE FORIS. — Frères, feigneurs dudit lieu, 1770 89

GUIGUES. — Seigneur de St-Didier-en-Velay en 1260. 234

GUIGUES DE GEOFFROY DE BARGES (Agnès de). — Dame de Merlieu, 1335. 178

GUILLAUME. — Comte de Forez, fonda le prieuré de Cleppé en 926. 62

GUILLET (Jacques-Pierre). — Ecuyer, feigneur de Châtelus, en prêtoit l'hommage en 1777 51

GUILLOMET. — Notaire à St-Rambert, 1664. 61

GUIOT DE CHALENCON. — Seigneur de St-Pal, 1334 255

GUIOT-HENRY. — Marchand à Lyon, feigneur engagifte de Donzy en 1543. . . . 74

GUIOT-HENRY. — Seigneur engagifte de Feurs, 1543 86

GUIOT-HENRY. — Seigneur engagifte de Néronde, 1696. 194

GUY. — Sept comtes de Forez de ce nom, de 1107 à 1357. (Voir le Tableau généalogique à la fin du livre.)

GUY PAYAN ou PAGAN. — Seigneur d'Argental en 1260 202

GUY DE THIERS. — Epoux de *Clémence de Courtenay*, fortie de la maifon de France, 1216. 221

H.

HARCOURT (Le duc d'). — Poffeffeur de la forêt de St-Haon-le-Châtel, 1787 . . . 243

HARCOURT (Le duc d'). — Seigneur engagifte des Salles-Cervières, 1787. 161

HARCOURT (Le duc d'). — Et dame *d'Aubuffon de la Feuillade*, fa femme, feigneurs de St-Maurice en Roannois, 1786. . . . 255

D'HARENC DE LA CONDAMINE. — Chevalier, feigneur de la Maifonfort de Marclopt, 1756. 175

HENRYS (Pierre). — Lieutenant criminel à Montbrifon, 1618; il étoit fils de *Claude*, magiftrat en l'élection, qui fe diftingua pour la caufe du Roi au temps des guerres de la Ligue. 9

HENRYS (Jacques). — Seigneur de Grézieu, près Montbrifon, 1670 97

HENRYS (Jofeph-Matthieu). — Ecuyer, feigneur de Chavaffieu en 1684. 53

HENRYS (Claude-Jofeph). — Ecuyer, feigneur d'Aubigny, 1722. 9

HENRYS & JURIEU. — Notaires, 1487. . . 81

L'HERMET (Pierre). — Poffeffeur du Fouletier d'Aurec, 1779. 90

HERMONT (Maurice de). — Commandeur de Malte à Montbrifon en 1293. 247

HODIN. — Notaire à Boën. 265

HONORATI (Jean-Baptifte). — Ecuyer, feigneur du Crozet, 1720. 146

HOSPITALIERS DU TEMPLE ET DE ST-JEAN DE JERUSALEM OU DE MALTE. — Fondés aux Croifades en 1048 & 1118. . 247

D'HOSTUN. — Marquis de la Baume, pour des rentes à St-Galmier, 1655. . . . . . { 14 / 94 }

HUE DE LA CUREE. — Seigneur dudit lieu, écuyer, lieutenant-général au bailliage ducal de Roanne, 1755. MM. *Hue de la Blanche* font de la même famille. 112

HUGUES Ier. — Archevêque de Lyon, donne, en 1103, les églifes de Ste-Foy-du-Châtelet & de St-Victor-fur-Loire, à l'abbaye de Conques en Rouergue. 263

HUMBERT. — Dauphin de Viennois, père d'*Alix*, qui eut le bailliage du Chauffour dans fa dot, en s'alliant, en 1296, à *Jean Ier*, comte de Forez. 52

HIPPOLYTE. — Procureur général du comté de Forez en 1499, feigneur engagifte de Châtelneuf en 1543 50

I.

ILLELME ou WILLELME DE ROUSSILLON. — Veuve de *Guy II*, comte de Forez, donatrice, en 1195, de fes poffeffions de St-Etienne à l'abbaye de Valbenoîte. . . . 280

J.

JABOULEY. — Notaire à St-Etienne, 1760. { 119, 265 }

JACQUEMETTON (Noble Jean). — Seigneur de Montmuzard & de la Menue, 1635 . 190

JACQUEMETTON.—Notaire à Feurs, 1745. 60

JACQUES COEUR. — Seigneur de Boïfy, 1442. 215

JACQUIER. — Ecuyer, baron de Cornillon & St-Juft-lès-Velay, 1749. 66

JACQUIER. — Notaire, 1513. 71

JAMIER. — Notaire à Montbrifon, 1742. . 124

JANET DE SERRES. — Sieur de Bouzon, paroiffe de Juré, 1674. 31

JARENTE (Dame de). — Abbeffe de la Béniffondieu, 1787. . 189

JAREZ (Magdelaine de). — Veuve de *Jofferand d'Urgel*, dame de St-Prieft & St-Etienne en 1313 236

JAVELLE. — Préfident honoraire en l'élection de Montbrifon, adjudicataire de la Garde fur le fieur *Joubert*, en 1774. . . . 119

JAVELLE. — Lieutenant criminel à Montbrifon, 1782 119

JAVOGUES. — Notaire à Tourzie en Roannois, 1659 44

JEAN Ier. — Comte de Forez, acquéreur de la moitié de Feurs en 1295, de *Pierre d'Augerolles*. Il fut un des plus remarquables de nos comtes par fes actes & l'accroiffement de fes poffeffions. . . . 186

JEAN Ier. — Comte de Forez, époufa, en 1296, *Alix de Viennois*, qui lui apporta en dot les bailliages de Bourg-Argental, St-Ferriol & le Chauffour 52

JEAN Ier. — Comte de Forez, acquéreur de St-Bonnet-le-Château de *Robert de Damas*, mari de *Dauphine de St-Bonnet*, 1291. . . 229

JEAN Ier. — Comte de Forez, de 1277 à 1333. (Voir le Tableau généalogique à la fin du livre).

JEAN II. — Comte de Forez, concéda à *Jean de Layre* des droits fur Cornillon, 1459. 65

JOCERAND. — Seigneur de St-Didier & de Riotord en 1322 213

JOCERAND. — Prêtoit l'hommage de St-Juft-lès-Velay au comte de Forez en 1332. 251

JOCERAND DE THELIS. — Seigneur de Valprivas en 1490. 283

JOLY (Jean-Baptifte). — Juge de la ville de St-Etienne, 1665. 237

JORDAN (M.). — Echevin de Lyon, acquéreur de Sury-le-Comtal de M. *de la Fraffe*, vers 1790 271

JOURDA DE VAUX. — Père du maréchal de France, acquéreur des terres de Roche & Retournac, des héritiers *Néreftang*, vers 1700. 221

JOURDA DE VAUX. — Maréchal de France,

seigneur de Roche & Retournac en Velay, 1785. 10

JOURJON. — Héraut d'armes, sieur de la Sauvagnère, paroisse du Chambon, 1760. 265

JOUVENCEL. — Veuve de *Jean-Marie Gaudin*, écuyer, dame de Feurs, de Jas, de Donzy, 1772, 1776. 86

JOYEUSE (Georges de). — Vicomte de St-Didier-en-Velay, vendit cette terre à *Philibert de Néreftang*, en 1609 235

JUSSAC (Jean de). — Seigneur de Noharet, près Bourg-Argental, en 1543. 198

L.

LABARRE-BERRY. — Engagifte de St-Juft-fur-Loire & la Fouilloufe, 1785 . . . . {117 / 249}

LA BASTIE. — Prieur & fondateur de l'hôpital de Champdieu, 1494 42

LA BASTIE & Catherine de CHAMPDIEU, sa femme. — Seigneurs de la Maisonfort de Marclopt, 1601, vendue par eux à *Guy de la Mure* 175

LABAUD DE BERARD. — Seigneur baron de Maclas, 1668, 1753, 1773 167

LA BAUME. — Comte de Suze, seigneur de Luppé & de St-Julien-Molin-Molette, 1678. 166

LA CHAIZE D'AIX. — Dont la veuve, dame *Perrachon de Sénozan*, prêtoit l'hommage d'Aix en 1721 4

LA CHEZE (Antoine). — Défenseur en justice au siége de Montbrison, acquéreur de la Pommière & rente de Précieu, en 1785. 232

LA CHIEZE (Claude de). — Ecuyer, sieur de Pelouzat, adjudicataire, en 1637, des biens de *Claude de Flachat*, seigneur de la Varenne, près Feurs 142

LADVIEU (Le vicomte de). — Fonde les cordeliers de Montbrison en 1254 187

LADVIEU (Hugues de). — Seigneur d'Ecotay en 1324, par échange avec le comte de Forez. 78

LADVIEU (Godemard de). — Acquéreur du Croël & de Bigny, paroisse de Feurs, des seigneurs de Thiers, en 1280 67

LADVIEU (Ronin & Palatin de). — Fondent le prieuré de Jourfey en 1130. 101

LADVIEU-LEVIS (Catherine de). — Femme de *Jean d'Ogerolles-St-Polgues*, lui porta Roche-la-Molière, vers 1400 222

LAFONT (J.-M. de). — Ancien officier de cavalerie, engagifte, avant 1765, des étangs d'Uzores, appartenant au Roi. . . 279

LA FORGE (Germaine de). — Dame d'Ogerolles & de Génétines, porta ces deux seigneuries à *Simon Charpin*, son mari, en 1479. 200

LA FRASSE (Chriftophe de). — Conseiller en la sénéchauffée de Lyon, acquéreur de Sury-le-Comtal de M. *de la Rochefoucauld-Rochebaron*, en a prêté l'hommage en 1735 271

LA LIEGUE (Le baron de). — Seigneur de Bellegarde, par acquisition du *connétable de Bourbon*, 1516. 21

LAMBERT (Jacques). — Marchand à St-

Etienne, acquéreur de la rente du Deveys, en 1698, de M. le marquis *de Néreſtang*. . **74**

LAMBERTI (Thomas de). — Ecuyer, seigneur de Collonges, acquéreur des rentes d'Etrat & de Cizeron en 1664. . . . . . **61**, **83**

LANCERANUS & RAMODE, sa femme. — Donataires du pic & territoire de St-Romain-le-Puy, à l'église d'Ainay de Lyon, en 1017 . . . . **261**

LA GARDE (Marguerite de). — Veuve du sieur *de Glétan*, dame d'Aubigny, 1671. . **9**

LA GRYE (Dame Claudine de) & Jacques PETIT, son mari. — Prêtoient, en 1776, l'hommage de leur fief d'Arcon en Roannois, du chef de ladite dame. La famille *de la Grye*, alliée à celle *de Chantelauze*, qui a fourni un ministre d'Etat sous la Restauration **7**

LA GUICHE (Marie de). — Duchesse de Ventadour, dame d'Urbize, 1673. . . . . . **276**

LA HAYE (Pierre de). — Décimateur de Lugny, paroisse de St-Didier-sur-Rochefort, 1634 . . . . **165**

LA MURE (Pierre & Jean de). — Frères, coseigneurs de Chantois, paroisse de Bully, & droits sur Amions, Cordelle, &c., 1561. . . . . **43**

LA MURE DE CHANTOIS. — Acquéreur de la Maisonfort de Marclopt, des *la Baſtie-Champdieu*, 1601. . . . . **175**

LA MURE (André de). — Seigneur de Rilly, paroisse de Cordelle, 1674. . . **213**

LA MURE (Durand de). — Seigneur de Magnieu-Haute-Rive, 1761, & du Poyet, 1772. **168**, **153**

LA MURE (Bernardin de). — Seigneur de Champ, acquis des *Luzy de Couzan*, en 1779. . . . . **41**

LA MURE DE MAGNIEU (Dame Grozeiller de). — Pour la rente noble du Cognet, paroisse de Châtelneuf, 1767. . . . . . **63**

LANDIGHOIS. — Notaire à Tiranges, procureur fondé de *Jean de Layre*, seigneur de Cornillon en 1482 . . . . **65**

LA PALUD-GUIFFREY DE MONTEYNARD (Virginie de). — Dame de la Ferrière, paroisse de Néronde, &c., 1675. . . . . **115**

LA PIERRE DE ST-HILAIRE (Anne de). — Veuve de *Claude du Verdier*, dame de Valprivas, du chef de son mari, 1722. . . . **284**

LA PIERRE DE ST-HILAIRE (Jean-Baptiste). — Possesseur de la rente de Maison-Neuve, 1722. . . . . **171**

LA PIERRE DE ST-HILAIRE. — Seigneur de Valprivas, 1755 . . . . **284**

LA PIERRE DE ST-HILAIRE. — Ecuyer, acquéreur de la seigneurie de St-Hilaire, en 1776, de M. *de Flachat d'Apinac* **246**

LAQUEILLE DE PRAMENOUX. — Seigneur du Poyet en 1753. . . . . **153**

LA RICHARDIE DE BESSE. — Commandeur de Malte, à Chazelles-sur-Lyon, 1787. **55**

LA RICHARDIE DE BESSE. — Veuve de *Charles Ducroc*, dame de St-Polgues en 1674. . . . . **256**

LA RIVIERE (Le marquis de). — Seigneur engagiste de Donzy en 1709 . . . . . . **74**

LA RIVOLIERE (Pierre de). — Avocat, sieur de la Roche-sur-Loire, 1755. 133

LA ROCHE (Demoiselle Antoinette de). — Possédant la rente noble du Pescher, paroisse de Virignieu, 1674. 151

LA ROCHEFOUCAULD (Louis). — Marquis de Rochebaron & seigneur de Sury-le-Comtal, par *Magdelaine d'Escoubleau de Sourdis*, sa mère, héritière de sa maison, 1722. 271

LA ROCHEFOUCAULD DE ROCHEBARON. — Seigneur & vendeur de St-Marcellin au sieur de Fournier, 1693, & de Monsupt, St-Thomas, St-Georges & autres terres, à M. *de Mazenod*, en 1696. . . . . { 181 / 253

LA ROCHETTE DE BOBIGNEUX (Gabriel-Joseph de). — Seigneur de Bonneville, près Bourg-Argental, 1688. Sa famille toujours en possession, 1788 27

LA ROUE (Pierre de). — Epoux de *Dauphine de St-Bonnet* & seigneur haut-justicier d'Apinac, 1280 6

LA ROUE (Guillaume de). — Evêque du Puy en 1260 ; seigneur baron de St-Didier-en-Velay. 234

LA ROUE (Marianne de). — Veuve *Forcieu de Rochetaillée*, dame de Bataillou en 1736 par acquisition des Hospices de Lyon, revendit aux *Boyer du Moncel* 17

LA ROUE. — Veuve *du Favrey*, dame de Prunerie, paroisse de St-Maurice-en-Gourgois, 1722 210

LASCARIS D'URPHÉ. — Marquis du Châtelet, seigneur de Bussy & de tous les biens des *d'Urphé*, 1754. 34

LA TOUR-ST-VIDAL (Henri de). — Seigneur de Poncins, 1674. 207

LA TOUR (Claude de). — Ecuyer, seigneur de Varan, acquis par lui, en 1660, du marquis *de Nérestang*. Le fief de la Tour, près Firminy, étoit dans sa famille depuis l'an 1200. 284

LA TOUR (Jean-Baptiste de). — Ecuyer, prétoit l'hommage de la terre de la Fayette & de la seigneurie de Varan, en 1755 . . . 285

LA TOUR-GOUVERNET (Sibylle de). — Veuve *Grolée de Viriville*, dame des Farnanches, paroisse de la Valla en Jarez, 1716. 140

LATTARD (Noble Pierre). — Conseiller au siège de Forez, & dame *Martin des Pomeys*, sa femme, hommagiste de certains emplacements de la ville de Montbrison, 1772. 149

LATTARD (Antoine). — Maître de poste, acquéreur, en 1752, du Chevallard, paroisse de Nervieu, de M. de Pontchartrain. 145

LAURENCIN (Claude de). — Acquéreur & seigneur de Châtelus, en même temps que de Fontanès & Riverie. Lesdites terres aliénées par le *connétable de Bourbon*, en 1513. . . . . { 50 / 87

LA VEUHE (Jacques de). — Chevalier, acquéreur de Sury-le-Comtal de la dame *d'Allonville*, en 1609 271

LA VEUHE (Jacques de). — Seigneur de Monsupt & St-Romain-le-Puy dès 1609, transige, pour droits & limites, avec le seigneur *de la Garde*, en 1623 ; son successeur aliéna à M. *de Mazenod*, en 1696. 118

LA VEUHE (Laurent de). — Chevalier, comte de Chevrières en 1664 59

LA VEUHE (Françoife de). — Porta en dot, dans la maifon de *Langeron*, la feigneurie de Chevrière, vers 1723. Les *Langeron* connus auffi fous le nom de *Maulevrier* . 59

LA VEYSSIERE DE CANTOINET. — Seigneur de Villeneuve, près St-Bonnet-le-Château, 1787. 293

LA VIEUVILLE (Jofeph de). — Seigneur de la Valla en Jarez, 1723. 139

LAYE (Guie de). — Veuve de *Ste-Colombe*, dame de Bufferdan, 1441. 5

LAYRE (Jean de). — Seigneur de Cornillon en 1459 65

LAYRE (Guillaume de). — Seigneur de Cuzieu, 1441 72

LE BLANC (Etienne). — Damoifeau, feigneur de la Tour-en-Jarez, en 1273. . . 137

LEGALLERY (Noble Jean de). — Confeiller au fiége de Forez, poffeffeur de la rente de Goutelas, 1748-1765 95

LEGALLERY DU TAILLOU ET DE MONT-FERREY. — Frère & héritier du précédent. 95

L'ESPINASSE D'ALBON. — Seigneur de St-André-en-Roannois, 1441. 228

LE TOUX (Gerin). — Seigneur du Rouffet en 1342 155

LEVIS (Euftache de). — Epoufe *Alix de Damas-Couzan* en 1442. 69

LEVIS (Claude de). — Baron de Couzan, de Feugerolles & de Curraize, feigneur de Boën en 1566. 24

LEVIS (Claude & Jacques de). — Vendent Feugerolles aux *Capony*, en 1586 84

LEVIS-LADVIEU. — Longtemps feigneurs de Roche-la-Molière. 222

LEVIS & SUZANNE DE LAYRE, fa femme.— Seigneurs de Cornillon, 1550. 66

LEVIS-VENTADOUR. — Seigneur de Cornillon, 1616 66

LEVIS (Raymond de). — Epoufe *Agnès de Château-Morand*, qui lui porte en dot cette terre en 1422. 48

L'HERITIER (Pierre). — Avocat, poffeffeur de la rente de la Bâftie, paroiffe de l'Hôpital-le-Grand, 1722 103

LIGNERES (Jean de). — Seigneur de Rochetaillée, comme époux de *Fleurie de Jarez*, en 1325 225

LIVET (Claude). — Lieutenant particulier au fiége de Forez, feigneur du Colombier-St-Marcellin, en 1641. 253

LORANGES. — Notaire, acquéreur, en 1771, des rentes de Maulevrier. 177

LOYAUTE. — Notaire à Sury-le-Comtal. 1719, pour un acte de tranfmiffion de rente entre MM. *Thibaud de Pierreux & Perrin de Chenereilles* 57

LUCIUS (Le Pape). — Confirme, par une bulle de 1183, la fondation du prieuré de Firminy 87

LUZY DE PELISSAC (Jean de). — Acquéreur de Couzan & Sauvain en 1656, de *Gilbert de Châlus*, feigneur de St-Prieft 69

LUZY (Claude de). — Seigneur de la Valla, paroiffe de St-Didier-fur-Rochefort, 1674. 69

LUZY DE COUZAN (Louis de). — Seigneur de Champ, qu'il vend, en 1779, à Bernardin de la Mure. 40

LUZY DE COUZAN (Claude). — Seigneur de St-Juft-en-Bas, qu'il aliène, en 1782, à M. Girard de Vaugirard 248

M.

MADIERES (Meffieurs de). — Frères; avocats, prêtèrent l'hommage du fief de Vernoil en 1755 & 1777 289

MALLET (François de). — Ecuyer, feigneur de la Boutereffe & de la Goutte-des-Salles, 1674 105

MALLET DE LA MURETTE. — Sieur de Cherchan, 1720 58

MALLET DE VANDEGRE. — Seigneur du Bullion en Auvergne, en 1753, & de la rente du Traquet en Roannois, vendue à Matthieu Pollet en 1761 274

MARCILLY (Arnaud de). — Seigneur dudit lieu, bâtit fon château de Chalmazel en 1231. 37

MARCOUX (Sieur Claude). — Marchand à St-Etienne, engagifte du fief d'Entremont, paroiffe de St-Victor-fur-Loire, 1771 . . 79

MARCOUX fils. — Bourgeois à St-Rambert, 1781, ratifie la vente de la rente de Cizeron 61

MARESCHAL (Pierre). — Chevalier, feigneur d'Apinac en 1280 6

MARESCHAL (Jean). — Prêtoit l'hommage de fa maifon du Colombier de St-Marcellin en 1333. 253

MARESCHAL DES SAUVAGES (Alix). — Dame de la Lande, en prêtoit l'hommage en 1441 123

MARS (Guillaume de). — Seigneur de Ste-Agathe en 1441 227

MARTIN. — Sieur des Pomeys, paroiffe de St-Thomas, confeiller au fiége de Forez en 1776 160

MARTINIERES (Gilbert de). — Ecuyer, feigneur du Soleillant en la paroiffe de Valeilles, 1714-1720 159

MARTINIERES. — Notaire en Roannois, 1597. 44

MASSO (Charles de). — Sénéchal de Lyon, prêtoit, en 1754, l'hommage du fief de la Ferrière-St-Médard 116

MASTIN. — Seigneur de Villeneuve, près St-Bonnet-le-Château, dans le XVIe fiècle. 293

MASTIN, damoifeau. — Seigneur de la Merlée, paroiffe de St-Julien-la-Vêtre, 1511 . 126

MATARE (Jean). — Marchand à St-Etienne, donateur pour la fondation des Urfulines, en 1635 239

MATHÉ (Hector-Jofeph). — Receveur des fermes à St-Juft-en-Chevalet en 1717, fieur de Balichard, paroiffe de Villemontet, ainfi que Claude, fon fucceffeur, en 1753. . . 14

MATHON (Noble Antoine). — Sieur & acquéreur de Sauvain en 1772, de Louis Luzy de Couzan 265

MATHEVON DE CURNIEU. — Ecuyer, seigneur de Villars, 1788 70

MATHEVON DE CURNIEU. — Chevalier de St-Louis, 1788, poffeffeur du fief de ce nom 71

MATHEVON (Jean). — Seigneur de Curnieu, acquéreur de la rente noble de Ste-Agathe, en 1699 71

MATHEVON (Jean). — Châtelain de St-Etienne en 1665 237

MATHEVON & PICON. — Notaires à St-Etienne, y paffent l'acte d'établiffement des Dominicaines en 1615 238

MAYOL (Noble Joseph de). — Lieutenant au fiége de Bourg-Argental avant 1688 . 29

MAYOL (François de). — Seigneur de Luppé, chevalier, confeiller à la Cour des Monnoies de Lyon, 1773, 1776 166

MAZENOD (Charles-Joseph). — Seigneur de Pavezin, acquéreur, vers 1668, de différents biens de la maifon de la Rochefoucauld-Sourdis, aux environs de St-Marcellin-en-Forez, entre autres Chenereilles, Boiffet & Monfupt poftérieurement. . . 181

MAZENOD (Etienne-Joseph de). — Seigneur de Pavezin, écuyer, chevalier d'honneur au Bureau des finances de Lyon, feigneur de Monfupt, 1722. 182

MAZENOD (Charles-Joseph de). — Vendit, en 1677, la terre de Chenereilles à *Antoine Perrin*, écuyer, de qui elle paffa aux Grozellier par alliance 57

MAZY DE LA FARGE. — Poffeffeur de la dîme de St-Germain-Laval, en 1711 . . . 243

MAUBEC (M. de). — Prieur de St-Romain-le-Puy, 1778 261

MEAUDRE (M.). — Confeiller au fiége de Forez & fecrétaire du Roi, poffeffeur de la rente noble de Vinols, paroiffe de St-Juft-en-Chevalet, qu'il aliène en 1750. . . 293

METAYER DES COMBES. — Notaire à St-Galmier, 1738 73

METRAT (Jean). — Ecuyer, feigneur de Ste-Foy-l'Argentière, 1754 240

MICHEL (Joseph-Marie). — Notaire, fieur de Chavannes en 1724, paroiffe de St-Juft-en-Chevalet 52

MICHON (Jacques). — Ecuyer, feigneur de Chancé, paroiffe de Renaifon, en 1674 . 43

MICHON-JUANON. — De St-Germain-Laval, poffeffeur du fief de Cherchan, paroiffe de St-Julien-d'Oddes, 1761 58

MILHOT. — Notaire à Feurs, 1662 . . . 98

MISSY (Michel de). — Capitaine de dragons, & dame *Pichon de la Rivoire*, fa femme, poffeffeurs de la rente de Burdignes, 1769. 32

MITTE (Guillaume). — Bailli de Forez, feigneur de Chevrières par fa femme, *Catherine de Malvoifin*, qu'il époufa en 1350. . 58

MITTE DE CHEVRIERES (Melchior). — Teftoit, en 1649, & léguoit à fon fecond fils, *François*, la feigneurie de Châtelus. . . . 50

MOINES DE SAVIGNY. — Donataires, en 1018, du prieuré de Salt-en-Donzy . . . 264

MOLETTE DE MORANGIER (Dame de). — Abbeffe de la Seauve, 1717 136

MONDON. — Notaire à Feurs, reçoit, en 1768, l'acte de tranfmiffion de la terre de Jas, de M. *Montagne de Poncins* à M. *Gaudin*. 99

MONTAGNE (Charles). — Avocat, prêtoit pour fon frère *Jacques*, l'hommage du fief du Cognet, en 1677 145

MONTAGNE (Jean). — Sieur du Cognet, paroiffe de St-Cyr-les-Vignes, acquéreur dudit fief, en 1624, de la maifon de Salemard, qui le poffédoit dès 1436 145

MONTAGNE (Dame). — Veuve de noble *Chirat*, poffédoit la rente de Ste-Catherine-fur-Précieu, 1722 232

MONTAGNE (Jean-Pierre). — Ecuyer, prêtoit, en 1753, l'hommage des terres de Poncins & de Jas, par héritage de *Jacques Cognet de la Maifonfort de Marclopt*. . . . { 99
207

MONTAGNE (Jean-Hector). — Ecuyer, feigneur de Poncins, acquéreur de Magnieu-Hauterive, de la Maifonfort & de Rochefort, 1771-1772 . . . . { 168
175

MONTAGNY (Gafpard de). — Seigneur de Magnieu-le-Gabion, 1407 81

MONTAZET (Monfeigneur de). — Archevêque de Lyon, réunit Savignieu au collége de Montbrifon, 1782 186

MONTBOISSIER. — Anciens feigneurs de Bouthéon, le cédèrent à *Jean*, duc de Bourbon, comte de Forez, mort en 1487, qui en apanagea fon fils naturel *Matthieu de Bourbon* 30

MONTGINOT. — Avocat, copoffeffeur, avec les *Chaffain*, de la rente de la Vernade & de Meffimieu, paroiffe de Marcilly-le-Châtel, 1678 143

MORANDIN (Noël de). — Ecuyer, feigneur du Soleil & des Farges, près St-Etienne, 1716 158

MORANDIN (Blaife). — Lieutenant de la juridiction de St-Etienne, 1665 237

MORANDIN (Claudine). — Veuve de M. *Baud*, confeiller à la fénéchauffée du Puy, poffeffeur de la rente noble de Jonzieu, 1787 100

MOREL (Gafpard). — Commiffaire à Boën, acquéreur de la rente de Monteillard, paroiffe de Trelins, 1772 189

MONTCHENU (Marguerite de). — Aliéna la feigneurie de Bourg-Argental à *Jean de Bourbon*, évêque du Puy, qui la remit au comte de Forez, fon neveu, en 1481. . . 28

MONTCORBIER (Catherine de). — Veuve de *Moïfe de Nompère*, dame de Champagny & Pierrefite, paroiffe de St-Haon-le-Vieux, 1674. 41

MONTEYNARD. — Marquis de Montfrin, vend la terre de Souternon à M. J.-M.-Antoine Ramey de Sugny, en 1780. 267

MONTEYNARD (Jofeph de). — Marquis de Montfrin, fénéchal de Nîmes & Beaucaire, feigneur du comté de Souternon, 1755. 267

MONTMORILLON (Le feigneur de). — Bienfaiteur du prieuré de Beaulieu, fondé en 1115, dans la paroiffe de Riorges-en-Roannois 19

MOUILLON DE BRESSIEU. — Et *Marguerite de Gafte*, fa femme, dame de Luppé & de Rochetaillée, vendent, en 1582, à *Antoine de Rochefort*, la juftice de la Valette près St-Etienne 140

MOURIER (Claude). — Marchand de St-Haon, prêta l'hommage du fief d'Azoles, paroiffe dudit St-Haon, en 1674 14

N.

NABONAN (M.). — Procureur du Roi en la châtellenie de St-Germain-Laval, vend la rente de Vinols à M. *Ramey de Sugny*, 1782. 293

NABONAN (Michel). — Et demoifelle *Chamboduc*, fa femme, poffeffeurs du fief de Château-Gaillard, paroiffe de Mornand, en 1717 47

NAVARY. — Comte de Brefves, & dame *Bartholy*, fa femme, feigneurs de St-Bonnet-les-Oules, en 1675 230

NERESTANG (N. de). — Chevalier, obtint, en 1599, l'érection du fief d'Entremont, paroiffe de St-Victor-fur-Loire . . 79

NERESTANG (Philibert de). — Chevalier des ordres, grand-maître de celui du Mont-Carmel, acquéreur, en 1609, des baronnies de St-Didier, Aurec, Oriol, Lachapelle, érigées en marquifat en 1619 . . . } 10 / 235

NERESTANG (Claude). — Abbé de la Béniffondieu, permuta avec fa fœur, abbeffe de Mégemont, en 1611 . . . 22

NERESTANG (Le marquis de). — Acquéreur de la châtellenie de St-Victor-fur-Loire en 1674 263

NERESTANG (Louis-Achille, marquis de). — Prêtoit l'hommage d'Aurec & St-Ferriol en 1679-1717 10

NERESTANG (Héritiers). — Vendent les feigneuries de St-Didier, Aurec & autres, à M. *Geneftet de Sénujol* en 1734 . . . . . } 10 / 235

NEUVILLE (Camille de). — Archevêque de Lyon, réunit au Séminaire les revenus du prieuré de Firminy en 1665 87

NEUVILLE (Antoine de). — Abbé de St-Juft, dernier prieur de Firminy après la fécularifation 87

NEYRON (Antoine). — Négociant à St-Etienne, fecrétaire du Roi, acquéreur de la rente noble de Curnieu en 1770. (Elle eft affife fur le domaine *du Minois*, paroiffe de St-Geneft-l'Erpt.) 70

NEYRON (Jofeph). — Négociant & fecrétaire du Roi, acquéreur de la terre de Roche-la-Molière, du duc de *Charoft*, en 1772. 224

NOBLET (Bernard de). — Comte de la Clayte, vend une rente noble fur Roanne & lieux circonvoifins, en 1736 217

NOMPERE (François de). — Chevalier, prêtoit l'hommage de Champagny & Pierrefite, paroiffe de St-Haon, en 1699 41

NOMPERE DE CHAMPAGNY. — Ecuyer, chevalier de St-Louis, prêtoit l'hommage des feigneuries de Pierrefite, Champagny & la Mothe en 1782 . . . 41

NOMPERE (Benoît de). — Comte de Champagny, vend au fieur Alcoock, entrepreneur de manufactures, le château de la Mothe en 1788 126

O.

ODON DE SENEUIL. — Reçut, en 1299, les terres de Valenches & de Luriecq, par échange avec le comte de Forez. On croit les d'Affier de Valenches établis ou venus à fa fuite lors de fa prife de poffeffion . . . 282

OFFICIERS DU BAILLIAGE DE MONTBRISON, en 1687 216

OGEROLLES (Guillaume d'). — Seigneur de St-Polgues en 1317 256

OGEROLLES (Suzanne d'). — Veuve de *Claude de Damas*, marquis de Digoine, dame de Commières, paroiffe de Villeret, 1674. 64

OGEROLLES (Françoife d'). — Porta Roche-la-Molière à *Alexandre de Capony-Feugerolles*, fon mari, en 1580. 222

OLIVIER DE SENOZAN. — Et *Anne de Groflée-Viriville*, fa femme, feigneurs de Malleval (Forez-Viennois) en 1754 172

P.

PAGAN (Béatrix de). — Dame d'Argental & la Faye, en 1347 84

PAILLARD D'URPHE (Jacques). — Nomme *Etienne Arnaud* capitaine châtelain de la feigneurie de Buffy, 1610 34

PALERNE (Antoine-Louis). — Ecuyer, fieur de la Porchère, 1674 129

PAPARIN (Marie). — Fille de *Guillaume*, feigneur de Château-Gaillard, paroiffe de Mornand, 1717 47

PAPON (Jean). — Lieutenant-général au bailliage, feigneur de Marcoux, en 1560 . 95

PAPON (Etienne). — Vend, en 1627, une rente noble à Crozet, pays de fon père . 44

PAPON (François). — Sieur de la Mothe-Barin, paroiffe de Marcilly, 1674. 127

PAPON (Renée). — Et *Aymare Trunel du Verney*, fœurs utérines, la première veuve de *Pierre Charpin*, feigneur de la Forêt-des-Halles, fe tranfmettent le fief du Verney, près St-Galmier, en 1645. . . . 163

PARCHAS (François & Michel de). — Acquéreurs de plufieurs démembrements de la terre de St-Juft-lès-Velay, 1709-1736. . 251

PARET (Jean de). — Juge de Forez, en 1307. 35

PASSY (Jean). — De Lyon, feigneur engagifte de Cleppé, en 1543 62

PASTUREL. — Chanoine de Montbrifon, lègue le fief de la Mothe-Barin à la dame *de Brioude*, femme de M. *Lefgallerie du Taillou*, 1787. 127

PATARIEUX (Les enfants du fieur). — Agent de change à St-Etienne, copoffeffeurs de rente à Cizeron, avec le fieur *Payre*, 1785 . 61

PATURAL. — Notaire à St-Jean-la-Vêtre, pour la dîme de Lugny, 1788 165

PAULAT (Jacques de). — Seigneur de Montarboux, Palognieu, Chorignieu, comme acquéreur de la maifon de St-Polgues, en 1656. 23

PAYRE. — Négociant à St-Etienne, & enfants *Patarieux*, poffeffeurs de la rente de Cizeron, 1785 61

PAYRE. — Commiffaire à terrier à Montbrifon, acquéreur de rentes fur Châlain-le-Comtal & prairies de Fontanes, 1779; le tout paffé à M. *Chavaffieu*, 1783 169

PELISSAC (Le feigneur de). — Cofeigneur de rente à Chazelles-fur-Ladvieu, auquel fuccéda le fieur de *Rouzant*, 1674 56

PENITENTS DU ST-SACREMENT. — Etablis à St-Etienne en 1668 239

PERACHON DE SENOZAN (Dame). — Veuve de *Georges-Antoine de la Chaize-d'Aix*, prêtoit l'hommage d'Aix, de Souternon, de St-Germain-Laval & de la Chaize en 1721 4

PERCIER & FRAISSE. — Notaires à Bourg-Argental, 1777 33

PEYRENC DE MORAS. — Miniftre d'Etat, acquéreur de St-Prieft & St-Etienne, de MM. *de Châlus*, vers 1765 236

PEYRET (Jean de). — Lieutenant en la châtellenie de Montbrifon, fieur de Tortorel, paroiffe d'Eftivareilles, paffé par alliance à MM. Franchet, en 1722 274

PERRIN (Antoine). — Seigneur de Chenereilles en 1678, par acquifition de M. de Mazenod, tenoit auffi, à la même époque, le fief de Meffimieux, paroiffe de Marcilly. 57

PERRIN DE VIEUX-BOURG. — Echevin de Lyon, acquéreur de Roche-la-Molière en 1719 223

PERRIN (Sieur Pierre). — Bourgeois de Pouilly-lès-Feurs, fecrétaire du Roi en 1773, & fieur de Noally & de la Buerie, par fucceffion du fieur *Froget*, fon oncle . . 199

PETIT (Jacques). — Sieur d'Arcon, du chef de fa femme, *Claudine de la Grye*. . . . 7

PHILIBERT (Jean-François). — Ecuyer, feigneur de Fontanès & acquéreur de ladite terre, de M. *Camus de Chavagneu*, en 1736. 88

PHILIPPE. — Roi de France, donne, en 1303, la feigneurie de Thiers au comte de Forez. 221

PIANELLO (Baptifte). — Et *Anne Beffet*, fa femme, feigneurs de la Valette, près St-Etienne, en 1654 141

PICTAVIA (Guillaume de). — Seigneur d'Oriol, St-Ferriol & le Fay en 1336 . . . 201

PIERREFITTE (Dame de). — De Roanne, poffédant, par échange avec le Roi, la forêt de St-Germain-Laval, 1788 242

PIERREFORT (Etienne). — Bourgeois de Montbrifon, acquéreur du parc de cette ville, en 1688, & fieur de Vidrieu 148

PINGON (Le comte de). — Chanoine de l'Eglife de Lyon, prieur de Bard, 1788. . 16

PINHAC DE LA BORIE (Catherine de). — Veuve de M. *Geneft de Vinols*, dame d'Aboin, de la Tourette, de la Liègue & de Gaitte, près St-Bonnet-le-Château, en 1722, lègue fes poffeffions à MM. *de Pujol*, fes parents, qu'elle appelle du Languedoc, vers 1753 . { 1 / 91 / 138 }

PLASSON (Jean-Pierre). — Bourgeois engagifte de Sury-le-Bois, en 1758, par acquifition de M. *de Laurencin* 269

PLASSON (Catherin). — Receveur du grenier à fel de Feurs, fait ériger en fief la Combe, paroiffe de Valeilles, en 1771, & l'aliène à M. *Pierre-Chriftophe d'Affier de Valenches*, en 1791, ainfi que fon hôtel à Feurs. Le même fieur *Plaffon de la Combe* poffédoit auffi l'inféodation de la terre de Sury-le-Bois, fous une redevance éteinte à la Révolution 111

POCHIN (Sieur). — Procureur du Roi en la châtellenie de St-Germain-Laval, en 1787, & décimateur. 243

POIX DE FREMINVILLE. — Notaire à la Paliffe, 1773 232

POLIGNAC (Les vicomtes de). — Du nom de *Chalencon* depuis le mariage, en 1349, de *Valpurge*, héritière & dernière des *Polignac*, avec *Guillaume de Chalencon* . . . . $\begin{cases} 36 \\ 255 \end{cases}$

PONCET DE ROCHEFORT. — Seigneur de Vilette en 1415 131

PONCET ou PONCHON DE ROCHEBARON. — Prêta, en 1248, l'hommage d'Uffon & du mas de Bouleine au comte de Forez 278

PONCHET (Arnould). — Confeiller au Parlement de Paris, acquéreur de Rivas, en 1687, des *d'Efcoubleau de Sourdis* 214

PONS D'URGEL. — Fondateur de l'abbaye de Valbenoîte, près St-Etienne, vers l'an 1150; protecteurs *Guy II* & *Guy III*, comtes de Forez 280

PONS. — Seigneur de Rochebaron & Bas, 1265, haut-jufticier des dépendances du prieuré des Salles. 161

PONS D'AURELLE. — Seigneur de Montarcher & Marandières en 1673 183

PONS D'HOSTUN (Le marquis de). — Comte de Verdun, feigneur de Bouthéon en 1761 30

PONS (Le marquis de) de Verdun. — Seigneur de Bouthéon en 1777. 125

PONTCHARTRAIN (Paul-Jérôme, marquis de). — Seigneur du comté de Nervieu, acquis, en 1748, des *d'Albon*, qui le tenoient des *d'Urphé* 196

PONTCHARTRAIN (M. de). — Vend, vers 1751, en démembrement de la terre ou comté de Nervieu, Sugny, la Salle, la Beauche, la Magnerie, le Chevallard, à divers acquéreurs . . . . $\begin{cases} 268 \\ 135 \\ 104 \\ 168 \\ 145 \end{cases}$

POUDEROUX (Jacques de). — Lieutenant-général au fiége de Forez, acquéreur de la Lande & du territoire de Bataillou en 1691; le château de Bataillou bâti par fon fils, en 1706 17

PRANDIERES (Jean de). — Poffeffeur du fief de ce nom, paroiffe de Cézay, en 1694. 209

PRESLE (Pierre). — Ecuyer, & dame *de Sautilly*, fon époufe, vendent, en 1716, la feigneurie de Cuzieu à M. *Pupil* de Lyon. 73

PRETRES SOCIETAIRES DE L'EGLISE DE ST-BONNET. — Poffeffeurs de la rente noble de Ménis, paroiffe de Merle. . . . 177

PRIEUR (Le) DES SALLES. — Paroiffe de Bas-en-Baffet, eft à la nomination de celui de St-Romain-le-Puy. 161

PRIEUR DE ST-SAUVEUR (Le). — Justicier de plusieurs lieux de la baronnie de la Faye 114

PROHANT (Jean de). — Bailli du Velay en 1343. 52

PUJOL (Guillaume de). — Secrétaire du Roi, conseiller en la chancellerie de Montpellier, en 1670. 138

PUJOL (Genest de). — Ecuyer, seigneur d'Aboin, 1753, jusqu'à son décès en 1787. 4

PUNCTIS (Jacques). — Seigneur de la Tour-Charrette, paroisse de Balbigny, en 1650. 24

PUNCTIS DE LA TOUR (L.-M.-François). — Ecuyer, seigneur de Boën en 1754-1776. 24

PUNCTIS. — Chanoine à Montbrison, prébendier de Boisverd, 1788 26

PUPIER (Louis). — Conseiller au siége de Forez, 1670; poursuit la vente de Grézieu sur *Jacques Henrys* 97

PUPIL. — Lieutenant-général au présidial de Lyon, seigneur de Cuzieu & Rivas en 1716; de même famille que nos *Pupil* de Bourg-Argental 73

PUPIL DE CRAPONNE. — Seigneur engagiste de la Tour-en-Jarez, en 1694. . . . 137

PUY DU PERRIER. — Lieutenant-général au bailliage de Forez, seigneur de Merlieu, en 1720. 178

PUY DE MUSSIEU (François). — Ecuyer, acquéreur & seigneur de la Bâstie-Urphé, en 1778 103

PUY. — Et *Brigitte Chazelles*, sa femme, à Boën, possesseurs de la rente de Colombette, 1777 63

PUY (Gilbert). — Aux Salles-en-Cervières, possesseur des dîmes inféodées de St-Germain-Laval, en 1711. 243

R.

RAYBY (Arnouil). — Seigneur d'Ulphé, vend sa dîme & ville d'Allieu au Chapitre de Montbrison, en 1256 5

RAMEY (Jean de). — Seigneur de la Salle, paroisse de Feurs, dont il prêtoit l'hommage en 1722; il fut d'abord procureur du Roi à Montbrison, ensuite avocat-général au Parlement de Dombes, en 1717. 134

RAMEY (F.-M.-Vital). — Seigneur de Sugny en 1761, conseiller au Parlement de Metz & acquéreur de la rente de Bufferdan . . { 31 / 268 }

RAMEY DE SUGNY (J.-M.-Antoine). — Ecuyer, acquéreur & seigneur de Génétines en 1779, de Souternon en 1780 & de différentes rentes & possessions autour de St-Just-en-Chevalet . { 92 / 267 }

RAMEY (Marguerite). — Veuve de *Claude Basset*, procureur du Roi au siége de Forez, dame de l'Etrat, près Cervières, en 1722 162

RANVIER (Annet). — Seigneur de Bellegarde en 1730; il étoit conseiller à la sénéchauffée & présidial de Lyon 21

RAVEL (Jacques). — Ancien conseiller &

échevin de la ville de St-Etienne, acquéreur de la rente de la Porchère en 1750. 129

RAVEL (Jean-Baptiste). — Acquéreur & fieur de Montravel, paroiffe de Villard, 1776. 191

RAVEL (Claude). — Secrétaire du Roi, 1771, feigneur de la baronnie de Montagny-en-Lyonnois, acquéreur de la Doa, de St-Héand & Malleval, 1786-1787 . . { 112 / 245 / 173 }

REYMOND. — Confeiller au fiége de Forez, poffeffeur de la rente de la Bâftie, paroiffe de l'Hôpital-le-Grand après 1722 . 103

REBBÉ (Euftache de). — Prêtoit l'hommage de St-Marcel-d'Urphé en 1441. 253

RELIGIEUX CAPUCINS. — Etablis à St-Etienne, en 1619, par les libéralités des habitants de la ville & celles de M. *Léonard de Beffet*, feigneur de la Valette 238

RELIGIEUSES DOMINICAINES. — Etablies à St-Etienne en 1615, venant du Puy en Velay. 238

RELIGIEUX MINIMES. — Fondés à St-Etienne en 1608 238

RELIGIEUSES URSULINES. — De St-Etienne, fondées en 1635 239

REYNARD (Pierre). — Seigneur de Beaurevers & St-Ange, vend à M. *Antoine Fialin* la rente noble des *Reynauds*, 1749. . . . 212

REYNARD (Noël). — Seigneur de Godinière, paroiffe de St-Martin-d'Eftraux, l'aliène à M. *Girard*, chevalier de St-Louis. 93

REYNAUD. — Comte de Forez, donne, en 1324, fa terre d'Ecotay à *Hugues de Ladvieu*, en échange de Vaudragon 78

REYNAUD. — Comte de Forez en 1260, divers actes. . . . . { 55 / 168 / 206 }

REYNAUD DE FOREZ. — Archevêque de Lyon, fonde le monaftère de St-Thomas, près Montbrifon, en 1213 . . 262

REYNAUD DE FOREZ. — Archevêque de Lyon, divers actes . . . . . . { 19 / 26 }

REYNAUD DE VIEUMAISON. — Seigneur de Commières en Roannois, en 1297-1307. 64

REYNAUD (Gafpard de). — Chevalier, feigneur de St-Pal-en-Chalencon, en 1752, & en prêtoit l'hommage 256

REYNAUD (Pierre). — Seigneur de Beaurevers & de la Boulenne, en prêtoit l'hommage en 1755, 1776 20

RIBEROLLES. — Négociant à Thiers, acquéreur de M. *Mallet de Vandègre*, de la dîme inféodée des Salles-en-Cervières, 1756. . 161

RIBOULET D'ARCHINESCHES. — Ecuyer, feigneur de Pailleret & Rocheblaine, en 1759. . 202

RIBOULET (Antoine de). — Seigneur de la Bâftie, poffeffeur de la rente de la Liègue, paroiffe de Pailleret, en 1674 124

RICHARD DE LA PRADE. — Seigneurs du Pontempérat; l'un d'eux membre actuel de l'Académie françoife 208

RIGAUD DE MONTAGNY. — Interpofe un

décret fur Magnieu-le-Gabion, & l'aliène au préjudice d'*Antoinette du Rofier*, veuve de *Chriftophe de Talaru-Chalmazel*, en 1671 170

RIGAUD. — Commiffaire à terrier de St-Etienne, acquéreur de la rente de Cizeron, en 1781. 61

RIVERIE (Camille de). —Seigneur marquis de la Rivière & Villechenève, en 1691. . 132

RIVERIEUX.—Seigneur de Chamboft, terre qualifiée de baronnie en 1273 par le *comte de Forez* 40

RIVOIRE. — Marquis du Palais, en 1626, d'après l'érection de cette terre en marquifat, unie à Civens, obtenue ladite année. 148

RIVOIRE (Gilbert).—Marquis du Palais, acquéreur de Boën en 1634, de *Louis de St-Prieft*, feigneur de Couzan 23

RIVOIRE (Philibert de). —Vend la terre de Jas aux *Chabannes*, en 1661. 99

RIVOIRE (Jean de).— Seigneur de Bourdenon & du Mazoyer, acquéreur de Jas, de *Chriftophe de Chabannes*, marquis du Palais, en 1662 99

RIVOIRE (Gilbert de). —Seigneur du Chevallard, en 1723, paroiffe de Lérigneu: fief acquis en 1768, de la maifon de *Chabannes*, par M. *Souchon du Chevallard*, confeiller au fiége de Forez 144

ROBERT. — Comte d'Auvergne en 1208, témoin de la preftation de foi & hommage du feigneur d'Oliergues à *Hugues de Damas*, feigneur de Couzan 69

ROBERT.—Seigneur de St-Bonnet-le-Château, légua, dans fon teftament de 1239, à l'hôpital de St-Jean-de-Jérufalem de Montbrifon, la terre de Château-le-Bois, paroiffe de St-Maurice-en-Gourgois . . . 48

ROBERT DE ST-BONNET.—Avoit donné, en 1239, St-Maurice-en-Gourgois à *Humbert* fon frère, prieur de St-Rambert . . 254

ROBERT DE DAMAS. — Fils de *Dauphine de St-Bounet*, aliéna St-Bonnet-le-Château au *comte de Forez*, en 1291 229

ROBERT D'AUVERGNE. — Archevêque de Lyon; fit, en 1333, la réforme du prieuré du Montverdun, où il appela des moines de la Chaize-Dieu, pour remplacer ceux de St-Auguftin. 193

ROBERT DE MONTROUGE.— Prieur de la commanderie de Montbrifon, en 1272. . 246

ROCHEBARON. — Très ancienne maifon, connue dès 1150, dans la poffeffion de ce château, fiége de l'une des quatre grandes baronnies du Forez, & de la feigneurie de Bas-en-Baffet. 218

ROCHEBARON (Antoinette de). — Héritière de fa maifon; époufa *Louis de Chalencon* en 1450. Celui-ci en prit le nom & les armes. 218

ROCHEBARON (Deux fœurs de). — Epoufèrent les deux frères *de la Rochefoucauld*, dont l'un feigneur de Rochebaron & l'autre comte de Gondras. 218

ROCHEBARON (Le marquis de la Rochefoucauld).— En s'alliant à l'héritière de la maifon *de Sourdis*, devint feigneur de Sury-le-Comtal 218

ROCHEBARON (Claude de). — Commandeur de St-Jean de Montbrifon, en 1606. 276

ROCHECHOUART (Louife de).—Veuve de Claude, comte de la Richardie de Beffe, en 1787................ 256

ROCHEFORT (Hugues de). — Fit hommage de fon fief & feigneurie de Rochefort au *comte de Forez*, lorfque celui-ci fit bâtir fon château de Cervières, c'eft-à-dire en 1181. 222

ROCHEFORT (Poncet de). — Seigneur de Vilette, paroiffe de Villechenève, en 1415. 131

ROCHEFORT (Jean de).—Seigneur de Malleval, près St-Héand, en 1441...... 172

ROCHEFORT. — Seigneurs de la Valette près St-Etienne, en 1446 & 1582 .... { 140 / 141 }

ROCHEFORT (François de).—Prévôt d'Ainay & prieur de Bellegarde en 1722, & de la branche du fuivant, établie à Pouilly-lès-Feurs............... 22

ROCHEFORT (Pierre-François). — Frère du précédent, écuyer, feigneur de Beauvoir dont il avoit hérité, vers 1747, des *Girard de Beauvoir* fes parents; vend la rente de Colombette.......... 21

ROCHEFORT (Antoine-Camille).—Fils du précédent, acquéreur & feigneur du comté de Buffy, en 1778, venant des *d'Urphé* & des *Simianne*, derniers poffeffeurs. Le même fit rebâtir le château de Beauvoir, paroiffe d'Arthun, vers 1780. ... 34

ROCHEFORT-D'AILLY DE ST-VIDAL (Françoife de). — Veuve & héritière de *Laurent de la Veuhe*, dame de Chevrières, en 1682. Tranfmet cette feigneurie, par elle ou fa fille, aux *Langeron*, vers 1723 ... 59

ROLET DE LAYRE. — Bailli de Velay en 1410, pour une délimitation de juftice de la baronnie de la Faye près St-Geneft-Malifaux................. 114

ROMANET DE BAUDINER ET DE L'ESTRANGE.—Poffeffeur du fief de la Porte, paroiffe de Pailleret, en 1674 130

RONAT. — Notaire, auteur d'un terrier de Cornillon, en 1538.......... 66

RONCHIVOL (Gafpard de). — Seigneur haut-jufticier d'Eftaing, paroiffe de Virignieu, en 1278............ 81

RONZY (Michel). — Acquéreur de la dîme de Nulize, vendue par M. *de Ste-Colombe*, marquis de l'Aubépin, en 1771 200

ROSTAING. — L'un des grands notaires de Forez; figne, en 1406, un terrier relatif au prieuré de St-Victor-fur-Loire..... 263

ROSTAING (Jean de). — Capitaine châtelain de Sury-le-Comtal, antérieurement à *Louis de Talaru* pourvu par François Ier, en 1532................ 34

ROSTAING (Le comte de).—Vend,en 1747, la feigneurie de Rivas aux *religieufes* de Jourfey 214

ROSTAING (Le marquis de). — Prête la foi & hommage de Veauchette, en 1772 & 1776. Il étoit bailli d'épée de la province de Forez, officier de la maifon du Roi, &c. 288

ROUSSET DE ST-ELOY (Françoife).—Dame Bérardier, dont le mari étoit feigneur de Grézieu aliéné aux *Chapuis de la Goutte*, en 1775............... 97

ROUSSET.—Notaire à St-Pal-en-Chalencon, en 1747; paffe la vente de Leyniecq acquis par M. *de Flachat d'Apinac* de M. Bernardin de *l'Hermuzières*.......... 164

ROUSSILLON (Béatrix de). — Dame de Jarez & de Rochetaillée ; en prêtoit l'hommage au *comte de Forez*, en 1290. 225

ROUX DE LA PLAGNE. — Avocat du Roi au fiége de Forez, en 1788, acquéreur de la rente noble de Beaulieu-fur-Rivas, du *comte de Roſtaing* 19

ROUZANT (Claude). — Ecuyer, feigneur de Chazelles-fur-Ladvieu & de la Pierre en 1674; les *d'Allard*, fucceſſeurs, en 1762. 56

S.

SACONIN (De). — Seigneur de Montolivet, paroiſſe de Renaiſon en Roannois, en 1788. Il y avoit les *Saconin de Pravieux* à Buffières & Pouilly-lès-Feurs, en 1562 . . 183

SAIGNARD (Dominique de). — Seigneur de Saffelanges & de Tréméolles en 1752, acquéreur de cette dernière rente, paroiſſe de St-Pal, *d'André Chapuis de la Goutte*, en 1729. . . . . {181 / 274

SALICHON. — A St-Etienne, poſſeſſeur de la rente de la Porchère, comme dot de ſa femme, demoiſelle *Ravel*, en 1767 . 129

ST-ANDRE (D'Albon marquis de). — Seigneur engagiſte de St-Haon & St-Maurice-en-Roannois, en 1543. . . . . {243 / 255

SAINT BERNARD. — Abbé de Clairvaux ; fonde en perſonne l'abbaye de la Béniſſon-Dieu, en 1138 22

STE-COLOMBE (Joſſerand de). — Epoux de *Guie de Laye*, dame de Bufferdan, vivoit avant 1441 5

STE-COLOMBE-NANTON (Guillaume de). — Seigneur de Ste-Colombe & du fief de la Buerie, paroiſſe de Pouilly-lès-Feurs, en 1674. 106

STE-COLOMBE. — Marquis de l'Aubépin, feigneur décimateur à Nulize, avant 1771. 200

STE-COLOMBE. — Seigneur dudit lieu, du Poyet & de la Goyetière, en 1776 232

STE-COLOMBE (Marie-Anne-Jacqueline de). — Dame de St-Prieſt-la-Roche, en 1773-1776. 258

ST-GEORGES (Claude de). — Seigneur marquis de St-André-en-Roannois & de Péluſſieu près Feurs, en 1753-1776. . . . 203

ST-GERMAIN (Arthaud de). — Obtient Montrond, en 1302, du *comte de Forez*, par échange avec ſa moitié de St-Germain . . 191

ST-GERMAIN (Arthaud de). — Bailli de Forez en 1456. Sa mère étoit *Louiſe d'Apchon* en Auvergne, qui impoſa ſon nom à ſa deſcendance. 191

ST-GERMAIN-D'APCHON (Antoine-Louis-Claude de). — Marquis de Montrond, baron de Boiſſet, & par ſa femme héritière de la maiſon de *Crémeaux*, feigneur de St-Trivier, Crémeaux, &c., en 1782. . . {67 / 192

ST-MARTIN D'AGLIE (en-Piémont). — Seigneurs d'Ecotay, la Roue, St-Anthême, Montpeloux-la-Chalm, Uffon, Pierrefort, en 1787, en rendoient primitivement l'hommage en 1722. 78

ST-MAURICE-EN-ROANNOIS (Les ſeigneurs de). — En l'an 1000 achetèrent du *comte de Forez* le château de Roanne. 215

ST-MAURIS. — Comte de Malbarey, feigneur par indivis de Changy, en 1754 44

ST-PAUL (Vital de). — Seigneur de Vaffalieu, fondateur de N.-D.-de-Grâces, paroiffe de Chamble, en 1608, & des Camaldules du Val-Jéfus, en 1633 ... } 283 / 286

ST-PAUL (Jeanne de). — Dame de Vaffalieu & de la Guillanche, femme de *Jean d'Apchon* marquis de Montrond, en 1608. Concourt à la fondation de N.-D.-de-Grâces. 286

ST-POLGUES (Antoine de). — Seigneur de Montarboux, de Palognieu & de Chorignieu, en 1656 23

ST-PRIEST (La maifon de). — Du nom primitif *d'Urgel;* pofféda cette feigneurie de St-Prieft & celle de St-Etienne dès les temps les plus reculés. Elle étoit apparentée avec les premiers *comtes de Forez*, & fonda l'abbaye de Valbenoîte en 1150. (Voyez *Pons d'Urgel*.) Elle forma plufieurs branches, parmi lefquelles celles *de Jarez* ou *St-Chamond*, *de Fontanez*, *d'Albuzy*, *d'Apinac* & autres 236

ST-PRIEST (Jean de). — Prêtoit l'hommage de St-Prieft & St-Etienne, en 1458. ... 236

ST-PRIEST D'URGEL (François de). — Devenoit feigneur d'Apinac en époufant, vers 1326, l'héritière de cette maifon du nom de *Marefchal*. 7

ST-PRIEST D'URGEL (Louis de). — En s'alliant à *Marguerite de Lévis-Couzan*, puiffante héritière, devenoit feigneur de Boën & Couzan vers 1622. Sans enfants, il fit donation de fes poffeffions, parmi lefquelles St-Prieft & St-Etienne, aux *Châlus* d'Auvergne, fes neveux, en 1641. ... } 69 / 236

ST-PRIEST (François de). — Chevalier, feigneur de Fontanez, de Fétan & du Crozet, en 1674 88

ST-PULGENT (Auftregile de). — Prêtoit l'hommage de ce fief en 1516, & demoifelle de St-Pulgent en 1588; il exifte des hommages de cette famille primitive de 1397 & 1419. 258

ST-PURGENT (Noble Pierre de). — Seigneur de la Goutte, paroiffe des Salles, en 1499. (Ce nom n'eft qu'une variante du précédent.) 120

ST-RAMBERT & ST-DOMITIEN (Reliques de). — Tranfportées du Bugey en Forez, vers 1070 259

SALEMARD (Guillaume de). — Châtelain de la Tour-en-Jarez, en 1372 281

SALEMARD (La maifon de). — Poffédoit le fief du Cognet, paroiffe de St-Cyr-les-Vignes, dès 1436 145

SALLES (Jean-Marie). — Châtelain de Marcilly & Châtelneuf, poffeffeur du fief de Foris, comme héritier de noble *Genet*, confeiller au fiége de Forez, en 1782 89

SARRON (Guichard de). — Prêtoit l'hommage de fa maifon-forte de Marcoux en 1441; fes fucceffeurs la vendirent, ainfi que Goutelas, au célèbre *Jean Papon*. . . 95

SASSENAGE (N.... de). — Dame engagifte de Chambéon, St-Galmier & Virignieu, juftice de Feurs, Mme *de Saffenage* étant aux droits des *Hoftun de Gadagne* & des *Tallard* qui avoient auffi St-Bonnet-le-Châtel par engagement. .... } 39 / 230 / 294

SAUVADE DU PERRET (Jean-Georges). —

Ecuyer, acquéreur, en 1785, de la seigneurie d'Estaing, paroisse de Virignieu, de M. *du Rosier* 82

SAUVADE DU PINEY. — Secrétaire du Roi, acquéreur du Perret de M. *Gras*, ainsi que de la rente du Monceau & d'autres sur Valeille, Salt & Jas, en 1782 150

SAUZEAS (Claude). — Négociant, héraut d'armes à St-Etienne, acquéreur de partie de la rente de Maulevrier près Bouthéon, en 1771, & partie de celle de la Merlée, en 1777 . . . . $\begin{cases} 125 \\ 177 \end{cases}$

SAVY (François). — Avocat à St-Etienne, possesseur de la rente noble du Deveys, en 1776 74

SEVERAC (Marie-Esther-Emilie de); marquise de Simianne. — Aliène, avec son mari, les biens de la maison *d'Urphé*, en 1778-1781 277

SIGEAN. — Notaire gradué à Uffon, en 1782 . . . 77

SILVESTRE DE LA FERRIERE (Georges-Antoine). — Seigneur dudit lieu & de la Noerie, en 1722 . 116

SIMIANNE (François-Louis-Hector, marquis de). — Adjudicataire de tous les biens de la maison *d'Urphé*, en 1768, dont il revend la même année la seigneurie de Jullieu à M. *Antoine Souchon*, conseiller au siége de Forez; la terre de la Bastie, à M. *Puy de Mussieu*, en 1778; le comté de Buffy, à M. *de Rochefort*, en 1781; la seigneurie de St-Just-en-Chevalet, à M. *de Meaux*, en 1781; & celles de Rochefort & de St-Didier, à M. *Montagne de Poncins*. . . . . $\begin{cases} 34 \\ 100 \\ 102 \\ 277 \end{cases}$

SONYER DU LAC. — Avocat du Roi au siége de Forez & à la Chambre domaniale, en 1788, auteur du manuscrit sur les fiefs du Forez, sujet de la présente publication, & dont hommage fut fait par son fils *Hector* à l'Académie de Lyon, en 1809. (Voyez le frontispice & note accessoire au feuillet suivant.)

SOUCHON (M. Antoine). — Conseiller au siége de Forez, seigneur du Chevallard, paroisse de Lérignieu & de Jullieu près St-Etienne-le-Mollard, en 1768 . . . . . $\begin{cases} 100 \\ 144 \end{cases}$

STARON (Noël). — Elu à Montbrison, possesseur du fief de Vaures, paroisse de Savignieu, en 1722, acquis des *Chalmazel-Talaru* 287

STARON (Noble Claude). — Seigneur de Vaures en 1772, conseiller au siége de Forez 287

STARON (Jacques). — Sieur de la Rey, conseiller au siége de Forez, en 1722 130

STARON (Dame Elisabeth). — Veuve de noble *Michel-Laurent Battant de Pommerol*, lieutenant particulier au siége de Montbrison, en 1776 121

SUGNY D'ALBON (Les seigneurs de). — Possédoient le Rousset, paroisse de St-Jean-Soleymieux, qui advint de ceux-ci par alliance aux *Damas* en 15...; ces derniers l'ont conservé jusqu'à la Révolution. 156

SURIEU (Pierre de). — Seigneur de Marcoux, en 1334 94

SURIEU (François). — Archer des tentes & pavillons de la grande vénerie, possesseur du fief de la Roche, paroisse de Misérieu, acquis de M. *de Pontchartrain*, en 1751. . 133

SIVARD (Noble Guillaume de). — Seigneur de Cublize, possesseur de rente sur Cornillon, en 1538 66

T.

TALARU (Matthieu de). — Devient seigneur de Chalmazel en épousant, en 1364, *Alix de Marcilly-Chalmazel*, héritière de sa maison. 37

TALARU (Gaspard de). — Seigneur d'Ecocotay & de la Pie en Bresse, acquéreur de Magnieu-le-Gabion, en 1500, d'*Arthaud de Blos* qui le tenoit des *Duverney* . 170

TALARU (Christophe de). — Seigneur de Chozieu, en 1633. 60

TALARU DE CHALMAZEL (Claude de). — Seigneur d'Ecotay & de St-Marcel-de-Félines, en 1674-1722 . . . . { 78 / 252

TALARU (César-Marie de). — Comte de Chamarande, marquis de Chalmazel, maréchal-de-camp, commandeur des ordres, premier maître d'hôtel de Mme la *Dauphine;* prêtoit l'hommage de St-Marcel-de-Félines en 1774. La maison *de Talaru*, dans ses deux branches, a fourni vingt-un comtes de Lyon, dont trois archevêques & deux cardinaux. 252

TARDY (Jean de). — Seigneur du Bois, possesseur de rentes nobles sur Marlhes & St-Genest-Mallifaux, en 1639 32

TAVARD. — Juge de Forez, en 1499. . . . 270

TERREY (Pierre). — Procureur général à la cour des Aides de Paris, sieur de Béclandière en Roannois, en 1757. 21

TERREY (Jean-Antoine). — Chevalier, conseiller du Roi en ses conseils, maître des requêtes de son hôtel, intendant de Lyon, puis de Moulins, seigneur de Changy, St-Bonnet-des-Quarts, St-Riram, en 1782 . . { 21 / 231

THELIS (Le comte de). — Capitaine aux gardes françoises, seigneur de Châtel & l'Aubépin, paroisse de Cleppé, en 1782 . . 49

THIBAUD DE PIERREUX. — Possesseur de rentes nobles sur Montarcher & Jourfey, en 1719 57

THIOLLIERE (Sieur). — Président en l'élection de St-Etienne, acquéreur de Pélussieu près Feurs, en 1787, du marquis *de St-Georges* 204

THIOLLIERE DE L'ISLE (Jean-François). — Négociant à St-Etienne; acquéreur, en 1791, du fief du Verney, paroisse de St-Galmier 163

THOYNET. — Notaire royal à Montbrison, en 1687 81

THOYNET DE BIGNY (Henri-Joseph). — Secrétaire du Roi; prêtoit, en 1760, l'hommage du fief du Croël, paroisse de Feurs, & fit construire sur son territoire le château de Bigny. 67

THOYNET (François). — Ecuyer, trésorier des ponts & chaussées à Paris, acquéreur de Grange-Neuve & de la rente noble des *Giraud*, paroisse de St-Paul-d'Uzores . . . 93

THIERS (Les vicomtes de). — Prenoient dès 1216 cette qualité. La branche aînée s'éteignit dans les *comtes de Forez*. 221

THIANGES (Eléonore de). — Comtesse du

Bourg, dame de St-Bonnet-des-Quarts &
St-Riram, en 1674 231

TILDEBERT. — Abbé de l'Ile-Barbe, en 971. 87

TISON DES ARNAUD. — Notaire à Montbrison, en 1776. 204

TISSOT (Guillaume). — Marquis de la Valla, poffeffeur de la rente des Gilliers, paroiffe de Doizieu-St-Chamond, en 1783 92

TRICAUD (Thomas). — Sieur du Piney, décimateur d'Eftaing, paroiffe de Virignieu, en 1674 82

TOURNON (François de). — Seigneur de Meyrès & Pailleret, en 1759. 202

TOURNON (Alix de). — Abbeffe de la Seauve en Velay, en 1485. 136

U.

URFÉ ou URPHÉ (La maifon d'). — Fonda, en 1214, l'abbaye de Bonlieu, près Boën, *Reynaud* étant alors comte de Forez . . . 26

URFÉ (Arnoul d'). — *Arnulphus de Ulphiaco.* — Vend la rente noble de Salt au Chapitre de Notre-Dame de Montbrifon, en 1335. Il avoit prêté l'hommage au *comte de Forez* de fon château de la Baftie, en 1331. Un de fes fucceffeurs fut feigneur de la Baftie, en 1401 150

URFÉ (Pierre d'). — Grand écuyer de France. Acquit en 1507, du *connétable de Bourbon*, les terres de Ste-Agathe réunies à la Baftie & à St-Juft-en-Chevalet. Le même avoit fondé l'abbaye de Ste-Claire de Montbrifon, en 1496. 187

URFÉ (Claude d'). — Acquéreur du comté de Buffy, en 1517, du *connétable de Bourbon*, ainfi que de Souternon. Il fut bailli de Forez en 1540, fit conftruire la chapelle de la Baftie en 1542, & fa femme, *Jeanne de Balzac*, lui éleva un fuperbe maufolée dans l'églife de Bonlieu. . . . . { 26 / 33 / 102

URFÉ (Jacques d'). — Fils du précédent, feigneur de la Baftie en 1552, bailli de Forez, & père d'*Honoré d'Urfé*, auteur du roman de l'*Aftrée*. Autre *Jacques*, fon petit-fils, fut feigneur de la Baftie en 1622. . . 195

URFÉ (Alexis-Jean de Lafcaris d'). — Marquis du Châtelet, héritier par fa mère de toutes les poffeffions des *d'Urfé;* en prêtoit l'hommage en 1754, & en fut dépouillé par décret rendant adjudicataire, en 1768, M. *de Simianne*. Ce dernier démembra & aliéna, à plufieurs notables familles du Forez, tout ce qui compofoit l'étendu patrimoine des *d'Urfé* . . . . . { 277 / 34 / 103 / 100 / 249

URGEL (La maifon d'). — A poffédé les terres de St-Prieft & St-Etienne-de-Furans de toute ancienneté. On en retrouve des actes de 1150 & hommages aux *comtes de Forez* de 1313, 1458 & autres. Après avoir fleuri en plufieurs illuftres branches, elle s'eft éteinte, dans fa tige directe, en *Louis de St-Prieft* qui, fans enfants, tranfmit fes poffeffions, en 1641, aux *Châlus* d'Auvergne fes neveux. . . . . { 236 / 257

URSULINES (Religieufes) de Roanne. — Poffédoient le fief de Vaux en St-Romain-la-Mothe, en 1788. 287

V.

VALENCE. — Seigneur de Mignardière, paroiffe de St-Martin-de-Boify en Roannois, en 1788 180

VALPURGE DE ST-DIDIER-EN-VELAY. — Mariée à *Louis de Joyeufe* à qui elle porta cette baronnie, en 1376 235

VAREY (Antoine de). — Seigneur de Balmont & Marignan en Provence; devint feigneur de Malleval & Virieu, en 1517, par échange avec le connétable *de Bourbon*. 172

VAUBOREL (Louis-Malo-Gabriel, marquis de). — Seigneur de Changy & St-Bonnet-des-Quarts, en 1768, par acquifition de la dame *du Maine*, veuve *de Loftange*. . . . 231

VEAUCHES (Bérard de). — Avoit prêté l'hommage de Veauchette en 1333, fes fucceffeurs en 1441 & 1499. 288

VERCHERES DE LA BASTIE (Jacques-Laurent). — Châtelain de St-Bonnet-le-Château, poffeffeur de la rente noble du Fieu, paroiffe de Tiranges, en 1776. 75

VERD DU VERDIER (Claude). — Ecuyer, feigneur de Valprivas & Luriecq, en 1614. 283

VERD DU VERDIER (Gafpard-Béatrix). — Seigneur de Valprivas & de la Pompée, paroiffe de Précieu, en 1674 283

VERNIN (Pierre). — Auteur de la maifon *de Crémeaux d'Entraigues*, juge de Forez, en 1388. 67

VERNIN (Arnulphe & Jean). — Seigneurs de Crémeaux, en 1441 67

VERNOIL (Bertrand de). — Seigneur de la Roche-fur-Loire, en 1674. 133

VERNOUX (Juft-François de). — Ecuyer, feigneur de Noharet près Bourg-Argental, en 1675. Sa famille d'ancienne chevalerie du Vivarois 198

VERTAMY (Jean de). — Ecuyer, feigneur de Danizet, demeurant à Uffon, acquéreur de la rente noble du Mas, paroiffe d'Eftivareilles, des fieur & dame *de Flachat d'Apinac*, en 1782 77

VEYRAC DE PAULHAN (Ifabeau de). — En époufant *Armand de Cruffol*, comte d'Uzès, lui porta en dot la feigneurie de Cuzieu & d'Unias. 72

VICHY (Gafpard de). — Vend, en 1727, la feigneurie de Cucurieu en Roannois au fieur *de Ferrus* 70

VITAL. — Notaire à Montbrifon, en 1581 . 19

VINCENT (François). — Secrétaire du Roi, acquéreur, en 1757, de Montarcher & Marandières du fieur *Gonyn de Lurieu*. M. Vincent de Montarcher, fon fils, en 1777, avoit étendu fes poffeffions aux environs, & fut confeiller au Parlement de Dijon. 184

VINCENT (Pierre). — Ecuyer, négociant à St-Etienne, acquéreur de St-Bonnet-les-Oules, de M. *Flachat*, en 1780. Il en prit le nom. 230

VINCENT DE SOLEYMIEUX (Antoine). — Ecuyer, négociant à St-Etienne, frère du précédent, acquéreur de la rente du Soleil, en 1781 158

VINCENT (Dame). — Veuve *de Curnieu*; vend en 1760 la rente noble de Sauvagnère à *André Jourjon*, de St-Etienne, héraut d'armes 265

VINOLS (Geneft de). — Chevalier, feigneur d'Aboin, la Tourrette & Gaitte près St-

Bonnet-le-Château, en 1722, & de la Liègue, paroiffe de Bellegarde, en 1630 . . 3

VISSAGUET (Antoine). — Avocat à St-Pal, poffeffeur de la rente noble du Deveys, paroiffe de St-Hilaire, en 1767 74

VOGUÉ (M. de). — Vend la rente noble du Vert, paroiffe de Bas-en-Baffet, au fieur Hilaire Favier de la Chomette, en 1744. . 164

Y.

YS (Frère Pierre d'). — Prieur hofpitalier; prête l'hommage des poffeffions de l'ordre de St-Jean-de-Jérufalem au *comte de Forez*, en 1378 247

FIN.

TABLEAU HISTORIQUE ET GENEALOGIQUE DES COMTES DE FOREZ

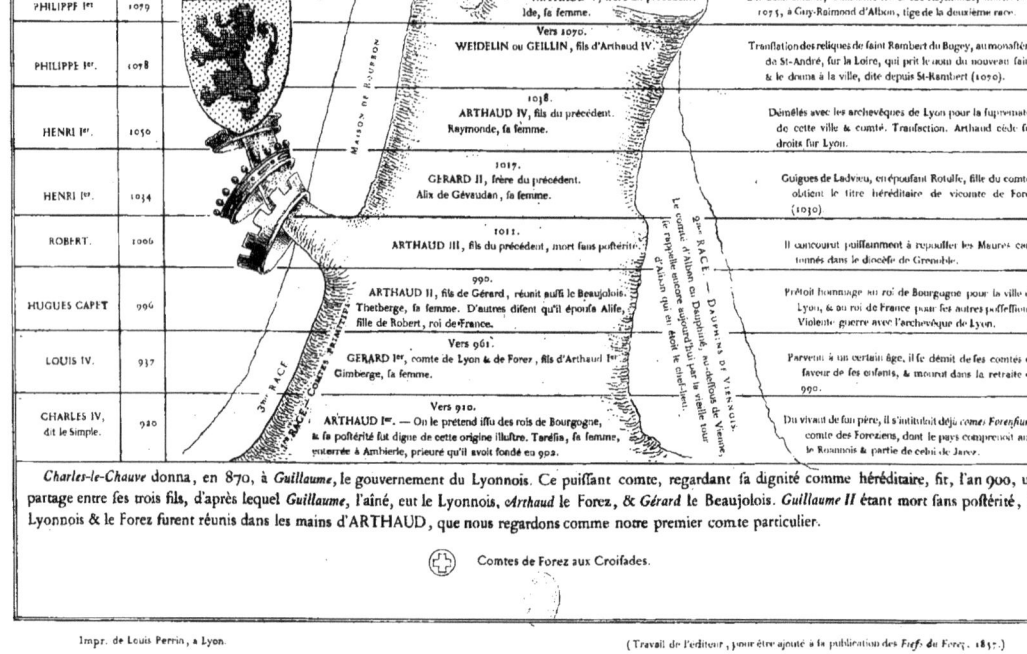

Rois de France		Comtes de Forez	Observations
PHILIPPE Ier	1079	1078. ARTHAUD V, frère du précédent. Ide, sa femme.	Eut deux enfants, Guillaume III & Ide Raymonde, mariée, en 1075, à Guy-Raimond d'Albon, tige de la deuxième race.
PHILIPPE Ier	1078	Vers 1070. WEIDELIN ou GEILLIN, fils d'Arthaud IV.	Translation des reliques de saint Rambert du Bugey, au monastère de St-André, sur la Loire, qui prit le nom de nouveau saint & le donna à la ville, dite depuis St-Rambert (1070).
HENRI Ier.	1050	1058. ARTHAUD IV, fils du précédent. Raymonde, sa femme.	Démêlés avec les archevêques de Lyon pour la suprématie de cette ville & comté. Transaction. Arthaud cède ses droits sur Lyon.
HENRI Ier.	1034	1017. GÉRARD II, frère du précédent. Alix de Gévaudan, sa femme.	Guigues de Ladvieu, en épousant Rotulfe, fille du comte, obtient le titre héréditaire de vicomte de Forez (1030).
ROBERT.	1006	1011. ARTHAUD III, fils du précédent, mort sans postérité.	Il concourut puissamment à repousser les Maures cantonnés dans le diocèse de Grenoble.
HUGUES CAPET	996	990. ARTHAUD II, fils de Gérard, réunit aussi le Beaujolois. Thetberge, sa femme. D'autres disent qu'il épousa Alife, fille de Robert, roi de France.	Prêtait hommage au roi de Bourgogne pour la ville de Lyon, & au roi de France pour ses autres possessions. Violente guerre avec l'archevêque de Lyon.
LOUIS IV.	937	Vers 961. GÉRARD Ier, comte de Lyon & de Forez, fils d'Arthaud Ier. Gimberge, sa femme.	Parvenu à un certain âge, il se démit de ses comtés en faveur de ses enfants, & mourut dans la retraite en 990.
CHARLES IV, dit le Simple.	920	Vers 910. ARTHAUD Ier. — On le prétend issu des rois de Bourgogne; & sa postérité fut digne de cette origine illustre. Tarésia, sa femme, enterrée à Ambierle, prieuré qu'il avoit fondé en 902.	Du vivant de son père, il s'intitulait déjà *comes Forensium*, comte des Foreziens, dont le pays comprenait aussi le Roannois & partie de celui de Jarez.

Charles-le-Chauve donna, en 870, à *Guillaume*, le gouvernement du Lyonnois. Ce puissant comte, regardant sa dignité comme héréditaire, fit, l'an 900, un partage entre ses trois fils, d'après lequel *Guillaume*, l'aîné, eut le Lyonnois, *Arthaud* le Forez, & *Gérard* le Beaujolois. *Guillaume II* étant mort sans postérité, le Lyonnois & le Forez furent réunis dans les mains d'ARTHAUD, que nous regardons comme notre premier comte particulier.

⊕ Comtes de Forez aux Croisades.

Impr. de Louis Perrin, à Lyon.   (Travail de l'éditeur, pour être ajouté à la publication des *Fiefs du Forez*. 1857.)

TABLEAU HISTORIQUE ET GENEALOGIQUE DES COMTES DE FOREZ

Depuis leur origine sous *Charles-le-Chauve* jusqu'à la prise de possession du comté par le roi *François I*.

870-1531.

ROIS DE FRANCE	DATES respectives	COMTES DE FOREZ & leurs Alliances	FAITS PRINCIPAUX
FRANÇOIS I, LOUIS XII	1531, 1505	**1505** CHARLES III, dit le Connétable de Bourbon. Suzanne de Bourbon.	25 avril 1530. Le Roi vint en personne à Montbrison prendre possession du comté de Forez, & y passa seize jours logé au cloître Notre-Dame. Comte de Forez du chef de sa femme Suzanne de Bourbon, fille de Pierre II (1505). Il fut tué au siège de Rome, en 1527. Ce grand & malheureux prince, par sa défection, donna lieu à la réunion du comté à la couronne par François I, en 1531.
LOUIS XII, CHARLES VIII	1498, 1488	**1488** PIERRE II, frère de Jean. Anne de France, fille de Louis XI.	Il fut solennellement reconnu comte de Forez par l'Assemblée des trois États, tenue à Montbrison (1488). Il reçut le Roi à Moulins en 1490, confirma divers privilèges aux habitans du Forez, & mourut en 1503.
LOUIS XI	1460	**1456** JEAN II, fils de Charles I. 1° Jeanne de France, fille de Charles VII; 2° Catherine d'Armagnac; 3° Jeanne de Bourbon.	Servit avec attachement Charles VII, mais fut en trouble bonne intelligence avec son frère-puîné Louis XI. Mort en 1488, sans postérité.
CHARLES VII	1422	**1434** CHARLES I. Agnès de Bourgogne.	Le Forez posséda, en 1452, ce roi à Tours, où fut conclu le traité avec le duc de Savoie, logea au château de Cleppé. Joua un grand rôle dans les troubles de l'État, & mourut à Moulins en 1436. Montbrison déclarée capitale du Forez en 1441, achèvement de son église Notre-Dame, portail & clocher (1405).
CHARLES VI	1410	**1417** JEAN I DE BOURBON, Marie de Berry.	Prisonnier des Anglois à la bataille d'Azincourt (1415), il mourut en captivité. Sa femme, Marie de Berry, administra le comté de Forez pendant son absence. Montbrison clos de murs en 1422.
CHARLES VI, CHARLES V	1380, 1371	**1370** LOUIS II DE BOURBON, qui devient comte de Forez du chef de sa femme Anne, dauphine d'Auvergne, petite-fille de Guy VII & de Jeanne de Bourbon.	Premier comte de la troisième race, surnommé le Bon & le Grand. Beau-frère de Charles VI, l'un des tuteurs de Charles VI, servit d'ôtage aux Anglois pour le roi Jean, & se signala dans les guerres de son temps. Il réunit le Beaujolais en 1400. Mort en 1410.
CHARLES V	1360	**1362** JEAN II, frère du précédent.	Tombé en démence, & sans alliances, laissa finir en lui la deuxième race des comtes de Forez. Céda ses droits à sa mère Jeanne de Bourbon, qui elle-même les investit Louis II de Bourbon, son gendre au deuxième degré (1370).
JEAN-LE-BON	1360	**1357** LOUIS I, fils de Guy VII. Jeanne de Beaufort-Turenne.	Tué, sans postérité, au combat de Brignais (1362), avec Jacques de Bourbon, son oncle, & le fils de celui-ci; tous deux ramenés & inhumés aux Jacobins de Lyon.
JEAN-LE-BON, PHILIPPE DE VALOIS	1350, 1345	**1333** GUY VII, fils de Jean I. Jeanne de Bourbon.	Guerres avec les Anglois sur le territoire de la France, où le comte servit vaillamment le roi Philippe de Valois & le roi Jean. Fait prisonnier à la bataille de Poitiers (1355).
PHILIPPE VI, dit le Hardi	1270	**1278** JEAN I. 1° Alix de Viennois ; 2° Éléonore de Savoie.	L'un des comtes les plus marquans. Accrut, par son mariage, le comté de Forez de toute la partie vers le Rhône, &, par acquisitions, de nombreuses autres terres. Allia sa fille à la maison de Bourbon & un de ses fils à celle de Savoie.
PHILIPPE III, dit le Hardi	1271	**1273** GUY VI, fils de Reynaud. Jeanne de Montfort-Lamaury, mariée depuis au duc de Savoie.	Fonda, en 1277, la commanderie de St-Jean-de-Montbrison, & mourut en 1278. Confirmation de franchises à plusieurs communes du comté.
SAINT LOUIS	1270	**1259** REYNAUD, frère de Guy V. Château de Beaujeu.	Grand chasseur, & avoit en apanage Sury-le-Comtal & St-Héand. Allia à la Croisade aussi, & mourut des fatigues au retour. Nombre de seigneurs de nos petites villes leur donnent des chartes d'affranchissement.
SAINT LOUIS	1261	**1241** GUY V, fils de Guy IV. Alix de Chasteloy, en Bourgogne.	Se croisa avec saint Louis (1248), suivi de nombreux Forésiens. Il eut une jambe cassée au siège de Damiette. Il revint cependant en Forez, car on le supposoit que ce fut ce comte qui fut traîtreusement assassiné dans le château de Montbrison, par le vicomte de Ludriva, dont il avoit outragé sa femme, & qui périt lui-même en le retirant, atteint par les gens du comte, 1249.
PHILIPPE AUGUSTE	1203	**1202** GUY IV, fils du précédent, épousa de: 1° Mahaut de Dampierre; 2° Ermengarde d'Auvergne; 3° Mahaut de Courtenay, descendante de Constantinople & comtesse de Nevers.	Fonda, en 1223, l'église Notre-Dame de Montbrison, en Poullie, en 1241, à son retour de la Croisade. Ce comte se signala aussi par son actionnement de franchises, qu'il accorda à la ville de Montbrison.
PHILIPPE AUGUSTE	1180	**1184** GUY III, fils de Guy II, fut nommé Guy d'Outremer, & marié à Alix Sully.	Il mourut près de Jérusalem, dans l'expédition de Terre-Sainte. Marquée, sa fille, mariée au vicomte de Thiers.
LOUIS VII, dit le Jeune	1173	**1130** GUY II eut pour tuteur le roi Louis le Jeune, & pour femme Wilielme, qu'on croit de la maison de Viennois.	S'arrêta en Forez à son retour du Velay, d'où il ramena prisonniers les seigneurs de Polignac (1161). Traité fameux de 1173, avec l'Église de Lyon. Alliance du comte avec Hugues de Rochefort, pour la défense respective de leurs terres (1181). Il se croisa en 1180. Il avoit concouru, en 1138, à la fondation de l'abbaye de la Bénissons-Dieu, par saint Bernard lui-même.
LOUIS-LE-GROS	1126	**1107** GUY I comte de Forez. Sibylle de Beaujeu. Fils de RAYMOND D'ALBON, cédé des dauphinés de Viennois. Marié en 1095, à Ide Raimonde, fille d'Arthaud V, dont il recueillit les droits.	Il succéda à son cousin Guillaume IV, & mourut en 1138. Fondation de plusieurs prieurés & abbayes célèbres : Bénédictins en Rouannois, Valbenoîte, &c. Origine de la maison d'Urgel en Forez, par un seigneur allemand de la suite du roi, dont par une noble alliance est le 1057.
PHILIPPE I	1106		Hérite des droits de comte de Forez du chef de sa femme, & devient la tige de la deuxième race.
PHILIPPE I	1101	**1097** GUILLAUME IV, mort sans postérité.	Fin de la première race des comtes de Forez, en 1107.
PHILIPPE I	1092	**1092** GUILLAUME III, Vandelmonde de Beaujeu.	Tué en 1097, au siège de Nicée, à la première Croisade. Les historiens le signalent comme l'un des plus vaillans chefs.
PHILIPPE I	1079	**1078** ARTHAUD V, frère du précédent. Ide, sa femme.	Eut deux enfants, Guillaume III & Ide Raimonde, mariée en 1095, à Guy Raimond d'Albon, tige de la deuxième race.
PHILIPPE I	1078	Vers 1050. WEIDELIN ou GEILLIN, fils d'Arthaud IV.	Translation des reliques de saint Barthélemi de Rugny, aux environs de St-André, sur la Loire, qui prit le nom du nouveau saint & le donna à la ville, depuis St-Rambert (1050).
HENRI I	1050	**1058** ARTHAUD IV, fils du précédent. Raymonde, sa femme.	Démêlés avec les archevêques de Lyon pour la possession de cette ville & comté. Transaction. Arthaud cède ses droits sur Lyon.
HENRI I	1034	**1017** GÉRARD II, frère du précédent. Alix de Gévaudan, sa femme.	Guignes de Ludrivia, cinquant Roulde, fils de comte, obtient le titre héréditaire de vicomte de Forez (1030).
ROBERT	1006	**1011** ARTHAUD III, fils du précédent, mort sans postérité.	Il concourut puissamment à repousser les Maures ennemis dans le diocèse de Grenoble.
HUGUES CAPET	996	**990** ARTHAUD II, fils de Gérard, réunit aussi le Beaujolais. Thietberge, sa femme, & d'autres disent qu'il épousa Alix, fille de Boleon, roi de France.	Prêtait hommage au roi de Bourgogne pour la ville de Lyon, & eut en fief une partie pour les autres possessions. Violente guerre avec l'archevêque de Lyon.
LOUIS IV	937	Vers 961. GÉRARD I, comte de Lyon & de Forez, fils d'Arthaud I. Gimberge, sa femme.	Parvenu à un certain âge, il se démit de ses comtés en faveur de ses enfans, & mourut dans la retraite en 990.
CHARLES IV, dit le simple	920	Vers 920. ARTHAUD I. On le prétend issu des rois de Bourgogne, & le possédait fa dignité de cette origine illustre. Tarelle, sa femme, présenté à Ambierle, prieuré qu'il fonda en 910.	Il suivit son père, fut l'arbitre d'alliées entre Foréfiens, comte des Foréfiens, dont le pays couronnait aussi le Rouannois & partie de celui de Jarez.

Charles-le-Chauve donna, en 870, à *Guillaume*, le gouvernement du Lyonnois. Ce puissant comte, regardant sa dignité comme héréditaire, fit, l'an 900, un partage entre ses trois fils, d'après lequel *Guillaume*, l'aîné, eut le Lyonnois, *Arthaud* le Forez, & *Gérard* le Beaujolais. *Guillaume II* étant mort sans postérité, le Lyonnois & le Forez furent réunis dans les mains d'ARTHAUD, que nous regardons comme notre premier comte particulier.

Comtes de Forez aux Croisades.

TABLEAU HISTORIQUE ET GENEALOGIQUE DES COMTES DE FOREZ

Depuis leur origine sous *Charles-le-Chauve* jusqu'à la prise de possession du comté par le roi *François Ier*.

870-1531.

ROIS DE FRANCE	DATES rappelées		COMTES DE FOREZ & leurs Alliances.	FAITS PRINCIPAUX
FRANÇOIS Ier LOUIS XII.	1531 1505	25 avril 1530, le Bourbon en personne à Montbrison prendre possession du comté de Forez, & y passa seize jours logé au cloître Notre-Dame.	1505. CHARLES III, dit le Connétable de Bourbon. Suzanne de Bourbon.	Comte de Forez du chef de sa femme Suzanne de Bourbon, fille de Pierre II (1505). Il fut tué au siège de Rome, en 1527. Ce grand & malheureux prince, par sa défection, donna lieu à la réunion du comté à la couronne par François Ier, en 1531.
LOUIS XII. CHARLES VIII.	1498 1488		1488. PIERRE II, frère de Jean. Anne de France, fille de Louis XI.	Il fut solennellement reconnu comte de Forez par l'Assemblée des trois Etats, qui se tint à Montbrison (1488). Il reçut le Roi à Moulins en 1490, confirma divers privilèges aux habitants de Montbrison, & mourut en 1503.
LOUIS XI.	1466		1456. JEAN II, fils de Charles Ier. 1° Jeanne de France, fille de Charles VII; 2° Catherine d'Armagnac; 3° Jeanne de Bourbon.	Servit avec attachement Charles VII, mais fut en moins bonne intelligence avec son beau-frère Louis XI. Mort en 1488, sans postérité.
CHARLES VII.	1431	Le Forez posséda, en 1432, ce roi à Feurs, où fut conclu le traité avec le duc de Savoie, logé au château de Cleppé.	1434. CHARLES Ier. Agnès de Bourgogne.	Joua un grand rôle dans les troubles de l'Etat, & mourut à Moulins en 1456. Montbrison déclaré capitale du Forez en 1441; achèvement de son église Notre-Dame, portail & clocher (1445).
CHARLES VI.	1410		1417. JEAN Ier DE BOURBON. Marie de Berry.	Prisonnier des Anglois à la bataille d'Azincourt (1415), & mourut en captivité. Sa femme, Marie de Berry, administra le comté de Forez pendant son absence. Montbrison clos de murs en 1422.
CHARLES VI. CHARLES V.	1380 1372		1376. LOUIS II DE BOURBON, qui devient comte de Forez du chef de sa femme Anne, dauphine d'Auvergne, petite-fille de Guy VII & de Jeanne de Bourbon.	Premier comte de la troisième race, surnommé *le Bon* & *le Grand*. Beau-frère de Charles V, l'un des tuteurs de Charles VI, servit d'otage aux Anglois pour le roi Jean, & se signala dans les guerres du temps. Il réunit le Beaujolais en 1400. Mort en 1410.
CHARLES V.	1369		1362. JEAN II, frère du précédent.	Tombe en démence, &, sans alliances, laissa finir en lui la deuxième race des comtes de Forez. Céda ses droits à sa mère Jeanne de Bourbon, qui elle-même la investit Louis II de Bourbon, son gendre au deuxième degré (1376).
JEAN-LE-BON.	1360		1357. LOUIS Ier, fils de Guy VII. Jeanne de Beaufort-Turenne.	Tué, sans postérité, au combat de Brignais (1362), avec Jacques de Bourbon, son oncle, & le fils de celui-ci, tous deux ramenés & inhumés aux Jacobins de Lyon.
JEAN-LE-BON. PHILIPPE DE VALOIS.	1356 1343		1333. GUY VII, fils de Jean Ier. Jeanne de Bourbon.	Guerres avec les Anglois sur le territoire de la France, où le comte servit vaillamment le roi Philippe de Valois & le roi Jean. Fait prisonnier à la bataille de Poitiers (1355).
PHILIPPE III, dit le Hardi.	1270		1278. JEAN Ier. 1° Alix de Viennois; 2° Éléonore de Savoie.	L'un des comtes les plus marquants. Accrut, par son mariage, le comté de Forez de toute la partie vers le Rhône, &, par acquisition, de nombreuses autres terres. Allia sa fille à la maison de Bourbon & un de ses fils à celle de Savoie.
PHILIPPE III, dit le Hardi.	1273		1273. GUY VI, fils de Reynaud. Jeanne de Montfort-Lamaury, mariée depuis au duc de Savoie.	Fonda, en 1277, la commanderie de St-Jean-de-Montbrison, & mourut en 1278. Confirmation de franchises à plusieurs communes du comté.
SAINT LOUIS.	1255	Passa en Forez ladite année, revenant de la Croisade par N.-D. du Puy.	1259. REYNAUD, frère de Guy V. Isabeau de Beaujeu.	Grand chasseur, & avoit en apanage Sury-le-Bois & St-Héand. Alla à la Croisade aussi, & mourut de ses fatigues au retour. Nombre de seigneurs de nos petites villes leur donnent des chartes d'affranchissement.
SAINT LOUIS.	1241		1241. GUY V, fils de Guy IV. Alix de Chacelay, en Bourgogne.	Se croisa avec saint Louis (1248), suivi de nombreux Foréziens. Il eut une jambe cassée au siège de Damiette. Il revint cependant en Forez, car on suppose que ce fut ce comte qui traîtreusement assassiné dans le château de Montbrison, par le vicomte de Ladvieu, dont il avoit outragé la femme, & qui périt lui-même en se retirant, atteint par les gens du comte, 1249.
PHILIPPE AUGUSTE	1202		1202. GUY IV, fils du précédent, époux de: 1° Mahaut de Dampierre; 2° Ermengarde d'Auvergne; 3° Mahaut de Courtenay, des emp^{rs} de Constantinople & comtesse de Nevers.	Fonda, en 1223, l'église de Notre-Dame de Montbrison, & mourut en Pouille, en 1241, à son retour de la Croisade. Ce comte se signala aussi par un acte solennel de franchises, qu'il accorda à la ville de Montbrison.
PHILIPPE AUGUSTE	1180		1184. GUY III, fils de Guy II, fut nommé Guy d'Outremer, & marié à Alix de Sully.	Il mourut près de Jérusalem, dans son expédition de Terre-Sainte. Marquise sa fille, mariée au vicomte de Thiers.
LOUIS VII, dit le Jeune.	1173	S'arrêta en Forez à son retour du Velay, d'où il ramenoit prisonniers les seigneurs de Polignac (1163).	1130. GUY II eut pour tuteur le roi Louis le Jeune, & pour femme Willelme, qu'on croit de la maison de Viennois.	Traité limitatif de 1173, avec l'Eglise de Lyon. Alliance du comté avec Hugues de Rochefort, pour la défense respective de leurs terres (1181). Il se croisa en 1188. Il avoit concouru, en 1138, à la fondation de l'abbaye de la Bénissons-Dieu, par saint Bernard lui-même.
LOUIS-LE-GROS.	1126	Montbrison fut honoré, en 1130, de la présence de ce roi, qui reçut, dans l'église de la Magdeleine, l'hommage, pour le Forez, du comte Guy.	1107. GUY Ier comte de Forez. Sibylle de Beaujeu. Fils de	Il succéda à son cousin Guillaume IV, le Jeune. Fondation de plusieurs prieurés & abbayes célèbres: Beaulieu en Roannois, Valbenoîte, &c. Origine de la maison d'Urfé en Forez, par un seigneur allemand de la suite du comte, fixé par une noble alliance en ce pays.
PHILIPPE Ier	1126		RAYMOND D'ALBON, cadet des dauphins de Viennois. Marié en 1075, à Ide Raimonde, fille d'Arthaud V.	Hérite des droits de comté de Forez du chef de sa femme, & devient la tige de la deuxième race.

Roi	Date			Comte	Notes
SAINT LOUIS.	1241		✠	**1241.** GUY V, fils de Guy IV, Alix de Chacelay, en Bourgogne.	Se croisa avec saint Louis (1248), suivi de nombreux Foréziens. Il eut une jambe cassée au siége de Damiette. Il revint cependant en Forez, car on suppose que ce fut ce comte qui fut traîtreusement assassiné dans son château de Montbrison, par le vicomte de Ladvieu, dont il avoit outragé la femme, & qui périt lui-même en se retirant, atteint par les gens du comte, 1249.
PHILIPPE AUGUSTE.	1203		✠	**1203.** GUY IV, fils du précédent, époux de: 1° Mahaut de Dampierre; 2° Ermengarde d'Auvergne; 3° Mahaut de Courtenay, des comtes de Constantinople & comtesse de Nevers.	Fonda, en 1223, l'église de Notre-Dame de Montbrison, & mourut en Pouille, en 1241, à son retour de la Croisade. Ce comte se signala aussi par un acte solennel de franchises, qu'il accorda à la ville de Montbrison.
PHILIPPE AUGUSTE.	1180		✠	**1184.** GUY III, fils de Guy II, fut nommé Guy d'Outremer, & marié à Alix de Sully.	Il mourut près de Jérusalem, dans son expédition de Terre-Sainte. Marcynte, sa fille, mariée au vicomte de Thiers.
LOUIS VII. dit le Jeune.	1174	S'arrêta en Forez à son retour du Velay, d'où il ramenoit prisonniers les seigneurs de Polignac (1163).	✠	**1170.** GUY II eut pour tuteur le roi Louis le Jeune, & pour femme Willeme, qu'on croit de la maison de Viennois.	Traité limitatif de 1173, avec l'Église de Lyon. Alliance du comte avec Hugues de Rochefort, pour la défense respective de leurs terres (1181). Il se croisa en 1189. Il avoit concouru, en 1138, à la fondation de l'abbaye de la Bénissondieu, par saint Bernard lui-même.
LOUIS-LE-GROS.	1126	Montbrison fut honoré, en 1129, de la présence de ce roi, qui reçut, dans l'église de la Magdelaine, l'hommage pour le Forez, du comte Guy.		**1107.** GUY Ier comte de Forez. Sibylle de Beaujeu. Fils de	Il succéda à son cousin Guillaume IV, dit le Jeune. Fondation de plusieurs prieurés & abbayes célèbres: Beaulieu en Roannois, Valbenoîte, &c. Origine de la maison d'Urfée en Forez, par un seigneur allemand de la suite du roi, fixé par une noble alliance en ce pays.
PHILIPPE Ier.	1126			RAYMOND D'ALBON, cadet des dauphins de Viennois. Marié, en 1075, à Ide Raimonde, fille d'Arthaud V, dont il recueillit les droits.	Hérite des droits de comte de Forez du chef de sa femme, & devient la tige de la deuxième race.
PHILIPPE Ier.	1107			**1097.** GUILLAUME IV, mort sans postérité.	Fin de la première race des comtes de Forez, en 1107.
PHILIPPE Ier.	1092		✠	**1092.** GUILLAUME III. Vandelmonde de Beaujeu.	Tué en 1097, au siége de Nicée, à la première Croisade. Les historiens le signalent comme l'un des plus vaillants chefs.
PHILIPPE Ier.	1079			**1078.** ARTHAUD V, frère du précédent. Ide, sa femme.	Eut deux enfants, Guillaume III & Ide Raymonde, mariée, en 1075, à Guy-Raimond d'Albon, tige de la deuxième race.
PHILIPPE Ier.	1078			Vers 1070. WEIDELIN ou GEILLIN, fils d'Arthaud IV.	Translation des reliques de saint Rambert du Bugey, au monastère de St-André, sur la Loire, qui prit le nom du nouveau saint & le donna à la ville, dite depuis St-Rambert (1070).
HENRI Ier.	1050			**1058.** ARTHAUD IV, fils du précédent. Raymonde, sa femme.	Démêlés avec les archevêques de Lyon pour la suprématie de cette ville & comté. Transaction. Arthaud cède ses droits sur Lyon.
HENRI Ier.	1034			**1017.** GÉRARD II, frère du précédent. Alix de Gévaudan, sa femme.	Guigues de Ladvieu, en épousant Rotalde, fille du comte, obtient le titre héréditaire de vicomte de Forez (1030).
ROBERT.	1006			**1011.** ARTHAUD III, fils du précédent, mort sans postérité.	Il concourut puissamment à repousser les Maures cantonnés dans le diocèse de Grenoble.
HUGUES CAPET.	990			**990.** ARTHAUD II, fils de Gérard, réunit aussi le Beaujolois. Thetberge, sa femme. D'autres disent qu'il épousa Alise, fille de Robert, roi de France.	Prêtoit hommage au roi de Bourgogne (pour la ville de Lyon, & au roi de France pour ses autres possessions). Violente guerre avec l'archevêque de Lyon.
LOUIS IV.	937			Vers 963. GÉRARD Ier, comte de Lyon & de Forez, fils d'Arthaud Ier. Cimberge, sa femme.	Parvenu à un certain âge, il se démit de ses comtés en faveur de ses enfants, & mourut dans la retraite en 990.
CHARLES IV, dit le Simple.	920			Vers 910. ARTHAUD Ier. — On le prétend issu des rois de Bourgogne, & sa postérité fut digne de cette origine illustre. Tarésia, sa femme, enterrée à Ambierle, prieuré qu'il avoit fondé en 952.	Du vivant de son père, il s'intitulait déjà comes Forensium, comte des Foréziens, dont le pays comprenoit aussi le Roannois & partie de celui du Jarez.

Charles-le-Chauve donna, en 870, à *Guillaume*, le gouvernement du Lyonnois. Ce puissant comte, regardant sa dignité comme héréditaire, fit, l'an 900, un partage entre ses trois fils, d'après lequel *Guillaume*, l'aîné, eut le Lyonnois, *Arthaud* le Forez, & *Gérard* le Beaujolois. *Guillaume II* étant mort sans postérité, le Lyonnois & le Forez furent réunis dans les mains d'ARTHAUD, que nous regardons comme notre premier comte particulier.

✠ Comtes de Forez aux Croisades.

Impr. de Louis Perrin, à Lyon. (Travail de l'éditeur, pour être ajouté à sa publication des *Fiefs du Forez*, 1857.)

www.ingramcontent.com/pod-product-compliance
Lightning Source LLC
Chambersburg PA
CBHW060053190426
43201CB00034B/1491